U0576538

全本全注全译丛书

中华经典名著

管锡华◎译注

尔 雅

中华书局

目录

前　言

　　《尔雅》是第一部内容和体例都比较完备的汉语词典。在历史上，它被列入儒家经典。

　　《尔雅》对后世多个学科的形成与发展都产生过重要的影响。

一、《尔雅》的名义、撰人和时代

　　《尔雅》成书较早，书中无序跋以说明书名命名取义，亦未载撰人、时代。后人各援其据，各执其理，提出了不少不同的看法。

(一)《尔雅》的名义

　　汉刘熙《释名·释典艺》：“《尔雅》：尔，昵，近也。雅，义也；义，正也。五方之言不同，皆以近正为主也。”（清王先谦《释名疏证补》第314页，上海古籍出版社1984年版）此即所谓的近正说，这是后世大多数学者所接受的关于《尔雅》名义的解释。除此之外，近现代也产生了几种新的解释，如：近夏说。《黄侃论学杂著·尔雅略说·论尔雅名义》在近正说的基础上,进一步考证"雅"字,提出了近夏说。曰:"雅之训正,谊属后起,其实即夏之借字。"(《黄侃论学杂著》第362页,上海古籍出版社1980年版)归正说。周祖谟《问学集·重印雅学考跋》:"古今言异,方国语殊,释以雅言,义归乎正,故名《尔雅》。"(《问学集》下册第689页,中华书局1966年版)也都有一定的影响。

(二)《尔雅》的撰人和时代

何九盈《〈尔雅〉的年代和性质》、赵振铎师《训诂学史略》第二章《分类词汇的编纂》第一节《尔雅的命名和时代》从语言、学术、思想乃至政治等多个方面进行动态考察,认为《尔雅》成书于战国末年,编撰者为齐鲁儒生(《语文研究》1984年第2期;《训诂学史略》第20页,中州书画社1988年版)。这种说法影响较大。除此之外,古今的提法还有十余种之多,如:周公作说。三国魏张揖《上广雅表》:"臣闻昔在周公,缵述唐虞,宗翼文武,剋定四海,勤相成王,践阼理政,日昃不食,坐而待旦,德化宣流,越裳俟贡,嘉禾贯桑,六年制礼,以导天下,著《尔雅》一篇,以释其意义。"(清王念孙《广雅疏证》第3页,江苏古籍出版社1984年版)子夏作说。清朱彝尊《经义考·尔雅》引明郑公晓曰:"《尔雅》盖《诗》训诂也。子夏尝传《诗》,今所存者大、小序,又非尽出子夏。然则,《尔雅》即子夏之诗传也。"(《经义考》第1202页,《四部备要》本)秦汉学《诗》者作说。宋欧阳修《诗本义》卷十《文王》:"《尔雅》非圣人之书,不能无失。考其文理,乃是秦汉之间学《诗》者纂集说《诗》博士解诂之言尔。"(《欧阳修全集》第999页,世界书局1991年版)汉人作说。清朱彝尊《经义考·尔雅》引宋叶梦得曰:"《尔雅》训释最为近古……其言多是《诗》类中语,而取毛氏说为正。予意此但汉人所作耳。"(《经义考》第1202页,《四部备要》本)但都嫌证据不足。

二、《尔雅》的著录、篇卷和内容

(一)《尔雅》的著录

自汉武帝"罢黜百家,独尊儒术"起,儒家思想正式成为中国古代社会几千年间的统治思想,《尔雅》适应了对儒家经典解释的需要,所以自《汉书·艺文志》起直至《四库全书总目》等十余种目录著作都把《尔雅》著录于经部。

(二)《尔雅》的篇卷

最早著录《尔雅》的《汉书·艺文志》著录《尔雅》为"三卷二十篇",与传世十九篇相差一篇。对这个问题,有多家做过解释。其共同点是都认为《尔雅》确有二十篇,但如何构成二十篇,则各说有异。王先谦《汉书补注》认为《尔雅》有序篇,孙志祖《读书脞录续编》认为《释诂》分为上下篇,翟灏《尔雅补郭》认为有《礼篇》。有序篇说有《诗·周南·关雎》孔颖达疏中的一条材料:"《尔雅·序篇》云:'《释诂》《释言》,通古今之字,古与今异言也。《释训》,言形貌也。'"(《十三经注疏》上册第 269页,中华书局 1980 年版)但只是孤证。孙、翟二说皆无实证材料。目前由于资料不足,无法定各家之是非,也难以提出新说。

(三)《尔雅》的内容

传世《尔雅》十九篇,即《释诂》《释言》《释训》《释亲》《释宫》《释器》《释乐》《释天》《释地》《释丘》《释山》《释水》《释草》《释木》《释虫》《释鱼》《释鸟》《释兽》《释畜》。

从现代的学科分类来看,这十九篇属于社会科学和自然科学两大门类:第一大门类包括《释诂》至《释亲》四篇,第二大门类包括《释宫》以下十五篇。

这两大门类又包括了九个下位学科:

《释诂》《释言》《释训》属于语言文字学范畴,所收释的词语都属于一般词语。《释诂》以一词解释多词为主,《释言》以一词解释一词为主,

《释训》的被释词语以双音词语为主。

《释亲》属于伦理学范畴,解释有关亲属的名称。篇下分为宗族、母党、妻党、婚姻四类。

《释官》属于建筑学范畴,解释宫室以及道路、桥梁等的名称。也有一些是服饰和饮食的名称。

《释器》属于应用科学范畴,解释笾豆、农具、渔具、筑具、服饰、车舆、鼎鬲、弓矢等日用器物。

《释乐》属于音乐学范畴,解释五音和钟鼓等音乐术语和乐器等的名称。

《释天》属于天文学范畴,解释天文及其相关事物的名称。篇下分为四时、祥、灾、岁阳、岁阴、岁名、月阳、月名、风雨、星名、祭名、讲武、旌旗十三类。

《释地》《释丘》《释山》《释水》都属于地理学范畴。《释地》主要解释地理名称,篇下分为九州、十薮、八陵、九府、五方、野、四极七类。《释丘》主要解释自然形成的高地的名称,篇下分为丘、厓岸两类。《释山》主要解释名山、山形等名称。《释水》主要解释泉源川流等名称,篇下分为水泉、水中、河曲、九河四类。

《释草》《释木》都属于植物学范畴。《释草》主要解释草本植物的名称。《释木》主要解释木本植物的名称。两篇都对其中一部分植物的形体特征做了描述。

《释虫》《释鱼》《释鸟》《释兽》《释畜》都属于动物学范畴。《释虫》主要解释昆虫的名称。《释鱼》主要解释各种鱼类的名称,也有一些是龟鳖蛇蛙等水生或两栖类动物。《释鸟》主要解释鸟类的名称。《释兽》主要解释兽类的名称,篇下分为寓属、鼠属、齸属、须属四类。《释畜》主要解释牲畜的名称,篇下分为马属、牛属、羊属、狗属、鸡属、六畜六类。五篇都对其中一部分动物的形体与习性特征做了描述。

由此可见,《尔雅》的内容很是丰富。

三、《尔雅》的性质

《尔雅》的性质,前人说法亦复不少。比较通行而得到公认的则是词典说。除此之外,如:故训汇编说。主此说者主要为王力。王力《中国语言学史》第一章《训诂为主时期》第二节《童蒙识字课本和故训汇纂》说:"《尔雅》实际上是一种故训汇编。"(《中国语言学史》第 11 页,山西人民出版社 1981 年版)此说是从《尔雅》的材料来源为出发点的。训诂之书说。此说我们可以追溯到唐毋煚《古今书录》。毋录"经录"下立有"训诂家"。"训诂家"下专录训诂之书,《尔雅》被收入,当然就是训诂之书。胡朴安《中国训诂学史》等主此说。教科书说。此说可能受了《汉志》及后人误解《汉志》的影响。《汉志》以《尔雅》与《弟子职》并列,陈玉澍《尔雅释例叙》就说:"《尔雅》为《诗》《书》《礼》《乐》之钤键,与《孝经》皆入学之初所宜诵肄。《尔雅》之列于《孝经》也,犹《弟子职》之列于《孝经》也。"(《尔雅释例》卷首陈玉澍自序第 2 页,南京高等师范学校排印本)这几种说法,从某个侧面去看,也都有一定道理。

词典说是从现代科学的角度对《尔雅》性质的认定,最具科学性。但是《尔雅》是什么样性质的词典则又各说不同。现代学者多认为《尔雅》是一部同义词典。但是也有不同看法,如管锡华《〈尔雅〉非同义词典论》统计出《尔雅》中同义关系的词条占比例不足一半,一大半是类义关系和非同义、类义关系,再结合词条与词条间、篇与篇之间等多种关系的分析研究,主张把《尔雅》定性为类义词典(《湖南教育学院学报》1986 年第 1 期,人大复印资料《语言文字学》1986 年第 2 期)。

四、《尔雅》的体例

作为词典,《尔雅》体例主要包括编排方式和释义方式两大方面。

(一)《尔雅》编排方式的特点

《尔雅》编排方式的特点是层层按义分类,全书构成了一个义类系统。篇是按义分类的,篇下也是层层按义分类的。如《释宫》,篇下共分为 4 大类、21 个小类,统帅 87 个词条。以下示意图可以让我们一目了然。

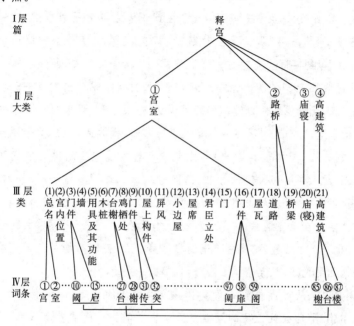

可以说义类层次井井有条。只是按义分类交叉情况较多,但《尔雅》采取了重出的方式,较好地解决了这个问题,如"台"、"榭"属于宫室又出于高建筑者是。

(二)《尔雅》释义方式的特点

1. 义项安排的特点:多义项重出

上古汉语虽然有很大一部分是单义词,但是也有相当数量的多义词,词典要收多义词,并给出两个以上的意义,编纂者首先就要遇到如何处理多义项的问题。《尔雅》作为第一部汉语词典,没有回避多义词的语言事实,收了多义词,并创造性地采用了重出的方式来解决这个问题。它把一个词的几个义项分别归到不同的义类之中,被训释的多义词重复出现。或出于同篇,或出于异篇,服从义类的需要。

出于同篇的如:"永"本义为水长,由水长而引申为时空的距离大。《释诂》:"永,长也。"又:"永,远也。""济"本义为渡水,渡过水则事告成功,因而引申为成,成功于事则为利,又引申为益。《释言》:"济,渡也。济,成也。济,益也。"

出于异篇的如:"亚"基本义为次,引申特指两婿相谓。《释言》:"亚,次也。"《释亲》:"两婿相谓为亚。""业"本义为大版,引申有事、叙、绪、大义,重叠为"业业",假借为危义。《释器》:"大版谓之业。"《释诂》:"业,事也。"又:"业,叙也。"又:"业,绪也。"又:"业,大也。"《释训》:"业业,危也。"

2. 释义的特点:多样性

《尔雅》释义带有明显的多样性的特点。

(1)以分类为训。这种方式是把有关词语列入某篇或某类之中,以篇目或类目为训语。它是一种逻辑关系上的种属之训。如:《释虫》:"土蜘蛛,草蜘蛛。""土蜂。木蜂。"这些"蜘蛛"、"蜂"都是篇目"释虫"之"虫"。《释水》:"徒骇。太史。马颊。覆鬴。胡苏。简。絜。钩盘。鬲津。"所列就是类目"九河"即九条河的名称。

(2)不对等为训。从形式上看,凡词与词相训,只要不是同义关系的,那么,它们之间就是不对等为训。如《释言》:"谋,心也。""谋"是"心"的一种动作,"心"是"谋"的发生地。

(3)不完全说明描写。《尔雅》对名物词语的说明描写,大多只有一个方面。如:质地,《释器》:"木豆谓之豆。竹豆谓之笾。瓦豆谓之登。"用途,《释乐》:"所以鼓柷谓之止,所以鼓敔谓之籈。"来源,《释水》:"水自河出为灉。"说明描写两个或两个以上方面的例子很少。如:《释兽》:"猩猩,小而好啼。"说明描写了状态和特性两个方面。"狒狒,如人,被发,迅走,食人。"说明描写了比喻、状态与特性三个方面。《释水》:"河出昆仑虚,色白。所渠并千七百一川,色黄。百里一小曲,千里一曲一直。"说明描写了来源、颜色、数量与状态四个方面。

(4)释词描写相结合。这种训释方式比较特殊,从表面上看并不是描写,而是训释与这种事物有关的某一个或几个部分。但仔细玩味,这种释义实际上是在解释事物所属的部分中,同时起到了描写的作用。如《释草》:"荷,芙渠。其茎茄,其叶蕸,其本蔤,其华菡萏,其实莲,其根藕,其中的,的中薏。"这本是对"荷"及其各个部分的定义式的训释,但是综观整个训释系列,它则给了读者一个完整的"荷"的形象:它是具有什么样的茎、叶、本、根、花、实的植物。这样,"荷"后对荷各部分的训释又是对"荷"的总描述。

(5)词条限义。这种方式是通过整个词条词义的总倾向来体现其中某个词的词义。如《释诂》:"遘、逢、遇,遻也。"《说文·辵部》:"遻,相遇惊也。"但被训释的三个词的词义不主"惊",而主"遇",被训释的三个词的词义限定了"遻"的词义是"遇",因此理解此处的"遻",就不能像《说文》那样把其词义的重点放在"惊"上。

(6)二义同条。我们仍举《释诂》为例。如:"台、朕、赍、畀、卜、阳,予也。"郭璞注:"赍、卜、畀,皆赐与也,与犹予也,因通其名耳。"这是通常说的二义同条。实际上《尔雅》训释词兼义的情况比较复杂,种类较多。有兼几个词性和词义的,如:"育、孟、耆、艾、正、伯,长也。""育"下文又曰:"养也。"是动词。"长"以"使长"的使动词性训释"育"。"孟"、"耆"、"艾"皆为在年龄上排于前的"长老"的意思,它们皆可用为形容词,"长"以形容词"长老"之义训释这三个词。"正"、"伯"又为"官长"之称,皆可用为名词,"长"以名词"官长"之义训释这两个词。"长"兼有使动、形、名三个词性,使长、长老、官长三个词义。甚至有兼本字与借字的,如"馘、秳,获也。""获"为"获猎",可训释"馘";"穫"才为"获禾",方可训释"秳"。"获"又兼"穫"之借字。

3. 术语使用的特点:单一性

《尔雅》使用真正的术语一共只有 5 个,即"为、谓(为)之、曰、言、之为言",而训诂类著作所用的术语总共有 60 个之多,可见《尔雅》术语的相对单一性。这应该是词典和一般训诂著作的一个重要区别。

4. 行文的特点:非独立性

一般词典的词条有其相对的独立性,即每个词条同时具有被训释词语和训释词语,训释词语不需要上下文就能完整地表现出解释的意思。但是,《尔雅》有些词条却没有被训释词语,有些词条的训释词语如果没有上下文就不能表达完整的意思。这种词条非独立性的特点,主要表现在省略与称代两个方面。省略,如《释山》:"多小石,磝。多大石,岩。"由于篇目为《释山》而省掉了"山"字。称代有两种情况,有用"者"字的,如《释兽》:"騋,如马,一角。不角者騏。""者"代"騋"。有用"其"字的,如《释草》:"苬,接余。其叶符。""其"代"苬"。

五、《尔雅》的价值

《尔雅》是第一部内容和体例都比较完备的汉语词典,它在词典学、词汇学、训诂学、文化学、自然科学等研究领域中都有着较高的学术价值。

(一)《尔雅》的词典学价值

《尔雅》是词典的鼻祖,是词典的创例之作。其所创例奠定了其后义书发展的基础,也对其他类型的词典产生了一定的影响。

1. 创立了义书的义类系统

编纂一本词典,首先遇到的问题就是按什么方式把所收词语编排起来。《尔雅》创立了义类系统,为妥善解决这个问题找到了一个有效途径。《尔雅》所创立的义类系统或义类系统的原则,为后世雅系义书所遵循,也对后世类书的编纂产生了一定的影响。

2. 大量采用了合训的方式

合训即是以一词训释众词。《尔雅》在词典中最早大量地采用了合训的方式,《释诂》几乎是全部,《释言》《释训》也占有不小的比例。合训较好地解决了在义书中同训词语的编排问题。合训减少了词典的篇幅,而且给读者提供了比较、选择词语的方便。合训亦为后世义书多所采用。

3. 最早地使用了例证

词典条目的三要素是词目、释义和例证,例证则是词典的血肉。《尔雅》例证虽只出现了14个,而且都是引的《诗》证,但它却为义书、字书和音书三系辞书运用例证开了先河。

4. 提供了后世词典收词的基础

《尔雅》基本反映了先秦词汇的概貌,汉语文言词汇又有着相对的稳定性,因此后世的历时辞书多把《尔雅》所收的词语作为构成该词典收词的基本部分。如《方言》《说文》的许多条目就是由《尔雅》增删而成的。下面是《方言》和《尔雅》比照的例子:

《尔雅·释诂》:迄、臻、极、到、赴、来、吊、艐、格、戾、怀、摧、詹,至也。

《方言》卷一:假、徦、怀、摧、詹、戾、艐,至也。

《尔雅·释诂》:如、适、之、嫁、徂、逝,往也。

《方言》卷一:嫁、逝、徂、适,往也。

《尔雅·释诂》:烈、枿,余也。

《方言》卷一:烈、枿,余也。

《方言》有不少条目说明了词语的方言分布,但其条目主体部分的词汇则大致是以《尔雅》为蓝本的。其后的辞书,如《广韵》《集韵》《康熙字典》《汉语大字典》等几把《尔雅》所收词汇网罗无遗。

(二)《尔雅》的词汇学价值

《尔雅》的词汇学价值主要体现在词汇的语义、语用、语法、时地分类和语义对立关系这几个方面。这些对研究先秦词汇及先秦词汇学思想都有着重要的意义。

1. 词汇的语义分类

词汇的语义研究,中国到近现代才重视起来,实则两千多年前的

《尔雅》已体现了编纂者语义研究的成果。《尔雅》把词语划分成了两大类，一类是抽象意义的词语（前三篇），一类是具体意义的词语（后十六篇）。抽象意义的词语根据词条的形式分为三篇，每篇之下虽然都没有类目，但实际上是根据语义间的亲疏关系分成若干类的，如《释诂》"始"、"君"、"大"、"有"为一类，邵晋涵《尔雅正义》说："此篇所释始也、君也、大也，其义相承。"郝懿行《尔雅义疏》说："释君之后继以大者，君亦大也。""有、大义近。"具体意义的词语亦根据语义间的亲疏关系分成十六篇，每篇之下根据同样的原则分成若干大类，如《释亲》下分为宗族、母党、妻党、婚姻四大类，《释地》下分为九州、十薮、八陵、九府、五方、野、四极七大类等。虽然也有一些篇没有给出类目，但与前三篇一样，分类仍然是存在的。如果我们深入研究，列出一个从大到小或从小到大的《尔雅》词汇语义分类表来，那它将不失为我们今天研究汉语词汇语义分类的一个有用的参照系统。

2. 词汇的语用分类

《尔雅》没有对词汇从语用的角度做直接的分类，但通过对它的研究，我们还是可以了解到先秦词汇语用分类之大较。《尔雅》2000 多个词条，共统括词语 4000 余个。根据词典训释语总是通用词语、常用词语的原则，我们至少可以肯定《尔雅》的 2000 多个训释词语都属于先秦的基本词汇的范畴，如果再加上被训释词语中"初"、"首"、"如"、"适"之类可考见的基本词语，数量将还会多一些。既知道基本词汇，那么剩下来的 2000 个多词汇则是一般词汇了。

3. 词汇的语法分类

《尔雅》没有明确交代词汇按语法可以分成多少什么样的类别，但从它的词条安排和具体的训释之中还是可以看到一些词汇的语法分类的信息的。第一是词汇分成虚、实两大类的信息。第二是虚词、实词又分为不同词类的信息。我们举《释诂》词条为例。实词如"君"词条是名词词条，"大"词条是形容词词条，"至"词条是动词词条等等。虚词如

"遹、遵、率、循、由、从，自也"是介词词条，"粤、于、爰，曰也"是助词词条，"卬、吾、台、予、朕、身、甫、余、言，我也"是人称代词词条，"畴、孰，谁也"是疑问代词词条等等。

4. 词汇的时地分类

《尔雅》没有明确交代哪些词语是古语，哪些词语是方言。但根据词典的训释原则可以知道，《尔雅》的被训释词语除了一些常用疑难词语以外，剩下的就是古语、方言。这些古语、方言我们可以通过后世的《尔雅》注疏及《方言》《说文》等来加以辨识。如出现于《易》《书》而后世不出现或很少出现的词语就可以确定其为古语词。《释诂》："圮，毁也。"郭璞注："《书》曰：'方命圮族。'"《释言》："荐，再也。"郭璞注："《易》曰：'水荐至。'""圮""荐"当是古语词。《尔雅》的方言词郭璞或予指出，如《释言》："遏、遾，逮也。"郭璞注："东齐曰遏，北燕曰遾，皆相及逮。"知被训释二词为方言词以及何地方言词。辨识《尔雅》方言词语，更可使用《方言》一书，如《释诂》："融，长也。"据《方言》卷一，也是"长也"，"宋、卫、荆、吴之间曰融。""刘，杀也。"据《方言》卷一，则"秦、晋、宋、卫之间谓杀曰刘"。如果把《尔雅》所提供的古语、方言一一考辨清楚，对我们研究先秦词汇的构成是有很大帮助的。

5. 词汇的语义对立关系

《尔雅》对词汇中的许多语义对立关系做了明确的揭示。第一是同义的对立关系，如《释宫》："宫谓之室。室谓之宫。"表明先秦"宫"、"室"语义无别。第二是类义的对立关系，如《释亲》："婿之父为姻。妇之父为婚。""姻"、"婚"虽不是同义词，但二者语义上有密切的关系。第三是同源的对立关系，如《释训》："鬼之言归也。"释"鬼"取义于"归"，并非谓"鬼"、"归"同义。《尔雅》的这些揭示，为我们研究先秦词汇的语义系统提供了很大方便。

(三)《尔雅》的训诂学价值

《尔雅》的训诂学价值主要体现在两个方面：一是具体的词义训释，

一是训释词语的方式、方法。

1. 具体的词义训释

《尔雅》的词义训释既对后世词典产生了影响,也对古籍注释产生了影响。

后世词典直接或间接地大量采用了《尔雅》的训释。如《说文·木部》:"柚,条也。"《尔雅·释木》:"柚,条。"《木部》:"梅,楠也。"《释木》:"梅,楠。"《木部》:"杜,甘棠也。"《释木》:"杜,甘棠。"等等。再如《广韵·上平声·八微》:"旂,《尔雅》曰:'有铃曰旂。'""虮,《尔雅》云:'蛭虮。'""犓,《尔雅》云:'犓牛。'"等等。

古籍注释,特别是上古的古籍注释,由于离《尔雅》时代不远,许多都采用了《尔雅》的训释,我们随机统计了《国语·周语上》韦昭注、《吕氏春秋》前二十篇高诱注、《离骚》王逸注,它们使用《尔雅》的情况分别是:韦注的被训释词语与《尔雅》相合者 126 条,其中全用《尔雅》的 78 条,基本用的 17 条,不用或不能用的 31 条,用《尔雅》的占总数的 75.4%;高注被训释词语与《尔雅》相合者 90 条,用或基本用的 68 条,不用或不能用的 22 条,用《尔雅》的占总数的 75.6%;王注被训释词语与《尔雅》相合者 83 条,其中全用《尔雅》的 64 条,不用或不能用的 19 条,用《尔雅》的占 77.1%(《国语》韦注用上海古籍出版社 1978 年本、《吕氏春秋》高注用学林出版社 1984 陈奇猷校释本、《离骚》王注用中华书局 1983 版《楚辞》补注本)。可见《尔雅》对注释古籍价值之高。

后世对古代词语的考释也往往以《尔雅》的词义训释为首要依据。如戴震《尚书义考》多首引雅诂为证,下举《尧典》二例。《尧典》:"帝曰:'畴咨若予采?'驩兜曰:'都!共工方鸠僝功。'"戴震《义考》:"《尔雅》:'采,事也。都,于也。鸠,聚也。'"《尧典》:"帝曰:'咨!四岳:汤汤洪水方割,荡荡怀山襄陵,浩浩滔天。下民其咨,有能俾乂?'佥曰:'于,鲧哉!'帝曰:'吁,咈哉!方命圮族。'岳曰:'异哉!试可乃已。'帝曰:'往,钦哉!'九载,绩用弗成。"戴震《义考》:"《尔雅》:'洪,大也。怀,至也。

襄,驾也。俾,使也。乂,治也。佥,皆也。圮,毁也,覆也。载,岁也。'"(《戴震全书》第1册第56、58页,黄山书社1995年版)戴震对这些古代词语的考释正是运用了《尔雅》这个渡江的舟楫、登高的阶梯。

2. 训释词语的方式、方法

从训诂学的角度来看,后世训释词语的主要方式、方法在《尔雅》一书中多已使用。

(1)训释词语的方式

①互训。互训指两个词语互相训释的方式。如《释宫》:"宫谓之室。室谓之宫。"有些互训不出现在一个词条之中。如《释诂》:"退,远也。"又:"远,退也。"

②递训。递训指词语递相训释的方式。如《释言》:"流,覃也。覃,延也。"《释鱼》:"蝾螈,蜥蜴。蜥蜴,蝘蜓。蝘蜓,守宫也。"

③合训。合训指以一词训释众词的方式。如《释诂》:"典、彝、法、则、刑、范、矩、庸、恒、律、戛、职、秩,常也。"《释言》:"作、造,为也。"这是《尔雅》中使用最多的一种训释方式。

④分训。分训指一个词语用数个词语分别训释的方式。如《释言》:"济,渡也。济,成也。济,益也。"《释诂》:"休,美也。""休,息也。"《释言》:"休,戾也。""休,庆也。"《释木》:"休,无实李。"

(2)训释词语的方法

①声训。声训指用音同或音近的词语相训的训释的方式。如《释言》:"鬼之言归也。""鬼"上古见母微韵上声,"归"上古见母微韵平声。"颠,顶也。""颠"上古端母真韵平声,"顶"上古端母耕韵上声。《释山》:"独者,蜀。""独"上古定母屋韵入声,"蜀"上古禅母屋韵入声。

②义训。义训指除形训、声训以外直接训释词语意义的训释方式。用一个词语训释的,前人多称为同义相训。如《释诂》:"亮、介、尚,右也。""流、差、柬,择也。"用语句训释的,前人多称为义界。如《释诂》:"关关、噰噰,音声和也。"《释草》:"果蠃之实,栝楼。"

　　传统训诂形训、声训、义训三大训释方法,《尔雅》中已运用了两种。《尔雅》是义书,所以没有运用形训的训释方法。

(四)《尔雅》的文化学价值

　　从文化学的角度看,《尔雅》同样具有重要的价值。

1. 体现上古的思想倾向

　　(1)正名思想。《尔雅·释山》"河南华"邵晋涵正义:"《尔雅》者,正名之书也。"何九盈《〈尔雅〉的年代和性质》进一步论证说,《尔雅》的正名内容包括"辨名物"和"释方语"两个方面。"《周礼·地官》说,大司徒的职责之一就是要辨九州之'山、林、川、泽、丘、陵、坟、衍、原、隰之名物。'又《天官·庖人》说:'掌共(供)六畜、六兽、六禽,辨其名物。'所谓'辨名物'是指对客观事物本身的名号与实体进行分辨,将分辨的结果笔之于书,就成了名书了。我们看《尔雅》中的释丘、山、兽、畜等篇,就可以证实《周礼》所说的'辨名物',乃实有其事,非纸上空谈……释方语的办法是以雅言为标准,比较各方言区的有关词汇。有的是同一事物有不同方言的名称。如:'中馗,菌。''菌'是江东方言;'蛭,蚑。''蚑'也是江东方言。有的只是方音不同。如:'茨,蒺藜。''蟷,蜋。''仓庚,商庚。'"由此看来,《尔雅》的确是反映了上古时期公孙龙、墨子、孔子等的正名思想。

　　(2)君尊思想。《尔雅》中以君为尊的思想亦有体现。如《释诂》之首即是"始"、"君"、"大"、"有"四个词条,这四个词条处于全书全篇之首亦非偶然,我们在上文已做了分析。之所以如此,是因为《尔雅》编纂者"认为君与始俱来"(谢自力《语文词典有阶级性吗?》,文载《辞书研究》1979 年第 2 期)、"天大地大王亦大"、"有、大义近",君"始"、君"大"、君"有",与天地同,则"君为至尊"。又如《释诂》之末"死"这个词条,首列天子死之名"崩",邵晋涵、郝懿行皆引《穀梁传·隐公三年》"高曰崩,厚曰崩,尊曰崩,天子之崩以尊也"为证。

　　(3)神尊思想。《尔雅》中所载祭祀良多。《释诂》:"禋、祀、祠、烝、尝、禴,祭也。"郭璞注:"《书》曰:'禋于六宗。'余者皆以为四时祭名也。"《释天》:"春祭曰祠,夏祭曰礿,秋祭曰尝,冬祭曰烝。"一年四季皆有祭祀。五年又有一大祭。"禘,大祭也。"郭璞注:"五年一大祭。"又有祭而又祭。"绎,又祭也。"郭璞注:"祭之明日,寻绎复祭。"祭的对象,祭六宗之外,又有祭上帝,"是禷是祃,师祭也。"郭璞注:"师出征伐,类于上帝,祃于所征之地。"祭马祖,"既伯既祷,马祭也。"郭璞注:"伯,祭马祖也。将用马力,必先祭其先。"祭天、地、山、川、星、风,"祭天曰燔柴,祭地曰瘗薶。祭山曰庪县,祭川曰浮沉。祭星曰布,祭风曰磔。"《释天》又说:"'乃立冢土,戎丑攸行','起大事,动大众,必先有事乎社而后出,谓之宜。'"凡此等等,都是以神为尊思想的体现。

2. 反映上古的思维方式

《尔雅》的释义,反映了抽象求同、具象求异的思维方式。如"初者,裁衣之始。哉者,草木之始。基者,筑墙之始。肇者,开户之始。祖者,人之始。胎者,生之始。"而《尔雅·释诂》"初"、"哉"、"基"、"肇"、"祖"、"胎"皆释以"始也",以"始"作释,正是求这些抽象词语之同。又如《释兽》:"猱、蝯,善援。貜父,善顾。"并未从动物学的角度加以全面描写,只是指出同类动物最显著的相异之处而已。

3. 反映上古的家庭形态

从《尔雅·释亲》我们可以看出:第一,上古的家庭或许是一个绵延多代的宗亲单位。其"宗族"一类所排列的就有高祖王父、曾祖王父、王父、父、子、孙、曾孙、玄孙、来孙、晜孙、仍孙、云孙十二代,以妻子、兄弟姐妹系之。郝懿行义疏:"谓之'宗族'者,宗,尊也,主也。族,凑也,聚也。"虽然一个家庭不会凑聚到十二代,但一个家庭尽量相沿维系是可以想见的。第二,上古实行的是一夫多妻制。《释亲》父有姒("父之姒为王母")又有妾("父之妾为庶母"),正是明文记载着的。

4. 反映上古的社会形态

《尔雅》时代,社会已进入农业社会阶段,《尔雅》有了不少农作物的名称，如《释草》："虋，赤苗。"郭璞注："今之赤粱粟。""芑，白苗。"郭璞注："今之白粱粟，皆好谷。""秬，黑黍。秠，一稃二米。"郭璞注："此亦黑黍，但中米异耳。"又，"稌，稻。"郭璞注："今沛国呼稌。"还有农具，如《释器》："斪斸谓之定。"郭璞注："锄属。""斫谓之鐯。"郭璞注："钁也。""斪谓之疀。"郭璞注："皆古锹、锸字。"

《尔雅》是一部历时词典，收录了不少离它的时代较远的词语，因而通过它又可窥见《尔雅》时代以前的社会形态。中国社会形态在农业社会以前即是渔猎社会，《尔雅》亦有反映。如《释鱼》《释兽》《释鸟》就被列为专篇。《释鱼》所录70多种动物，鱼占了很大的比例。用今天的科学分类来看，贝、龟、虾并非鱼类，古人划归鱼中，或以之与鱼皆同为水生捕食对象所使然。《尔雅》中捕鱼之器亦有多种，如《释器》："缳罟谓之九罭。九罭，鱼网也。"郭璞注："今之百囊罟，是亦谓之罶，今江东谓之缳。""嫠妇之笱谓之罶。"郭璞注："《毛诗》传曰：'罶，曲梁也。'谓以薄为鱼笱。""翼谓之汕。"郭璞注："今之撩罟。""篧谓之罩。"郭璞注："捕鱼笼也。""椮谓之涔。"郭璞注："今之作椮者，聚积柴木于水中，鱼得寒入其里藏隐，因以薄围捕取之。"《释兽》所录60多种野生兽类动物，为渔猎社会所猎的主要动物。从释义看，《尔雅》反映出对野兽的观察比较细致，如"麕父，麚足。貄，狗足"，足的不同就被描写了出来。《释鸟》所录60多种野生鸟类动物，亦为渔猎社会所猎的主要动物。从释义看，《尔雅》反映出对鸟类的观察亦比较细致，如"春扈，鳻鶞。夏扈，窃玄。秋扈，窃蓝。冬扈，窃黄。桑扈，窃脂。棘扈，窃丹。行扈，唶唶。宵扈，啧啧。""扈"以季节、毛色、音声而为别。"鸟之雌雄不可别者，以翼右掩左，雄。左掩右，雌。"观察可谓细致。捕鸟兽之具亦复不少，如《释器》："鸟罟谓之罗，兔罟谓之罝，麋罟谓之罞，彘罟谓之羉……繴谓之罿，罿，罬也；罬谓之罦，罦，覆车也。"若以《释鱼》《释兽》《释鸟》与《释畜》相比，则《尔雅》中的家养动物则只占所有动物的很小一部分。另外后世有些家养动物，在《尔雅》中则置于野生动物类中，如"豕（猪）"入《释兽》之类，亦透露出渔猎社会的一些信息。

若把《尔雅》反映的渔猎社会形态和农业社会形态作为一个有机的连续体来看,我们还可以了解到一些社会形态发展演变的轨迹。

5. 反映上古的物质生活

(1)衣。《尔雅》不仅有"衣"有"裳",且比较华美。《释器》:"衣梳谓之祝。"谓衣襟之下有饰物。"黼领谓之襮。"谓衣领绣有黑白相间的斧形花纹。"缘谓之纯。"谓衣有镶边。"袥谓之裹。"谓有自头套穿的衣服。"衣眥谓之襟。"谓衣有斜交之领。"衱谓之裾。"谓衣斜交之领下有大襟。"衿谓之袸。"谓衣有结带。"佩衿谓之褑。"谓衣有挂佩饰的佩带。"衣蔽前谓之襜。"谓衣有蔽膝的围裙。"妇人之袆谓之缡。"谓妇人嫁时有佩巾。"裳削幅谓之襭。"谓有专为家居而穿的"衣"、"裳"相连的深衣。衣服的颜色有红、青、黑、白等色。《释器》:"一染谓之缜。"郭璞注:"今之红也。"郝懿行义疏:"缜色在白赤黄之间。""再染谓之赪。"郭璞注:"浅赤。"郝懿行义疏引《说文》:"赤色也。""三染谓之纁。"郭璞注:"纁,绛也。"邵晋涵正义引《说文》:"绛,大赤也。""青谓之葱。"郭璞注:"浅青。""斧谓之黼。"郝懿行义疏引《说文》:"黑白相次。"

(2)食。食有谷米、肉、鱼,《释器》:"米者谓之糪。"陆德明释文引李巡:"米饭半腥半熟名糪。"《释言》:"糊,饘也。"郝懿行义疏:"饘者,《说文》云:'糜也。'……糊者,餬之假音也。""餬,糜也。"郝懿行义疏:"稠者曰糜。淖者曰餬。""餴、糇,食也。"郝懿行义疏引《方言》:"陈楚之内相谒而食麦饘谓之餴。"又证:"餴为濡食……亦为干食"。又引《说文》:糇,"干食也"。这些是以谷米做成的干饭、稀饭和干粮。《释器》:"肉谓之羹。"郭璞注:"肉臛。""鱼谓之鲊。"郭璞注:"鲊,鲝属也。""肉谓之醢。"郭璞注:"肉酱。""有骨者谓之臡。"郭璞注:"杂骨酱。"这些是以肉、鱼做成的各种食物。《释器》:"菜谓之蔌。"郭璞注:"蔌者,菜茹之总名。"《释天》:"蔬不熟为馑。"郭璞注:"凡草菜可食者,通名为蔬。"《释草》所载,很多为"草菜可食者",如"荼,苦菜"、"葵,牛蕲"、"蒚,葍"、"茨,委萎"、

"竹，萹蓄"、"芍，凫茈"等等，郭璞皆注为"可食"或"可啖"。《释木》："瓜曰华之，桃曰胆之，枣李曰疐之，榅梨曰钻之。"除此瓜、桃、枣、李、榅、梨之外，《释木》还收有许多其他瓜果，如"楙，木瓜"、"栯，栭"（子）、"杬，㯷梅"（子）、"樕，萝"（实）、"棯，楔其"（实）、"械，白桵"（实）等等，郭璞亦皆注为"可食"或"可啖"。饮品有酒，《释训》"饎，酒食"，又有植物饮料，《释木》"榎，柜柳〔柳〕"，郭璞注："皮可以煮作饮。"《释草》"蘱，牛蘈"，郭璞注："穗间有华，华紫缥色，可淋以为饮。"

（3）住。《释宫》："宫谓之室。室谓之宫。"《尔雅》的宫室并不是只指人所居住的房屋，而是包括人所居住的房屋在内的一个有机组合单位。《释宫》言"堂上"、"堂下"、"有室"、"无室"。"室"在后，"堂"在前；"室"为居人之处，"堂"为行礼之所。"牖户之间谓之扆。"郭璞注："窗东户西也。《礼》云：'斧扆者，以其所在处名之。'"室有窗牖、门户，一在东一在西。牖户之间有扆，扆即屏风。"东西墙谓之序"，序是中堂与东西堂间的两堵墙。"两阶间谓之乡。"郝懿行义疏："两阶者，堂之东西阶也。""堂途谓之陈。"郭璞注："堂下至门径也。""门侧之堂谓之塾。"郭璞注："夹门堂也。""中庭之左右谓之位。"郭璞注："群臣之列位也。""正门谓之应门。"郭璞注："朝门。""观谓之阙。"郭璞注："宫门双阙。"则堂前东西间有堂途，堂途通至路门，路门左右侧有夹门堂塾，塾前为中庭，中庭左右为位，中庭前为应门，应门左右有阙。室堂两侧还有附着的房、室，庙、寝亦在宫室之中。这大致就是古代宫室的主要构成。当然，《尔雅》所释的宫室断非平民所居而是天子诸侯所处。

（4）行。《释宫》有"一达谓之道路"至"九达谓之逵"，即自一出至九出的道路。郝懿行义疏引郑玄"道容二轨，路容三轨"以释道、路。由此可见《尔雅》时代在某些地域中道路的规模。载行工具有"舆"。《释宫》："舆，革前谓之鞎。"郝懿行义疏引《玉篇》："车乘也。"《释畜》有多种"千里马"，当亦用为乘载工具。

(五)《尔雅》的自然科学价值

《尔雅》除以上所论种种社会科学价值之外,还有其自然科学价值。

1. 研究自然科学理论发展的价值

我们举分类学为例。一般人认为自然科学的分类学在中国只是近现代的事,实则在中国自然科学史上,《尔雅》就最早地较有系统地给自然科学进行了分类。如《释草》《释木》为植物学;《释虫》《释鱼》《释鸟》《释兽》《释畜》为动物学。植物学、动物学又有次类,如《释草》为草本植物学,《释木》为木本植物学;《释虫》为昆虫学,《释鱼》为鱼类学等等。篇下还有用"属"表示次类的,如《释畜》有马属、牛属、羊属、狗属、鸡属等。请参上文"《尔雅》的内容"。

2. 研究自然科学实际发展水平的价值

《尔雅》反映了上古自然科学多方面的实际发展水平,由上文的衣、食、住、行的分析已经可以看出来。如《释宫》宫室建筑格局,反映了上古宫室的建筑水平;《释器》印染方法,反映了上古印染工艺的水平等等。此外,治陶、冶炼、铸造、切削、编织等上古自然科学的发展水平,《尔雅》中也有反映。

对《尔雅》自然科学价值的研究有着重要的意义。这种研究可以确立中国自然科学在世界自然科学史上的地位,增强中华民族的民族自尊心。以下举赵振铎师《郭璞〈尔雅注〉简论》中的两则研究来说明这一问题。

白鳖豚、大熊猫这两种动物,自然科学界认为是近现代才发现的,甚至认为是外国人发现的。如1993年国际熊猫节,一些报道就说大熊猫是19世纪时一个外国人发现的。实际上这两种动物在《尔雅》中就有记载。《释鱼》:"鳘,是鳅。"郭璞注:"鳘,鲟属也。体似鳝鱼,尾如鲴鱼,大腹,喙小锐而长,齿罗生上下相衔,鼻在额上,能作声,少肉多膏,胎生,健啖细鱼,大者长丈余,江中多有之。"从郭璞注的描写看,《尔雅》所载正是长江中的白鳖豚。《释兽》:"貘,白豹。"郭璞注:"似熊,小头,庳脚,黑白驳,能舐食铜铁及竹骨。骨节强直,中实少髓,皮辟湿。"前一段描写正是今天的大熊猫(《语文研究》1985 年第 1 期)。

《尔雅》虽有如此高的价值,但不可否认,《尔雅》本身也存在着许多不足之处。如训释词语过于简略,有些地方体例不够严谨等等即是。

六、《尔雅》的古今研究

据统计,自汉以来,有关《尔雅》研究的专著有二百余种,论文有一百余篇。这些论著大分之主要有三种类型:一、校注,二、资料汇辑,三、理论研究。

(一)《尔雅》的校注

汉魏有犍为文学、刘歆、樊光、李巡、孙炎五家注,后皆相继亡佚。晋有郭璞注。梁陈有沈旋、施乾、谢峤、顾野王四家注,亦已亡佚。唐有陆德明音义。宋有陆佃新义、邢昺疏、郑樵注。清代《尔雅》校注到了鼎盛时期,著作甚夥,以注为主的如邵晋涵正义和郝懿行义疏等,专事校勘的如严元照《尔雅匡名》、阮元《尔雅注疏校勘记》等。历代校注中,郭璞注是现存最早、对后世影响最大的著作,受到了历代学者的重视;邢昺疏刻入十三经,流传很广;邵、郝二家后出转精,颇为详善。这些著作疏释词义、考证名物、注明读音、校勘文字、阐述体例,为今天研读《尔雅》奠定了坚实的基础。

(二)《尔雅》的资料汇辑

汇辑《尔雅》资料也是《尔雅》研究的一项重要工作。以下介绍的是几种辑佚、目录、诂林方面的重要著作。

1. 辑佚著作

清代辑佚大兴,《尔雅》古注辑佚取得不少成果,主要有余萧客《尔雅古经解钩沉》、吴謇《孙氏尔雅正义拾遗》、陈鳣《尔雅集解》、严可均《尔雅一切注音》《郭璞尔雅图赞》、臧镛堂《尔雅汉注》、马国翰《玉函山房辑佚书》所辑《尔雅》十三种、黄奭《尔雅古义》、叶蕙心《尔雅古注斠》

八家。八家中又以余、臧、马、黄最为有名。这些辑佚著作对《尔雅》校注文献的恢复或部分恢复做出了贡献。

2. 目录著作

辑佚著作所辑为古注,目录著作中所辑的则主要是序跋、评论。清前如宋陈振孙《直斋书录解题》、晁公武《郡斋读书志》等目录已有所辑,但所辑最夥的是清代朱彝尊《经义考·尔雅》、谢启昆《小学考·尔雅》和胡元玉《雅学考》。这些著作亦大有益于雅学的研究。

3. 诂林著作

上世纪 90 年代,朱祖延仿《说文诂林》之例,主纂《尔雅诂林》一书,"汇《尔雅》众注于一帙,百家之说,或相增补,或相驳诘,枞缕而陈,莫衷一是。学者手此一编,循览故训,考核异同,了然如指诸掌,无翻检之劳,得筌蹄之助。"(《尔雅诂林》卷首朱祖延序第 3 页,湖北教育出版社1996 年版)此书对《尔雅》研究的进一步发展起到了推动的作用。

(三)《尔雅》的理论研究

真正的《尔雅》理论研究要迟至近现代,主要有释例、概论和专题研究三类。

1. 释例

《尔雅》体例的研究专著,最著名的有近人陈玉澍的《尔雅释例》和王国维的《尔雅草木虫鱼鸟兽释例》。当代又有数篇《尔雅》释例性的论文,如赵伯义的《尔雅亲官器乐天地丘山水释例》、李法白的《尔雅释词撮例》,赵仲邑师的《尔雅管窥》等。

2. 概论

《尔雅》概论性的专著,最有影响的是黄侃的《尔雅略说》和顾廷龙、王世伟的《尔雅导读》。重要论文亦有数篇,如丁忱《尔雅概说》、傅鉴明《尔雅和雅书》等。

3. 专题研究

《尔雅》专题研究主要是近现代的论文,篇目较多。如马文熙的《尔雅名义新探》、蒋元庆《尔雅篇目考》、周祖谟《尔雅之作者及其成书之年代》、何九盈《〈尔雅〉的年代和性质》、宛志文《论〈尔雅〉的词典属性》、张林川《论〈尔雅〉在训诂学方面的价值》、殷孟伦《从〈尔雅〉看古汉语词汇研究》、濮之珍《〈方言〉与〈尔雅〉的关系》、赵振铎师《扬雄〈方言〉是对〈尔雅〉的发展》、张清常《〈尔雅〉研究的回顾与展望》等。

4. 注译

徐朝华《尔雅今注》，是最早使用语体文为《尔雅》作注的注本，颇便当代大学生和青年读者阅读。胡奇光、方环海《尔雅译注》，除了给《尔雅》作注外，还最早尝试给《尔雅》作译，进一步减少了阅读理解《尔雅》的难度。

《尔雅》研究还有待于进一步的发展。我们认为，可做的工作首先当是搜集两千年来关于《尔雅》研究的各种资料以及《尔雅》的各种版本，然后从新的角度运用新的方法进行排比、归纳、分析、研究，撰出如下著作：一、《尔雅新注》，以口语体按现代科学要求，注释词语，说解篇章，以供今人阅读学习。二、《尔雅概论》，深入浅出地对《尔雅》一书做出介绍，可作为《尔雅》研读者的入门之书。三、《尔雅集释》，集众家代表性的注疏，考其得失，以供研究者使用。四、《尔雅研究史》，展示《尔雅》注疏及理论研究的历史，探讨《尔雅》研究的发展方向，成为专著。五、《尔雅论著汇编》，备收《尔雅》古今论著，以供参考。这些研究成果问世，在《尔雅》研究史上将具有里程碑的意义。

七、《尔雅》本次整理的凡例

（一）原文以同治四年（1865）郝氏家刻本《尔雅义疏》为依据，个别文字问题，参照历代传本和历代校勘成果予以订定。

（二）书证引自三百余种古籍。这些古籍均选用上好版本，如清阮元校刊《十三经注疏》、中华书局繁体标点通行本《二十四史》、世界书局《诸子集成》、中华书局《新编诸子集成》、中华书局《中国古典文学基本丛书》、商务印书馆《四部丛刊》等。

（三）分条基本依循义疏本，对义疏本少数分合不妥的条目做了必要的调整。

（四）每个条目均编有序号。序号由篇序与条序构成，如《释言第二》第一条"殷、齐，中也"，编为 2.001。

（五）根据为一般读者扫除阅读理解障碍的原则选择字词注音释义、翻译词条。

（六）本注释与某条目或某注释相关联时，用"参见"指明。

（七）引用《尔雅》注疏一类的书籍使用简称，如郭璞《尔雅注》、邢昺《尔雅疏》、郑樵《尔雅注》、邵晋涵《尔雅正义》、郝懿行《尔雅义疏》、黄侃《尔雅音训》等，分别简称为郭璞注、邢昺疏、郑樵注、邵晋涵正义、郝懿行义疏、黄侃音训等。其他常用书籍亦有使用简称的。

（八）卷末附《〈尔雅〉词语笔画索引》，以供查检《尔雅》原文词语使用。

管锡华

2014 年 3 月

释诂第一

【题解】

《释诂》与以下《释言》《释训》所收词语都属于一般词语。邢昺疏："释，解也。诂，古也。古今异言，解之使人知也。"这是大致的说法。说得比较确切一点，《释诂》一篇大抵是以通语易词解释古语、方言及疑难词语。其体例特点是以一词解释多词。本篇共有 191 条，解释 938 个词，平均每条约 4.91 个词。

1.001　初、哉①、首、基、肇②、祖、元③、胎④、俶⑤、落⑥、权舆⑦，始也。

【注释】

①哉：通"才"，甲骨文作✝，象草木出土即将长出枝叶的形状，引申有开始的意思。《书·武成》："厥四月，哉生明。"哉生明，月亮开始放出光辉。

②肇(zhào)：通"肁(zhào)"，刚开门，引申有开始的意思。古籍中常用通假字"肇"或"肇"。汉班固《东都赋》："更造夫妇，肇有父子。"肇有，始有。

③元：金文作┦，象人而突出头部，本义为人头，人头是人体的最上部

分，引申有开始的意思。《公羊传·隐公元年》："元年者何？君之始年也。"

④胎：怀胎，生命开始孕育，词义含有开始的意思。古籍中没有见到"胎"用为开始的例证，前人常引的例子有汉枚乘《上书谏吴王》："福生有基，祸生有胎。"例中"胎"与"基"对用，都是指事物的根源。"胎"与"始"是同源词的关系。

⑤俶（chù）：古籍中常放在动词的前面，表示开始动作或行动。《书·胤征》："俶扰天纪。"俶扰，开始扰乱。《诗·小雅·大田》："俶载南亩。"俶载，开始耕种。

⑥落：本义为树叶脱落，树木荣枯交替进行，枯后荣始，所以引申有开始的意思。《诗·周颂·访落》："访予落止。"商讨（国事）于我开始（执政的时候）。

⑦权舆：通"蘿蕍（quǎn yú）"，本义为草木始生，引申为开始、初始的意思。《诗·秦风·权舆》："今也每食无余，于嗟乎！不承权舆。"不承权舆，无法承继初始时的排场。

【译文】

初是起始、开端，哉（才）是开始，首是初始、开端，基是起头、开始，肇（肈）是开始，祖是初、开始，元是开始，胎含有开始的意思，俶是行为动作的开始，落是开始，权舆（蘿蕍）是开始、初始：它们有或者含有开始的意思，所以用始来解释。

1.002　林①、烝②、天③、帝④、皇⑤、王、后⑥、辟⑦、公、侯，君也⑧。

【注释】

①林：群聚、众多。《诗·小雅·宾之初筵》："籥舞笙鼓，乐既和奏……百礼既至，有壬有林。"有，又。壬，大，形容礼仪规模宏

大。林，多，形容礼仪项目众多。

②烝：众多。《书·益稷》："烝民乃粒，万邦作乂。"烝民，众民、百姓。

③天：本义为人的头顶，引申为空间的最高处，再引申为至高无上的君主。宋乐史《杨太真外传》卷上："（唐玄宗）封大姨为韩国夫人，三姨为虢国夫人，八姨为秦国夫人。同日拜命，皆月给钱十万，为脂粉之资。然虢国不施妆粉，自衒美艳，常素面朝天。"素面朝天，不施脂粉而朝见皇帝。

④帝：君主、皇帝。《史记·秦始皇本纪》："秦故王国，始皇君天下，故称帝。"

⑤皇：本义为大，引申为皇天，再引申为君主。汉班固《白虎通·爵》："何以言皇亦称天子也？以言其天覆地载俱王天下也。"唐杜牧《阿房宫赋》："王子皇孙，辞楼下殿。"

⑥后：甲骨文作𝕬，象女子生孩子，本指母系社会女性首领，后引申指男性君主。《楚辞·离骚》："昔三后之纯粹兮，固众芳之所在。"三后，指禹、汤、文王。

⑦辟（bì）：本义为法律、法度，古代法为君意，所以引申为君主。《书·洪范》："惟辟作福。"只有君主才有权替人造福。《旧唐书·太宗纪下》："末代已来，明辟盖寡，靡不矜黄屋之尊，虑白驹之过，并多拘忌，有慕遐年。"明辟，贤明的君主。

⑧君：兼有二义，一是君主，一是众多。王引之《经义述闻·尔雅上》："君字有二义，一为君上之君，天、帝、皇、王、后、辟、公、侯是也；一为群聚之群，林、烝是也……遍考经传之文，未有谓君为林、烝者，则林、烝之本训为群明矣。天、帝、皇、王、后、辟、公、侯为君上之君，林、烝为群聚之群，而得合而释之者，古人训诂之指本于声音，六书之用广于假借，故二义不嫌同条也。"

【译文】

林、烝是群聚的群，众多的意思；天、帝、皇、王、后、辟、公、侯是君上的君，君主的意思：它们有众多或者君主的意思，所以用君来解释。

1.003　弘、廓①、宏、溥②、介③、纯④、夏⑤、愤⑥、厐⑦、坟⑧、毂⑨、丕⑩、奕⑪、洪、诞⑫、戎⑬、骏⑭、假⑮、京⑯、硕、濯⑰、讦⑱、宇⑲、穹⑳、壬㉑、路㉒、淫、甫㉔、景㉕、废㉖、壮㉗、冢㉘、简㉙、箌㉚、昄㉛、晊㉜、将㉝、业㉞、蒇㉟，大也。

【注释】

①廓：广大、广阔。《史记·司马穰苴列传》："太史公曰：余读《司马兵法》，闳廓深远，虽三代征伐，未能竟其义。"李贺《春归昌谷》诗："狭行无廓路，壮士徒轻躁。"廓路，大路。

②溥（pǔ）：广大、大。《诗·大雅·公刘》："笃公刘，逝彼百泉，瞻彼溥原。"溥原，广大的平原。宋苏轼《申三省起请开湖六条状》："使民得汲用浣濯，且以备火灾，其利甚溥。"

③介：通"乔（jiè）"，大。《方言》卷一："乔，大也。东齐海岱之间曰乔，或曰愤。"《诗·小雅·楚茨》："报以介福，万寿无疆。"《诗·大雅·崧高》："锡尔介圭，以作尔宝。"

④纯：通"奄（chún）"，大。《诗·小雅·宾之初筵》："锡尔纯嘏，子孙其湛。"纯嘏（gǔ），大福。《汉书·礼乐志》："既畏兹威，惟慕纯德。"

⑤夏：大。《方言》卷一："夏，大也。自关而西秦晋之间凡物之壮大者而爱伟之谓之夏。"南朝梁刘孝标《辩命论》："瑶台夏屋，不能悦其神。"

⑥愤（hū）：大。东齐海岱之间也称大为愤。《诗·小雅·巧言》："无罪无辜，乱如此愤。"乱如此愤，乱这样大。

⑦厐（máng）：本义为石大，引申为大。《文选·司马相如〈封禅

文〉》："故轨迹夷易，易遵也；湛恩厖鸿，易丰也。"厖鸿，洪大、广大。厖、鸿，都是大的意思。宋王安石《估玉》诗："发视绀碧光属联，诏问与价当几千。众工让口无敢先，嗟我岂识厖与全。"

⑧坟：大土堆，引申有大的意思。《周礼·秋官·司烜氏》："凡邦之大事，共坟烛庭燎。"坟烛，大火炬。《韩非子·八奸》："其于德施也，纵禁财，发坟仓。"

⑨嘏（gǔ）：大。《方言》卷一："嘏，大也。宋鲁陈卫之间谓之嘏，或曰戎。"《逸周书·皇门》："王用有监，明宪朕命，用克和有成，用能承天嘏命。"明杨慎《江祀记》："惟明天子，不爱牲玉，礼仪具备，神降嘏福。"

⑩丕：大。《后汉书·张衡传》："厥迹不朽，垂烈后昆，不亦丕欤！"唐黄滔《御试良弓献问赋》："否则何以弘丕国于赫赫，垂宝祚于绵绵者哉！"

⑪奕：大。汉扬雄《太玄·格》："息金消石，往小来奕。""奕"与"小"相对，意为大。叠用为"奕奕"，常用来描写山的高大，如《诗·大雅·韩奕》："奕奕梁山，维禹甸之。"

⑫诞：本义为说大话，引申为大。《汉书·叙传下》："国之诞章，博载其路。"诞章，指国家大法。《文选·班固〈典引〉》："诞略有常，审言行于篇籍，光藻朗而不渝耳。"张铣注："言大略有古之常道。"诞略，远大的谋略。

⑬戎：大。宋鲁陈卫之间也称大为戎。《书·盘庚上》："乃不畏戎毒于远迩。"戎毒于远迩，大大毒害远近的臣民。《诗·周颂·烈文》："念兹戎功，继序其皇之。"

⑭骏：本义为良马，引申有大的意思。《诗·大雅·文王》："宜鉴于殷，骏命不易。"骏命，大命，指上天或帝王的命令。宋岳珂《金陀萃编》卷二十七："几岁凶祸结，八日竣工成。"

⑮假：通"嘏"，大。《楚辞·大招》："琼毂错衡，英华假只。"英华假

只,英华照耀,大有光明。只,句末语助词。《史记·司马相如传》:"舜在假典,顾省厥遗。"假典,大典,指重位。

⑯京:人工筑起的高丘,引申有大、高大的意思。《汉书·扬雄传上》:"乘巨鳞,骑京鱼。"《文选·张衡〈西京赋〉》:"燎京薪,骇雷鼓。"

⑰濯:大、盛大。《方言》卷一:"濯,大也。荆吴扬瓯之郊曰濯。"《诗·大雅·文王有声》:"王公伊濯,维丰之垣。"言文王功绩大如丰邑的垣墙。明徐光启《大司马海虹先生文集叙》:"有赫濯之功而不标其迹,有汪涉之泽而不居其名。"赫濯,显赫而盛大。

⑱訏(xū):大。《方言》卷一:"訏,大也。中齐、西楚之间曰訏。"《诗·郑风·溱洧》:"且往观乎? 洧之外,洵訏且乐!"洵訏且乐,确实大而且快乐。明刘基《维泽有蒲》诗:"我罪实訏,父母何辜?"

⑲宇:本义为屋檐,引申有天宇的意思,再引申为大。《荀子·非十二子》:"饰邪说,文奸言,以枭乱天下,喬宇嵬琐,使天下混然,不知是非治乱之所存者,有人矣。"喬宇嵬琐,欺诈夸大,怪诞鄙俗。

⑳穹:本义为物体中间隆起四周下垂的样子,引申有苍穹的意思,再引申为大。《文选·司马相如〈上林赋〉》:"赴隘陕之口,触穹石,激堆埼。"宋梅尧臣《庙子湾辞》:"我今语神神听不? 何不归海事阳侯? 穹鱼大龟非尔俦,奚必区区此汴沟。"

㉑壬:《说文解字·壬部》:"象人怀妊之形。"怀孕腹大,引申有大的意思。《诗·小雅·宾之初筵》:"百礼既至,有壬有林。"

㉒路:本义为道路,道路四通八达,引申有大的意思。上古常用来形容房屋车马弓箭。《诗·鲁颂·閟宫》:"松桷有舄,路寝孔硕。"路寝,正厅、大厅。《诗·大雅·韩奕》:"其赠维何? 乘马路车。"《礼记·曲礼上》:"乘路马,必朝服。"《史记·孝武本纪》:"路弓乘矢,集获坛下,报祠大飨。"

㉓淫:久雨为淫,引申有大的意思。《诗·周颂·有客》:"既有淫

威,降福孔夷。"《说苑·至公》:"臣为令尹十年矣,国不加治,狱讼不息,处士不升,淫祸不讨。"

㉔甫:男子美称,古人意识美、大同类,故引申有大的意思。《诗·齐风·甫田》:"无田甫田,维莠骄骄。"无田甫田,不要耕种大田。第一个"田"是动词,耕种的意思。《诗·小雅·车攻》:"田车既好,四牡孔阜,东有甫草,驾言行狩。"甫草,广大丰茂的草地。

㉕景:本义为日光,引申有大的意思。《国语·晋语二》:"景霍以为城,而汾、河、涑、浍以为渠。"景霍,高大的霍山。《宋书·文帝纪》:"今方隅乂宁,戎夏慕向,广训胄子,实维时务。便可式遵成规,阐扬景业。"

㉖废:通"疕(fú)",大、夸大。《列子·杨朱》:"凡此诸阋,废虐之主。"废虐之主,大残害的主因。《逸周书·官人》:"华废而诬,巧言令色,皆以无为有者也。"华废而诬,言语夸大而不实。

㉗壮:本义为人体高大,引申为大的意思。《汉书·食货志下》:"小钱径六分,重一铢,文曰'小钱直一'。……次九分,七铢,曰'中钱三十'。次一寸,九铢,曰'壮钱四十'。""小钱""中钱""壮钱"相对,壮钱即大钱。

㉘冢:本义为高大的坟墓,引申为大的意思。《诗·大雅·绵》:"乃立冢土,戎丑攸行。"冢土,大社,天子祭神的地方。《逸周书·商誓》:"尔冢邦君,无敢其有不告,见于我有周其比。"冢邦君,大邦君长。

㉙简:本义为竹简,竹简疏节阔目,引申有大的意思。《诗·邶风·简兮》:"简兮简兮,方将万舞。"简兮,描写舞师高大魁梧。《淮南子·说山训》:"周之简圭,生于垢石。"简圭,大圭。

㉚菿(dào):本义为草大,引申为大的意思。通作"倬",《诗·小雅·甫田》:"倬彼甫田,岁取十千。"《韩诗》"倬"作"菿"。描写田地广大。

㉛畈（bǎn）：大。《诗·大雅·卷阿》："尔土宇畈章，亦孔之厚矣。"畈章，大明。

㉜旺（zhì）："至"字之误。至，大。王引之《经义述闻·尔雅上》引王念孙说"旺"作"至"是，"作'旺'者，涉上文'畈'字从'日'而误"。《易·坤》："至哉坤元，万物资生。"《战国策·秦策一》："商君治秦，法令至行。"至行，大行，广为推行。

㉝将：大。《方言》卷一："将，大也。燕之北鄙、齐楚之郊或曰京，或曰将。"《诗·商颂·长发》："有娀方将，帝立子生商。"方将，正兴盛强大。汉扬雄《法言·孝至》："夏、殷、商之道将兮，而以延其光。"

㉞业：本义为乐器架横木上悬挂钟、鼓、磬等刻如锯齿形的大版，引申为高大的意思。《诗·小雅·采薇》："戎车既驾，四牡业业。"业业，形容高大雄壮。《后汉书·班彪传附班固》："增盘业峨，登降照烂，殊形诡制，每各异观。"业峨，形容高大巍峨。

㉟蒻：宽大。《诗·郑风·缁衣》："缁衣之蒻兮，敝予又改作兮。"

【译文】

弘是大、广，廓是广大、广阔，宏是大、宏大，溥是广大、大，介（乔）、纯（奄）、夏、怃、厖、坟、嘏、丕、奕、洪、诞、戎、骏、假（嘏）是大、京是大、高大，硕是大、濯是大、盛大，讦、宇、穹、壬、路、淫、甫、景是大，废（弇）是大、夸大，壮、冢、简、箌、畈、旺[至]、将是大，业是高大，蒻是宽大：它们都有大的意思。

1.004　怃①、厖②，有也。

【注释】

①怃（hū）："怃"有覆盖的意思，引申为拥有。《诗·鲁颂·閟宫》："奄有龟蒙，遂荒大东。"郭璞注引"荒"作"怃"。"荒（怃）"与"有"对

用,义同。

②厖(máng):"厖"有大的意思,引申为丰、厚,大、丰、厚与有义相
　　通。古籍中没有见到"厖"用为有的例证。

【译文】

帙是拥有,厖是与大、丰、厚相通之有:它们有或者含有有的意思。

1.005　迄、臻①、极②、到、赴、来、吊③、艐④、格⑤、戾⑥、
怀⑦、摧⑧、詹⑨,至也。

【注释】

①臻(zhēn):到达。《诗·邶风·泉水》:"遄臻于卫,不瑕有害。"遄
　　臻,快速赶到。汉桓宽《盐铁论·世务》:"德行延及方外,舟车所
　　臻,足迹所及,莫不被泽。"

②极:本义为屋脊的栋梁,引申为顶点,再引申为到达。《诗·小
　　雅·绵蛮》:"岂敢惮行? 畏不能极。"唐柳宗元《游黄溪记》:"北
　　之晋,西适豳,东极吴,南至楚、越之交,其间名山水而州者以百
　　数,永最善。""之""适""极""至"对用,都是到达的意思。

③吊(dì):来到。《诗·小雅·天保》:"神之吊矣,诒尔多福。"《聊斋
　　志异·巩仙》:"遂探袖中出美人置地上,向王稽拜已。道士命扮
　　'瑶池宴'本,祝王万年。女子吊场数语。道士又出一人,自白
　　'王母'。"吊场,到场。

④艐(jiè):本义为船触沙搁浅,音 kè;引申为到达,音 jiè。《史记·
　　司马相如列传》:"纠蓼叫奡蹋以艐路兮,蔑蒙踊跃腾而狂趡。"蹋
　　以艐路,车马踏到大路上。

⑤格:前来、到来。《书·舜典》:"帝曰:格汝舜,询事考言,乃言底
　　可绩。三载汝陟帝位。""格汝舜,来吧舜啊。《礼记·月令》:"(孟
　　夏)行春令,则蝗虫为灾暴风来格。"下文有:"(季秋)行春令,则

暖风来至。""来格"即"来至"。

⑥戾(lì):本义为弯曲,引申为到、到达。《方言》卷一:"戾,至也。
　　戾,楚语也。"《诗·大雅·旱麓》:"鸢飞戾天,鱼跃于渊。"《国
　　语·鲁语上》:"天灾流行,戾于弊邑,饥馑荐降,民赢几卒。"

⑦怀:本义为怀念、思念,引申有归向的意思,再引申为来、来到的
　　意思。《诗·齐风·南山》:"既曰归止,曷又怀止?"郑玄笺:"怀,
　　来也。"归,出嫁。《后汉书·张衡传》:"天爵高悬,得之在命,或
　　不速而自怀,或羡旃而不臻,求之无益,故智者面而不思。""怀"
　　与"臻"对用,都是来到的意思。

⑧摧:本义为推挤,引申为抵达、到。《文选·张衡〈东京赋〉》:"辩
　　方位而正则,五精帅而来摧。"五精帅而来摧,五帝和五方星精就
　　会一起来到明堂。来摧,来到。

⑨詹(zhān):到达。《方言》卷一:"詹,至也。詹,楚语也。"《诗·小
　　雅·采绿》:"终朝采蓝,不盈一襜,五日为期,六日不詹。"宋王安
　　石《和平甫舟中望九华山二首》之二:"谁谓九华远,吾身未
　　尝詹。"

【译文】

迨是至、到、臻、极是到达,到是来到、到达,赴是前往、去到,来是归
来、来到,吊是来到,艐是到达,格是前来、到来,戾是到、到达,怀是来、
来到,摧是抵达、到,詹是到达:它们都有到达的意思。

1.006　如①、适②、之③、嫁④、徂⑤、逝⑥,往也。

【注释】

①如:本义为从随、随顺,引申有"到……去"的意思。《左传·僖公
　　四年》:"夏,楚子使屈完如师。师退,次于召陵。"如师,到齐国军
　　队中去。《史记·项羽本纪》:"坐须臾,沛公起如厕,因招樊

哙出。"

②适：去、往。《诗·郑风·缁衣》："适子之馆兮，还予授子之粲兮。"粲，通"餐"，饭食。《史记·孔子世家》："孔子遂适卫，主于子路妻兄颜浊邹家。"主，寄住。

③之：本义为草木出生滋长，引申为到、前往。《诗·鄘风·载驰》："百尔所思，不如我所之。"《史记·鲁周公世家》："齐景公无信，不如早之晋。"

④嫁：女子出嫁，引申为往、赴。《列子·天瑞》："子列子居郑圃，四十年人无识者……国不足，将嫁于卫。"

⑤徂(cú)：往、去。《诗·豳风·东山》："我徂东山，慆慆不归。"《汉书·武五子传》："朕命将帅，徂征厥罪。"徂征，前往征讨。

⑥逝：往、去。《诗·邶风·二子乘舟》："二子乘舟，泛泛其逝。"逝，往而不还。《史记·高祖本纪》："公等皆去，吾亦从此逝矣！"

【译文】

如是到某处去，适是去、往，之是到、前往，嫁是往、赴，徂、逝是往、去：它们都有往到、去赴的意思。

1.007　贲①、贡②、锡③、畀④、予、贶⑤，赐也。

【注释】

①贲(lài)：赏给、赐予。《书·汤誓》："尔尚辅予一人，致天之罚，予其大贲汝，尔无不信，朕不食言。"《魏书·食货志》："灵太后曾令公卿已下任力负物而取之，又数贲禁内左右，所费无赀，而不能一丐百姓也。"

②贡：本义为进贡，进献方物于帝王。下进献上也是给予，引申为赐予。《史记·乐书》："歌曲曰：'太一贡兮天马下，沾赤汗兮沫流赭。'"太一贡，太一恩赐。字或用"赣"，《淮南子·精神训》：

"今赣人敖仓,予人河水,饥而餐之,渴而饮之。""赣"与"予"对用,都是赐予的意思。

③锡(cì):通"赐",赐予。《公羊传·庄公元年》:"王使荣叔来锡桓公命。锡者何? 赐也。"《史记·宋微子世家》:"而安而色,曰予所好德,女则锡之福。"

④畁(bì):给予、赐予。《诗·鄘风·干旄》:"彼姝者子,何以畁之?"下章:"彼姝者子,何以予之?""畁""予"同义。《礼记·祭统》:"夫祭有畀辉、胞、翟、阍者,惠下之道也……畀之为言与也,能以其余畀其下者也。"

⑤贶(kuàng):赐给、赐予。《诗·小雅·彤弓》:"我有嘉宾,中心贶之。"贶之,恩赐诸侯彤弓。南朝宋鲍照《拟古》诗之三:"羞当白璧贶,耻受聊城功。"

【译文】

赍是赏给、赐予,贡、锡(赐)是赐予,畀是给予、赐予,予是赐予、授予,贶是赐给、赐予:它们都有赐予、给予的意思。

1.008　仪①、若②、祥③、淑④、鲜⑤、省⑥、臧⑦、嘉、令⑧、类⑨、绑⑩、縠⑪、攻⑫、穀⑬、介⑭、徽⑮,善也。

【注释】

①仪:本义为法度、准则,引申为合理、适宜,再引申为美善。《诗·小雅·斯干》:"无非无仪,唯酒食是议,无父母诒罹。"无非无仪,谓有非有善都不是妇人之事。

②若:有顺从的意思,引申为善、和善。《商君书·慎法》:"外不能战,内不能守,虽尧为主,不能以不臣谐所谓不若之国。"《汉书·礼乐志》:"神若宥之,传世无疆。"

③祥:本义为幸福、吉利,引申为善、好。《书·君奭》:"我亦不敢知

曰，其终出于不祥。"其终出于不祥，谓殷灭亡，其因出于不善。
《墨子·天志中》："且夫天下盖有不仁不祥者，曰：当若子之不事
父，弟之不事兄，臣之不事君也。"

④淑：本义为水清澈，引申为善良、美好。《诗·小雅·鼓钟》："淑
人君子，怀允不忘。"《文选·陆机〈君子有所思行〉》："淑貌色斯
升，哀音承颜作。"

⑤鲜：本义为鱼名。引申有鲜鱼、新鲜、鲜丽的意思，再引申有美、
善的意思。《诗·邶风·新台》："燕婉之求，籧篨不鲜。"籧篨(qú
chú)，有丑疾不能俯身的人。《诗·小雅·北山》："嘉我未老，鲜
我方将。"

⑥省(xǐng)：本义为视察、察看，明察审视为善，所以引申有善的意
思。《礼记·大传》："大夫士有大事，省于其君，干祫及其高祖。"
孔颖达疏："大夫士有勋劳大事为君所善者，则此是识深，故君许
其祫祭至于高祖。"

⑦臧(zāng)：善、好。《书·冏命》："发号施令，罔有不臧。"南朝梁任
昉《齐竟陵文宣王行状》："他人之善，若己有之；民之不臧，公实
贻耻。"

⑧令：发出命令，引申有善、美好的意思。《诗·大雅·卷阿》："如
圭入璋，令闻令望。"唐韩愈《许国公神道碑铭》："有弟有子，提兵
守藩，一时三侯，人莫敢扳。生莫与荣，殁莫与令，刻文此碑，以
鸿厥庆。"

⑨类：本义为种类，引申有法式、法则的意思，再引申有善、美好的
意思。《书·太甲中》："予小子不明于德，自厎不类。"自厎(dǐ)不
类，自己招致不善。厎，招致。

⑩綝(chēn)：良善。古籍中没有见到"綝"用为良善的例证。《说文
解字》《广雅》都有"綝，止也"的解释，王引之《经义述闻·尔雅上》
引王念孙《广雅疏证》说："止有安善之义，故字之训为止者，亦训

为善。"

⑪彀(gòu)：张满弓弩，引申为善射的人，《尔雅》解释为善，郝懿行义疏："彀者，张弓之善也，射必至于彀，犹学必至于善，故彀有善义。"但古籍中没有见到"彀"用为善的例证。

⑫攻：通"工"，善于、善长。《战国策·西周策》："败韩、魏，杀犀武，攻赵，取蔺、离石、祁者，皆白起。是攻用兵，又有天命也。"后"攻"通"工"。

⑬穀(谷)：本义为谷物，引申有养育的意思，再引申有善待、美善的意思。《诗·小雅·黄鸟》："此邦之人，不我肯谷。言旋言归，复我邦族。"不我肯谷，不肯善待我。《管子·禁藏》："气情不营，则耳目谷，衣食足。"

⑭介：通"价"，善良、美善。《荀子·君道》："故君人者，爱民而安，好士而荣，两者无一焉而亡。《诗》曰：'介人维藩，大师维垣。'此之谓也。"介人，善人、大德之人。

⑮徽：本义为绳索，引申有止的意思，止有安善之义，所以引申有完善、美善的意思。《书·舜典》："慎徽五典，五典克从。"慎徽五典，慎重完善五种常法。《诗·大雅·思齐》："大姒嗣徽音，则百斯男。"徽音，指令闻美誉。

【译文】

仪是美善，若是善、和善，祥是善、好，淑是善良、美好，鲜是美、善，省是认为美善，臧是善、好，嘉是美善、良好，令、类是善、美好，绿是良善，穀(谷)是善长，攻(工)是善于、善长，穀(谷)是善待、美善，介(价)是善良、美善，徽是完善、美善：它们有善美或者善长的意思，所以用善来解释。

1.009　舒①、业②、顺，叙也③。

【注释】

①舒:郝懿行义疏:"舒缓与次第义近……《常武》释文:'舒,序也。一本作舒,徐也。'是徐、序通,序即叙也。"但《诗·大雅·常武》"王舒保作,非绍非游"之"舒"后人多解释为舒缓、从容,古籍中没有见到"舒"用为次序的例证。

②业:本义为乐器架横木上悬挂钟、鼓、磬等刻如锯齿形的大版,大版悬挂钟、鼓、磬等井然有序,所以引申有依次、次序的意思。《国语·晋语四》:"信于令,则时无废功。信于事,则民从事有业。"

③叙:次序、次第。《淮南子·本经训》:"四时不失其叙,风雨不降其虐。"清阮元《畴人传·王锡阐下》:"日月虽有朓朒,而朓朒未尝无叙。"朓朒(tiǎo nù),旧历月末月见于西方和月初月见于东方。

【译文】

舒是次序,业是依次、次序,顺是顺序、次序:它们都有次序、次第的意思。

1.010　舒①、业②、顺、叙③,绪也④。

【注释】

①舒:郭璞注"端绪",古籍中没有见到"舒"用为端绪的例证。

②业:依次、次序则有端始,所以引申有开端、创始的意思。《史记·太史公自序》:"秦失其道,豪桀并扰,项梁业之,子羽接之。"《后汉书·马援传》:"(援)间复南讨,立陷临乡,师已有业,未竟而死。"

③叙:由次序、次第引申为头绪、条理。三国魏曹植《社颂》:"建国承家,莫不攸叙。"攸,《初学记》十三引作"修"。唐杜淹《文中子

世家》："府君叹曰：'吾视王道未有叙也，天下何为而一乎？'"

④绪：本义为丝头，引申为头绪、开端。《素问·至真要大论》："故治病者必明六化分治，五味五色所生，五藏所宜，乃可以言盈虚病生之绪也。"《晋书·陶侃传》："千绪万端，罔有遗漏。"

【译文】

舒是端绪，业是开端、创始，顺是端绪，叙是头绪、条理：它们有头绪、端始或者开端、创始的意思，所以用绪来解释。

1.011　怡①、怿②、悦、欣、衍③、喜、愉、豫④、恺⑤、康⑥、妉⑦、般⑧，乐也。

【注释】

①怡：和悦、快乐。《国语·周语下》："晋国有忧未尝不戚，有庆未尝不怡。"《楚辞·九章·哀郢》："心不怡之长久兮，忧与愁之相接。"

②怿（yì）：喜悦、快乐。《书·康诰》："我维有及，则予一人以怿。"《史记·廉颇蔺相如列传》："于是秦王不怿，为一击缶。"

③衍（kàn）：和乐、愉快。《诗·小雅·南有嘉鱼》："君子有酒，嘉宾式燕以衍。"《晋书·谢安传》："从容而杜奸谋，宴衍而清群寇。"

④豫：喜悦、欢快。《孟子·公孙丑下》："孟子去齐，充虞路问曰：'夫子若有不豫色然。'"南朝宋颜延之《赠王太常》诗："豫往诚欢歇，悲来非乐阕。"

⑤恺（kǎi）：安乐、欢乐。《庄子·天道》："中心物恺，兼爱无私。"物恺，愿各物安乐。

⑥康：安乐、和悦。《诗·唐风·蟋蟀》："无已大康，职思其居。"大康，过度安乐。《礼记·乐记》："啴谐慢易繁文简节之音作，而民康乐。"

⑦妉（dān）：快乐、愉悦。宋苏轼《东湖》诗："嗟予生虽晚，考古意所妉。"古籍中或用通假字"湛（dān）"。《诗·小雅·鹿鸣》："鼓瑟

鼓琴,和乐且湛。"湛,久乐尽兴。

⑧般(pán):本义为旋转,引申为盘桓、徘徊,再引申为快乐、游乐。《逸周书·祭公》:"允乃诏,毕桓于黎民般。"《后汉书·班彪传》:"乐不极般,杀不尽物。"

【译文】

怡是和悦、快乐,怿是喜悦、快乐,悦是欢乐、喜悦,欣是喜悦、欣幸,衎是和乐、愉快,喜是快乐、高兴,愉是快乐、和悦,豫是喜悦、欢快,恺是安乐、欢乐,康是安乐、和悦,妉是快乐、愉悦,般是快乐、游乐:它们都有快乐、喜悦的意思。

1.012　悦①、怿②、愉③、释④、宾⑤、协⑥,服也。

【注释】

①悦:欢喜、喜悦,引申有悦服的意思。《书·武成》:"大赉于四海,而万姓悦服。"《后汉书·张玄传》:"温闻大震,不能对,良久谓玄曰:'处虚,非不悦子之言,顾吾不能行,如何?'"

②怿:喜悦、快乐,引申有悦服的意思。《诗·小雅·节南山》:"既夷且怿,如相酬矣。"

③愉:本义为快乐、和悦,郭璞注:"谓喜而服从。"古籍中没有见到"愉"用为悦服的例证。

④释(yì):通"怿",悦服。《书·梓材》:"肆王惟德用,和怿先后迷民。"和怿先后迷民,让殷商遗民心悦诚服地服从统治。

⑤宾:宾客,引申有服从、归顺的意思。《国语·楚语上》:"蛮夷戎狄,其不宾也久矣。"唐王珪《咏汉高祖》:"十月五星聚,七年四海宾。"

⑥协:本义为协合、和谐,引申有悦服、顺服的意思。《书·微子之命》:"上帝时歆,下民祗协。"唐韩愈《奏汴州得嘉禾嘉瓜状》:"迩无不协,远无不宾。"

【译文】

悦、怿、愉、释(怿)是悦服,宾是服从、归顺,协是悦服、顺服:它们都有悦服、服从的意思。

1.013　遹①、遵②、率③、循④、由、从,自也。

【注释】

①遹(yù):遵从、遵循。《书·康诰》:"今民将在祇遹乃文考,绍闻衣德言。"祇(zhī)遹乃文考,恭敬地遵循你父亲文王的传统治理国家。古籍中没有见到"遹"用为沿着、顺着的例证。

②遵:沿着、顺着。《诗·豳风·七月》:"女执懿筐,遵彼微行。"

③率(shuài):本义为捕鸟网,引申有率领的意思,再引申有沿着、顺着的意思。《诗·大雅·绵》:"古公亶父,来朝走马。率西水浒,至于岐下。"汉蔡邕《述行赋》:"率陵阿以登降兮,赴偃师而释勤。"释勤,消除辛劳。

④循:沿着、顺着。《左传·僖公四年》:"若出于东方,观兵于东夷,循海而归,其可也。"《汉书·李陵传》:"明日复战,斩首三千余级。引兵东南,循故龙城行。"

【译文】

遹是遵从、遵循,遵、率、循是沿着、顺着,由、从是经由、自从:它们有遵从、遵循、沿着、顺着或者经由、自从的意思,所以用自来解释。

1.014　遹①、遵②、率③,循也④。

【注释】

①遹:遵从、遵循。参见1.013条。

②遵：由沿着、顺着义引申为遵循、依从。《书·洪范》："无偏无陂，
　遵王之义。"《史记·周本纪》："西伯曰文王，遵后稷、公刘之业，
　则古公、公季之法，笃仁，敬老，慈少。"

③率：由沿着、顺着义引申为遵循、顺服。《诗·大雅·假乐》："不
　愆不忘，率由旧章。"

④循：由沿着、顺着义引申为依循、遵从。《墨子·经上》："循所闻
　而得其意。"《玉台新咏·古诗为焦仲卿妻作》："奉事循公姥，进
　止敢自专？"

【译文】

遹是遵从、遵循，遵是遵循、依从，率是遵循、顺服：它们都有依循、
遵从的意思。

1.015　靖①、惟②、漠③、图、询④、度⑤、咨⑥、诹⑦、究⑧、
如⑨、虑、谟⑩、猷⑪、肇⑫、基⑬、访⑭，谋也。

【注释】

①靖(jìng)：本义为安定，引申为使安定，再引申有谋虑、谋议的意
　思。《书·盘庚上》："则惟汝众自作弗靖，非予有咎。"自作弗靖，
　自己造成，不是谋虑所致。《汉书·韦贤传》："嗟我后人，命其靡
　常，靖享尔位，瞻仰靡荒。"靖享，谋虑周密，以使称职。

②惟：思考、谋划。《书·盘庚中》："盘庚作，惟涉河以民迁。"《诗·
　大雅·生民》："载谋载惟，取萧祭脂。""谋""惟"义近。

③漠：通"谟"，谋划、谋虑。郝懿行义疏："漠者，'莫'之假音也。"
　《诗》'圣人莫之'，毛传：'莫，谋也。'"《诗·小雅·巧言》："秩秩
　大猷，圣人莫之。"古籍中没有见到"漠"用为谋的例证。

④询：本义为询问，引申为查考、谋划。《书·舜典》："格汝舜，询事
　考言，乃言底可绩。"底(dǐ)可绩，一定可以成功。《文选·张衡

〈东京赋〉》:"访万机,询朝政。"

⑤度(duó):本义为测量、计算,引申有谋虑、谋划的意思。《国语·晋语四》:"及其即位也,询于八虞而谘于二虢,度于闳夭而谋于南宫,诹于蔡原而访于辛尹,重之以周邵毕荣,亿宁百神,而柔和万民。"

⑥咨:询问、商议。《书·尧典》:"咨十有二牧。"南朝宋刘义庆《世说新语·政事》:"贾充初定律令,与羊祜共咨太傅郑冲。"

⑦诹(zōu):咨询、商议。《诗·小雅·皇皇者华》:"载驰载驱,周爰咨诹。"《仪礼·特牲馈食礼》:"特牲馈食之礼,不诹日。"诹日,商量选择吉日。

⑧究:本义为穷尽,引申有探求的意思,再引申为谋划的意思。《诗·大雅·皇矣》:"维彼四国,爰究爰度。"唐柳宗元《方城命愬守也卒入蔡得其大丑以平淮右》:"是究是咨,皇德既舒。"

⑨如:通"茹",猜度、估计。《诗·邶风·柏舟》:"我心匪鉴,不可以茹。"

⑩谟(mó):本义为计谋、谋略,引申为谋划、谋虑。《庄子·大宗师》:"古之真人,不逆寡,不雄成,不谟士。"谟士,谋虑事情。士,通"事"。《后汉书·左雄传》:"伏见议郎左雄,数上封事,至引陛下身遭难戹以为警戒,实有王臣謇謇之节、周公谟成王之风。"

⑪猷(yóu):谋划、计划。明何景明《确山县修城记》:"上猷于心,下宣诸力。"

⑫肇:有开始义,引申有谋划、图谋的意思。《诗·大雅·江汉》:"召公是似,肇敏戎公,用锡尔祉。"毛传:"肇,谋;敏,疾;戎,大;公,事也。"

⑬基:有基始义,引申有谋划、经营的意思。《书·康诰》:"周公初基作新大邑于东国洛。"

⑭访:本义为咨询,引申有谋议的意思。《周礼·春官·内史》:"掌

叙事之法,受纳访以诏王听治。"《国语·楚语上》:"教之令,使访物官;教之语,使明其德,而知先王之务用明德于民也。"使访物官,使议知百官的职事。

【译文】

靖是谋虑、谋议,惟是思考、谋划,漠(谟)是谋划、谋虑,图是谋划、计议,询是查考、谋划,度是谋虑、谋划,咨是询问、商议,诹是咨询、商议,究是谋划,如(茹)是猜度、估计,虑是考虑、谋划,谟是谋划、谋虑,猷是谋划、计划,肇是谋划、图谋,基是谋划、经营,访是谋议:它们都有谋虑、谋划的意思。

1.016　典①、彝②、法③、则④、刑⑤、范⑥、矩⑦、庸⑧、恒、律⑨、戞⑩、职⑪、秩⑫,常也。

【注释】

①典:简册、经籍,引申为常道、准则。《书·皋陶谟》:"天叙有典,勅我五典五惇哉!"勅,同"敕"。五典,五种常则,指五种伦常道德,即父义、母慈、兄友、弟恭、子孝。《史记·礼书》:"乃以太初之元改正朔,易服色,封太山,定宗庙百官之仪,以为典常,垂之于后云。"

②彝(yí):古代青铜祭器的通称,引申为常性、常规。《诗·大雅·烝民》:"民之秉彝,好是懿德。"宋王安石《进洪范传表》:"臣闻天下之物,小大有彝,后先有伦。"

③法:刑法、法律,引申有常规、常理的意思。《孙子·军争》:"倍道兼行,百里而争利,则擒三将军。劲者先,罢者后,其法十一而至。"宋辛弃疾《议练民兵守淮疏》:"窃计两淮户口不减二十万,聚之使来,法当半至,犹不减十万。"

④则:划分等级,引申有准则、法则的意思。《楚辞·离骚》:"虽不

周于今之人兮,愿依彭咸之遗则。"晋陆机《文赋》:"俯贻则于来叶,仰观象于古人。"

⑤刑:通"型",有典范、法度的意思。南朝梁刘勰《文心雕龙·奏启》:"必使理有典刑,辞有风轨。"

⑥范:有模型、模子的意思,引申为典范、法则。《汉书·王莽传上》:"陛下奉天洪范,心合宝龟,膺受元命,豫知成败。"《三国志·魏书·邓艾传》:"邓艾字士载……读故太丘长陈寔碑文,言'文为世范,行为士则',艾遂自名范,字士则。"

⑦矩:本义为画方形或直角的曲尺,引申为法度、常规。《论语·为政》:"七十而从心所欲,不逾矩。"三国魏曹植《矫志》诗:"覆之焘之,顺天之矩。"

⑧庸:用,引申有经常、平常的意思。《易·乾》:"庸言之信,庸行之谨。"孔颖达疏:"庸谓中庸、庸常也。"《孟子·告子上》:"庸敬在兄,斯须之敬在乡人。"赵岐注:"庸,常也。"再引申有常人、众人的意思。汉扬雄《法言·五百》:"圣人无益于庸也。"汪荣宝义疏:"谓圣人无补于众人也。"

⑨律:古代用来校正乐音标准的管状仪器,以管的长短确定音阶高低,引申有规律、规则的意思。《淮南子·览冥训》:"昔者黄帝治天下,而力牧、太山稽辅之,以治日月之行律。"行律,运行的规律。

⑩戛(jiá):本义为戟,古代戟类兵器或用为仪仗,所以引申有常礼、常法的意思。《书·康诰》:"不率大戛,矧惟外庶子、训人。"

⑪职:职务、职责,引申有正常的意思,多指常业、常道。《史记·季布传》:"臣各为其主用,季布为项籍用,职耳。"《汉书·武帝纪》:"有冤失职,使者以闻。"失职,失其常业及常理。

⑫秩:次序,引申为常规、常态。《诗·小雅·宾之初筵》:"是曰既醉,不知其秩。"

【译文】

典是常道、准则，彝是常性、常规，法是常规、常理，则是准则、法则，刑(型)是典范、法度，范是典范、法则，矩是法度、常规，庸是平常、常人，恒是常规、法则，律是规律、规则，夏是常礼、常法，职是常业、常道，秩是常规、常态：它们都有恒常、常规的意思。

1.017　柯①、宪②、刑③、范、辟④、律、矩、则⑤，法也。

【注释】

①柯(kē)：斧柄，引申有法则的意思。郝懿行义疏："柯与矩皆法之所从出，因亦训法矣。"古籍中没有见到"柯"用为法则的例证。

②宪：法令、法度。《管子·立政》："正月之朔，百吏在朝，君乃出令，布宪于国。"《晋书·后妃传序》："是以哲王垂宪，尤重造舟之礼。"

③刑：本义为惩罚、处罚，引申有刑法、法度的意思。《书·吕刑》："王享国百年，耄荒，度作刑以诘四方。"唐韩愈《送浮屠文畅师序》："道莫大乎仁义，教莫正乎礼乐刑政。"

④辟(pì)：法度、刑法。《韩非子·饬令》："廷虽有辟言，不得以相干也，是谓以数治。"辟言，合乎法度的言论。汉恒宽《盐铁论·周秦》："故立法制辟，若临百仞之壑，握火蹈刃，则民畏忌而无敢犯禁矣。"

⑤则：划分等级，引申为规章、法度。《书·五子之歌》："有典有则，贻厥子孙。"《国语·鲁语上》："毁则者为贼，掩贼者为藏。"

【译文】

柯是法则，宪是法令、法度，刑是刑法、法度，范是典范、法则，辟是法度、刑法，律是法纪、法令，矩是法度、常规，则是规章、法度：它们都有法令、法度的意思。

1.018　辜①、辟②、戾③,辠也④。

【注释】

①辜:罪恶、罪过。《诗·小雅·正月》:"民之无辜,并其臣仆。"朱熹集注:"与此无罪之民,将俱被囚虏而同为臣仆。"《汉书·佞幸传·董贤》:"父子骄蹇,至不为使者礼,受赐不拜,辜恶暴著。贤自杀伏辜。"

②辟:法度、刑法,引申有罪行、罪过的意思。《国语·周语上》:"阴阳分布,震雷出滞。土不备垦,辟在司寇。"唐柳宗元《与吕恭论墓中石书书》:"圣人有制度,有法令,过则为辟。"

③戾:本义为弯曲,引申有罪恶、罪行的意思。《左传·文公四年》:"君辱贶之,其敢干大礼以自取戾。"三国魏曹植《责躬》诗:"危躯授命,知足免戾。"

④辠(zuì):同"罪",罪过、罪行。《楚辞·九章·忆往昔》:"何贞臣之无辠兮,被离谤而见尤?"《史记·赵世家》:"盾虽不知,犹为贼首。以臣弑君,子孙在朝,何以惩辠?请诛之。"

【译文】

辜是罪恶、罪过,辟是罪行、罪过,戾是罪恶、罪行:它们都有罪过、罪行的意思。

1.019　黄发①、鲵齿②、鲐背③、耇④、老,寿也。

【注释】

①黄发:古人有年老发黄的说法,所以用"黄发"表示年纪老或指老人。《书·秦誓》:"虽则云然,尚猷询兹黄发,则罔所愆。"《史记·秦本纪》:"古之人谋黄发番番,则无所过。"

②鲵(ní)齿:古籍中也作"儿齿",老人齿落后复生之细齿,用以表示

年寿高或指年寿高的人。《诗·鲁颂·阙宫》："既多受祉,黄发儿齿。"汉焦赣《易林·复之家人》:"绥我鲵齿。"

③鲐(tái)背:古籍中也作"台背",或谓人老背上生斑如鲐鱼之纹,或谓年老驼背,所以用"鲐背"借指老人。《诗·大雅·行苇》:"黄耇台背,以引以翼。"宋李心传《建炎以来系年要录·建炎二年三月》:"垂髫鲐背,山农野叟,咸以手加额,仰面谢天。"

④耇(gǒu):或谓是老年人面部出现的寿斑,或谓"耇"即"勾",指人年老驼背,所以用"耇"表示年老寿高或指年老的人。《诗·小雅·南山有台》:"乐只君子,遐不黄耇。"毛传:"黄,黄发也。耇,老。"《左传·僖公二十二年》:"虽及胡耇,获则取之,何有于二毛?"

【译文】

黄发是年纪老、老人,鲵齿是年寿高、年寿高的人,鲐背是老人,耇是年老寿高、年老的人,老是年老、年老的人:它们都有年老寿高的意思。

1.020　允①、孚②、亶③、展④、谌⑤、诚、亮⑥、询⑦,信也。

【注释】

①允:信实、诚信。《书·顾命》:"命汝作纳言,夙夜出纳朕命,惟允。"《左传·文公十八年》:"昔高阳氏有才子八人……齐圣广渊,明允笃诚,天下之民谓之八恺。"

②孚(fú):信用、诚信。《诗·大雅·下武》:"王配于京,世德作求。永言配命,成王之孚。"《后汉书·来歙传》:"少公虽孚,宗卿未验。"

③亶(dǎn):本义为谷物多,引申为笃厚、忠厚,再引申为诚信、诚实。《书·盘庚中》:"盘庚作,惟涉河以民迁。乃话民之弗率,诞

告用亶。"诞告用亶,用诚实的话大加劝告。

④展:本义为辗转,引申有舒展、平直的意思,再引申有真正、诚信的意思。《诗·小雅·车攻》:"允矣君子,展也大成。"《国语·楚语下》:"其为人也,展而不信,爱而不仁。"韦昭注:"展,诚也。诚,谓复言而非忠信之道。"

⑤谌(chén):本义为相信,引申为真诚、忠诚。《诗·大雅·荡》:"天生烝民,其命匪谌。靡不有初,鲜克有终。"《文选·班固〈幽通赋〉》:"观天网之纮覆兮,实棐谌而相训。"棐谌,谓辅助诚信的人。

⑥亮:通"谅",诚信、忠诚。《孟子·告子下》:"孟子曰:君子不亮,恶乎执?"《资治通鉴·宋仁宗元嘉元年》:"庐陵王少蒙先皇优慈之遇,长受陛下睦爱之恩,故在心必言,所怀必亮。"

⑦询:确实。《左传·哀公二年》:"乐丁曰:'《诗》曰:"爰始爰谋,爰契我龟。"'谋协,以故兆询可也。"

【译文】

允是信实、诚信,孚是信用、诚信,亶是诚信、诚实,展是真正、诚信,谌是真诚、忠诚,诚是诚实、真诚,亮(谅)是诚信、忠诚,询是确实:它们都有诚信、真实的意思。

1.021 展、谌、允、慎①、亶,诚也。

【注释】

①慎:谨慎、慎重,引申为实在、确实。《诗·小雅·巧言》:"昊天已威,予慎无罪。昊天大怃,予慎无辜。"

【译文】

展是真正、诚信,谌是真诚、忠诚,允是信实、诚信,慎是实在、确实,亶是诚信、诚实:它们都有诚实、确实的意思。

1.022 "谑浪笑敖"①,戏谑也②。

【注释】

①谑(xuè)浪笑敖:出自《诗·邶风·终风》:"终风且暴,顾我则笑。谑浪笑敖,中心是悼。"毛传:"言戏谑不敬。""谑""浪""笑""敖"又各有其义。谑,开玩笑、嘲弄。《诗·郑风·溱洧》:"维士与女,伊其相谑,赠之以勺药。"《宋史·李维传》:"(维)性宽易,喜愠不见于色,奖借后进,嗜酒善谑,而好为诗。"浪,本义为波浪,引申有放荡、放纵的意思。晋郭璞《客傲》:"不恢心而形遗,不外累而智丧,无岩穴而冥寂,无江湖而放浪。"笑,因喜悦而开颜或出声,引申为讥笑、嘲笑。《孟子·梁惠王上》:"以五十步笑百步,则何如?"敖,本义为游玩、游逛,引申为戏谑、调笑。《管子·四称》:"诛其良臣,敖其父女。"

②戏谑:取笑、开玩笑。《诗·卫风·淇奥》:"宽兮绰兮,猗重较兮;善戏谑兮,不为虐兮。"汉徐幹《中论·法象》:"君子口无戏谑之言,言必有防;身无戏谑之行,行必有检。"

【译文】

谑是开玩笑、嘲弄,浪是放荡、放纵,笑是讥笑、嘲笑,敖是戏谑、调笑:它们有取笑、开玩笑或者放荡、放纵的意思,所以用戏谑来解释。

1.023 粤①、于②、爰③,曰也④。

【注释】

①粤(yuè):句首或句中语助词,起舒缓语气的作用。《史记·周本纪》:"我南望三涂,北望岳鄙,顾詹有河,粤詹雒、伊,毋远天室。"詹,同"瞻",望见、看到。《汉书·叙传上》:"尚粤其几,沦神域兮。"

②于:句首或句中语助词,起舒缓语气的作用。《诗·鲁颂·有

驳》:"鼓咽咽,醉言舞,于胥乐兮。"《吕氏春秋·介立》:"有龙于飞,周遍天下。"

③爰(yuán):句首或句中语助词,起舒缓语气的作用。《诗·邶风·凯风》:"爰有寒泉,在浚之下。"《三国志·蜀书·诸葛亮传》:"前年耀师,馘斩王双;今岁爰征,郭淮遁走。"

④曰:句首或句中语助词,起舒缓语气的作用。《诗·秦风·渭阳》:"我送舅氏,曰至渭阳。"《诗·豳风·东山》:"我东曰归,我心西悲。"

【译文】

粤、于、爰都是语助词,用于句首或句中,起舒缓语气的作用,与曰相同。

1.024　爰①、粤②,于也③。

【注释】

①爰:用为介词,起介引作用。《史记·司马相如列传》:"后稷创业于唐,公刘发迹于西戎,文王改制,爰周郅隆,大行越成。"司马贞索隐:"爰,於,及也。"

②粤:用为介词,起介引作用。《汉书·律历志下》:"粤五日甲子,咸刘商王纣。"刘,杀。

③于:用为介词,起介引作用。《诗·小雅·鹤鸣》:"鹤鸣于九皋,声闻于天。"

【译文】

爰、粤都是介词,起介引作用,与于相同。

1.025　爰、粤、于、那①、都②、繇③,於也④。

【注释】

①那(nuó)：用为介词，起介引作用。《国语·越语下》："上天降祸于越，委制于吴，吴人之那不谷，亦又甚焉。"韦昭注："那，於也。"

②都(dū)：用为介词，起介引作用。《史记·司马相如列传》："揆厥所元，终都攸卒，未有殊尤绝迹可考于今者也。"裴骃集解引《汉书音义》曰："都，於。"

③繇(yóu)：通"由"，用为介词，起介引作用。《史记·孝文本纪》："祸自怨起，而福繇德兴。"

④於：与"于"相近，用为介词，起介引作用。《左传·成公二年》："九月，卫穆公卒，晋二子自役吊焉，哭於大门之外，卫人逆之。妇人哭於门内，送亦如之。"

【译文】

爰、粤、于、那、都、繇(由)都是介词，起介引作用，与於相同。

1.026　敆①、郃②、盍③、翕④、仇⑤、偶⑥、妃⑦、匹⑧、会，合也⑨。

【注释】

①敆(hé)：会合、对合。《说文解字·攴部》："敆，合会也。"郝懿行义疏："今人同爨共居谓之敆火。"古籍中没有见到"敆"用为会合的例证。

②郃(xiá)：对合、和合。郭璞注："皆谓对合也。"邢昺疏："郃者，和合也。"古籍中没有见到"郃"用为对合、和合的例证。

③盍：聚合。《易·豫》："九四：由豫，大有得，勿疑朋盍簪。"朋盍簪，朋友像头发束挽于簪子上一样聚合相从。

④翕(xī)：本义为收敛、闭合，引申为和合、聚合。《诗·小雅·常棣》："兄弟既翕，和乐且湛。"《史记·秦始皇本纪》："以秦之强，

　　诸侯譬如郡县之君,臣但恐诸侯合纵,翕而出不意,此乃智伯、夫差、潜王之所以亡也。"

⑤仇(qiú):配偶。《礼记·缁衣》引《诗》:"君子好仇。"今本《诗·周南·关雎》作"君子好逑"。

⑥偶:本义为泥塑木雕的人像,引申有配偶的意思。《魏书·刘昞传》:"瑀有女始笄,妙选良偶,有心于昞。"

⑦妃:配偶。《礼记·曲礼下》:"天子之妃曰后。"《史记·五帝本纪》:"嫘祖为黄帝正妃。"

⑧匹:本义为布匹,引申有相配的意思,再引申为配偶。《乐府诗集·琴曲·歌辞三·胡笳十八拍》:"我不负天兮,天何配我殊匹?"

⑨合:本义为闭合、合拢,引申为会合、聚合。《国语·楚语下》:"于是乎合其州乡朋友婚姻,比尔兄弟亲戚。"北魏郦道元《水经注·江水三》:"大江又东,左合子夏口。"又引申有配偶的意思。《荀子·富国》:"男女之合,夫妇之分,婚姻娉内送逆无礼,如是,则人有失合之忧,而有争色之祸矣。"

【译文】

　　敉是会合、对合;邻是对合、和合;盍是聚合;翕是和合、聚合;仇、偶、妃、匹是配偶;会是集合、聚合,又是配偶、匹配:它们有会合、聚合或者配偶、匹配的意思,所以用合来解释。

1.027　仇①、雠②、敌③、妃、知④、仪⑤,匹也。

【注释】

①仇(qiú):配偶,引申为匹敌、匹比。汉王粲《闲邪赋》:"夫何英媛之丽女,貌洵美而艳逸。横四海而无仇,超遐世而秀出。"唐欧阳詹《回鸾赋》:"神功莫仇,天力谁虞?"

②雠（chóu）：本义为对答，引申有相等、相匹敌的意思。《文选·何晏〈景福殿赋〉》："雠天地以开基，并列宿而作制。"《新唐书·信安王祎传》："祎功多，执政害之，赏不雠，为当时所恨。"

③敌：本义为仇敌、敌人，引申为匹敌、对等。《左传·成公二年》："萧同叔子非他，寡君之母也；若以匹敌，则亦晋君之母也。"《孙子·谋攻》："故用兵之法，十则围之，五则攻之，倍则分之，敌则能战之，少则能逃之。"

④知：本义为知道、了解，引申有相知、相契的意思，再引申有匹配、配偶的意思。《诗·桧风·隰有苌楚》："隰有苌楚，猗傩其枝，夭之沃沃，乐子之无知。"郑玄笺："知，匹也……乐其无妃匹之意。"

⑤仪：本义为法度，引申有表率、风度的意思，再引申有匹配、配偶的意思。《诗·鄘风·柏舟》："髧彼两髦，实维我仪，之死矢靡它。"

【译文】

仇是匹敌、匹比，雠是相等、相匹敌，敌是匹敌、对等，妃、知、仪是匹配、配偶：它们有匹敌、对等或者匹配、配偶的意思，所以用匹来解释。

1.028　妃、合、会，对也①。

【注释】

①对：本义为应答，引申有相当、相配的意思。《诗·大雅·皇矣》："帝作邦作对，自大伯王季。"朱熹集传："对，犹当也。作对，言择其可当此国者以君之也。"又引申为配偶。《后汉书·逸民传·梁鸿》："同县孟氏有女，状肥丑而黑，力举石臼，择对不嫁，至年三十。"

【译文】

妃是配偶；合、会是会合、聚合，又是配偶、匹配：它们都有对当、匹偶的意思。

1.029　妃,媲也①。

【注释】

①媲(pì):比配、配偶。北周卫元嵩《元包经·孟阳》:"妇顺不逆,阴阳胥媲,雷风胥激。"唐韩愈《河南府法曹参军卢府君夫人苗氏墓志铭》:"爰初在家,孝友惠纯,乃及于行,克媲德门。"

【译文】

妃是比配、配偶的意思。

1.030　绍①、胤②、嗣、续、纂③、绥④、绩⑤、武⑥、系⑦,继也。

【注释】

①绍:继承、接续。《吕氏春秋·诚廉》:"以此绍殷,是以乱易暴也。"《汉书·叙传下》:"汉绍尧运,以建帝业。"

②胤:本义为子孙相承,引申为继承、延续。《书·洛诰》:"予乃胤保,大相东土。"孔安国传:"我乃继文武安天下之道,大相洛邑。"《文选·扬雄〈剧秦美新〉》:"胤殷周之失业,绍唐虞之绝风。"

③纂:通"缵(zuǎn)",继承。《礼记·祭统》:"子孙纂之,至于今不废。"汉张衡《东京赋》:"且夫挈瓶之智,守不假器,况纂帝业而轻天位。"

④绥(ruí):本义为古代帽带结子的下垂部分,引申有继续的意思。郝懿行义疏:"绥者……通作蕤,《汉书·律历志》云:'蕤,继也。'"古籍中没有见到"绥"用为继续的例证。

⑤绩：本义为缉麻，引申为继续、承继。《左传·昭公元年》："子盍亦远绩禹功而大庇民乎?"《穀梁传·成公五年》："伯尊其无绩乎，攘善也?"无绩，无继，指无后嗣。

⑥武：泛指军事、技击、征战等事，引申有足迹的意思，再引申为继承、继续。《诗·大雅·下武》："下武维周，世有哲王。"郑玄笺："后人能继先祖者，维由周家最大。"

⑦系：本义为拴结、捆绑，引申有继续、接续的意思。《鹖冠子·备知》："是以鸟鹊之巢，可俯而窥也;麋鹿群居，可从而系也。"《金史·选举志二》："旧制，司天、太医、内侍、长行虽至四品，如非特恩换授文武官资者，不许用荫，以本人见充承应，难使系班故也。"

【译文】

绍是继承、接续，胤是继承、延续，嗣是继承、接续，续是继承、继续，纂（缵）是继承，绥是继续，绩是继续、承继，武是继承、继续，系是继续、接续：它们都有继续的意思。

1.031　恳①、谧②、溢③、蛰④、慎⑤、貉⑥、谧⑦、顗⑧、颐⑨、密⑩、宁，静也。

【注释】

①恳（xì）：通"塈（xì）"，本义为休息，静与休息义近。《广雅·释诂》："恳，息也。"王念孙疏证："《尔雅》：'恳，静也。'静即休息之意。《邶风·谷风篇》：'伊余来塈。'《大雅·假乐篇》：'民之攸塈。'毛传并云：'塈，息也。'塈与恳通。"古籍中没有见到"恳"用为静的例证。

②谧（shì）："谧"的讹字，"谧"有静谧义。朱骏声《说文通训定声·解部》："《尔雅·释诂》：'谧，静也。'盖形之讹。"古籍中没有见到

"谧"用为静的例证。

③溢:通"佡(xù)","佡"有清静、沉寂义。郝懿行义疏:"溢者……通作佡。"《诗·鲁颂·閟宫》:"閟宫有佡,实实枚枚。"朱熹集传:"佡,清静也。"古籍中没有见到"溢"用为静的例证。

④蛰(zhé):本义为动物冬眠,潜伏起来不食不动。郝懿行义疏:"《易·系辞》'龙蛇之蛰',虞翻注:'蛰,潜藏也。'潜藏与安静义近。"古籍中没有见到"蛰"用为静的例证。

⑤慎:本义为谨慎、慎重。郝懿行义疏:"慎犹顺也。凡恭慎而柔顺者,其人必沉静。"古籍中没有见到"慎"用为静的例证。

⑥貉(mò):亦作"貊",清静、安静。《诗·大雅·皇矣》:"维此王季,帝度其心。貊其德音,其德克明。""貊"一本作"貉"。貊其德音,谓静修德行。

⑦谧(mì):寂静、宁静。三国魏嵇康《琴赋》:"竦肃肃以静谧,密微微其清闲。"《南史·贺琛传》:"今诚愿责其公平之效,黜其残愚之心,则下安上谧,无徼幸之患矣。"

⑧顗(yǐ):本义为恭谨庄重的样子。郝懿行义疏:"《说文》:'顗,谨庄貌'。谨庄与静义近。"古籍中没有见到"顗"用为静的例证。

⑨颎(wěi):本义为头俯仰自如,引申为安静、安详。元周伯琦《天马行应制作》诗:"耸身直欲凌云霄,盘辟丹墀却闲颎。"

⑩密:本义为形状象堂屋的山,引申有幽深、隐秘的意思,再引申有静默、宁静的意思。《书·舜典》:"二十有八载,帝乃殂落,百姓如丧考妣;三载,四海遏密八音。"四海遏密八音,谓全国寂静,断绝音乐。《诗·周颂·昊天有成命》:"成王不敢康,夙夜基命宥密。"汉贾谊《新书·礼容语下》引作"夙夜基命宥谧"。

【译文】

悫(壑)、谧[謐]、溢(佡)、蛰、慎是安静,貉是清静、安静,谧是寂静、宁静,顗是安静,颎是安静、安详,密是静默、宁静,宁是安宁、宁静:它们都有宁静、寂静的意思。

1.032　陨、磒①、湮②、下、降、坠、摽③、蘦④，落也。

【注释】

①磒(yǔn)：同“陨”，坠落。《说文解字·石部》“磒”引《春秋传》：“磒石于宋五。”今本《左传·僖公十六年》“磒”作“陨”。《列子·周穆王》：“化人移之，王若磒虚焉。”磒虚，从空坠落。

②湮(yān)：沉没、淹没。《国语·周语下》：“故亡其姓氏，踣毙不振。绝后无主，湮替隶圉。”韦昭注：“湮，没也。替，废也。”《后汉书·方术传下·公沙穆》：“永寿元年，霖雨大水，三辅以东莫不湮没。”

③摽(biào)：落下、降落。《诗·召南·摽有梅》：“摽有梅，其实七兮。求我庶士，迨其吉兮。”《乐府诗集·横吹曲辞四》：“周人叹初摽，魏帝指前林。”

④蘦(líng)：通“零”，凋落、凋零。《楚辞·远游》：“微霜降而下沦兮，悼芳草之先蘦。”朱熹集注：“蘦，今作零……零，落也。”

【译文】

陨、磒是坠落，湮是沉没、淹没，下、降是降下、降落，坠是落下，摽是落下、降落，蘦(零)是凋落、凋零：它们都有下落的意思。

1.033　命①、令②、禧③、畛④、祈⑤、请⑥、谒⑦、讯⑧、诰⑨，告也。

【注释】

①命：本义为命令，引申为告诉、告诫。《国语·吴语》：“吾问于王

孙包胥,既命孤矣。敢访诸大夫,问战奚以而可?"唐柳宗元《非国语上·灭密》:"康公之母诚贤耶? 则宜以淫荒失度命其子,焉用惧之以数?"

②令:发出命令。《诗·齐风·东方未明》:"倒之颠之,自公令之。"

③禧(xǐ):邵晋涵正义:"《说文》徐锴本云:'禧,礼告也。'"古籍中没有见到"禧"用为礼告的例证。

④畛(zhěn):本义为田间道路,后有祝告、致意的意思。《礼记·曲礼下》:"临诸侯,畛于鬼神。"郑玄注:"畛,致也。祝告致于鬼神辞也。"

⑤祈:向天或神祷告求福。《书·召诰》:"我非敢勤,惟恭奉币,用供王能祈天永命。"《诗·小雅·甫田》:"琴瑟击鼓,以御田祖,以祈甘雨,以介我稷黍。"

⑥请:本义为谒见,引申有告诉的意思。《仪礼·乡射礼》:"宾出迎,再拜。主人答,再拜。乃请。"郑玄注:"请,告也。告宾以射事。"《晏子春秋·谏上二》:"晏子避席再拜稽首而请曰:'婴敢与君言而忘之乎? 臣以致无礼之实也。'"

⑦谒(yè):禀告、陈述。《战国策·秦策一》:"今攻韩劫天子,劫天子,恶名也,而未必利也,又有不义之名,而攻天下之所不欲,危! 臣请谒其故。"《史记·苏秦列传》:"臣闻明王务闻其过,不欲闻其善,臣谓谒王之过。"

⑧谇(suì):本义为责骂,引申有告知的意思。《汉书·叙传上》:"既谇尔以吉象兮,又申之以熜戒。"《后汉书·张衡传》:"慎灶显于言天兮,占水火而妄谇。"慎灶,春秋鲁大夫梓慎和郑大夫裨灶的并称。梓慎曾预测水灾,裨灶曾预测火灾,都没有应验。

⑨诰:告诉。《书·太甲下》:"伊尹申诰于王曰:'呜呼! 惟天无亲,克敬惟亲。'"特指上告下。《易·姤》:"天下有风,姤,后以施名诰四方。"

【译文】

命是告诉、告诫，令是发出命令，禧是礼告，畛是祝告、致意，祈是祷告求福，请是告诉，谒是禀告、陈述，訝是告知，语是告诉：它们都有告诉的意思。

1.034　永①、悠②、迥③、违④、遐⑤、遏⑥、阔⑦，远也。

【注释】

①永：本义为水流长，引申为久远、永久。《书·高宗肜日》："降年有永有不永。"《论语·尧曰》："四海困穷，天禄永终。"

②悠：本义为忧思、思念，引申为遥远、长久。《诗·周颂·访落》："于乎悠哉，朕未有艾。"郑玄笺："于乎远哉，我于是未有数，言远不可及也。"《后汉书·皇后纪序》："任重道悠，利深祸速。"

③迥(jiǒng)：遥远、僻远。汉王逸《九思·哀岁》："目瞥瞥兮西没，道遐迥兮阻叹。"汉班彪《北征赋》："野萧条以莽荡，迥千里而无家。"

④违：本义为离开、离别，引申为相距、距离，再引申为遥远、远离。《左传·僖公九年》："天威不违颜咫尺。"杜预注："言天鉴察不远，威严常在颜面之前。"《后汉书·逸民传赞》："道就虚全，事违尘枉。"李贤注："违，远也。"事违尘枉，事情远离人世就会失真。

⑤遐(xiá)：辽远、久远。《书·太甲下》："若升高，必自下；若陟遐，必自迩。"唐韩愈《河南少尹裴君墓志铭》："何寿之不遐，而禄之不多，谓必有后，其又信然耶！"

⑥遏(tì)：同"逖"，远、遥远。《后汉书·西域传赞》："遏矣西胡，天之外区。"《陈书·高祖纪上》："逖矣水寓之乡，悠哉火山之国。"

⑦阔:远、疏远。《诗·邶风·击鼓》:"于嗟阔兮,不我活兮。"阔,指
　　亲众军士离散疏远。汉扬雄《太玄·断》:"尔仇不阔,乃后有
　　钺。"尔仇不阔,谓当断不断,怨敌不远。

【译文】

永是久远、永久,悠是遥远、长久,迥是遥远、僻远,违是遥远、远离,遐是辽远、久远,遏是远、遥远,阔是远、疏远:它们有遥远、久远或者远离、疏远的意思,所以用远来解释。

1.035　永、悠、迥、远,遐也①。

【注释】

①永、悠、迥、远,遐也:郝懿行义疏:"永、迥叠韵,悠、远双声,四字
　　又俱训遐。"

【译文】

永是久远、永久,悠是遥远、长久,迥是遥远、僻远,远是遥远、久远:它们都有辽远、久远的意思。

1.036　亏①、坏、圮②、垝③,毁也。

【注释】

①亏:本义为气损,引申为毁坏、损伤。《诗·鲁颂·闷宫》:"不亏不
　　崩,不震不腾。"郑玄笺:"亏、崩皆谓毁坏也。"《左传·昭公九
　　年》:"君之卿佐,是谓股肱,股肱或亏,何痛如之。"
②圮(pǐ):毁坏、坍塌。《书·咸有一德》:"祖乙圮于耿。"句谓祖乙
　　的相地被水冲毁,迁都到耿。宋苏辙《襄阳古乐府·野鹰来》:
　　"嵯峨呼鹰台,人去台已圮。"

③垝(guǐ)：毁坏、坍塌。《诗·卫风·氓》："乘彼垝垣，以望复关。"垝垣，坏墙。明徐光启《重修天津卫学宫记》："甚者垣垝唐污，枨敧扉坏，几不可俎豆皋比矣！"

【译文】

亏是毁坏、损伤，坏是倒塌、毁坏，圮、垝是毁坏、坍塌：它们都有毁坏、坍塌的意思。

1.037　矢①、雉②、引③、延④、顺⑤、荐⑥、刘⑦、绎⑧、尸⑨、旅⑩，陈也⑪。

【注释】

①矢：本义为箭矢，引申有陈述、陈列的意思。《书·大禹谟序》："皋陶矢厥谟。"矢厥谟，陈述他的谋略。《左传·隐公五年》："遂往，陈鱼而观之，僖伯称疾不从。书曰'公矢鱼于棠'，非礼也，且言远地也。"杜预注："陈，设张也。公大设捕鱼之备而观之。"矢鱼，即上文陈鱼。

②雉(zhì)：本义为野鸡，后有陈列的意思。清钱大昕《潜研堂集·答问七》："服虔谓雉、夷声相近……夷有陈义，故雉亦训陈也。"古籍中没有见到"雉"用为陈列的例证。

③引：本义为开弓，引申为延长、伸展，再引申有陈述、陈列的意思。王引之《经义述闻·尔雅上》："《王制》《内则》并曰：'凡三王养老皆引年。'引年者，陈叙其年齿之多寡也。"《文选·潘岳〈悼亡诗〉》："衾裳一毁撤，千载不复引。"

④延：本义为长行，引申有迎候、聘请的意思，再引申有布扬、陈设的意思。《国语·晋语七》："始合诸侯于虚杓以救宋，使张老延君誉于四方，且观道逆者。"韦昭注："延，陈也，陈君之称誉于四方，且观察诸侯之有道德与逆乱者。"晋左思《魏都赋》："延广乐，

奏九成,冠《韶》《夏》,冒《六茎》。"

⑤顺:本义为道理,引申有顺应、顺序的意思,再引申为陈列。《仪礼·士冠礼》:"洗有筐,在西,南顺。"郑玄注:"筐亦以盛勺觯陈于洗西。"

⑥荐:本义为兽畜吃的草,引申有进献、祭祀时献牲的意思,再引申为陈述、陈设。《左传·昭公二十年》:"若有德之君,外内不废,上下无怨,动无违事,其祝史荐信,无愧心矣。"荐信,进陈实情。宋叶适《毛积夫墓志铭》:"君荐虎皮道旁,燔肉煮葵菜,浩歌纵饮,弗为视。"

⑦刘:本义为斧钺一类兵器,后有陈述、铺陈的意思。王引之《经义述闻·尔雅上》:"《逸周书·叙》曰:'文王唯庶邦之多难,论典以匡谬,作《刘法》。'刘法者,陈法也。"郝懿行义疏:"刘与滕声义又同……古读滕如胪,胪、旅古字通,旅亦陈也。"

⑧绎(yì):本义为抽丝,引申为寻绎,再引申为陈述。《书·君陈》:"庶言同则绎。"孔安国传:"众言同则陈而布之。"《礼记·射义》:"射之为言者绎也。或曰舍也。绎者,各绎己之志也。"孔颖达疏:"绎,陈也,言陈己之志。"

⑨尸:本义为古代祭祀时代表死者受祭的活人,引申为陈列尸体以示众。《左传·僖公二十八年》:"晋侯围曹门焉多死,曹人尸诸城上。"宋苏舜钦《推诚保德功臣赠太子太保韩公行状》:"密发卒尽捕得百余人,尸于市,郡中震肃,讫公去不复有盗。"

⑩旅:本义为军队编制单位,引申为次序,再引申为陈列、陈述。《诗·小雅·宾之初筵》:"笾豆有楚,殽核维旅。"殽(yáo)核,指鱼肉干果。宋岳珂《桯史·嘉禾篇》:"臣商英敢拜手稽首,旅天之命。"

⑪陈:陈列、陈述。《左传·襄公九年》:"火所未至,彻小屋,涂大屋,陈畚挶,具绠缶,备水器。"畚挶(běn jū),盛土和抬土的工具。

《文选·古诗十九首》之四:"今日良宴会,欢乐难具陈。"

【译文】

矢是陈述、陈列,雉是陈列,引是陈述、陈列,延是布扬、陈设,顺是陈列,荐是陈述、陈设,刘是陈述、铺陈,绎是陈述,尸是陈尸示众,旅是陈列、陈述:它们都有陈列、陈述的意思。

1.038　尸①、职②,主也③。

【注释】

①尸:本义为古代祭祀时代表死者受祭的活人,引申为神主,再引申有主持、执掌的意思。《诗·召南·采蘋》:"谁其尸之? 有齐季女。"《新唐书·裴漼传》:"凡驿,有官专尸之。"

②职:本义为识记,引申为主宰、掌管。《左传·僖公二十六年》:"载在盟府,大师职之。"《史记·秦始皇本纪》:"非博士官所职,天下敢有藏《诗》《书》、百家语者,悉诣守、尉杂烧之。"

③主:本义为灯芯,借用为主人、君主,引申为主持、掌管。《孟子·万章》:"使之主事而事治,百姓安之。"唐李绅《赠韦金吾》诗:"自报金吾主禁兵,腰间宝剑重横行。"

【译文】

尸是主持、执掌,职是主宰、掌管:它们都有主持、掌管的意思。

1.039　尸①,寀也②。

【注释】

①尸:本义为古代祭祀时代表死者受祭的活人,引申为神主。《庄子·逍遥游》:"庖人虽不治庖,尸祝不越樽俎而代之矣。"又引申

有主持、执掌的意思。参见 1.038 条。

②宷(cǎi)：同"采"，官职、官位。《文选·司马相如〈封禅文〉》："因杂揾绅先生之略术，使获耀日月之末光绝炎，以展宷错事。"《史记·司马相如列传》"宷"作"采"，裴骃集解引《汉书音义》："采，官也。使诸儒记功著业，得睹日月末光殊绝之用，以展其官职，设厝其事业者也。"

【译文】

尸是神主，又是主持、执掌，含有官职、官位的意思。

1.040　宷、寮①，官也。

【注释】

①寮(liáo)：同"僚"，同僚、官吏。《左传·文公七年》："同官为寮，吾尝同寮，敢不尽心乎！"汉扬雄《百官箴·大鸿胪箴》："人有才能，寮有级差。"

【译文】

宷是官职、官位，寮是同僚、官吏：它们都有官职、官位的意思。

1.041　绩①、绪②、采③、业服④、宜⑤、贯⑥、公⑦，事也。

【注释】

①绩：本义为缉麻，引申为事业、功绩。《书·尧典》："允厘百工，庶绩咸熙。"庶绩咸熙，众多事情全都兴起了。《汉书·食货志上》："衣食足而知荣辱，廉让生而争讼息，故三载考绩。"考绩，按一定标准考核官吏的成绩。

②绪：本义为丝头，引申为头绪、开端，再引申为前人未竟之业、事

业。《诗·鲁颂·閟宫》:"有稷有黍,有稻有秬,奄有下土,缵禹之绪。"缵(zuǎn)禹之绪,继承大禹的事业。明徐宏祖《徐霞客游记·滇游日记七》:"众大之中,以小者为主,所以黄峰为木氏开千秋之绪也。"

③采:本义为摘取,引申有事、政事的意思。《书·尧典》:"帝曰:'畴咨若予采?'"若予采,按照我的意见办理政事。

④服:本义为从事,引申为事、事情。《诗·小雅·六月》:"共武之服,以定王国。"共武之服,共同管理兵武之事。《素问·八正神明论》:"用针之服,必有法则焉,今何法何则?"

⑤宜:古文象肉在俎上之形,本义为菜肴,引申为列俎几陈牲以祭,再引申为适宜的事。《礼记·月令》:"天子乃与公卿大夫共饬国典,论时令,以待来岁之宜。"

⑥贯:本义为串钱的绳索,引申有事、事例的意思。《论语·先进》:"鲁人为长府,闵子骞曰:'仍旧贯如之何?何必改作?'"何晏集解引郑玄曰:"贯,事也。"旧贯,旧事,指原来的样子。《周礼·夏官·职方氏》:"乃辨九州之国,使同贯利。"贯利,事和利,指事功和利益。

⑦公:本义为公正、无私,引申为公事。《诗·召南·小星》:"肃肃宵征,夙夜在公。"《红楼梦》第七八回:"这恒王最喜女色,且公余好武,因选了许多美女,日习武事。"公余,公事之余。

【译文】

绩是事业、功绩,绪是前人未竟之业、事业,采是事、政事,业是事业、事情,服是事、事情,宜是适宜的事,贯是事、事例,公是公事:它们都有事情、事业的意思。

1.042　永、羕①、引②、延、融③、骏④,长也。

【注释】

①羕(yàng):水流悠长。《说文解字·永部》:"羕,水长也。《诗》曰:'江之羕矣。'"今本《诗·周南·汉广》作"江之永矣"。

②引:本义为开弓,引申为延长,再引申为长久。《诗·小雅·楚茨》:"子子孙孙,勿替引之。"引之,延长祭祀礼节。唐白居易《人之困穷由君之奢欲》:"雪动风行,日引月长,上益其侈,下成其私,其费尽出于人,人实何堪其弊?"

③融:本义为炊气上出,引申有昌盛的意思,再引申有长远、长久的意思。《诗·大雅·既醉》:"昭明有融,高朗令终。"《诗·齐风·东方之日》:"东方之日兮,彼姝者子,在我室兮。"孔颖达疏:"《既醉》'昭明有融'传云:'融,长也。'谓日高其光照长远。"汉蔡邕《郭有道碑文》:"禀命不融,享年四十有二。"

④骏:本义为良马,引申为高大,再引申为长久。《诗·小雅·雨无正》:"浩浩昊天,不骏其德。"不骏其德,昊天的恩德不能长久。

【译文】

永是水流长、久远、永久,羕是水流悠长,引是延长、长久,延是长远、延长,融是长远、长久,骏是长久:它们有长远、长久或者延长的意思,所以用长来解释。

1.043　乔①、嵩②、崇③,高也。

【注释】

①乔:高而上曲。《诗·小雅·伐木》:"伐木丁丁,鸟鸣嘤嘤。出自幽谷,迁于乔木。"唐宋之问《题老松树》:"中有乔松树,使我长叹息。"

②嵩:本义为山高而大,引申泛指高大。《汉书·扬雄传上》:"瞰帝唐之嵩高兮,眽隆周之大宁。"嵩、高,皆高大。唐元稹《告畲竹山

神文》：“稹闻天好平施，而特累山岳，许其嵩崇。”

③崇：本义为山高而大，引申泛指高、高大。《易·系辞上》：“崇效天，卑法地。”《红楼梦》第一〇二回：“以致崇楼高阁，琼馆瑶台，皆为禽兽所栖。”

【译文】

乔是高而上曲，嵩是高大，崇是高、高大：它们都有高的意思。

1.044　崇①，充也。

【注释】

①崇：本义为山高而大，引申有充满的意思。《书·多方》：“乃大降罚，崇乱有夏。”崇乱有夏，谓大乱夏国。唐柳宗元《送薛存义序》：“河东薛存义将行，柳子载肉于俎，崇酒于觞，追而送之江之浒，饮食之。”崇酒，斟满酒。

【译文】

崇是充满的意思。

1.045　犯①、奢②、果③、毅④、剋⑤、捷、功⑥、肩⑦、戡⑧，胜也。

【注释】

①犯：本义为侵犯、进犯，引申有胜、制服的意思。《韩非子·解老》：“人无羽毛，不衣则不犯寒。”唐刘禹锡《高陵县令刘君遗爱碑》：“吞恨六十年，明府雪之，擿奸犯豪，卒就施为。”

②奢：本义为奢侈，引申为过分，再引申为胜过。《文选·张衡〈西京赋〉》：“彼肆人之男女，丽美奢乎许史。”

③果：本义为植物的果实，引申为结果，再引申为果敢、有决断。《论语·子路》："言必信，行必果。"《三国志·魏书·荀彧传》："审配专而无谋，逢纪果而自用。"

④毅：果决、刚毅。《书·皋陶谟》："扰而毅，直而温。"孔安国传："致果为毅。""果""毅"义近。《论语·泰伯》："士不可以不弘毅，任重而道远。"

⑤剋：战胜。《韩非子·初见秦》："夫一人奋死可以对十，十可以对百，百可以对千，千可以对万，万可以剋天下矣！"《战国策·秦策三》"剋"作"胜"。《史记·龟策列传》："故汤伐桀，武王剋纣，其时使然。"

⑥功：通"攻"。《周礼·夏官·大司马》："若师有功，则左执律，右秉钺以先，恺乐献于社。"郑玄注："功，胜也。"

⑦肩：本义为肩膀，引申为担负，再引申为胜任、任用。《书·盘庚下》："朕不肩好货，敢恭生生。"孔安国传："肩，任也。我不任贪货之人，敢奉用进进于善者。"

⑧戡（kān）：通"堪"，胜任。《书·君奭》："惟时二人弗戡。"孔安国传："惟是文（王）武（王）不胜受。"

【译文】

犯是胜、制服，奢是胜过，果是果敢、有决断，毅是果决、刚毅，剋、捷是战胜，功（攻）是胜，肩是胜任、任用，戡（堪）是胜任：它们有战胜、胜任、胜过或者与胜相关的果决、刚毅的意思，所以用胜来解释。

1.046　胜、肩①、戡②、刘③、杀④，克也⑤。

【注释】

①肩：本义为肩膀，引申有胜任的意思，再引申有克服的意思。《书·盘庚下》："式敷民德，永肩一心。"杨树达《积微居读书记》：

“式，用也。敷，布也。肩，克也，胜也。今言克服。”

②戡：平定。《书·西伯戡黎》：“西伯既戡黎，祖伊恐。”《新唐书·郭子仪传》：“昔回纥涉万里，戡大憝，助复二京。”大憝(duì)，大恶、奸恶。

③刘：本义为斧钺一类兵器，引申为诛杀、战胜、征服。《书·盘庚上》：“重我民，无尽刘。”《逸周书·世俘》：“则咸刘商王纣，执矢恶臣百人。”

④杀：杀戮、战胜。《书·大禹谟》：“与其杀不辜，宁失不经。”《后汉书·鲁恭传》：“今匈奴为鲜卑所杀，远臧于史侯河西，去塞数千里。”

⑤克：本义为胜任，引申有战胜、杀的意思。《左传·庄公十年》：“彼竭我盈，故克之。”《春秋·隐公元年》：“郑伯克段于鄢。”《穀梁传·隐公元年》：“克之者何？杀之也。杀之则曷为谓之克，大郑伯之恶也。”又有克制、克服的意思。汉扬雄《法言·问神》：“胜己之私谓克。”

【译文】

胜是战胜、胜过，肩是克服，戡是平定，刘是诛杀、战胜、征服，杀是杀戮、战胜：它们有战胜、杀或者克制、克服的意思，所以用克来解释。

1.047　刘、狝①、斩、刺，杀也。

【注释】

①狝(xiǎn)：本义为古代君主秋季打猎，引申为杀戮。《文选·张衡〈西京赋〉》：“白日未及移其晷，已狝其什七八。”明徐宏祖《徐霞客游记·滇游日记十二》：“万历四十年，(顺宁)土官猛廷瑞专恣，潜蓄异谋，开府陈用宾讨而诛之。大候州土官奉敕与之济逆，遂并雉狝之。”

【译文】

刘是诛杀，狄是杀戮，斩是斩杀、砍杀，刺是戳杀、刺杀：它们都有杀戮的意思。

1.048　亹亹①、蠠没②、孟③、敦④、勖⑤、钊⑥、茂⑦、劭⑧、勔⑨，勉也。

【注释】

①亹亹(wěi)：勤勉不倦的样子。《诗·大雅·文王》："亹亹文王，令闻不已。"《汉书·张敞传》："今陛下游意于太平，劳精于政事，亹亹不舍昼夜。"

②蠠(mǐn)没：勉力、努力。郭璞注："蠠没，犹黾勉。"邢昺疏："蠠没犹黾勉者，以其声相近，方俗语有轻重耳。"明刘基《朱伯言砚铭》："维予之悾悾，式蠠没以攻，无贻尔慘。"

③孟：通"黾"，勉力。《文选·班固〈幽通赋〉》："盍孟晋以迨群兮，辰倏忽其不再。"李善注引曹大家曰："孟，勉也。晋，进也。"

④敦：勤勉、劝勉。《管子·君臣上》："上惠其道，下敦其业。"《汉书·扬雄传上》："敦众神使式道兮，奋六经以摅颂。"颜师古注："敦，勉也。"

⑤勖(xù)：勉励。《书·牧誓》："勖哉夫子！尔所弗勖，其于尔躬有戮。"唐李白《赠韦侍御黄裳二首》之二："我如丰年玉，弃置秋田草。但勖冰壶心，无为叹衰老。"

⑥钊(zhāo)：本义为摩削，引申为勉励。《方言》卷一："钊，勉也。秦晋曰钊，或曰薄。故其鄙语曰薄努，犹勉努也。"明宋濂《补雩坛祝舞歌辞》："门沆砀，驾以猋。俯下士，无不钊。"

⑦茂：通"懋"，劝勉。《左传·昭公八年》："《周书》曰：'惠不惠，茂不茂。'"杜预注："《周书·康诰》也。言当施惠于不惠者，劝勉于

不勉者。茂，勉也。"《史记·周本纪》："先王之于民也，茂正其德
而厚其性，阜其财求而利其器用。"《国语·周语上》"茂"作"懋"。

⑧劭(shào)：劝勉、勉励。《汉书·成帝纪》："先帝劭农，薄其租税，
宠其强力，令与孝弟同科。"《新唐书·邢君牙传》："吐蕃岁犯边，
君牙劭耕讲战以为备，戎不能侵。"

⑨勔(miǎn)：勤勉、劝勉。汉张衡《思玄赋》："勔自强而不息兮，蹈
玉阶之峣峥。"

【译文】

亹亹是勤勉不倦的样子，蠠没是勉力、努力，孟(黾)是勉力，敦是勤
勉、劝勉，勖、钊是勉励，茂(懋)是劝勉，劭是劝勉、勉励，勔是勤勉、劝
勉：它们都有劝勉、勤勉的意思。

1.049　骛①、务②、昏③、暋④，强也⑤。

【注释】

①骛(wù)：本义为乱驰，引申为疾行、追求，再引申为力求、强求。
宋王安石《与刘原父书》："方今万事所以难合而易坏，常以诸贤
无意耳。如鄙宗夷甫辈稍稍骛于世矣。"明张居正《赠水部周汉
浦榷竣还朝序》："故古之理财者，汰浮溢而不骛厚入，节漏费而
不开利源。"

②务：专力从事。《礼记·射义》："故事之尽礼乐，而可数为以立德
行者，莫若射，故圣王务焉。"《管子·乘马》："是故事者生于虑，
成于务，失于傲；不虑则不生，不务则不成，不傲则不失。"

③昏：通"暋(mǐn)"，勉力。《书·盘庚上》："惰农自安，不昏作劳，
不服田亩，越其罔有黍稷。"越其，于是就。《三国志·魏书·武
帝纪》："君劝分务本，稸人昏作，粟帛滞积，大业惟兴。"

④暋：勉力。《书·盘庚上》"不昏作劳"唐孔颖达疏："郑玄读昏为

瞀,训为勉也。"《宋书·何尚之传》:"遂使岁月增贵,贫室日虚,瞀作肆力之氓,徒勤不足以供赡。"

⑤强(qiǎng):勉力、勤勉。《墨子·天志中》:"上强听治,则国家治矣;下强从事,则财用足矣。"《史记·老子韩非列传》:"子将隐矣,强为我著书。"

【译文】

鹜是力求、强求,务是专力从事,昏(瞀)、瞀是勉力:它们都有勉力、勤勉的意思。

1.050 卬①、吾、台②、予、朕③、身④、甫⑤、余、言⑥,我也。

【注释】

①卬(áng):我。《书·大诰》:"越予冲人,不卬自恤。"《诗·邶风·匏有苦叶》:"招招舟子,人涉卬否。"

②台(yí):我。《书·汤誓》:"非台小子,敢行称乱,有夏多罪,天命殛之。"唐柳宗元《天对》:"胡肥台舌喉,而滥厥福!"

③朕(zhèn):我、我的。《书·尧典》:"帝曰:'咨,四岳,朕在位七十载,汝能庸命,巽朕位。'"《楚辞·离骚》:"帝高阳之苗裔兮,朕皇考曰伯庸。"秦代以后,"朕"一般用于皇帝自称。《史记·秦始皇本纪》:"臣等昧死上尊号,王为'泰皇',命为'制',令为'诏',天子自称曰'朕'。"

④身:本义为身孕,引申为人或动物的躯体,再引申为代词,相当于"我"。《韩非子·五蠹》:"鲁人从君战,三战三北,仲尼问其故,对曰:'吾有老父,身死,莫之养也。'"《三国志·蜀书·张飞传》:"飞据水断桥,瞋目横矛曰:'身是张益德也,可来共决死!'"

⑤甫:古代对男子的美称。《仪礼·士冠礼》:"宜之于假,永受保

之,曰:'伯某甫仲叔季,唯其所当。'"郑玄注:"甫是丈夫之美称。
孔子为尼甫,周大夫有嘉甫,宋大夫有孔甫,是其类。甫字或作
父。"《仪礼·士丧礼》:"哀子某为其父某甫筮宅。"郑玄注:"某
甫,若字也。若言山甫、孔甫矣。"古籍中没有见到"甫"用为代词
我的例证。

⑥言:我。《诗·小雅·彤弓》:"彤弓弨兮,受言藏之。"毛传:"言,
我也。"《诗·郑风·女曰鸡鸣》:"弋言加之,与子宜之。"郑玄笺:
"言,我也。"《庄子·山木》:"饥渴寒暑,穷桎不行,天地之行也,
运物之泄也,言与之偕逝之谓也。"陆德明释文:"言,我也。"

【译文】

卬是我,吾是我、我的,台、予是我,朕是我、我的,身是我,甫是男子
的美称,余、言是我:它们有我或者与我相关的男子的美称的意思,所以
用我来解释。

1.051　朕、余、躬①,身也。

【注释】

①躬:本义为身、身体,引申为自己、自我。《诗·大雅·文王》:"命
之不易,无遏尔躬。"《礼记·乐记》:"好恶无节于内,知诱于外,
不能反躬,天理灭矣。"郑玄注:"躬,犹己也。"反躬,反过来要求
自己,自我检束。

【译文】

朕是我、我的,余是我,躬是自己、自我:它们都有自我、自己的
意思。

1.052　台、朕、赉①、畀②、卜③、阳④,予也⑤。

【注释】

①赉(lài)：赐予、赠予。《诗·商颂·烈祖》："既载清酤，赉我思成。"毛传："赉，赐也。"《北史·艺术传下·李修》："本郡士门宿官，咸相交昵，车马金帛，酬赉无赀。"

②畀(bì)：赐予、给予。《书·洪范》："帝乃震怒，不畀洪范九畴。"《诗·鄘风·干旄》："彼姝者子，何以畀之？"

③卜(bǔ)：本义为用火灼龟甲、兽骨取兆以占凶吉的行为，引申有赐予、给予的意思。《诗·小雅·天保》："蕰芬孝祀，神嗜饮食。卜尔百福，如几如式。"郑玄笺："卜，予也。"汉王充《论衡·对作》："《易》之'乾坤'，《春秋》之'元'，杨氏(杨雄)之'玄'，卜气号不均也。"

④阳：我。郭璞注："《鲁诗》云：'阳如之何？'今濮之人自呼阿阳。"黄侃音训："阳即今语之俺，为余之对转，姎之假借。《说文》：'姎，女人自称我也。'"古籍中没有见到"阳"用为我的例证。

⑤予(yǔ)：赐予、给予。《诗·小雅·采菽》："彼交匪纾，天子所予。"《史记·廉颇蔺相如列传》："秦亦不以城予赵，赵亦终不予秦璧。"予(yú)，我。《书·汤誓》："时日曷丧？予及汝皆亡！"《史记·五帝本纪》："予观《春秋》《国语》，其发明《五帝德》《帝系姓》章矣。"

【译文】

台是我，朕是我，我的，赉是赐予、赠予，畀、卜是赐予、给予，阳是我：它们有赐予、给予或者我的意思，所以用予来解释。

1.053　肃①、延②、诱③、荐④、餤⑤、晋⑥、寅⑦、荩⑧，进也⑨。

【注释】

①肃：本义为恭敬，引申为恭敬地引进。《礼记·曲礼上》："凡与

客入者，每门让于客，客至于寝门，则主人请入为席，然后出迎客，客固辞，主人肃客而入。"郑玄注："肃，进也。进客，谓道之。"道(dǎo)，导。明陶宗仪《辍耕录》卷十一："门外有客至，西瑛出肃客。"

②延：本义为长行，引申有延长、伸展的意思，再引申有引导、诱引的意思。《礼记·曲礼上》："主人延客祭，祭食，祭所先进。"郑玄注："延，道也。"道(dǎo)，导。《史记·孙子吴起列传》："试延以公主，起有留心则必受之，无留心则必辞矣。"

③诱：诱导、引导。《论语·子罕》："夫子循循然善诱人。"宋王安石《再上龚舍人书》："诱民出粟，以纾百姓一时之乏耳。"

④荐：本义为兽畜吃的草，引申有进献、祭祀时献牲的意思，再引申有推荐、举进的意思。《孟子·万章上》："诸侯能荐人于天子，不能使天子与之诸侯。"《史记·儒林列传》："及汤为御史大夫，以兒宽为掾，荐之天子。天子见问，说之。"

⑤餤(tán)：进。清朱骏声《说文通训定声·谦部》："《尔雅·释诂》：'餤，进也。'旧注：'甘之进也。'"引申为增进或加多。《诗·小雅·巧言》："盗言孔甘，乱是用餤。"毛传："餤，进也。"乱是用餤，增添了暴乱。

⑥晋：进。《易·晋》："晋，进也。明出地上，顺而丽乎大明，柔进而上行。"孔颖达疏："晋，进也者，以今释古，古之晋字，即以进长为义，恐后世不晓，故以进释之。"《文选·班固〈幽通赋〉》："盍孟晋以迨群兮，辰倏忽其不再。"李善注引曹大家曰："孟，勉也。晋，进也。"

⑦寅(yín)：甲骨文为矢形，引申有前进的意思。郝懿行义疏："寅者，《释名》云：'演也，演生物也。'《汉书·律历志》云：'引达于寅。'然则引导演长，俱进之意。"《诗·小雅·六月》"元戎十乘，以先启行"毛传："元，大也。夏后氏曰钩车，先正也；殷曰寅车，

先疾也;周曰元戎,先良也。"郑玄笺:"寅,进也。"寅车,兵车名。

⑧荩(jìn):通"进",进用。《诗·大雅·文王》:"王之荩臣,无念尔祖。"朱熹集传:"荩,进也,言其忠爱之笃,进进无已也。"

⑨进:本义为前进、向前,引申为长进、促进,再引申为引进、举荐。《周礼·春官·大司马》:"进贤兴功,以作邦国。"《史记·魏其武安侯列传》:"婴乃言袁盎、栾布诸名将贤士在家者进之。"

【译文】

肃是恭敬地引进,延是引导、诱引,诱是诱导、引导,荐是推荐、举进,馂是进、增进,晋是进,寅是前进,荩(进)是进用:它们有前进或者引进、举荐的意思,所以用进来解释。

1.054　羞①、饯②、迪③、烝④,进也⑤。

【注释】

①羞:进献(食物)、荐进。《礼记·曲礼上》:"子有客,使某羞。"郑玄注:"羞,进也。"孔颖达疏:"羞,进也。子既召宾客或须饮食,故使我将此酒食以与子进宾客。"《逸周书·皇门》:"乃方求论择元圣武夫,羞于王所。"论择,选择。论,通"抡(lún)",选择、选拔。

②饯(jiàn):用酒食送行。《诗·大雅·崧高》:"申伯信迈,王饯于郿。"郑玄笺:"饯,送行饮酒也。"唐韩愈《送殷员外序》:"由是殷侯侑……承命以行。朝之大夫,莫不出饯。"

③迪(dí):本义为道理,引申为引导、开导,再引申为引进、进用。《书·牧誓》:"昏弃厥遗王父母弟不迪。"王引之《经传释词》卷六:"《史记·周本纪》'不迪'作'不用','迪'为'不用'之用。"《诗·大雅·桑柔》:"维此良人,弗求弗迪。"毛传:"迪,进也。"郑玄笺:"国有善人,王不求索,不进用之。"

④烝(zhēng):古代指冬祭,引申为进献、进用。《诗·周颂·丰年》:

"为酒为醴,烝畀祖妣。"郑玄笺:"烝,进。畀,予也。"宋叶适《李
仲举墓志铭》:"髦士,非科举所谓士也。誉之所不加,烝之所不
及,科举蔽之也。"

⑤进:本义为前进、向前,引申为长进、促进,再引申为引进、举荐,
进奉、奉献。进奉、奉献义如《孟子·离娄上》:"问有余,曰'亡
矣',将以复进也。"明陈继儒《珍珠船》卷一:"李伯时至骐骥院,
见外国所进六马,乃画图之。"参见1.053条。

【译文】

羞是进献、荐进,饯是用酒食送行,迪是引进、进用,烝是进献、进
用:它们有进献或者进献、进用的意思,所以用进来解释。

1.055　诏①、亮②、左③、右④、相⑤,导也⑥。

【注释】

①诏:本义为告诉、告知,引申为教导、告诫、帮助。《庄子·盗跖》:
"夫为人父者,必能诏其子;为人兄者,必能教其弟。"宋朱熹《大
学章句序》:"于是独取先王之法,诵而传之,以诏后世。"《周礼·
天官·大宰》:"以八柄诏王,驭群臣。"郑玄注:"诏,告也,助也。"

②亮:辅佐、辅导。《书·舜典》:"钦哉,惟时亮天功。"孙星衍《尚书
今古文注疏》:"亮为相者,释诂云:'亮、相,道也。'《诗》释文引
《韩诗》云:'亮彼武王,亮,相也。'"道(dǎo),导。《书·毕命》:"弼
亮四世,正色率下。"孔安国传:"言公……辅佐文、武、成、康,四
世为公卿。"

③左:本义为左手,引申为辅佐、帮助。后多写作"佐"。《墨子·杂
守》:"亟收诸杂乡金器,若铜铁及他可以左守事者。"

④右:本义为右手,引申为助、帮助。后多写作"佑"。《左传·襄公
十年》:"王叔陈生与伯舆争政,王右伯舆,王叔陈生怒而出奔。"

杜预注:"右,助。""左右"义同。《易·泰》:"辅相天地之宜以左右民。"孔颖达疏:"左右,助也,以助养其人也。"《书·益稷》:"予欲左右有民,汝翼。"孔安国传:"左右,助也,助我所有之民富而教之。"

⑤相(xiàng):本义为省视,引申为辅佐、佑助。《书·大诰》:"周公相成王。"唐韩愈《贺皇帝即位表》:"臣闻王者必为天所相,为人所归,上符天心,下合人志。"

⑥导:本义为引导,引申为教导、启发。郝懿行义疏:"辅佐、启佑,皆所以为教导也。"《孟子·尽心上》:"所谓西伯善养老者,制其田里,教之树畜,导其妻子,使养其老。"赵岐注:"教导之使可以养老者耳。"唐白居易《采诗官》:"采诗官,采诗听歌导人言。言者无罪闻者诫,下流上通上下泰。"

【译文】

诏是教导、告诫、帮助,亮是辅佐、辅导,左是辅佐、帮助,右是助、帮助,相是辅佐、佑助:它们都有教导、佑助的意思。

1.056　诏、相、导、左、右、助,勴也①。

【注释】

①勴(lù):赞勉、赞助。郭璞注:"勴谓赞勉。"郝懿行义疏:"勴者,勴字之省也。《说文》云:'勴,助也。'教导所以为赞助,故又为勴也。"徐朝华《尔雅今注》:"根据《尔雅》释词条例,训释词当为常用词。'勴'是僻词,应在'助'字之上。"

【译文】

诏是帮助,相是辅佐、佑助,导是辅佐、启佑,左是辅佐、帮助,右是助、帮助,助是辅助、帮助:它们都有赞勉、赞助的意思。

1.057　亮、介①、尚②，右也。

【注释】

①介：本义为疆界、边界，引申为介绍，再引申为佐助。《诗·豳风·七月》："为此春酒，以介眉寿。"郑玄笺："介，助也。"《宋史·乐志七》："昊天盖高，祀事为大。严配皇灵，亿福来介。"

②尚：本义为增加，引申为佐助。《诗·大雅·抑》："肆皇天弗尚，如彼泉流，无沦胥以亡。"王引之《经义述闻·毛诗下》："《尔雅》：'尚，右也。'言皇天不右助之也。"

【译文】

亮是辅佐、辅导，介、尚是佐助：它们都有佑助、帮助的意思。

1.058　左、右，亮也①。

【注释】

①左、右，亮也：郭璞注："反覆相训，以尽其意。"

【译文】

左是辅佐、帮助，右是助、帮助：它们都有辅佐、帮助的意思。

1.059　缉熙①、烈②、显③、昭④、晧⑤、颎⑥，光也。

【注释】

①缉熙：光明。《诗·大雅·文王》："穆穆文王，于缉熙敬止。"毛传："缉熙，光明也。"《国语·周语下》："于，缉熙！亶厥心，肆其靖之。"

②烈：本义为火势猛烈，引申为光明、辉煌。《文选·何晏〈景福殿

赋〉》:"烈若钩星在汉,焕若云梁承天。"李善注:"言宫殿烈然光明,若钩星之在河汉。"

③显:本义为头明饰,指冕服采饰之类,引申为明、光明。《书·太甲上》:"先王昧爽,丕显,坐以待旦。"孔安国传:"爽、显,皆明也。"《诗·大雅·抑》:"无曰不显,莫予云觏。"郑玄笺:"显,明也。"孔颖达疏:"'《释诂》……显,光也。'是显得为明也。"

④昭:光明、明亮。《诗·大雅·既醉》:"君子万年,介尔昭明。"《楚辞·大招》:"青春受谢,白日昭只。"

⑤晧(hào):同"皓",光明。《楚辞·刘向〈九叹·远游〉》:"服觉晧以殊俗兮,貌揭揭以巍巍。"王逸注:"晧,犹明也。"

⑥颖(jiǒng):同"炯",光明、明亮。《诗·小雅·无将大车》:"无思百忧,不出于颖。"毛传:"颖,光也。"郑玄笺:"思众小事以为忧,使人蔽阍,不得出于光明之道。"

【译文】

绪熙是光明,烈是光明、辉煌,显是明、光明,昭是光明、明亮,晧是光明,颖是光明、明亮:它们都有光明、明亮的意思。

1.060　劼①、巩、坚、笃②、掔③、虔④、胶⑤,固也。

【注释】

①劼(jié):稳固。郝懿行义疏:"劼,硈之假音……《说文》:'硈,石坚也。'"《书·酒诰》:"予惟曰:汝劼毖殷献臣?"孔安国传:"劼,固也。我惟告汝曰:汝当固慎殷之善臣信用之。"

②笃:本义为马行顿迟,引申为坚实、牢固。《诗·唐风·椒聊》:"椒聊之实,蕃衍盈匊,彼其之子,硕大且笃。"匊(jū),两手所捧。《论语·泰伯》:"笃信好学,守死善道。"

③掔(qiān):固、使牢固。《墨子·迎敌祠》:"令命昏纬狗纂马,掔

纬。"挈纬,系束紧固。

④虔(qián):本义为虎行貌,引申为牢固。《诗·大雅·韩奕》:"夙夜匪解,虔共尔位。"毛传:"虔,固;共,执也。"孔颖达疏:"当早起夜卧,非有解怠。用心坚固,执持汝此侯伯之职位。"

⑤胶:本义为黏性物质,引申为牢固。《诗·小雅·隰桑》:"既见君子,德音孔胶。"毛传:"胶,固也。"郑玄笺:"君子在位,民附仰之,其教令之行甚坚固也。"汉王符《潜夫论·务本》:"器以便事为善,以胶固为上。"

【译文】

劼是稳固,巩是巩固、牢固,坚是坚固、牢固,笃是坚实、牢固,掔是固、使牢固,虔、胶是牢固:它们都有坚实、牢固的意思。

1.061　畴①、孰②,谁也。

【注释】

①畴(chóu):谁。《书·说命上》:"臣不命其承,畴敢不祗若王之休命?"孔安国传:"言王如此,谁敢不敬顺王之美命而谏者乎?"晋陶渊明《自祭文》:"识运知命,畴能罔眷?"

②孰(shú):谁。《孟子·梁惠王上》:"'孰能一之?'对曰:'不嗜杀人者能一之。'"《史记·仲尼弟子列传》:"鲁君而知礼,孰不知礼!"

【译文】

畴、孰都有谁的意思。

1.062　旺旺①、皇皇②、藐藐③、穆穆④、休⑤、嘉、珍⑥、祎⑦、懿⑧、铄⑨,美也。

【注释】

①暀暀（wàng）：同"旺旺"，美盛的样子。《诗·鲁颂·泮水》："烝烝皇皇。"毛传："烝烝，厚也。皇皇，美也。"郑玄笺："皇皇当作暀暀。"

②皇皇：美盛的样子。《诗·大雅·假乐》："穆穆皇皇，宜君宜王。"朱熹集传："皇皇，美也。"单用"皇"亦有美义。《诗·大雅·文王》："思皇多士，生此王国。"朱熹集传："皇，美。"

③藐藐（miǎo）：美盛的样子。《诗·大雅·崧高》："有俶其城，寝庙既成；既成藐藐，王锡申伯。"毛传："藐藐，美貌。"单用"藐"亦有美义。《文选·张衡〈西京赋〉》："眽藐流眄，一顾倾城。"薛综注："眽，眉睫之间；藐，好视容也。"

④穆穆：端庄和美的样子。《诗·大雅·文王》："穆穆文王，于缉熙敬止。"毛传："穆穆，美也。"

⑤休：本义为休息，引申有美好的意思。《诗·豳风·破斧》："哀我人斯，亦孔之休。"毛传："休，美也。"《史记·秦始皇本纪》："从臣诵烈，请刻此石，光垂休铭。"

⑥珍：本义为珠玉之类的宝物，引申为精美、华美。《管子·乘马》："君有珍车珍甲，而莫之敢有，君举事，臣不敢诬其所不能。"《国语·鲁语下》："古者分同姓以珍玉，展亲也。"展亲，谓重视亲族的情分。

⑦祎（yī）：美好。《文选·张衡〈东京赋〉》："汉帝之德，侯其祎而。"李善注引薛综曰："祎，美也。""祎祎"亦有美好义。《尔雅·释训》"委委佗佗，美也"陆德明释文："委委，《诗》云'委委佗佗，如山如河'是也。诸儒本并作祎，于宜反。舍人云：'祎祎者心之美。'引《诗》云亦作祎。"

⑧懿（yì）：美好。《易·小畜》："君子以懿文德。"孔颖达疏："懿，美也。"《诗·大雅·烝民》："民之秉彝，好是懿德。"毛传："懿，

美也。"

⑨铄(shuò)：本义为销熔、熔化，引申有美、美盛的意思。《诗·周颂·酌》："于铄王师，遵养时晦。"朱熹集传："铄，音烁，盛。"晋陆机《赠冯文罴迁斥丘令》："天保定子，靡德不铄。"又形容张目美好的样子。《方言》卷二："铄，双也……好目谓之顺，黸瞳之子谓之瞵。宋卫韩郑之间曰铄。"周祖谟校笺："铄等词皆有张目美好之貌。"

【译文】

睰睰、皇皇、藐藐是美盛的样子，穆穆是端庄和美的样子，休是美好，嘉是美善、美好，珍是精美、华美，祎、懿是美好，铄是美、美盛：它们都有美好、美盛的意思。

1.063　谐、辑①、协，和也。

【注释】

①辑：本义为车舆，引申为和谐、和睦。《六书故·工事二》："辑，合材为车，咸相得谓之辑。"《诗·大雅·板》："辞之辑矣，民之洽矣。"毛传："辑，和。"《后汉书·刘焉传》："魋因人情不辑，乃阴结州中大姓。"李贤注："辑，和也。"

【译文】

谐是和合、协调，辑是和谐、和睦，协是协调、和谐：它们都有和谐、协调的意思。

1.064　关关①、噰噰②，音声和也。

【注释】

①关关：鸟和鸣声。《诗·周南·关雎》："关关雎鸠，在河之洲。"毛

传:"关关,和声也。"

②噰噰(yōng):鸟声和鸣。《文选·宋玉〈九辩〉》:"雁噰噰而南游
兮,鹍鸡啁哳而悲鸣。"王逸注:"雄雌和乐,群戏行也。"《乐府诗
集·相和歌辞九·相逢行》:"音声何噰噰,鹤鸣东西厢。"

【译文】

关关是鸟和鸣声,噰噰是鸟声和鸣,它们都有音声和鸣的意思。

1.065　勰①、燮②,和也。

【注释】

①勰(xié):同"协",和谐、协调。《说文解字·劦部》:"勰,同思之
和。"勰,同"勰"。南朝梁陆琏《齐皇太子释奠诗》:"昭图勰轨,道
清万国。"

②燮(xiè):和、协和、和谐。《书·洪范》:"三曰柔克,平康正直。强
弗友刚克,燮友柔克。"孔安国传:"燮,和也。"南朝宋谢灵运《登
上戍石鼓山》诗:"摘芳芳靡谖,愉乐乐不燮。"

【译文】

勰是和谐、协调,燮是和、协和、和谐:它们都有协和、和谐的意思。

1.066　从①、申②、神③、加、弼④、崇⑤,重也。

【注释】

①从:本义为跟从,引申为多、重叠。王引之《经义述闻·尔雅上》:
"《大雅·既醉篇》:'釐尔女士,从以孙子。'是从为重也。郭曰:
'随从,所以为重叠。'从有重义,故随亦有重义。"唐杜甫《题桃
树》:"小径升堂旧不斜,五株桃树亦从遮。"仇兆鳌注:"从,一作

'重'。"

②申:本义为电,引申为伸展、舒展,再引申有重复、再的意思。《书·尧典》:"申命羲叔宅南交。"孔安国传:"申,重也。"《资治通鉴·晋安帝义熙六年》:"昶患其言不行,且以为必败,因请死。裕怒曰:'卿且申一战,死复何晚!'"胡三省注:"申,重也。"

③神:本义为天神,引申有尊重、珍贵的意思。《荀子·非相》:"宝之珍之,贵之神之。"汉王充《论衡·自纪》:"玉少石多,多者不为珍;龙少鱼众,少者固为神。"

④弼(bì):本义为辅佐,引申有重叠的意思。郭璞注:"弼辅……所以为重叠。"《说文解字·弜部》:"弼,辅也,重也。"古籍中没有见到"弼"用为重叠的例证。

⑤崇:本义为山大而高,引申为崇高,再引申有尊崇的意思。《诗·周颂·烈文》:"无封靡于尔邦,维王其崇之。"朱熹集传:"崇,尊尚也。"又引申有重叠、重复的意思。《书·盘庚中》:"失于政,陈于兹,高后丕乃崇降罪疾。"孔安国传:"崇,重也。"汉潘元茂《册魏公九锡文》:"乌丸三种,崇乱二世,袁尚因之,逼据塞北,束马悬车,一征而灭。"

【译文】

从是多、重叠;申是重复、再;神是尊重、珍贵;加是增加;弼是重叠;崇是尊崇,又是重叠、重复:它们有重复、叠加或者尊重、尊崇的意思,所以用重来解释。

1.067 殬①、悉、卒、泯②、忽③、灭、罄④、空、毕、罄⑤、歼、拔⑥、珍⑦,尽也。

【注释】

①殬(què):尽。《史记·秦始皇本纪》:"尧舜采椽不刮,茅茨不翦,

饭土塯，啜土形，虽监门之养，不觳于此。”司马贞索隐：“觳……谓尽也。”

②泯（mǐn）：消灭、消失。《诗·大雅·桑柔》：“乱生不夷，靡国不泯。”毛传：“泯，灭也。”《后汉书·崔琦传》：“家国泯绝，宗庙烧燔。”

③忽：本义为忽略、不注意，引申有尽、绝灭的意思。《诗·大雅·皇矣》：“是伐是肆，是绝是忽。”毛传：“忽，灭也。”

④罄（qìng）：本义为器中空，引申为尽、竭尽。汉张衡《东京赋》：“东京之懿未罄，值余有犬马之疾，不能究其精详。”《梁书·范缜传》：“致使兵挫于行间，吏空于官府，粟罄于惰游，货殚于泥木。”

⑤罊（qì）：器中尽、尽。《说文解字·缶部》：“罊，器中尽也。”古籍中没有见到“罊”用为器中尽或尽的例证。

⑥拔：本义为抽拔、拽出，引申为尽。《诗·大雅·绵》：“柞棫拔矣，行道兑矣。”王先谦集疏：“《释诂》：‘拔，尽也。’盖即此诗之三家训，塞涂之树既尽，故行道兑然而成蹊。”

⑦殄（tiǎn）：绝尽、灭绝。《书·毕命》：“商俗靡靡，利口惟贤，余风未殄，公其念哉？”孔颖达疏：“余风至今未绝，公其念绝之哉？”《后汉书·班彪传附班固》：“松柏仆，丛林摧，草木无余，禽兽殄夷。”殄夷，尽杀。

【译文】

觳、悉、卒是尽，泯是消灭、消失，忽是尽、绝灭，灭是除尽、消失，罄是尽、竭尽，空是空尽、无有，毕是完尽、竭尽，罊是器中尽、尽，歼是杀尽、消灭，拔是尽，殄是绝尽、灭绝：它们都有尽绝、灭失的意思。

1.068　苞①、芜②、茂，丰也。

【注释】

①苞:本义为席草,引申为丛生、茂密。《诗·小雅·斯干》:"如竹苞矣,如松茂矣。"朱熹集传:"苞,丛生而固也。"《诗·大雅·行苇》:"方苞方体,维叶泥泥。"郑玄笺:"苞,茂也。"

②芜:田地荒废、野草丛生。《墨子·耕柱》:"楚四竟之田,旷芜而不可胜辟。"

【译文】

苞是丛生、茂密,芜是田地荒废、野草丛生,茂是草木繁盛:它们都有丰茂、蕃盛的意思。

1.069　揫①、敛、屈②、收、戢③、蒐④、裒⑤、鸠⑥、搂⑦,聚也。

【注释】

①揫(jiū):收敛、聚集。《礼记·乡饮酒义》:"秋之为言愁也。"郑玄注:"愁读为揫,揫,敛也。"《后汉书·马融传》:"然后举天网,顿八纮,揫敛九薮之动物,缳橐四野之飞征。"李贤注:"揫,聚也。"

②屈:有弯曲、缠绕的意思,引申为集中、聚集。《诗·鲁颂·泮水》:"顺彼长道,屈此群丑。"毛传:"屈,收。"陆德明释文:"《韩诗》云:'屈,收也。收敛得此众聚。'"《仪礼·聘礼》:"宰执圭屈缫,自公左授使者。"郑玄注:"屈缫者,敛之,礼以相变为敬也。"

③戢(jí):本义为收藏兵器,引申为收敛。《诗·小雅·鸳鸯》:"鸳鸯在梁,戢其左翼。"郑玄笺:"戢,敛也。"唐李白《上安州李长史书》:"戢秋霜之威,布冬日之爱。"

④蒐(sōu):本义为茜草,引申为春猎、阅兵的意思,再引申为聚集。《左传·成公十六年》:"蒐乘补卒,秣马利兵。"蒐乘(shèng),聚集兵车。《新唐书·郭元振传》:"请郭虔瓘使拔汗那蒐其铠马以助

军,既得复雠,部落更存。"

⑤裒(póu):聚集。《诗·小雅·常棣》:"原隰裒矣,兄弟求矣。"毛
　　传:"裒,聚也。"《新唐书·李正己传附李师道》:"师道谋裒兵
　　守境。"

⑥鸠:本义为鸟名,引申为聚集。《书·尧典》:"共工方鸠僝功。"孔
　　安国传:"鸠,聚。"孔颖达疏:"谓每于所在之方,皆能聚集善事以
　　见其功,言可用也。"《左传·昭公十七年》:"五鸠,鸠民者也。"杜
　　预注:"鸠,聚也。治事上聚,故以鸠为名。"鸠民,聚集百姓。

⑦搂(lōu):曳聚、牵合。《说文解字·手部》:"搂,曳聚也。"。《孟
　　子·告子下》:"五霸者,搂诸侯以伐诸侯者也。"赵岐注:"五霸强
　　搂牵诸侯以伐诸侯,不以王命也。"

【译文】

　　挚是收敛、聚集,敛是聚集,屈是集中、聚集,收是收集、聚集,戢是
收敛,蒐、裒、鸠是聚集,搂是曳聚、牵合:它们都有聚集、收集的意思。

1.070　肃①、齐②、遄③、速、亟④、屡⑤、数⑥、迅,疾也。

【注释】

①肃:本义为恭敬,引申有峻急、严峻的意思。《国语·齐语》:"是
　　故其父兄之教不肃而成。"韦昭注:"肃,疾也。""肃肃"形容疾速
　　的样子。《诗·召南·小星》:"肃肃宵征,夙夜在公,寔命不同。"
　　毛传:"肃肃,疾貌。"

②齐:本义为禾麦吐穗上平,引申为整齐,再引申有捷速的意思。
　　《荀子·修身》:"勇胆猛戾,则辅之以道顺;齐给便利,则节之以
　　动止。"杨倞注:"齐给便利,皆捷速也。"

③遄(chuán):疾速。《诗·鄘风·相鼠》:"人而无礼,胡不遄死?"
　　毛传:"遄,速也。"《文选·谢灵运〈初去郡〉诗》:"负心二十载,于

今废将迎。理棹遄还期,遵渚骛修垧。"李善注:"遄,速也。"

④亟(jí):疾速、赶快。《诗·豳风·七月》:"亟其乘屋,其始播百谷。"郑玄笺:"亟,急。"《史记·扁鹊仓公列传》:"不亟治,病即入濡肾。及其未舍五藏,急治之。"

⑤屡:急速。《礼记·乐记》:"临事而屡断,勇也。"汉王粲《柳赋》:"嘉甘棠之不伐,畏取累于此树。苟远迹而退之,岂驾迟而不屡。"

⑥数(shuò):疾速。《礼记·曾子问》:"日有食之,不知其已之迟数,则岂如行哉?"郑玄注:"数读为速。"《史记·屈原贾生列传》:"吉乎告我,凶言其菑,淹数之度兮,语予其期。"裴骃集解引徐广曰:"数,速也。"

【译文】

肃是峻急、严峻,齐是捷速,遄是疾速,速是迅速、快速,亟是疾速、赶快,屡是急速,数是疾速,迅是快速、迅速:它们都有疾速、快急的意思。

1.071　寁①、骏②、肃、亟、遄,速也。

【注释】

①寁(zǎn,又音jié):迅速、快捷。《诗·郑风·遵大路》:"遵大路兮,掺执子之袪兮。无我恶兮,不寁故也。"毛传:"寁,速也。"

②骏:本义为良马,引申为迅速。《诗·周颂·噫嘻》:"骏发尔私,终三十里。"郑玄笺:"骏,疾也。"《管子·弟子职》:"若有宾客,弟子骏作,对客无让,应且遂行。"尹知章注:"骏作,迅起也。"

【译文】

寁是迅速、快捷,骏是迅速,肃是峻急、严峻,亟是疾速、赶快,遄是疾速:它们都有迅速、快急的意思。

1.072　壑①、阬阬②、滕③、徵④、隍⑤、漮⑥，虚也。

【注释】

①壑(hè)：山谷、沟坑。《国语·晋语八》："是虎目而豕啄，鸢肩而牛腹，溪壑可盈，是不可餍也，必以贿死。"《礼记·郊特牲》："土反其宅，水归其壑。"

②阬阬(kēng)：郑樵注："阬有二文无义，其一为衍者耳。"阬，同"坑"，洼地、沟池。《庄子·天运》："在谷满谷，在阬满阬。"《史记·货殖列传》："弋射渔猎，犯晨夜，冒霜雪，驰阬谷。不避猛兽之害，为得味也。"郝懿行义疏："阬者，《说文》云'阆也'，盖阬阆犹阆阆，空虚貌也。"

③滕：水向上腾涌。郝懿行义疏："滕者，水之虚也。《说文》云：'滕，水超涌也。'《玉篇》引《诗》'百川沸腾'，水上涌也……《易》云'滕口说也'，释文：'滕，九家作乘。'然则口以滕说为虚，水以滕涌为虚，其义正同矣。"

④徵(zhēng)：通"澂"，澄清。《资治通鉴·汉桓帝延熹二年》："阶下不加清徵，审别真伪。"胡三省注："范书《黄琼传》'徵'作'澂'。'澂'与'澄'同。譬之水也，若清澂则尘翳在上，滓浊在下。"范书，指范晔《后汉书》。

⑤隍(huáng)：无水的护城壕。《易·泰》："城复于隍，勿用师，自邑告命贞吝。"孔颖达疏："子夏传云：'隍是城下池也。'"北魏郦道元《水经注·沽河》："沽水又西南，迳赤城东……城在山阜之上，下枕深隍。"

⑥漮(kāng)：水的中心有空处。《说文解字·水部》："漮，水虚也。"郝懿行义疏："漮……省作康。"《诗·小雅·宾之初筵》："酌彼康爵，以奏尔时。"郑玄笺："康，虚也。"古籍中没有见到"漮"用为水的中心有空处的例证。

【译文】

壑是山谷、沟坑，阬是洼地、沟池，滕是水向上腾涌，潎（潎）是澄清，隍是无水的护城壕，㳎是水的中心有空处：它们都含有空虚的意思。

1.073 黎①、庶②、烝③、多、丑④、师⑤、旅⑥，众也。

【注释】

①黎：古代用黍米作糊，用以粘鞋底，后有众多的意思。《书·益稷》："万邦黎献，共惟帝臣。"黎献，众多贤能。引申为黎民。《诗·小雅·天保》："群黎百姓，遍为尔德。"

②庶(shù)：众多。《诗·小雅·小明》："念我独兮，我事孔庶。"郑玄笺："庶，众也。"引申为庶民。《左传·昭公三十二年》："三后之姓，于今为庶。"

③烝：众多。《书·益稷》："烝民乃粒，万邦作乂。"汉蔡邕《胡广黄琼颂》："天之烝人，有则有类。"烝民、烝人，众民，百姓。

④丑：本义为可恶，引申有类别、种类的意思，再引申有众的意思。《诗·小雅·出车》："执讯获丑，薄言还归。"郑玄笺："丑，众也。"

⑤师：古代军队编制的一级，以二千五百人为师，引申为民众、徒众。《诗·大雅·文王》："殷之未丧师，克配上帝。"郑玄笺："师，众也。"《汉书·元帝纪》："天惟降灾，震惊朕师。"颜师古注："师，众也。"又引申为众多。《汉书·礼乐志》："砲砲即即，师象山则。"颜师古注引孟康曰："师，众也。则，法也。积实之盛众类于山也。"

⑥旅：古代军队编制的一级，以五百人为旅，引申为众、众多。《左传·昭公三年》："小人近市，朝夕得所求，小人之利也。敢烦里旅？"杜预注："旅，众也，不敢劳众为己宅。"《说苑·辨物》："不群居，不旅行。"

【译文】

黎是众多、黎民,庶是众多、庶民,烝、多是众多,丑是众,师是民众、徒众、众多,旅是众、众多:它们都有众多或者众人、众多的意思,所以用众来解释。

1.074　洋①、观②、裒③、众、那④,多也。

【注释】

①洋:本义为水名。后有盛大的意思。《诗·卫风·硕人》:"河水洋洋,北流活活。"毛传:"洋洋,盛大也。"再引申为众多。《诗·鲁颂·閟宫》:"笾豆大房,万舞洋洋。孝孙有庆。"毛传:"洋洋,众多也。"唐颜师古《匡谬正俗·洋》:"今山东俗谓众为洋。"古籍中没有见到"洋"单用为盛大的例证。

②观:本义为观看、细看,引申有多的意思。《诗·小雅·采绿》:"其钓维何,维鲂及鱮。维鲂及鱮,薄言观者。"郑玄笺:"观,多也。"唐元稹《杨子华画三首》之二:"子亦观病身,色空俱寂寞。"

③裒(póu):本义为聚集,引申为众多。《诗·周颂·般》:"敷天之下,裒时之对。"郑玄笺:"裒,众;对,配也。遍天之下,众山川之神皆如是配而祭之。"

④那(nuó):多。《诗·小雅·桑扈》:"不戢不难,受福不那。"毛传:"那,多也。"郑玄笺:"王者位至尊,天所子也。然而不自敛以先王之法,不自难以亡国之戒,则其受福禄亦不多也。"

【译文】

洋是盛大、众多,观是多,裒、众是众多,那是多:它们都有多的意思。

1.075　流①、差②、柬③,择也。

【注释】

①流：本义为水行移动，引申为河川水流，活用为沿水流寻求采摘。《诗·周南·关雎》："参差荇菜，左右流之。"毛传："流，求也。"荇（xìng）菜，一种多年生水生草本植物，叶呈对生圆形，嫩时可食。

②差（chāi）：选择。《诗·小雅·吉日》："吉日庚午，既差我马。"毛传："差，择也。"《资治通鉴·汉献帝建安二十年》："当差留新兵之温厚者千人，镇守关中，其余悉遣东。"胡三省注："差，择也。"差留，选留。

③柬：选择、挑选，后作"拣"。《荀子·修身》："安燕而血气不惰，柬理也。"杨倞注："言柬择其事理所宜。"唐司空图《唐故太子太师致仕卢公神道碑》："拜御史丞兼左丞，柬拔端良，风威益振。"

【译文】

流是沿水流寻求采摘，差是选择，柬是选择、挑选：它们都有选择、挑选的意思。

1.076　战、慄、震、惊、戁①、竦②、恐、慑③，惧也。

【注释】

①戁（nǎn）：本义为恭敬、肃敬，引申为恐惧。《诗·商颂·长发》："敷奏其勇，不震不动，不戁不竦，百禄是总。"毛传："戁，恐；竦，惧也。"唐骆宾王《萤火赋》："感秋夕以殷忧，戁宵行以熠耀。"

②竦：本义为肃敬、恭敬，引申为恐惧、惊惧。《韩非子·初见秦》："乃复悉士卒以攻邯郸，不能拔也，弃甲负弩，战竦而却。"《汉书·李广传》："率三军之心，同战士之力，故怒形则千里竦，威振则万物伏。"颜师古注："竦，惊也。"

③慑（shè）：恐惧。《庄子·达生》："死生惊惧不入乎其胸中，是故遻物而不慑。"陆德明释文："慑，惧也。"《金史·列传第十赞》："斡

鲁古之不治,阃母之败,谴罚之亟,诸将慴焉。"

【译文】

战是恐惧、发抖,慄是恐惧,震是震惊、惊恐,惊是惊慌、恐惧,慹是恐惧,竦是恐惧、惊惧,恐是畏惧、害怕,慴是恐惧:它们都有恐惧、惊怕的意思。

1.077　痡①、瘏②、虺隤③、玄黄④、劬劳⑤、咎⑥、顇⑦、瘒⑧、瘉⑨、鳏⑩、戮⑪、癙⑫、癵⑬、瘏⑭、痒⑮、疧⑯、疵⑰、闵⑱、逐⑲、疚⑳、痗㉑、瘥㉒、痱㉓、㾂㉔、瘵㉕、瘼㉖、瘝㉗,病也。

【注释】

①痡(pū):疲倦、劳累。《诗·周南·卷耳》:"我仆痡矣,云何吁矣。"孔颖达疏引孙炎曰:"痡,人疲不能行之病。"宋陈舜俞《骑牛歌》:"春泥没腹雨溅帽,夜半归来人亦痡。"

②瘏(tú):疲病、困乏。《诗·周南·卷耳》:"陟彼砠矣,我马瘏矣。"毛传:"瘏,病也。"《楚辞·刘向〈九叹·思古〉》:"发披披以䰄䰄兮,躬劬劳而瘏悴。"王逸注:"言己履涉风露,头发解乱而身罢病也。"瘏悴,疲病,疲惫憔悴。

③虺隤(huī tuí):同"虺颓",疲极生病的样子。《诗·周南·卷耳》:"陟彼崔嵬,我马虺隤。"毛传:"虺隤,病也。"汉蔡邕《述行赋》:"仆夫疲而劬瘁兮,我马虺颓以玄黄。"

④玄黄:生病的样子。《诗·周南·卷耳》:"陟彼高岗,我马玄黄。"唐王建《闻故人自征戍回》诗:"亦知远行劳,人悴马玄黄。"

⑤劬(qú)劳:劳累、劳苦。《诗·小雅·鸿雁》:"之子于征,劬劳于野。"毛传:"劬劳,病苦也。"《晋书·何曾传》:"方今国家大举,新有发调,军师远征,上下劬劳。"

⑥咎(jiù):凶、灾祸。郝懿行义疏:"咎者,《说文》云:'灾也。'灾即

病也。古人谓病曰灾。故《公羊庄廿年传》：'大灾者何？大瘠也。'何休注：'瘠，病也。齐人语也。'"《左传·庄公二十一年》："郑伯效尤，其亦将有咎。"《史记·屈原贾生列传》："嗟苦先生兮，独离此咎！"集解引应劭曰："言屈原遇此难也。"

⑦顇（cuì）：本义为憔悴、瘦弱，引申为疾病。《汉书·王莽传上》："人之云亡，邦国殄顇。"颜师古注："顇，病也……天下邦国尽困病也。"

⑧瘽（qín）：因劳成疾。邢昺疏："瘽者，劳苦之病也。"《汉书·文帝纪》："农，天下之本，务莫大焉。今瘽身从事，而有租税之赋，是谓本末者无以异也。"《字汇补·广部》："瘽，《汉书》注：即古勤字。"《字汇补》所见本作"瘽"，今通行本作"廑"。

⑨瘉（yù）：病、灾难。《诗·小雅·正月》："父母生我，胡俾我瘉。"毛传："瘉，病也。"

⑩鳏：通"瘝（guān）"，疾病、痛苦。《书·康诰》："呜呼，小子封，恫瘝乃身，敬哉！"孔安国传："恫，痛；瘝，病。治民务除恶政，当如痛病在汝身欲去之，敬行我言！"古籍中没有见到"鳏"用为病的例证。

⑪戮（lù）：本义为杀戮，引申为羞辱。郝懿行义疏："戮者，辱之病。"《左传·文公六年》："夷之搜，贾季戮臾骈。臾骈之人欲尽杀贾氏以报焉。臾骈曰：'不可。'"《国语·晋语七》："公谓羊舌赤曰：'寡人属诸侯，魏绛戮寡人之弟，为我勿失。'"韦昭注："戮，辱也。"

⑫癙（shǔ）：忧郁成疾。邢昺疏引孙炎云："癙者，畏之病也。"《诗·小雅·正月》："哀我小心，癙忧以痒。"癙忧，郁闷忧愁。《淮南子·说山训》："狸头愈鼠，鸡头已瘘。"刘文典集解："鼠即癙字。"

⑬瘰（luán）：积忧成病，肌体消瘦。《诗·桧风·素冠》："庶见素冠兮，棘人栾栾兮。"毛传："栾栾，瘦貌。"《说文解字·肉部》"脔，臞

也"段玉裁注:"毛诗传曰:栾栾,瘦瘠貌。盖或三家诗有作㾖,从正字;毛作栾,从假借字。"古籍中没有见到"㾖"用为忧病瘦瘠的例证。

⑭痳(lǐ):忧病。《诗·大雅·云汉》:"瞻卬昊天,云如何里。"陆德明释文:"里如字,忧也。本亦作悝。《尔雅》作悝,并同。王(肃)曰:'痳,病也。'"

⑮痒(yáng):忧思成疾。《诗·小雅·正月》:"哀我小心,癙忧以痒。"毛传:"癙、痒,皆病也。"汉扬雄《百官箴·宗正箴》:"陵迟衰微,姬卒以痒。"

⑯疧(qí):病不止。《诗·小雅·无将大车》:"无思百忧,只自疧兮。"毛传:"疧,病也。"

⑰疵(cī):小毛病。《素问·本病论》:"民病温疫,疵发风生。"《韩非子·大体》:"不吹毛而求小疵,不洗垢而察难知。"

⑱闵(mǐn):本义为吊唁,引申有病、病危的意思。《荀子·礼论》:"纩听息之时,则夫忠臣孝子亦知其闵已,然而殡敛之具未有求也。"俞樾《诸子平议·荀子三》:"亦知其闵已,犹言亦知其病已。病,谓疾甚也。"

⑲逐:通"轴",疾病。郝懿行义疏:"逐者,通作轴。"《诗·卫风·考槃》:"考槃在陆,硕人之轴。"郑玄笺:"轴,病也。"古籍中没有见到"逐"用为疾病的例证。

⑳疚(jiù):久病、病患。《诗·小雅·杕杜》:"匪载匪来,忧心孔疚。"郑玄笺:"疚,病也。君子至期不装载,意不为来。我念之,忧心甚病。"《韩非子·显学》:"与人相若也,无饥馑疾疚祸罪之殃独以贫穷者,非侈则惰也。"

㉑痗(mèi):忧病。《诗·卫风·伯兮》:"愿言思伯,使我心痗。"毛传:"痗,病也。"

㉒瘥(cuó):疫病、小病。《诗·小雅·节南山》:"天方荐瘥,丧乱弘

多。"郑玄笺:"天气方今又重以疫病。"唐刘禹锡《代淮南杜相公论新罗请广利方》:"搜方技之秘要,拯生灵之夭瘥。"

㉓痱(fēi):中风病。《灵枢经·热病》:"痱之为病也,身无痛者,四肢不收,智乱不甚,其言微知,可治;甚者不能言,不可治也。"《史记·魏其武安侯列传》:"魏其良久乃闻,闻即恚,病痱,不食欲死。"司马贞索隐:"痱,风病也。"

㉔瘅(dǎn):因劳致病。《诗·大雅·板》:"上帝板板,下民卒瘅。"《礼记·缁衣》引"瘅"作"痒",郑玄注:"瘅,病也。"孔颖达疏:"言君上邪辟,下民尽皆困病。"

㉕瘵(zhài):病。《诗·大雅·瞻卬》:"邦靡有定,士民其瘵。"毛传:"瘵,病。"唐李白《为吴王谢责赴行在迟滞表》:"然臣年过耳顺,风瘵日加。锋镝残骸,劣有余喘。"

㉖瘼(mò):病痛、疾苦。《诗·小雅·四月》:"乱离瘼矣,爰其适归。"毛传:"瘼,病。"《三国志·蜀书·马超传》:"以君信著北土,威武并昭,是以委任授君,抗扬虓虎,兼董万里,求民之瘼。"

㉗瘠(jì):病、生病。《礼记·玉藻》:"亲瘠色容不盛此孝子之疏节也。"郑玄注:"瘠,病也。"

【译文】

痡是疲倦、劳累,瘏是疲病、困乏,虺颓是疲极生病的样子,玄黄是生病的样子,劬劳是劳累、劳苦,咎是凶、灾祸,颠是疾病,瘅是因劳成疾,瘥是病、灾难,鰥(瘝)是疾病、痛苦,戮是羞辱,瘨是忧郁成疾,痗是积忧成病,瘅是忧病,痒是忧思成疾,痕是病不止,疵是小毛病,闵是病、病危,逐(轴)是疾病,疚是久病、病患,痗是忧病,瘥是疫病、小病,痱是中风病,瘅是因劳致病,瘵是病,瘼是病痛、疾苦,瘠是病、生病:它们有疾病、困苦或者凶祸、羞辱的意思,所以用病来解释。

1.078　羡①、写②、悝③、盱④、繇⑤、惨⑥、恤⑦、罹⑧,忧也。

【注释】

①恙(yàng)：忧虑。《史记·平津侯主父列传》："君不幸罹霜露之病，何恙不已？"司马贞索隐："恙，忧也。言罹霜露寒凉之疾，轻，何忧于病不止？"

②写：通"鼠(瘨)"，忧郁。郭璞注："写，有忧者思散写也。"郝懿行义疏："写者，今未详。"以为郭璞注"盖失其义也"，引马瑞辰曰："《管子·白心篇》云：'卧名利者写生危。'写当训忧，谓寝息于名利，必多危险，故忧生危。"王引之《经义述闻·尔雅上》："写当读为鼠。《小雅·雨无正篇》：'鼠思泣血。'笺曰：'鼠，忧也。'义本《尔雅》也。郑所见本盖作鼠，故据以释经耳……字或作瘨。"参见 1.077 条。

③悝(kuī)：本义为嘲谑，引申有忧伤的意思。《广韵·止韵》："悝，忧也。《诗》云：'悠悠我悝。'"今通行本《诗·小雅·十月之交》"悝"作"里"。

④盱(xū)：通"忓(xū)"，忧愁。《诗·小雅·都人士》："我不见兮，云何盱矣。"郑玄笺："盱，病也。思之甚，云何乎，我今已病也。"郝懿行义疏："病与忧义亦同也。"

⑤繇(yáo)：通"摇"，忧惧。《诗·王风·黍离》："行迈靡靡，中心摇摇。"毛传："摇摇，忧无所愬。"古籍中没有见到"繇"用为忧惧的例证，也没有见到"摇"单用为忧惧的例证。

⑥惨：本义为狠毒、凶恶，引申有忧愁、凄惨的意思。《诗·陈风·月出》："月出照兮，佼人燎兮，舒夭绍兮，劳心惨兮。"陆德明释文："惨，忧也。"唐白居易《琵琶行》："醉不成欢惨将别，别时茫茫江浸月。"

⑦恤：忧虑、忧患。《易·晋》："失得勿恤，往吉无不利。"孔颖达疏："失之与得，不须忧恤。"《国语·晋语一》："君欲勿恤，其可乎？若大难至而恤之，其何及矣。"韦昭注："恤，忧也。"

⑧罹(lí):忧患、忧惧。《书·酒诰》:"辜在商邑,越殷国灭无罹。"孔安国传:"纣聚罪人在都邑而任之,于殷国灭亡无忧惧。《诗·王风·兔爰》:"我生之后,逢此百罹。"毛传:"罹,忧。"

【译文】

恙是忧虑,㝈(鼠)是忧郁,悝是忧伤,盱(忏)是忧愁,繇(摇)是忧惧,惨是忧愁、凄惨,恤是忧虑、忧患,罹是忧患、忧惧:它们都有忧愁的意思。

1.079 伦①、勚②、卭③、㪿④、勤、愈⑤、庸⑥、瘴⑦,劳也。

【注释】

①伦:劳苦。邢昺疏:"伦者,理也。治理事务者必劳。"以"劳"释"伦"各家有不同说法。王引之《经义述闻·尔雅上》:"伦与熏通。《淮南子·精神篇》:'人之耳目,曷能久熏劳而不息乎?'是熏为劳苦之劳。"古籍中没有见到"伦"用为劳苦的例证。

②勚(yì):辛劳。《诗·小雅·雨无正》:"正大夫离居,莫知我勚。"毛传:"勚,劳也。"唐戴叔伦《南野》:"身勚竟亡疲,团团欣在目。"

③卭(qióng):辛劳。《礼记·缁衣》:"《小雅》曰:'匪其止共,惟王之卭。'"郑玄注:"卭,劳也。言臣不止于恭敬其职,惟使王之劳。此臣使君劳之诗也。"今本《诗·小雅·巧言》郑玄笺:"邛,病也。"

④㪿(chì):本义为栽插,引申为劳苦。邢昺疏:"㪿者,相约㪿也,亦为劳苦。"古籍中没有见到"㪿"用为劳苦的例证。

⑤愈(yǔ):劳困而病。邢昺疏:"谓劳苦也。"王引之《经义述闻·尔雅上》:"愈之言瘉也。上文曰:'瘉,病也。'凡劳与病事相类。"古籍中没有见到"愈"用为劳困而病的例证。

⑥庸:本义为用,引申为功劳、功勋,再引申为劳苦。《诗·王风·

兔爰》:"我生之初,尚无庸;我生之后,逢此百凶。"郑玄笺:"庸,
劳也。"

⑦瘅(dǎn):因劳致病。《诗·大雅·板》:"上帝板板,下民卒瘅。"
毛传:"瘅,病也。"

【译文】

伦是劳苦,勤、卬是辛劳,救是劳苦,勤是勤劳、劳苦,愉是劳因而
病,庸是劳苦,瘅是因劳致病:它们都有劳苦、勤劳的意思。

1.080　劳、来①、强②、事③、谓④、翦⑤、篲⑥,勤也。

【注释】

①来(lài):勤勉。《诗·小雅·大东》:"东人之子,职劳不来。"毛
传:"来,勤也。"郑玄笺:"东人劳苦而不见谓勤。"

②强(qiǎng):勉力、勤勉。《墨子·天志中》:"上强听治,则国家治
矣;下强从事,则财用足矣。"《孟子·梁惠王下》:"君如彼何哉?
强为善而已矣。"

③事:本义为官职、职务,引申有治理、任事的意思,再引申有勤劳、
劳苦的意思。《论语·颜渊》:"先事后得,非崇德与?"孔安国注:
"先劳于事,然后得报。"

④谓:本义为评论,引申有劝勉、使令的意思,再引申为尽心竭力。
《晏子春秋·内篇谏下》:"古者之为官室也,足乎以便生,不以为
奢侈也,故节于身谓于民。"此句"谓"各说不一,王念孙《读书杂
志·晏子春秋第一》:"谓当为调,形相似而误也。"

⑤翦(jiǎn):本义为羽初生如剪一样齐整,引申有修剪的意思,再引
申为勤劳。郝懿行义疏:"翦者,犹言前也进也。前进皆有勤
意。"古籍中没有见到"翦"用为勤劳的例证。

⑥篲(huì):本义为扫帚,引申为扫、拂。枚乘《七发》:"凌赤岸,篲扶

桑,横奔似雷行。"郝懿行义疏:"篲谓洒扫之勤也。"古籍中没有见到"篲"用为勤劳的例证。

【译文】

劳是劳苦、勤劳,来是勤勉,强是勉力、勤勉,事是勤劳、劳苦,谓是尽心竭力,勚是勤劳,篲是扫、拂:它们都有勤劳、劳苦的意思。

1.081 悠①、伤②、忧,思也。

【注释】

①悠:忧思。《诗·周南·关雎》:"悠哉悠哉,辗转反侧。"毛传:"悠,思也。"南朝梁江淹《杂体诗三十首》之三十:"西北秋风至,楚客心悠哉。"

②伤:本义为创伤,引申为忧思、悲伤。《诗·周南·卷耳》:"我姑酌彼兕觥,维以不永伤。"毛传:"伤,思也。"宋柳永《雨霖铃》:"多情自古伤离别,更那堪,冷落清秋节。"

【译文】

悠是忧思,伤是忧思、悲伤,忧是忧愁、忧虑:它们都有忧思、忧伤的意思。

1.082 怀、惟①、虑②、愿③、念、惄④,思也。

【注释】

①惟:思考、思念。《诗·大雅·生民》:"载谋载惟,取萧祭脂。"郑玄笺:"惟,思也。"《汉书·邹阳传》:"愿大王留意详惟之。"颜师古注:"惟,思也。"

②虑:本义为计议、谋划,引申为思考、考虑。《论语·卫灵公》:"人

无远虑,必有近忧。"《史记·司马相如列传》:"兴必虑衰,安必思危。"

③愿:本义为愿望、心愿,引申为思念。《诗·卫风·伯兮》:"其雨其雨,杲杲出日。愿言思伯,甘心首疾。"郑玄笺:"愿,念也。"

④愵(nì):忧思、忧伤。《诗·周南·汝坟》:"未见君子,愵如调饥。"郑玄笺:"愵,思也。未见君子之时,如朝饥之思食。"调(zhōu),通"朝",早晨。

【译文】

怀是怀念、思念,惟是思考、思念,虑是思考、考虑,愿是思念,念是思念、怀念,愵是忧思、忧伤:它们都有思念、思虑的意思。

1.083　禄①、祉②、履③、戬④、祓⑤、禧⑥、褫⑦、祜⑧,福也。

【注释】

①禄:福。《诗·大雅·既醉》:"其胤维何,天被尔禄。"毛传:"禄,福也。"《隋书·音乐志中》:"降斯百禄,惟响惟应。"百禄,多福。

②祉(zhǐ):福。《诗·小雅·六月》:"吉甫燕喜,既多受祉。"毛传:"祉,福也。"南朝梁任昉《〈王文宪集〉序》:"信乃昴宿垂芒,德精降祉。"德精,德星,古人认为国有道有福或有贤人出现,则德星现。降祉,赐福。

③履:通"釐(xī)",福禄。《诗·周南·樛木》:"乐只君子,福履绥之。"毛传:"履,禄。"郑玄笺:"使为福禄所安。"

④戬(jiǎn):本义为剪灭,引申有幸福、吉祥的意思。《诗·小雅·天保》:"天保定尔,俾尔戬谷。"毛传:"戬,福。谷,禄。"《隋书·音乐志下》:"方凭戬福,伫咏丰年。"

⑤祓(fú):福。《方言》卷七:"福禄谓之祓戬。"《诗·大雅·卷阿》:"茀禄尔康矣。"郑玄笺:"茀,福。"郭璞注引作"祓禄康矣"。

⑥禧(xǐ)：幸福、吉祥。《全隋诗·先农歌·诚夏》："恭神务稼，受禧降祉。"宋陶弼《皇陵庙》："楚民亡水旱，箫鼓谢神禧。"

⑦禠(sī)：福。《文选·张衡〈思玄赋〉》："汤蠲体以祷祈兮，蒙庞禠以拯民。"庞(máng)禠，大福。

⑧祜(hù)：厚福、大福。邢昺疏："祜者，福厚也。"《诗·小雅·信南山》："曾孙寿考，受天之祜。"《汉书·礼乐志》："垂惠恩，鸿祜休。"颜师古注："祜，福也。休，美也。"

【译文】

禄、祉是福，履(釐)是福禄，戬是幸福、吉祥，祓是福，禧是幸福、吉祥，禠是福，祜是厚福、大福：它们都有幸福、吉祥的意思。

1.084　禋①、祀、祠②、蒸③、尝④、禴⑤，祭也。

【注释】

①禋(yīn)：祭名。升烟祭天。《周礼·春官·大宗伯》："以禋祀祀昊天上帝。"郑玄注："禋之言烟。周人尚臭，烟，气之臭闻者……三祀皆积柴实牲体焉，或有玉帛，燔燎而升烟，所以报阳也。"

②祠：祭名。春祭。《诗·小雅·天保》："禴祠烝尝。"毛传："春曰祠，夏曰禴，秋曰尝，冬曰烝。"《周礼·春官·司尊彝》："春祠夏禴，裸用鸡彝鸟彝。"鸡彝，刻画鸡形图饰的祭器。鸟彝，刻有凤鸟图案的祭器。

③蒸：同"烝"，祭名。冬祭。《国语·鲁语上》："夏父弗忌为宗，蒸将跻僖公。"韦昭注："凡祭祀……冬日蒸。"

④尝：本义为辨别滋味，引申为祭名，指秋祭。《左传·桓公五年》："始杀而尝，闭蛰而烝。"汉董仲舒《春秋繁露·四祭》："四祭者，因四时之所生孰而祭其先祖父母也。故春曰祠，夏曰礿，秋曰尝，冬曰蒸……尝者，以七月尝黍稷也。"

⑤禴(yuè):同"礿",祭名。夏祭。《易·萃》:"孚乃利用禴。"王弼注:"禴,殷者祭名也,四时祭之省者也。"《诗·小雅·天保》:"禴祠烝尝,于公先王。"毛传:"夏曰禴。"

【译文】

禋是祭名,升烟祭天;祀是永久祭祀;祠是祭名,春祭;烝是祭名,冬祭;尝是祭名,秋祭;禴是祭名,夏祭:它们都有祭祀的意思。

1.085　俨①、恪②、祗③、翼④、諲⑤、恭、钦⑥、寅⑦、熯⑧,敬也。

【注释】

①俨(yǎn):本义为昂头,引申为庄重、恭敬。《礼记·曲礼上》:"毋不敬,俨若思。"郑玄注:"俨,矜庄貌。"《楚辞·离骚》:"汤禹俨而求合兮,挚皋繇而能调。"王逸注:"俨,敬也。"

②恪(kè):恭敬。《书·盘庚上》:"先王有服,恪谨天命。"孔安国传:"敬谨天命。"《诗·商颂·那》:"温恭朝夕,执事有恪。"毛传:"恪,敬也。"

③祗(zhī):恭敬。《诗·商颂·长发》:"昭假迟迟,上帝是祗。"《左传·僖公三十三年》:"父不慈,子不祗,兄不友,弟不共,不相及也。"

④翼:本义为翅膀,引申有奉戴的意思,再引申为恭敬。《诗·小雅·六月》:"有严有翼,共武之服。"毛传:"翼,敬也。"《国语·周语下》:"夫道成命者,而称昊天,翼其上也。"韦昭注:"翼,敬也。"

⑤諲(yīn):通"禋",敬。郝懿行义疏:"諲者,禋之假音也。《诗》:'克禋克祀。'毛传:'禋,敬也。'"古籍中没有见到"諲"用为敬的例证。

⑥钦:本义为疲倦时打哈欠的样子,引申有恭敬、敬肃的意思。清

徐灏《说文解字注笺·欠部》:"钦,戴侗曰:'屏气钦敛之貌。'引之为钦敬。"《书·尧典》:"曰若稽古帝尧,曰放勋,钦明文思安安,允恭克让,光被四表,格于上下。"孔安国传:"钦,敬也。"陆德明释文引马融曰:"威仪表备谓之钦,照临四方谓之明。"

⑦寅(yín):甲骨文为矢形𝔜,引申有前进的意思,再引申为恭敬。《书·尧典》:"分命羲仲,宅嵎夷曰旸谷,寅宾出日。"孔颖达疏:"恭敬导引将出之日。"参见 1.053 条。

⑧熯(rǎn):恭敬。《诗·小雅·楚茨》:"我孔熯矣,式礼莫愆。"孔颖达疏:"言我孝子甚能恭敬矣。"

【译文】

俨是庄重、恭敬,恪、祗、翼是恭敬,諲(禋)是敬,恭是恭敬,钦是恭敬、敬肃,寅、熯是恭敬:它们都有恭敬的意思。

1.086　朝、旦、夙①、晨、晙②,早也。

【注释】

①夙(sù):早晨。《书·旅獒》:"夙夜罔或不勤,不矜细行,终累大德。"孔安国传:"言当早起夜寐。"《诗·齐风·东方未明》:"折柳樊圃,狂夫瞿瞿。不能辰夜,不夙则莫。"

②晙(jùn):早、黎明。郝懿行义疏:"晙者,浚之或体也。《书》'夙夜浚明有家',《史记·夏纪》作'蚤夜翊明有家'……《史记》训浚为翊,是翊、浚训明。"蚤,通"早"。

【译文】

朝是早晨,旦是清晨、早晨,夙是早晨,晨是天亮、日出时,晙是早、黎明:它们都有早晨、清晨的意思。

1.087　頢①、竢②、替③、戾④、厎⑤、止、徯⑥，待也⑦。

【注释】

①頢(xū)：站着等待。后作"须"。《汉书·翟方进传》："又出逢帝舅成都侯商道路，下车立，頢过，乃就车。"颜师古注："頢，待也。"

②竢(sì)：等待。《汉书·贾谊传》："恭承嘉惠兮，竢罪长沙。"颜师古注："竢，古俟字。俟，待也。"唐韩愈《唐故江南西道观察使……王公神道碑铭》："虚位而竢，奄忽滔滔。"

③替：本义为废弃、废除，引申有停止的意思。《庄子·则阳》："夫圣人未始有天，未始有人，未始有始，未始有物，与世偕行而不替。"

④戾(lì)：本义为弯曲，引申有到、到达的意思，再引申为安定、止息。《书·康诰》："今惟民不静，未戾厥心。"孔安国传："未定其心。"《文选·何晏〈景福殿赋〉》："且许昌者，乃大运之攸戾。"李周翰注："戾，止也。"

⑤厎(dǐ)：本义为质地细腻的磨刀石，引申有止、终止的意思。《诗·小雅·小旻》："我视谋犹，伊于胡厎。"郑玄笺："厎，至也……我视今君臣之谋道，往行之将何所至乎？"清王士禛《二十四泉草堂诗序》："无惑乎举世相率于声利婟媚之途，而不知所厎也。"

⑥徯(xī)：等待。《书·仲虺之诰》："徯予后，后来其苏。"孔安国传："待我君来，其可苏息。"清王夫之《宋论·孝宗》："其仅免于死亡者，循墙而走，不敢有所激扬，以徯国家他日干城之用。"

⑦待：等待。《左传·隐公元年》："多行不义必自毙，子姑待之。"引申为止、留住。《论语·微子》："齐景公待孔子。"邢昺疏："景公止孔子。"

【译文】

頢是站着等待，竢是等待，替是停止，戾是安定、止息，厎是止、终止，止是停止、终止，俟是等待：它们有等待或者止息、终止的意思，所以用待来解释。

1.088　噊①、几②、哉③、殆④，危也。

【注释】

①噊(yù)：同"潏"，诡诈。《说文解字·口部》："噊，危也。"王引之《经义述闻·尔雅上》："危有二义：一为危险之危，几、哉、殆是也；一为诡诈之诡，噊是也。"古籍中没有见到"噊"用为诡诈的例证。

②几(jī)：比喻为事物的迹象、先兆，引申有危机、危险的意思。《书·顾命》："呜呼，疾大渐，惟几，病日臻。"孔安国传："自叹其疾大进，笃，惟危殆。"《左传·宣公十二年》："利人之几，而安人之乱，以为己荣，何以丰财？"杜预注："几，危也。"

③哉(zāi)：同"灾"，灾祸。《周礼·秋官·小行人》："若国有祸哉，则令哀吊之。"

④殆：危亡、危险。《诗·小雅·正月》："民今方殆，视天梦梦。"郑玄笺："方，且也。民今且危亡。"《史记·仲尼弟子列传》："有报人之志，使人知之，殆也。"

【译文】

噊是诡诈，几是危机、危险，哉是灾祸，殆是危亡、危险：它们都有诡诈或者危险、灾祸的意思，所以用危来解释。

1.089　蟣①，汽也②。

【注释】

①蟣(qí)：近。郝懿行义疏："蟣即几也。又训汽者，汽，近也。"近代

以前古籍中没有见到"蟣"用为近的例证。章炳麟《訄书·族志》："繇轩辕以至孔氏,蟣二千年,其名子姓者至于百姓千品万官亿丑,非其类者,又安所容其趾乎?"

②汔(qì):接近、差不多。《说文解字·水部》:"汔,水涸也……或曰泣下。《诗》曰:'汔可小康。'"今本《诗·大雅·民劳》"汔"作"汔"。郑玄笺:"汔,几也。"

【译文】

蟣有接近的意思。

1.090　治①、肆②、古,故也③。

【注释】

①治:本义为治理,引申为作为、做事。郝懿行义疏:"治与事声义近……事训治,治亦训事,事即故字之训。"《诗·邶风·绿衣》:"绿兮丝兮,女所治兮。"郑玄笺:"先染丝,后制衣,皆女之所治为也。"明陶宗仪《辍耕录》卷十二:"晨起,独先盥栉,适父母所,问安毕,佐诸母具食饮,退治女工。"

②肆:本义为处死刑后陈尸示众,引申有奋力做事的意思。《墨子·兼爱下》:"而有道肆相教诲。"孙诒让间诂:"言勤力相教诲。"晋陶潜《桃花源》诗:"相命肆农耕,日入从所憩。"又引申有故、所以的意思。《诗·大雅·思齐》:"不显亦临,无射亦保,肆戎疾不殄,烈假不瑕。"肆戎疾不殄,所以大病不灭。

③故:本义为原因、原故,引申为事、事情。《左传·昭公二十五年》:"昭伯问家故,尽对。"杜预注:"故,事也。"又引申有古、古代的意思。《庄子·秋水》:"证向今故。"郭象注:"向,明也。今故,犹古今。"证向(xiàng)今故,证验并明察古往今来的各种情况。又引申有所以、因此的意思。《论语·先进》:"求也退,故进之;

由也兼人，故退之。"

【译文】

治是作为、做事；肆是奋力做事，又是故、所以；古是古代、往昔：它们有事、事情，古代、往昔或者所以、因此的意思，所以用故来解释。

1.091　肆、故，今也①。

【注释】

①今：本义为现在，引申有故、所以的意思。王引之《经义述闻·尔雅上》："故训为今，今亦可训为故。《甘誓》曰：'天用剿决其命，今予惟共行天之罚。'言故予惟其行天之罚也。《汤誓》曰：'夏德若兹，今朕必往。'言故朕必往也。"

【译文】

肆是故、所以，故是所以、因此：它们都有所以、因此的意思。

1.092　惇①、亶②、祜③、笃、掔④、仍⑤、肶⑥、埤⑦、竺⑧、腹⑨，厚也。

【注释】

①惇（dūn）：敦厚、诚实。《书·舜典》："柔远能迩，惇德允元。"孔安国传："惇，厚也。"《汉书·成帝纪》："其与部刺史举惇朴逊让有行义者各一人。"

②亶（dǎn）：本义为仓廪谷物多，引申为笃厚、忠厚。《国语·周语下》引《诗·周颂·昊天有成命》："于缉熙，亶厥心，肆其靖之。"韦昭注："亶，厚也。"今本《诗·周颂·昊天有成命》"亶"作"单"。毛传："单，厚。"

③祜(hù)：厚福、大福。邢昺疏："祜者，福厚也。"《诗·小雅·信南山》："曾孙寿考，受天之祜。"《汉书·礼乐志》："垂惠恩，鸿祜休。"颜师古注："祜，福也。休，美也。"

④掔(qiān)：本义为固、使牢固，引申为厚。郝懿行义疏："掔者，上文云固也，又训厚者，掔之为言坚也，又言腆也。腆训丰满，坚训密致，皆有厚意，故又训厚矣。"古籍中没有见到"掔"用为厚的例证。

⑤仍：本义为依照、沿袭，引申为重复、频仍。《国语·周语下》："晋仍无道而鲜胄，其将失之矣。"韦昭注："仍，数也。"《汉书·元帝纪》："百姓仍遭凶阨，无以相振。"颜师古注："仍，频也。"

⑥肶(pí)：本义为牛胃，引申有厚赐的意思。《诗·小雅·采菽》："乐只君子，福禄胈之。"陆德明释文："胈，厚也。《韩诗》作肶。"孔颖达疏："以礼乐乐是君子，诸侯又以福禄厚赐之。"

⑦埤(pí)：增加、增厚。《诗·邶风·北门》："王事适我，政事一埤益我。"毛传："埤，厚也。"南朝宋鲍照《登大雷岸与妹书》："削长埤短，可数百里。"

⑧竺(dǔ)：后作"笃"，笃厚。《书·微子之命》："予嘉乃德，曰笃不忘。"陆德明释文："笃，本又作竺。"

⑨腹：坚厚。《礼记·月令》："(季冬之月)冰方盛，水泽腹坚，命取冰。"郑玄注："腹，厚也。"

【译文】

惇是敦厚、诚实，亶是笃厚、忠厚，祜是厚福、大福，笃是丰厚、敦厚，掔是厚，仍是重复、频仍，肶是厚赐，埤是增加、增厚，竺是笃厚，腹是坚厚：它们都有丰厚、厚多的意思。

1.093　载①、谟②、食③、诈，伪也④。

【注释】

①载(zài)：本义为乘坐，引申有为、施行的意思。《书·皋陶谟》："亦言其人有德，乃言曰，载采采。"孔安国传："载，行。采，事也。"《汉书·曹参传》："曹参代之，守而勿失。载其清靖，民以宁壹。"王先谦补注引王念孙曰："载，行也，谓行其清靖之治也。"

②谟(mó)：本义为计谋、谋略，引申为谋划、谋虑。《庄子·大宗师》："古之真人，不逆寡，不雄成，不谟士。"谟士，谋虑事情。士，通"事"。唐元稹《连昌宫词》："老翁此意深望幸，努力庙谟休用兵。"

③食(shí)：本义为饭食，引申为吃，再引申为作为、有为。《左传·哀公元年》："克而弗取，将又存之，违天而长寇雠，后虽悔之，不可食已。"王引之《经义述闻·尔雅上》："哀元年《左传》曰……'不可食'，不可为也。"又引申为虚伪、作假。《逸周书·皇门》："媚夫有迩无远，乃食盖善夫。"孔晁注："食，为也。"郝懿行义疏："《书》意盖言佞媚之人，以饰诈作伪，掩盖善士。"

④伪：奸伪、虚假。《孟子·滕文公上》："从许子之道，相率而为伪者也，恶能治国家？"《淮南子·俶真训》："是故神越者其言华，德荡者其行伪。"又引申为人为。《荀子·性恶》："人之性恶，其善者伪也。"汉王充《论衡·明雩》："天至贤矣，时未当雨，伪请求之，故妄下其雨，人君听请之类也。"

【译文】

载是为、施行；谟是谋划、谋虑；食是作为、有为，又是虚伪、作假；诈是欺诈、作假；它们有人为、作为或者欺诈、虚假的意思，所以用伪来解释。

1.094　话、猷①、载②、行③、讹④，言也。

【注释】

①猷（yóu）：本义为谋划、计划，引申有言、谈的意思。郭璞注：“猷者，道。道亦言也。”古籍中没有见到“猷”用为言、谈的例证。

②载：本义为乘坐，音 zài；引申有记载的意思，音 zǎi；再引申为册籍。册籍为书面语言。《书·洛诰》：“惟命曰：‘汝受命笃弼，丕视功载，乃汝其悉自教工。’”功载，记功的册籍。

③行：本义为道路，音 háng；引申有行事的意思；再引申为言说，音 xíng。郭璞注：“今江东通谓语为行。”古籍中没有见到“行”用为语的例证。

④讹（é）：本义为讹误、错谬，引申为谣言。《诗·小雅·沔水》：“民之讹言，宁莫之惩。”郑玄笺：“讹，伪也。”韩愈《送穷文》：“凡此五鬼，为吾五患，饥我寒我，兴讹造讪。”

【译文】

话是言语，猷是言、谈，载是册籍书面语言，行是言说，讹是谣言：它们都有言语的意思。

1.095　遘①、逢，遇也。

【注释】

①遘（gòu）：遇见、遭遇。《书·金縢》：“惟尔元孙某，遘厉虐疾。”陆德明释文：“遘，遇也。”晋潘岳《寡妇赋》：“何遭命之奇薄兮，遘天祸之未悔。”

【译文】

遘是遇见、遭遇，逢是碰见、遭遇：它们都有遇见、遭遇的意思。

1.096　遘、逢、遇，遻也①。

【注释】

①遻(wù)：碰到、遇见。《庄子·达生》："死生惊惧不入乎其胸中，是故遻物而不慑。"《后汉书·张衡传》："幸二八之遻虞兮，喜傅说之生殷。"李贤注："二八，八元、八恺也。遻，遇也。"

【译文】

遘是遇见、遭遇，逢是碰见，遇是遇见：它们都有碰到、遇见的意思。

1.097　遘、逢、遇、遻，见也①。

【注释】

①遘、逢、遇、遻(wù)，见也：郭璞注："行而相值，即见。"

【译文】

遘是遇见、遭遇，逢是碰见，遇是遇见，遻是踫到、遇见：它们都有见到的意思。

1.098　显①、昭②、觐③、钊④、觌⑤，见也。

【注释】

①显：本义为头明饰，指冕服采饰之类，引申有显露的意思，再引申为看见。《诗·周颂·敬之》："敬之敬之，天维显思。"毛传："显，见。"

②昭：本义为光明，引申为显示、显现。《诗·大雅·文王》："文王在上，于昭于天。"毛传："昭，见也。"郑玄笺："文王初为西伯，有功于民，其德著见于天。"

③觐：本义为古代诸侯秋季朝见天子，泛指朝见帝王，再引申为见、会见。《书·舜典》："既月，乃日觐四岳群牧。"孔安国传："觐，

见。"《左传·昭公十六年》:"宣子私觐于子产,以玉与马,曰:'子
命起舍夫玉,是赐我玉而免吾死也,敢不藉手以拜?'"郝懿行义
疏:"《尔雅》之觐与《周礼》异,凡见皆称觐。"

④钊(zhāo):引见。郭璞注:"《逸周书》曰:'钊我周王。'"郝懿行义
疏:"梅《书》作'昭我周王',《孟子》作'绍我周王',赵岐注以为愿
见周王,《孟子》所引必《书》之真古文,梅作昭,郭作钊,盖皆绍之
假借。绍有介绍之义,与见义近。"梅《书》,指东晋梅赜所上古文
《尚书》。

⑤觌(dí):见、相见。《易·丰》:"窥其户,阒其无人,三岁不觌。"阒
(qù),空寂。《春秋·庄公二十四年》:"八月丁丑,夫人姜氏入。
戊寅,大夫宗妇觌,用币。"

【译文】

显是看见,昭是显示、显现,觐是见、会见,钊是引见,觌是见、相见:
它们有看见或者显现的意思,所以用见来解释。

1.099　监①、瞻②、临③、莅④、顾⑤、相⑥,视也。

【注释】

①监:古人用来照视自己的镜子,引申为照视。《书·酒诰》:"人无
于水监,当于民监。"孔安国传:"视水见己形,视民行事见吉凶。"

②瞻:瞻仰、敬视。《诗·大雅·桑柔》:"维此惠君,民人所瞻。"唐
韩愈《处州孔子庙碑》:"像图孔肖,咸在斯堂;以瞻以仪,俾不
惑忘。"

③临:居上视下。《诗·大雅·大明》:"上帝临女,无贰尔心。"郑玄
笺:"临,视也。"女,汝,你。《荀子·劝学》:"不临深溪,不知地之
厚也。"

④莅(lì):临视。《周礼·地官·乡师》:"及窆,执斧以莅匠师。"郑

玄注："沝,谓临视也。"《周礼·春官·大宗伯》："凡祀大神,享大鬼,祭大示,帅执事而卜日宿,视涤濯,沝玉鬯。"郑玄注："沝,视也。"

⑤顠(tiào):同"眺",远视、向远处看。《集韵·筱韵》:"顠,远视。"《后汉书·张衡传》:"流目顠夫衡阿兮,睹有黎之圮坟。"

⑥相(xiàng):省视、察看。《书·盘庚上》:"相时憸民,犹胥顾于箴言。"陆德明释文:"相,马(融)云:'视也。'"相时憸(xiān)民,看这小民。时,这。《史记·周本纪》:"及为成人,遂好耕农,相地之宜,宜谷则稼穑矣。"

【译文】

监是照视,瞻是瞻仰、敬视,临是居上视下,沝是临视,顠是远视,相是省视、察看:它们都有细看、察看的意思。

1.100　鞠①、訩②、溢,盈也。

【注释】

①鞠(jū):古代一种革制的皮球,引申有盈多的意思。《诗·小雅·节南山》:"昊天不佣,降此鞠訩。"毛传:"鞠,盈。"郑玄笺:"盈犹多也。"

②訩:阮元校"訩"为衍文,"此殆因郭璞注引《诗》'降此鞠訩',正文遂衍'訩'字"。

【译文】

鞠是盈多,溢是水满而流出:它们都有盈满的意思。

1.101　孔①、魄②、哉③、延④、虚⑤、无⑥、之⑦、言⑧,间也。

【注释】

①孔:孔洞。《列子·仲尼》:"子心六孔流通,一孔不达。"《墨子·备城门》:"客至,诸门户皆令凿而幂孔。"幂(mì),覆盖,遮掩。

②魄:通"薄",助词。黄侃音训:"魄为语词,则《诗》之薄也。"《诗·周南·芣苢》:"采采芣苢,薄言采之。"郭璞注:"间隙。"古籍中没有见到"魄"用为语词或者间隙的例证。

③哉:助词。《说文解字·口部》:"哉,言之间也。"郝懿行义疏:"哉字,经典以为语已之词,又为游衍之词,是皆为有间矣。"《诗·大雅·文王》:"亹亹文王,令闻不已。陈锡哉周,侯文王孙子。"朱熹集传:"哉,语辞。"

④延:本义为长行,引申有延及的意思,再引申为隧道、墓道。《左传·隐公元年》:"若阙地及泉,隧而相见,其谁曰不然?"杜预注:"隧,若今延道。"郝懿行义疏:"延者,进之间也。"隧道、墓道是供进入的空间。

⑤虚:本义为空无所有,引申为洞孔、空隙。《淮南子·泛论训》:"若循虚而出入,则亦无能履也。"高诱注:"虚,孔窍也。"晋孙绰《游天台山赋》:"投刃皆虚,目牛无全。"

⑥无:本义为没有,引申为间隙。《老子》第十一章:"三十幅共一毂,当其无,有车之用。埏埴以为器,当其无,有器之用。凿户牖以为室,当其无,有室之用。"

⑦之:助词。《老子》第一章:"玄之又玄,众妙之门。"《荀子·劝学》:"方其人之习君子之说,则尊以遍矣,周于世矣。"方,仿效。

⑧言:助词。《诗·邶风·泉水》:"驾言出游,以写我忧。"

【译文】

孔是孔洞,魄(薄)、哉是助词,延是隧道、墓道,虚是洞孔、空隙,无是间隙,之、言是助词:它们有空间间隙或者语句间间隙的意思,所以用间来解释。

1.102　瘗^①、幽^②、隐、匿、蔽、窀^③，微也^④。

【注释】

①瘗（yì）：埋、埋藏。《诗·大雅·云汉》："上下奠瘗，靡神不宗。"陆
德明释文："瘗，埋也。"《新唐书·魏徵传》："大理卿马曙有犀铠
数十首，惧而瘗之。"

②幽：隐蔽、隐微。《荀子·正论》："好利多诈而危，权谋倾覆幽险而
尽亡矣。"杨倞注："幽险谓隐匿其情而凶虐难测也。"《后汉书·逸
民传序》："光武侧席幽人，求之若不及。"幽人，幽隐之人，隐士。

③窀：隐藏。《左传·定公四年》："天诱其衷，致罚于楚，而君又窀
之。"杜预注："窀，匿也。"《国语·周语上》："我先王不窀用失其
官，而自窀于戎翟之间。"韦昭注："窀，匿也。"

④微：隐匿、隐藏。《书·洪范》："乂用昏不明，俊民用微，家用不
宁。"孔安国传："治阖贤隐，国家乱。"《左传·哀公十六年》："白公
奔山而缢，其徒微之。"杜预注："微，匿也。"

【译文】

瘗是埋、埋藏，幽是隐蔽、隐微，隐是隐蔽、隐藏，匿是隐藏、隐瞒，蔽
是隐蔽、遮挡，窀是隐藏：它们都有隐匿、隐藏的意思。

1.103　讫、徽^①、妥^②、怀^③、安、按^④、替^⑤、戾^⑥、底^⑦、底^⑧、尼^⑨、定、曷^⑩、遏，止也。

【注释】

①徽：本义为绳索，引申为束缚、捆绑，再引申为止息。晋陆机《挽

歌》之三：“悲风徽行轨，倾云结流蔼。”

②妥：安坐。郭璞注：“妥者，坐也。”郝懿行义疏：“妥者，下文与安并云‘坐也’。安、坐二字俱有止义。”《仪礼·士相见礼》：“妥而后传言。”郑玄注：“妥，安坐也。”

③怀：郝懿行义疏：“怀者，思之止。”参见 1.005 条。

④按：本义为用手向下压，引申为控制、抑止。《诗·大雅·皇矣》：“爰整其旅，以按徂旅。”毛传：“按，止也。”《史记·绛侯周勃世家》：“壁门士吏谓从属车骑曰：‘将军约，军中不得驱驰。’于是天子乃按辔徐行。”

⑤替：停止。参见 1.087 条。

⑥戾：安定、止息。参见 1.087 条。

⑦底：本义为物体的下部，引申为停滞、止住。《左传·襄公二十九年》：“处而不底，行而不流。”处而不底，安守而不停滞。《国语·晋语四》：“戾久将底，底著滞淫。”韦昭注：“底，止也。”

⑧厎(dǐ)：止、终止。参见 1.087 条。

⑨尼(nì)：停止、阻拦。《山海经·大荒北经》：“(相繇)食于九土，其所欻所尼，即为源泽。”郭璞注：“欻，呕，犹喷咤。尼，止也。”《墨子·号令》：“务色谩正，淫嚣不静，当路尼众，舍事后就，逾时不宁，其罪射。”

⑩曷(è)：通“遏”，抑制、阻止。《诗·商颂·长发》：“如火烈烈，则莫我敢曷。”《汉书·刑法志》引“曷”作“遏”。颜师古注：“遏，止也。”

【译文】

讫是绝止、完毕，徽是止息，妥是安坐，怀是停止，安是安定、平静，按是控制、抑止，替是停止，戾是安定、止息，底是停滞、止住，厎是止、终止，尼是停止、阻拦，定是停止、止息，曷(遏)、遏是抑制、阻止：它们都有停止的意思。

1.104　豫①、射②,厌也。

【注释】

①豫:厌烦、餍足。《庄子·应帝王》:"无名人曰:'去,汝鄙人也,何问之不豫也!'"不豫,不怕厌烦。《楚辞·九章·惜颂》:"行婞直而不豫兮,鲧功用而不就。"不豫,不知餍足。

②射:通"致(yì)",厌弃。《诗·小雅·车舝》:"式燕且誉,好尔无射。"郑玄笺:"射,厌也……我爱好王无有厌也。"《诗·周颂·清庙》:"不显不承,无射于人斯。"

【译文】

豫是厌烦、餍足,射(致)是厌弃:它们有厌烦、餍足或者厌弃的意思,所以用厌来解释。

1.105　烈①、绩,业也。

【注释】

①烈:本义为火势猛烈,引申为光明、辉煌,再引申为功业、业绩。《书·洛诰》:"公称丕显德,以予小子,扬文武烈。"孔安国传:"用我小子褒扬文武之业。"《史记·秦始皇本纪》:"群臣嘉德,祗诵圣烈,请刻之罘。"

【译文】

烈是功业、业绩,绩是功绩、事业:它们都有功业的意思。

1.106　绩、勋,功也①。

【注释】

①绩、勋，功也：郭璞注：谓功劳也。

【译文】

绩是功业、业绩，勋是功勋、功劳：它们都有功劳的意思。

1.107　功、绩、质①、登②、平③、明④、考⑤、就，成也。

【注释】

①质：本义为典当财物，引申有验实的意思，再引申有成就的意思。《礼记·曲礼上》：“疑事毋质。”郑玄注：“质，成也。”

②登：本义为登升，引申为实现、完成。《书·泰誓下》：“尔众士其尚迪果毅，以登乃辟。”孔安国传：“登，成也。成汝君之功。”《礼记·月令》：“(季春之月)蚕事既登，分茧称丝效功，以共郊庙之服，无有敢惰。”郑玄注：“登，成也。”

③平：本义为宁静、安舒，引申有平定、平息的意思，再引申有治成的意思。《书·大禹谟》：“地平天成。”孔安国传：“水土治曰平。”《淮南子·时则训》：“审决狱，平词讼。”高诱注：“平，治也。”《列子·汤问》：“吾与汝毕力平险，指通豫南，达于汉阴，可乎？”《吕氏春秋·有始》：“知合知成，知离知生，则天地平矣。”高诱注：“平，成也。”

④明：本义为光明、明亮，引申有长成、成就的意思。《诗·周颂·臣工》：“于皇来牟，将受厥明。”王引之《经义述闻·尔雅上》：“暮春之时，麦已将熟，故云将受厥成。”来牟，大小麦的统称。

⑤考：本义为老、高寿，引申有落成、成就的意思。《诗·小雅·斯干序》：“斯干，宣王考室也。”毛传：“考，成也。”《礼记·礼运》：“礼义以为器，故事行有考也。”郑玄注：“考，成也。器利则事成。”

【译文】

功是功劳、功绩,绩是功业、业绩,质是成就,登是实现、完成,平是治成,明是长成、成就,考是落成、成就,就是成功、完成:它们有成绩或者成就、完成的意思,所以用成来解释。

1.108　桷①、梗②、较③、颋④、庭⑤、道⑥,直也。

【注释】

①桷(jué):高大、正直。《礼记·缁衣》:"《诗》云:'有桷德行,四国顺之。'"郑玄注:"桷,大也,直也。"《礼记·射义》:"发而不失正鹄者。"郑玄注:"鹄之言桷也。桷,直也。言人正直乃能中也。"

②梗:本义为草木的枝、茎或根,引申有正直、耿直的意思。屈原《九章·橘颂》:"淑离不淫,梗其有理兮。"北魏杨衒之《洛阳伽蓝记·灵应寺》:"牧民之官,浮虎慕其清尘;执法之吏,埋轮谢其梗直。"

③较(jué):本义为车厢两旁板上的横木,引申有直的意思。《尚书大传》卷二:"觉兮较兮,吾大命格兮。"郑玄注:"觉兮,谓先知者;较兮,谓直道者。"《周礼·天官·司裘》"设其鹄"郑玄注:"亦取鹄之言较。较者,直也,射所以直己志。"

④颋(tǐng):头挺直的样子,引申为正直。郝懿行义疏:"训直者,头容直也。"清徐鼒《小腆纪年附考》卷十一:"(张煌言)神骨清颋,豪迈不羁。"

⑤庭:通"廷",挺直、正直。《诗·小雅·大田》:"既庭且硕,曾孙是若。"毛传:"庭,直也。"《文选·张衡〈西京赋〉》:"徒观其城郭之制,则旁开三门,参涂夷庭,方轨十二,街衢相经。"夷庭,平正,平直。

⑥道:本义为道路,引申为正直。《荀子·不苟》:"君子大心则敬天

而道,小心则畏义而节。"汉刘向《说苑·修文》:"乐之动于内,使人易道而好良;乐之动于外,使人温恭而文雅。"王引之《经义述闻·尔雅上》:"易道即易直也。"

【译文】

桰是高大、正直,梗是正直、耿直,较是直,颋、庭(廷)是挺直、正直,道是正直:它们都有正直的意思。

1.109　密①、康②,静也。

【注释】

①密:静默、宁静。参见1.031条。

②康:安乐、安宁。《诗·大雅·民劳》:"民亦劳止,汔可小康。"小康,稍安。《陈书·世祖纪》:"今元恶克殄,八表已康,兵戈静戢,息肩方在。"

【译文】

密是静默、宁静,康是安乐、安宁:它们都有安静的意思。

1.110　豫①、宁、绥②、康、柔③,安也。

【注释】

①豫:安乐、安逸。《书·金滕》:"王有疾,弗豫。"《诗·小雅·白驹》:"尔公尔侯,逸豫无期。"

②绥(suī):甲骨文𢏟从手抚女,有安抚的意思。《诗·大雅·民劳》:"惠此中国,以绥四方。"晋陆机《吊魏武帝文》:"指八极以远略,必翦焉而后绥。"

③柔:本义为木质柔和、软弱,引申为柔化、使变弱,再引申为怀柔、

安抚。《诗·大雅·民劳》:"柔远能迩,以定我王。"柔远能迩,怀柔远方,优抚近地。《左传·文公七年》:"叛而不讨,何以示威?服而不柔,何以示怀?"杜预注:"柔,安也。"

【译文】

豫是安乐、安逸,宁是安宁,绥是安抚,康是安乐、安宁,柔是怀柔、安抚:它们有安乐或者安抚的意思,所以用安来解释。

1.111　平①、均②、夷③、弟④,易也⑤。

【注释】

①平:本义为宁静、安舒,引申有齐一、均等的意思。《易·乾》:"云行雨施,天下平也。"孔颖达疏:"言天下普得其利,而均平不偏陂。"《淮南子·时则训》:"一度量,平权衡。又有平坦的意思。《易·泰》:"无平不陂,无往不复。"《淮南子·说山训》:"地平则水不流,重钧则衡不倾。"

②均:均匀、公平。《论语·季氏》:"不患寡而患不均,不患贫而患不安。"《周书·王罴传》:"每至享会,亲自秤量酒肉,分给将士。时人尚其均平,嗤其鄙碎。"

③夷:平坦。《韩非子·五蠹》:"十仞之城,楼季弗能逾者,峭也;千仞之山,跛牂易牧者,夷也。"又有使之平、平均的意思。《左传·昭公十七年》:"五雉为五工正,利器用,正度量,夷民者也。"杜预注:"夷,平也。"孔颖达疏:"所以平均下民也。"

④弟(tì):通"悌",和易。《诗·小雅·蓼萧》:"既见君子,孔易岂弟。"岂弟,和乐平易。

⑤易:容易,引申为和易。《礼记·乐记》:"致乐以治心,则易直子谅之心油然生矣。"孔颖达疏:"易谓和易,直谓正直。"又引申有平坦的意思。《银雀山汉墓竹简·孙膑兵法·十问》:"故易则利

车,险则利徒。”

【译文】

平是齐一、均等,又是平坦;均是均匀、公平;夷是平坦,又是使之平、平均;弟(悌)是和易:它们有平均、平坦或者和易的意思,所以用易来解释。

1.112　矢,弛也①。

【注释】

①矢,弛也:“矢”“弛”皆通“施”,施行、传布。《诗·大雅·江汉》:“矢其文德,洽此四国。”毛传:“矢,施也。”李富孙《诗经异文释》:“《孔子闲居》矢引作弛。矢与弛义同。”郑玄注:“弛,施也。”王先谦集疏:“齐矢作弛。”

【译文】

矢跟弛一样皆通“施”,是施行、布陈的意思。

1.113　弛①,易也②。

【注释】

①弛:本义为放松弓弦,引申为延易、延展。《战国策·魏策二》:“群臣多谏太子者,曰:‘雪甚如此而丧行,民必甚病之,官费又恐不给,请弛期更日。’”

②易:交换,引申为改变、更改,再引申有蔓延、传布的意思。《书·盘庚中》:“我乃劓殄灭之,无遗育,无俾易种于兹新邑。”孙星衍《尚书今古文注疏》:“医书有阴易阳易,言病相延染。”曾运乾正读:“易,延易也。”《东观汉记·杜林传》:“绝其本根,勿使能殖,

畏其易也。"

【译文】

弛有延展传布的意思。

1.114　希、寡、鲜①,罕也。

【注释】

①鲜(xiǎn):少、少见。《诗·大雅·荡》:"靡不有初,鲜克有终。"《史记·淮阴侯列传》:"夫听者事之候也,计者事之机也,听过计失而能久安者,鲜矣。"

【译文】

希是稀罕、少,寡是少,鲜是少、少见:它们都有稀罕、罕见的意思。

1.115　鲜,寡也①。

【注释】

①鲜,寡也:郭璞注:"谓少。"

【译文】

鲜是稀少的意思。

1.116　酬①、酢②、侑③,报也。

【注释】

①酬:本义为劝酒、敬酒,引申为报答。《左传·昭公二十七年》:"令尹将必来辱,为惠已甚,吾无以酬之,若何?"唐李白《走笔赠独孤驸马》:"长揖蒙垂国士恩,壮心剖出酬知己。"

②酢(zuò)：本义为客以酒回敬主人，引申为报答。《诗·小雅·楚
　　茨》："报以介福，万寿攸酢。"

③侑(yòu)：本义为劝，多用于酒食、宴饮，引申为酬谢、酬
　　答。《国语·晋语四》："王飨醴，命公胙侑。"韦昭注："谓既食，以束帛侑
　　公。"宋欧阳修《祭尹师鲁文》："子于众人，最爱予文。寓辞千里，
　　侑此一尊。"

【译文】

酬、酢是报答，侑是酬谢、酬答：它们都有回报、报答的意思。

1.117　毗刘①，暴乐也②。

【注释】

①毗(pí)刘：郭璞注："谓树木叶缺落荫疏。"古籍中没有见到"毗刘"
　　用为树木叶缺落荫疏的例证。

②暴乐：树木枝叶脱落稀疏的样子。邢昺疏："木枝叶稀疏不均，为
　　暴乐。"古籍中没有见到"暴乐"用为树木枝叶脱落稀疏的样子的
　　例证。

【译文】

毗刘是树木枝叶脱落稀疏的意思。

1.118　觐䰍①，莆离也②。

【注释】

①觐䰍(míng méng)：草木丛生的样子。郭璞注："谓草木丛茸黳荟
　　也。"古籍中没有见到"觐䰍"用为草木丛生的样子的例证。

②莆(fú)离：草木众多的样子。郭璞注："莆离即弥离，弥离犹蒙茏

耳。"古籍中没有见到"茀离"用为草木众多的样子的例证。

【译文】

觊掔是草木丛生茂密的样子。

1.119　蛊①、谣②、贰③，疑也。

【注释】

①蛊：古籍中指一种人工培育的毒虫，引申有蛊惑、诱惑的意思。《墨子·非儒下》："孔丘盛容修饰以蛊世，弦歌鼓舞以聚徒。"《左传·庄公二十八年》："楚令尹子元欲蛊文夫人，为馆于其宫侧而振万焉。"杜预注："蛊，惑以淫事。"

②谣(tāo)：可疑、疑惑。《左传·昭公二十六年》："天道不谣，不贰其命，若之何禳之？"杜预注："谣，疑也。"《礼记·儒行》："上答之，不敢以疑；上不答，不敢以谣。"

③贰：数词，引申有不专一、有二心的意思，再引申为怀疑、不信任。《书·大禹谟》："任贤勿贰，去邪勿疑。"《周书·贺拔岳传》："然师克在和，但愿同心戮力耳。若骨肉离隔，自相猜贰，则图存不暇，安能制人。"

【译文】

蛊是蛊惑、诱惑，谣是可疑、疑惑，贰是怀疑、不信任：它们都有蛊惑、诱惑或者疑惑、怀疑的意思，所以用疑来解释。

1.120　桢①、翰②、仪③，干也。

【注释】

①桢：筑墙时竖在两端的木柱。《书·费誓》："鲁人三郊三遂，峙乃

桢干。"孔安国传:"题曰桢,旁曰干。"汉扬雄《太玄·廓》:"次二,金干玉桢,廓于城。"引申为支柱、主干。《诗·大雅·文王》:"思皇多士,生此王国,王国克生,维周之桢。"毛传:"桢,干也。"郑玄笺:"又愿天多生贤人于此邦,此邦能生之,则是我周之干事之臣。"

②翰:通"干",骨干、栋梁。《诗·小雅·桑扈》:"之屏之翰,百辟为宪。"毛传:"翰,干。"《诗·大雅·江汉》:"文武受命,召公维翰。"毛传:"翰,干也。"郑玄笺:"昔文王、武王受命,召康公为之桢干之臣。"王引之《经义述闻·尔雅上》:"桢、翰、仪、干,皆谓立木也。"古籍中见到的是翰的比喻义骨干、栋梁的用法,没有见到用为筑墙木的例证。

③仪:容止仪表。郭璞注:"仪表亦体干。"《诗·大雅·烝民》:"令仪令色,小心翼翼。"郑玄笺:"善威仪,善颜色。"《文选·曹植〈洛神赋〉》:"瑰姿艳溢,仪静体闲。"李周翰注:"威仪体态,皆闲雅也。"古籍中没有见到"仪"用为筑墙木或者主干、骨干的例证。

【译文】

桢是筑墙时竖在两端的木柱,引申为支柱、主干;翰(干)是骨干、栋梁;仪是容止仪表:它们有筑墙木或者主干、骨干、体干的意思,所以用干来解释。

1.121　弼①、棐②、辅、比③,俌也④。

【注释】

①弼(bì):辅佐、辅正。《书·益稷》:"予违汝弼,汝无面从,退有后言。"孔安国传:"我违道,汝当以义辅正我。"《国语·吴语》:"昔吾先王,世有辅弼之臣,以能遂疑计恶,以不陷于大难。"

②棐(fěi):辅导、辅助。《书·康诰》:"天畏棐忱。"孔安国传:"天德

可畏，以其辅诚。"《汉书·叙传上》："观天罔之纮覆兮，实棐谌而相顺。"颜师古注："赋言天道惟诚是辅，唯顺是助，故引以为辞也。"

③比：本义为亲近、和睦，引申有辅助的意思。《易·比》："比，辅也。"孔颖达疏："比者，人来相辅助也。"《诗·唐风·杕杜》："嗟行之人，胡不比焉。"郑玄笺："比，辅也。"

④俌（fǔ）：辅助。宋苏轼《与李方叔》："汉有善铜出白阳，取为镜，清如明，左龙右虎俌之。"上古典籍中用"辅"不用"俌"。

【译文】

弼是辅佐、辅正，棐是辅导、辅助，辅、比是辅助：它们都有辅助的意思。

1.122　疆、界、边、卫①、圉②，垂也③。

【注释】

①卫：本义为防卫，引申为边陲、边地。《周礼·春官·巾车》："建大白以即戎，以封四卫。"郑玄注："四卫，四方诸侯守卫者，蛮服以内。"孙诒让正义引孔广森云："四卫者，言四方卫服之国也。"

②圉（yǔ）：本义为牢狱，引申有边境的意思。《诗·大雅·召旻》："民卒流亡，我居圉卒荒。"毛传："圉，垂也。"郑玄笺："国中至边竟以此故尽空虚。"朱熹集传："居，国中也。"《左传·隐公十一年》："亦聊以固吾圉也。"杜预注："圉，边垂也。"

③垂：边疆、边地。后写作"陲"。《荀子·臣道》："边境之臣处，则疆垂不丧。"杨倞注："垂与陲同。"《文选·扬雄〈羽猎赋〉》："虽颇割其三垂，以赡齐民。"三垂，指东、西、南三方边疆。

【译文】

　　疆是边疆、边界,界是地界、边界,边是边境、边界,卫是边陲、边地,围是边境:它们都有边疆、边地的意思。

1.123　昌①、敌②、强③、应、丁④,当也⑤。

【注释】

①昌:正当、美善。《书·皋陶谟》:"禹拜昌言曰:'俞!'"孔颖达疏:"禹乃拜受其当理之言。"《汉书·扬雄传上》:"图累承彼洪族兮,又览累之昌辞。"颜师古注:"昌,美也。"

②敌:本义为敌人、仇敌,引申有对等、相当的意思。《孙子·谋攻》:"故用兵之法,十则围之,五则攻之,倍则分之,敌则能战之,少则能逃之。"梅尧臣注:"势力均则战。"《战国策·秦策五》:"秦人援魏以拒楚,楚人援韩以拒秦,四国之兵敌,而未能复战也。"姚宏注:"敌,强弱等也。"

③强:本义为硬弓,引申为强壮、强盛。郭璞注:"强者好与物相当值。"古籍中没有见到"强"用为相当的例证。

④丁:古文字象钉,引申有当、遭逢的意思。《诗·大雅·云汉》:"耗斁下土,宁丁我躬。"毛传:"丁,当也。"《后汉书·崔骃传》:"愍余生之不造兮,丁汉氏之中微。"李贤注:"丁,当也。"

⑤当:对等、相当。《礼记·王制》:"小国之上卿,位当大国之下卿,中当其上大夫,下当其下大夫。"《管子·参患》:"故凡用兵之计,三惊当一至,三至当一军,三军当一战。"又有中正、恰当的意思。《尸子·贵言》:"天子以天下受令于心,心不当则天下祸;诸侯以国受令于心,心不当则国亡;匹夫以身受令于心,心不当则身为戮矣。"《吕氏春秋·义赏》:"令张孟谈逾城潜行,与魏桓、韩康期而击智伯,断其头以为觞,遂定三家,岂非用赏罚当邪?"又有遇

到、承受的意思。《韩非子·说疑》:"若夫后稷、皋陶、伊尹、周公旦……如此臣者,虽当昏乱之主尚可致功,况于显明之主乎?"《庄子·让王》:"大王反国,非臣之功,故不敢当其赏。"又有应该、应当的意思。《晏子春秋·杂上四》:"昔者婴之所以当诛者宜赏,今所以当赏者宜诛,是故不敢受。"

【译文】

昌是正当、美善,敌是对等、相当,强含有相当的意思,应是应当、应该,丁是当、遭逢:它们有相当、正当、遇到、承当或者应当的意思,所以用当来解释。

1.124　浡①、肩②、摇、动、蠢③、迪④、俶⑤、厉⑥,作也。

【注释】

①浡(bó):兴起的样子。《孟子·梁惠王上》:"天油然作云,沛然下雨,则苗浡然兴之矣。"《汉书·扬雄传下》:"泰山之高不嶕峣,则不能浡滃云而散歊烝。"

②肩:本义为肩膀,引申为担负。担负与作为义近。《左传·襄公二年》:"郑成公疾,子驷请息肩于晋。"宋梅尧臣《回自青龙呈谢师直》诗:"唯髭比旧多且黑,学术久已不可肩。"

③蠢:本义为虫动,引申为动。《庄子·天地》:"端正而不知以为义,相爱而不知以为仁,实而不知以为忠,当而不知以为信,蠢动而相使,不以为赐。"陆德明释文:"蠢,动也。"

④迪(dí):本义为道理,引申为引导、实践,再引申为动、作。《书·多方》:"尔乃迪屡不静,尔心未爱。"孙星衍《尚书今古文注疏》:"迪者,《释诂》云'作也'。屡,俗字,当为娄……迪屡犹言屡迪。汝数作不静,汝心无爱顺之意。"《隶释·汉沛相杨统碑》:"直南蛮蠢迪,王师出征。"

⑤俶(chù)：本义为开始，引申为营作、动。《诗·大雅·崧高》："申伯之功，召伯是营。有俶其城，寝庙既成。"毛传："俶，作也。"郑玄笺："召公营其位而作城郭及寝庙，定其人神所处。"唐柳宗元《小石潭记》："日光下澈，影布石上，佁然不动，俶尔远逝，往来翕忽，似与游者相乐。"

⑥厉：振奋、振作。《管子·七法》："兵弱而士不厉，则战不胜而守不固。"金王若虚《李仲和墓碣铭》："然志愈厉，气不少衰。"

【译文】

浡是兴起的样子，肩是担负，摇是摇动，动是动作，蠢是动，迪是动、作，俶是营作、动，厉是振奋、振作：它们有兴作、振作、动作或者作为的意思，所以用作来解释。

1.125　兹、斯、咨①、呰②、已③，此也。

【注释】

①咨(zī)：通"兹"，此。《隶释·魏修孔子庙碑》："咨可谓命世大圣，亿载之师表者已。"

②呰(jǐ)：此。郭璞注："呰、已皆方俗异语。"古籍中没有见到"呰"用为此的例证。

③已：此。《书·皋陶谟》："惇叙九族，庶明励翼，迩可远在兹。"《史记·夏本纪》引"兹"作"已"。

【译文】

兹、斯、咨（兹）、呰、已：它们都有此的意思。

1.126　嗟①、咨②，蹉也③。

【注释】

①嗟(jiē)：叹词，多表示招呼、赞美、感慨。《书·费誓》："公曰：'嗟！人无哗，听命。'"《史记·将侯周勃世家》："嗟乎，此真将军矣！"三国魏曹丕《短歌行》："嗟我白发，生一何早！"

②咨：叹词，多表示赞赏。汉扬雄《论语·尧曰》："尧曰：'咨！尔舜！天之历数在尔躬。允执其中。'"

③瑳(jiē)：叹词，多表示忧哀。汉扬雄《太玄·乐》："极乐之几，不移日而悲，则哭泣之瑳资。"范望注："瑳资，忧哀之貌也。"

【译文】

嗟是叹词，多表示招呼、赞美、感慨；咨是叹词，多表示赞赏：它们都有表示感叹的意思。

1.127　闲①、狎②、串③、贯④，习也。

【注释】

①闲：通"娴"，熟练、熟习。《战国策·燕策二》："闲于兵甲，习于战攻。"

②狎(xiá)：本义为驯犬，引申有熟习、习惯的意思。《左传·襄公四年》："边鄙不耸，民狎其野。"杜预注："耸，惧。狎，习也。"《国语·周语中》："此嬴者阳也，未狎君政，故未承命。"

③串(guàn)：习惯。《荀子·大略》："国法禁拾遗，恶民之串以无分得也。"杨倞注："串，习也。"清李慈铭《越缦堂读书记·南史》："《宗悫传》：'宗军人串啖粗食。'此串字最古。串，即毌之隶变……古串、贯、掼通用。"今通行标点本《南史》以及《宋书》"串"皆作"惯"。

④贯：熟习、熟练。《左传·襄公三十一年》："射御贯则能获禽。"杜预注："贯，习也。"又有习惯的意思。后写作"惯"。《孟子·滕文

公下》:"我不贯与小人乘,请辞。"赵岐注:"贯,习也。"

【译文】

闲(娴)是熟练、熟习;狎是熟习、习惯;串是习惯;贯是熟习、熟练,又是习惯:它们都有熟习或者习惯的意思,所以用习来解释。

1.128　曩①、尘②、伫③、淹④、留⑤,久也。

【注释】

①曩(nǎng):从前、过去。《左传·襄公二十四年》:"曩者志入而已,今则怵也。"《庄子·齐物论》:"曩子行,今子止;曩子坐,今子起。"成玄英疏:"曩,昔也,向也。"

②尘:本义为尘土、灰尘,引申有长久的意思。《文选·张衡〈思玄赋〉》:"美襞积以酷烈兮,允尘邈而难亏。"刘良注:"尘,久。"

③伫(zhù):久立。《诗·邶风·燕燕》:"瞻望弗及,伫立以泣。"毛传:"伫立,久立。"南朝宋傅亮《为宋公修张良庙教》:"过大梁者,或伫想于夷门。"伫想,久立凝思。

④淹:本义为浸渍、淹没,引申有停留、滞留的意思,再引申为时间久。《公羊传·宣公十二年》:"晋,大国也,王师淹病矣。君请勿许也。"淹病,久困。南朝梁江淹《去故乡赋》:"横羽觞而淹望,抚玉琴兮何亲?"

⑤留:本义为停留、停止,引申为长久。《礼记·儒行》:"遽数之不能终其物,悉数之乃留,更仆未可终也。"郑玄注:"留,久也。"

【译文】

曩是从前、过去,尘是长久,伫是久立,淹是时间久,留是长久:它们都有时间长久的意思。

1.129　逮①、及、暨②,与也。

【注释】

①逮（dài）：与、相连及。《书·吕刑》：“群后之逮在下。”孔颖达疏：“群后诸侯相与在下国。”

②暨（jì）：及、和。《书·尧典》：“帝曰：‘咨，汝羲暨和。’”孔安国传：“暨，与也。”《史记·秦始皇本纪》：“地东至海暨朝鲜，西至临洮、羌中。”

【译文】

逮是与、相连及，及是跟、同，暨是及、和：它们都有和、同的意思。

1.130　骘①、假②、格③、陟④、跻⑤、登，陞也⑥。

【注释】

①骘（zhì）：上升。《书·洪范》：“呜呼！箕子，惟天阴骘下民，相协厥居，我不知其彝伦攸叙。”陆德明释文：“骘，马云：升也。升犹举也，举犹生也。”

②假（xiá）：通“遐”，升去。《列子·黄帝》：“天下大治，几若华胥之国，而帝登假，百姓号之。”张湛注：“假当为遐。”《淮南子·齐俗训》：“今欲学其道，不得其养气处神，而放其一吐一吸，时诎时伸，其不能乘云升假，亦明矣。”高诱注：“假，上也。”

③格：本义为前来、到来，引申为上升。《书·吕刑》：“乃命重黎绝地天通，罔有降格。”孙星衍《尚书今古文注疏》引《尔雅·释诂》：“格，陞也。”

④陟（zhì）：登升。《诗·周南·卷耳》：“陟彼崔嵬，我马虺隤。”毛传：“陟，升也。”《后汉书·李膺列传》：“久废过庭，不闻善诱，陟岵瞻望，惟日为岁。”

⑤跻（jī）：登上、上升。《易·震》：“跻于九陵。”孔颖达疏：“跻，升也。”《文选·谢灵运〈石门新营所住〉》：“跻险筑幽居，披云卧石

门。"李善注引《方言》曰:"跻,登也。"

⑥陞:同"升",上升、登上。《佩文韵府·支韵》:"陞陃《书序》:'伊尹相汤伐桀陞自陃,遂与桀战于鸣条。'"今本《书·汤誓序》"陞"作"升"。唐韩愈《南海神庙碑》:"公遂陞舟,风雨少弛,棹夫奏功。"

【译文】

鹭是上升,假(遐)是升去,格是上升,陟是登升,跻是登上、上升,登是升、自下而上:它们都有上升的意思。

1.131 挥①、盝②、歇③、涸,竭也。

【注释】

①挥:本义为舞动、摇动,引申为振去、抛洒。《礼记·曲礼上》:"饮玉爵者弗挥。"陆德明释文引何承天曰:"振去余酒曰挥。"又引申为发散、散去。《后汉书·荀彧传》:"权诡时逼,挥金僚朋。"振去、抛洒和发散、散去皆与竭尽义近。

②盝(lù):渗漏、滤去水。《周礼·考工记·慌氏》:"清其灰而盝之,而挥之。"郝懿行义疏:"郑注:'于灰澄而出盝晞之。'郑意盖谓澄出其水为盝,而后晞干之。故《广韵》云:'盝,去水也,竭也。'"

③歇:本义为停止、休息,引申为竭尽、消失。《左传·宣公十二年》:"(文)公曰:'得臣犹在,忧未歇也。'"杜预注:"歇,尽也。"《楚辞·九章·悲回风》:"煩蘅槁而节离兮,芳以歇而不比。"

【译文】

挥是振去、抛洒,又是发散、散去;盝是渗漏、滤去水;歇是竭尽、消失;涸是水枯竭、竭尽:它们有或者含有竭尽的意思,所以用竭来解释。

1.132 抵①、拭、刷,清也。

【注释】

①捵(zhèn):擦干。《仪礼·士丧礼》:"乃沐栉,捵用巾。"郑玄注:
　"捵,晞也,清也。古文捵皆作振。"《礼记·丧大记》:"沐用瓦盘,
　捵用巾。"郑玄注:"捵,拭也。"

【译文】

捵是擦干,拭是揩擦,刷是扫刷、清除:它们都有清理干净的意思。

1.133　鸿①、昏②、於③、显④、间⑤,代也⑥。

【注释】

①鸿:往来之代。郝懿行义疏:"鸿者,往来之代也。《月令》云'鸿
　雁来',《夏小正》云'遰鸿雁',是往来相代。"遰(dì),往。古籍中
　没有见到"鸿"用为代的例证。

②昏:明之代。郝懿行义疏:"婚礼成于昏,阳往阴来,亦相代之义。
　故《白虎通》云:'昏亦阴阳交时也。'交犹代也。"古籍中没有见到
　"昏"用为代的例证。

③於:间之代。郝懿行义疏:"於者,间之代也。凡言於者,以此於
　彼,以彼於此,於字皆居中间,是即间训代之义,又有相连及之
　义,相连及亦相交代也。"古籍中没有见到"於"用为代的例证。

④显:代。郝懿行义疏:"显者,明也,明者,昏之代也。"《书·康
　诰》:"于弟弗念天显,乃弗克恭厥兄。"孙星衍《尚书今古文注
　疏》:"显者,《释诂》云:'代也。'天显,谓兄于天伦有代父之道。"
　但"天显"一般解释为指上天显示的意旨。古籍中没有见到"显"
　用为代的例证。

⑤间(jiàn):本义为空隙、缝隙,引申有更迭,交替的意思,再引申有
　代替的意思。《诗·周颂·桓》:"于昭于天,皇以间之。"毛传:
　"间,代也。"郑玄笺:"纣为天下之君,但由为恶,天以武王代之。"

《国语·周语中》:"夫礼,新不间旧,王以狄女间姜任,非礼且弃旧也。"韦昭注:"间,代也。"

⑥代:代替、更迭。《书·金滕》:"以旦代某之身。"《楚辞·离骚》:"日月忽其不淹兮,春与秋其代序。"王逸注:"代,更也。"

【译文】

鸿是往来之代,昏是明之代,於是间之代,显是代,间是代替:它们有或者含有代替、更迭的意思,所以用代来解释。

1.134　馌①、饟②,馈也③。

【注释】

①馌(yè):给耕作的人送食。《诗·豳风·七月》:"同我妇子,馌彼南亩,田畯至喜。"《左传·僖公三十三年》:"初,臼季使过冀,见冀缺耨,其妻馌之。"杜预注:"野馈曰馌。"

②饟(xiǎng):同"饷",送食物给人。《诗·周颂·良耜》:"或来瞻女,载筐及莒,其饟伊黍。"《汉书·灌婴传》:"受诏别击楚军后,绝其饟道,起阳武至襄邑。"颜师古注:"饟,古饷字。"

③馈(kuì):送食物给人。《周礼·天官·膳夫》:"凡王之馈,食用六谷,膳用六牲。"郑玄注:"进物于尊者曰馈。"唐韩愈《桃源图》诗:"争持酒食来相馈,礼数不同樽俎异。"

【译文】

馌是给耕作的人送食,饟是送食物给人:它们都有送食物给人的意思。

1.135　迁、运①,徙也。

【注释】

①运:移动。《庄子·逍遥游》:"是鸟也,海运则将徙于南溟。"陆德明释文:"简文云:'运,徙也。'"《淮南子·原道训》:"是故举错不能当,动静不能中,终身运枯形于连嵝列埒之门,而踱蹈于污壑窔陷之中。"高诱注:"运,行也。"

【译文】

迁是迁徙,运是移动:它们都有移徙的意思。

1.136　秉①、拱②,执也。

【注释】

①秉:本义为禾束,引申为拿、执持。《诗·邶风·简兮》:"左手执钥,右手秉翟。"《三国志·魏书·孙礼传》:"礼犯踱白刃,马被数创,手秉枹鼓,奋不顾身,贼众乃退。"

②拱:本义为拱手,引申为执持。《国语·吴语》:"行头皆官师,拥铎拱稽。"韦昭注:"拱,执也。"稽,通"棨",有缯衣的戟。

【译文】

秉是拿、执持,拱是执持:它们都有持、拿的意思。

1.137　歆①、熙②,兴也。

【注释】

①歆(xīn):本义为陈设,引申为兴、作。《周礼·春官·笙师》:"大丧,歆其乐器。及葬,奉而藏之。"郑玄注:"歆,兴也。兴谓作之。"

②熙:本义为晒干,引申为兴起、兴盛。《书·尧典》:"允厘百工,庶绩咸熙。"《史记·五帝本纪》引作"信饬百官,众功皆兴"。《后汉

书·窦武传》："是以君臣并熙,名奋百世。"李贤注："熙,盛也。"

【译文】

廞是兴、作,熙是兴起、兴盛:它们都有兴起的意思。

1.138　卫①、蹶②、假③,嘉也。

【注释】

①卫:通"祎(yī)",美好。郑樵注："今时俗讶其物则曰伟。"郝懿行义疏："卫者,祎之假音也。上文云,祎,美也……今东莱人嘉其物曰麾,亦曰祎,亦曰伟。"古籍中没有见到"卫"用为美好的例证。

②蹶(jué):嘉美。邢昺疏："谓嘉美也。"郝懿行义疏："今东齐礼俗见人有善夸美之曰蹶。"古籍中没有见到"蹶"用为嘉美的例证。

③假(xià):嘉美。《诗·大雅·假乐》："假乐君子,显显令德。"孔颖达疏："言上天嘉美而爱乐此君子成王也。"陆德明释文："(假)音暇,嘉也。"《诗·周颂·雝》："假哉皇考,绥予孝子。"毛传："假,嘉也。"

【译文】

卫(祎)是美好,蹶、假是嘉美:它们都有美好、赞美的意思。

1.139　废、税①、赦②,舍也。

【注释】

①税(tuō):通"脱",解、脱下。《左传·襄公二十八年》："陈须无以公归,税服而如内官。"《孟子·告子下》："孔子为鲁司寇,不用,

从而祭,燔肉不至,不税冕而行。"

②赦:舍弃、放置。《说文解字·攴部》:"赦,置也。"段玉裁注:"赦与舍音义同,非专谓赦罪也。"《左传·宣公十二年》:"左右曰:'不可许也,得国无赦。'"《汉书·刑法志》:"周官有五听、八议、三刺、三宥、三赦之法。"颜师古注:"赦,舍也,谓释置也。"

【译文】

废是废弃,税(脱)是解、脱下,赦是舍弃、放置:它们都有放弃、舍弃的意思。

1.140　栖迟①、憩②、休、苦③、虺④、齂⑤、呬⑥,息也。

【注释】

①栖迟:游息、停留。《诗·陈风·衡门》:"衡门之下,可以栖迟。"毛传:"栖迟,游息也。"《后汉书·马融传》:"栖迟乎昭明之观,休息乎高光之榭,以临乎宏池。"

②憩(qì):休息。《诗·召南·甘棠》:"蔽芾甘棠,勿翦勿败,召伯所憩。"毛传:"憩,息也。"北魏郦道元《水经注·洹水》:"渌水平潭,碧林侧浦,可游憩矣。"游憩,游玩和休息。

③苦(gǔ):通"盬",止息。王引之《经义述闻·尔雅上》:"苦读为靡盬之盬。靡盬者,靡息也。盬与苦古字通。"清陆以湉《冷庐杂识·未昏守贞》:"朱氏彝尊《原贞》云:'自昏姻之礼废,而夫妇之道苦,民至有自献其身者矣。'"上古典籍中没有见到"苦"用为止息的例证。

④虺(kuì):通"喟",叹息。清谢振定《登太华山记》:"中丞言:'经华者数矣,有登览之志而羁于官,弗克果愿,未知何日遂!'言已虺然。"上古典籍中没有见到"虺"用为叹息的例证。

⑤齂(xiè):本义为鼻息。《说文解字·鼻部》:"齂,卧息也。"引申为

止息。清钱谦益《赵文毅公神道碑》："数年来党局妯骚,自今幸少得鼿呬矣。"上古典籍中没有见到"鼿"用为鼻息或者止息的例证。

⑥呬(xì):喘息。郭璞注:"今东齐呼吸为呬。"明刘侗、于奕正《帝京景物略·春场》:"六九五十四,口中呬暖气。"引申为休息。《后汉书·张衡传》:"呬河林之蓁蓁兮,伟《关雎》之戒女。"李贤注:"《尔雅》曰:'呬,息也。'"上古典籍中没有见到"呬"用为喘息或者休息的例证。

【译文】

栖迟是游息、停留;憩是休息;休是休息、止息;苦(盬)是止息;赦(嘅)是叹息;鼿是鼻息,又是止息;呬是喘息,又是休息:它们有气息或者止息的意思,所以用息来解释。

1.141　供、峙①、共②,具也③。

【注释】

①峙(zhì):通"庤",储备。《史记·鲁周公世家》:"鲁人三郊三隧,峙尔刍茭、糗粮、桢干,无敢不逮。"《金史·张开传》:"臣领孤军,内无储峙,外无应援,臣不敢避失守之罪,恐益重朝廷之忧。"

②共:供给。后写作"供"。《周礼·夏官·羊人》:"凡祈珥,共其羊牲。"郑玄注:"共犹给也。"祈珥,以血涂衅器物之礼。《左传·僖公三十年》:"行李之往来,共其乏困,君亦无所害。"

③具:供置、备办。《书·盘庚中》:"兹予有乱政同位,具乃贝玉。"《仪礼·特牲馈食礼》:"主人及宾、兄弟、群执事,即位于门外,如初。宗人告有司具。"郑玄注:"具犹办也。"

【译文】

供是供给,峙(庤)是储备,共是供给:它们都有供置、备办的意思。

1.142　悔①、怜②、惠③，爱也。

【注释】

①悔(wǔ)：抚爱、怜爱。郭璞注："悔，韩、郑语，今江东通呼为怜。"《方言》卷六："悔，怜也。"古籍中没有见到"悔"用为抚爱、怜爱的例证。

②怜：本义为哀怜，引申为怜爱。《列子·杨朱》："生相怜，死相捐。"唐白居易《玩半开花赠皇甫郎中》诗："人怜全盛日，我爱半开时。"

③惠：本义为仁爱。《书·皋陶谟》："安民则惠，黎民怀之。"蔡沈集传："惠，仁之爱也。"引申为宠爱。《诗·邶风·北风》："惠而好我，携手同行。"毛传："惠，爱。"

【译文】

悔是抚爱、怜爱；怜是怜爱；惠是仁爱，又是宠爱：它们都有怜爱的意思。

1.143　娠①、蠢②、震、惥③、妯④、骚⑤、感⑥、讹⑦、蹶⑧，动也。

【注释】

①娠(shēn)：怀孕身动。《说文解字·女部》："娠，女妊身动也。"《左传·哀公元年》："后缗方娠，逃出自窦，归于有仍，生少康焉。"杜预注："娠，怀身也。"《汉书·高帝纪上》："尝息大泽之陂，梦与神遇。是时雷电晦冥，父太公往视，则见交龙于上。已而有娠，遂产高祖。"

②蠢：本义为虫动，引申为动。参见1.124条。

③戁(nǎn)：摇动、恐动。郭璞注："戁……摇动貌。"邢昺疏："戁者，恐动也。《商颂·长发》云：'不戁不竦。'"参见1.076条。

④妯(chōu)：扰动、不平静。《方言》卷六："妯，扰也。人不静曰妯……齐宋曰妯。"《诗·小雅·鼓钟》："淮有三洲，忧心且妯。"毛传："妯，动也。"

⑤骚：骚动、动乱。《诗·大雅·常武》："徐方绎骚，震惊徐方。"毛传："骚，动也。"《国语·郑语》："幽王八年而桓公为司徒，九年而王室始骚，十一年而毙。"韦昭注："骚，谓适庶交争，乱虐滋甚。"适(dí)庶，嫡子和庶子。适，通"嫡"。

⑥感(hàn)：通"撼"，摇动。《诗·召南·野有死麕》："舒而脱脱兮，无感我帨兮。"毛传："感，动也。"《汉书·外戚传下·孝成班倢伃》："感帷裳兮发红罗，纷绰縩兮纨素声。"颜师古注："感，动也。言风动发帷裳罗绮也。"

⑦讹(é)：活动。《诗·小雅·无羊》："或降于阿，或饮于池，或寝或讹。"毛传："讹，动也。"

⑧蹶(guì)：扰动、移动。《诗·大雅·板》："天之方蹶，无然泄泄。"毛传："蹶，动也。"《文选·宋玉〈风赋〉》："蹶石伐木，梢杀林莽。"李善注："蹶，动也。"

【译文】

娠是怀孕身动，蠢是动，震是震动，戁是摇动、恐动，妯是扰动、不平静，骚是骚动、动乱，感(撼)是摇动，讹是活动，蹶是扰动、移动：它们有震动、活动或者扰动的意思，所以用动来解释。

1.144　覆①、察、副②，审也③。

【注释】

①覆：本义为翻转，引申为审察。《周礼·考工记·弓人》："覆之而

角至,谓之句弓。"郑玄注:"覆犹察也。"《韩非子·内储说下》:"韩昭侯之时,黍种尝贵甚,昭侯令人覆廪,吏果窃黍种而粜之甚多。"覆廪,审察粮仓。

②副(pì):剖分、破开。《诗·大雅·生民》:"不坼不副,无菑无害。"陆德明释文:"副,《说文》云:'分也。'《字林》云:'判也。'"《礼记·曲礼上》:"为天子削瓜者副之。"郑玄注:"副,析也。既削又四析之。"

③审:本义为详知,引申为详究、细察。《书·说命上》:"乃审厥象,俾以形旁求于天下。"《史记·淮阴侯列传》:"故知者决之断也,疑者事之害也,审毫氂之小计,遗天下之大数。"

【译文】

覆、察是审察,副是剖分、破开:它们有审察或者近于审察的意思,所以用审来解释。

1.145 契^①、灭、殄^②,绝也。

【注释】

①契:本义为占卜时以刀凿刻龟甲,引申为割断。郭璞注:"今江东呼刻断物为契断。"《晏子春秋·谏下二》:"取桃不让,是贪也;然而不死,无勇也。皆反其桃,契领而死。"《后汉书·马融传》"田开、古蛊"李贤注引"挈"作"契"。汉刘向《说苑·杂言》:"干将镆铘,拂钟不铮,试物不知;扬刃离金,斩羽契铁斧。"

②殄(tiǎn):绝尽、灭绝。参见1.067条。

【译文】

契是割断,灭是灭绝,殄是绝尽、灭绝:它们有割断或者灭绝的意思,所以用绝来解释。

1.146　郡①、臻②、仍③、廼④、侯⑤,乃也⑥。

【注释】

①郡:频仍。王引之《经义述闻·尔雅上》:"郡者,仍也。仍者,重也,数也。"汉扬雄《法言·孝至》:"龙堆以西,大漠以北,鸟夷兽夷,郡劳王师,汉家不为也。"

②臻(zhēn):本义为到达,引申有仍、重复的意思。《墨子·尚同中》:"飘风苦雨,荐臻而至者,此天之降罚也。"孙诒让间诂:"荐、薦同。《毛诗·大雅·节南山》传云:'薦,重也。'《尔雅·释诂》云:'臻、仍,乃也。'仍与重义亦同。"

③仍:一再、频繁。《国语·周语下》:"晋仍无道而鲜胄,其将失之矣。"韦昭注:"仍,数也。"《史记·孝武本纪》:"德星昭衍,厥维休祥。寿星仍出,渊耀光明。"

④廼(nǎi):你、你的。《史记·郦生陆贾列传》:"高帝骂之曰:'廼公居马上而得之,安事《诗》《书》?'"又有于是、就的意思。《国语·晋语四》:"公曰:'是君子之言也。'廼出阳人。"《史记·夏本纪》:"廼召汤而囚之夏台,已而释之。"

⑤侯:于是、就。《诗·大雅·文王》:"上帝既命,侯于周服。"王引之《经传释词》卷四:"侯,乃也……言商之子孙甚众,而上帝既命文王之后,乃臣服于周也。"

⑥乃:你、你的。《书·康诰》:"朕心朕德惟乃知。"孔安国传:"我心我德,惟汝所知。"《左传·僖公十二年》:"往践乃职,无逆朕命。"又有于是、就的意思。《书·尧典》:"乃命羲和。"《史记·大宛列传》:"终不得入中城,乃罢而引归。"又通"仍",屡次、重复。《国语·吴语》:"吴、晋争长未成,边遽乃至,以越乱告。"

【译文】

郡是频仍;臻是仍、重复;仍是一再、频繁;廼是你、你的,又是于是、

就；侯是于是、就：它们有频仍或者你、你的或者于是、就的意思，所以用
乃来解释。

1.147　迪^①、繇^②、训^③，道也^④。

【注释】

①迪(dí)：道、道理。《书·大禹谟》："惠迪吉，从逆凶，惟影响。"孔
　安国传："迪，道也。顺道吉，从逆凶。"《楚辞·九章·怀沙》："易
　初本迪兮，君子所鄙。"引申为开导、引导。《书·太甲上》："旁求
　俊彦，启迪后人。"孔颖达疏："其身既勤于政，又乃旁求俊彦之人
　置之于位，令以开导后人。"

②繇(yóu)：通"猷"，道理、道术。《汉书·叙传上》："谟先圣之大繇
　兮，亦从德而助信。"颜师古注："繇，道也……言若能谋圣人之大
　道，有德者必为同志所依，履信者必获他人之助。"厸(lín)，"邻"
　的古字，近。

③训：教导、教诲。《书·高宗肜日》："乃训于王。"孔安国传："祖己
　既言，遂以道训谏王。"引申有典范、准则的意思。《诗·大雅·
　烝民》："古训是式，威仪是力。"毛传："古，故。训，道。"郑玄笺：
　"故训，先王之遗典也。式，法也。"

④道：本义为道路，引申有事理、规律的意思，音 dào。《易·说卦》：
　"是以立天之道曰阴与阳，立地之道曰柔与刚，立人之道曰仁与
　义。"又引申有开导、教导的意思，音 dǎo。《庄子·田子方》："其
　谏我也似子，其道我也似父。"成玄英疏："训导我也似父之教
　子。"陆德明释文："道，音导。"

【译文】

迪是道、道理，又是开导、引导；繇(猷)是道理、道术；训是教导、教
诲，又是典范、准则：它们有事理、规律或者开导、教导的意思，所以用道

来解释。

1. 148　佥①、咸、胥②，皆也。

【注释】

①佥（qiān）：皆、都。《书·尧典》："佥曰：'于，鲧哉！'"孔安国传：
"佥，皆也。"《后汉书·张衡传》："戒庶寮以夙会兮，佥恭职而并
迓。"李贤注："佥，皆也。"

②胥（xū）：皆、都。《诗·小雅·角弓》："尔之远矣，民胥然矣。"郑
玄笺："胥，皆也。"《汉书·扬雄传上》："云飞扬兮雨滂沛，于胥德
兮丽万世。"颜师古注："胥，皆也。"

【译文】

佥、咸、胥都有全、都的意思。

1. 149　育①、孟②、耆③、艾④、正⑤、伯⑥，长也。

【注释】

①育：本义为生育，引申为成长。《诗·大雅·生民》："载生载育，
时维后稷。"毛传："育，长也。"《孟子·滕文公上》："后稷教民稼
穑，树艺五谷；五谷熟而民人育。"

②孟：兄弟姊妹中排行最大的。《诗·鄘风·桑中》："云谁之思？
美孟姜矣。"郑玄笺："孟姜，列国之长女。"《书·康诰》："孟侯，朕
其弟小子封。"孔安国传："孟，长也。"

③耆（qí）：六十岁的老人，泛指长者。《礼记·射义》："幼壮孝弟，
耆耋好礼。"陆德明释文："六十曰耆……七十曰耋。"《荀子·致
士》："耆艾而信，可以为师。"

④艾:本义为艾蒿,艾蒿苍白色,引申指五十岁的老人,泛指长者。《礼记·曲礼上》:"五十曰艾,服官政。"孔颖达疏:"五十气力已衰,发苍白色如艾也。"南朝梁刘勰《文心雕龙·养气》:"童少鉴浅而志盛,长艾识坚而气衰。"

⑤正:本义为正中、不偏,引申有官长、君长的意思。《书·说命下》:"昔先正保衡作我先王。"孔安国传:"正,长也。言先世长官之臣。"《国语·周语中》:"其贵国之宾至,则以班加一等,益虔。至于王吏,则皆官正莅事,上卿监之。"韦昭注:"正,长也。"

⑥伯:统领一方的长官。《周礼·春官·大宗伯》:"九命作伯。"贾公彦疏:"伯,长也,是一方之长也。"《左传·僖公十九年》:"今邢方无道,诸侯无伯。"杜预注:"伯,长也。"

【译文】

育是成长;孟是兄弟姊妹中排行最大的;耇是六十岁的老人,泛指长者;艾是指五十岁的老人,泛指长者;正是官长、君长;伯是统领一方的长官:它们有成长、年长或者官长的意思,所以用长来解释。

1.150　艾①,历也。

【注释】

①艾:由长者引申为经历。郝懿行义疏:"《诗·访落》:'朕未有艾。'郑笺以艾为数,盖本下文'历数'为说,似不如用此文'艾历'为训也。"

【译文】

艾有经历的意思。

1.151　厤①、秭②、算③,数也。

【注释】

①厤(lì)：同"暦（历）"，历数。《易·革》："君子以治厤明时。"王弼注："厤，数。"孔颖达疏："天时变改，故须厤数，所以君子观兹《革》象，修治厤数，以明天时也。"

②秭(zǐ)：数目名。具体数目，说法不一。郭璞注："今以十亿为秭。"又有亿亿为秭。《诗·周颂·丰年》："丰年多黍多稌，亦有高廪，万亿及秭。"毛传："数万至万曰亿。数亿至亿曰秭。"

③算：数目。《礼记·檀弓下》："辟踊，哀之至也，有算。"郑玄注："算，数也。"孔颖达疏："男踊女辟，是哀之至极也。若不裁限，恐伤其性，故辟踊有算，为准节文章。"

【译文】

厤是历数，秭是数目名，算是数目：它们有历数或者数目的意思，所以用数来解释。

1.152　历①，傅也②。

【注释】

①历：本义为经历、经过，含有靠近、迫近的意思。郝懿行义疏："历者，过也，经也。凡所经过涉历，即为近著，故历训傅也。"《楚辞·天问》："应龙何画？河海何历？"汉司马迁《报任少卿书》："深践戎马之地，足历王庭，垂饵虎口，横挑强胡。"

②傅：本义为辅佐，引申有靠近、迫近的意思。郭璞注："傅，近。"《诗·小雅·菀柳》："有鸟高飞，亦傅于天。"

【译文】

历含有靠近、迫近的意思。

1.153　艾①、历②、觊③、胥④，相也⑤。

【注释】

①艾(yì)：辅相、辅佐。《诗·小雅·鸳鸯》："君子万年，福禄艾之。"
马瑞辰通释："艾之，谓辅助之。"

②历：本义为经历、经过，引申有审视、察看的意思。《大戴礼记·
文王官人》："变官民能，历其才艺。"汉班彪《王命论》："历古今之
得失，验行事之成败。"

③阋(mì)：看、察视。《国语·周语上》："古者，太史顺时阋土。"韦昭
注："阋，视也。"《后汉书·杜笃传》："规龙首，抚未央，阋平乐，仪
建章。"李贤注："阋，视也。"

④胥(xū)：相视、观察。《诗·大雅·绵》："爰及姜女，聿来胥宇。"
毛传："胥，相。宇，居也。"《诗·大雅·公刘》："笃公刘，于胥斯
原，既庶既繁。"毛传："胥，相也。"

⑤相(xiàng)：省视、察看。《书·无逸》："相小人，厥父母勤劳稼穑，
厥子乃不知稼穑之艰难。"《孔子家语·子路初见》："孔子曰：'里
语云，相马以舆，相士以居，弗可费矣。'"引申有辅佐、扶助的意
思。《易·泰》："天地交泰，后以财成天地之道，辅相天地之宜，
以左右民。"孔颖达疏："相，助也。当辅助天地所生之宜。"《书·
盘庚下》："予其懋简相尔，念敬我众。"孔安国传："简，大；相，助
也。勉大助汝。"

【译文】

艾是辅相、辅佐，历是审视、察看，阋是看、察视，胥是相视、观察：它
们有辅佐或者察看的意思，所以用相来解释。

1.154　乂①、乱②、靖③、神④、弗⑤、淈⑥，治也。

【注释】

①乂(yì)：本义为割草，引申为治理。《书·尧典》："浩浩滔天，下民

其咨,有能俾乂。"孔安国传:"乂,治也。"《汉书·武五子传》:"保国乂民,可不敬与!"

②乱:治理。《书·泰誓中》:"予有乱臣十人,同心同德。"孔颖达疏:"谓我治理之臣有十人也。"汉崔骃《官箴·司徒箴》:"乃立司徒,乱兹黎庶。"

③靖(jìng):本义为安定,引申为使安定,再引为治理。《诗·小雅·菀柳》:"俾予靖之,后予极焉。"毛传:"靖,治。"唐陆贽《论两河及淮西利害状》:"若不靖于本而务救于末,则救之所为乃祸之所起也。"

④神:本义为天神,引申有治理的意思。《荀子·王制》:"故天之所覆,地之所载,莫不尽其美,致其用,上以饰贤良,下以养百姓而安乐之。夫是之谓大神。"

⑤弗(fú):通"茀",除草。《诗·大雅·生民》:"茀厥丰草,种之黄茂。"毛传:"茀,治也。"陆德明释文:"茀,《韩诗》作拂,拂,弗也。"古籍中没有见到"弗"用为除草的例证。

⑥淈(gǔ):惩治。《诗·鲁颂·泮水》:"顺彼长道,屈此群丑。"郑玄笺:"屈,治。"孔颖达疏:"屈,治。《释诂》文。彼屈作淈,某氏引此诗,是音义同也。"

【译文】

乂、乱、靖、神是治理,弗(茀)是除草,淈是惩治:它们都有治理的意思。

1.155 颐①、艾②、育,养也。

【注释】

①颐(yí):本义为颊、下巴,引申为保养。《易·颐》:"观颐,自求口实。"孔颖达疏:"观颐者,颐,养也,观此圣人所养物也。"晋葛洪

《抱朴子·道意》:"养其心以无欲,颐其神以粹素。"

②艾:由长者引申为养育。《诗·小雅·南山有台》:"乐只君子,保艾尔后。"朱熹集传:"艾,养也。"《国语·周语上》:"树于有理,艾人必丰。"

【译文】

颐是保养,艾、育是养育:它们都有养育的意思。

1.156　沀①、浑②、陨,坠也。

【注释】

①沀(quǎn):水落貌。郭璞注:"沀、浑,皆水落貌。"引申为除去。宋沈括《梦溪笔谈·权智》:"漉水中淤泥实籧篨中,候干,则以水车沀去两墙之间旧水。"明文秉《烈皇小识》卷二:"时新令严沀冗兵,被沀者阴谋为乱。"古籍中没有见到"沀"用为水落貌的例证。

②浑:水落貌。郝懿行义疏:"浑者,水流之坠也。"《说文解字·水部》:"浑……一曰洿下貌。"洿(wū)下,积水下流。古籍中没有见到"浑"用为水落貌的例证。

【译文】

沀、浑是水落貌,陨是陨落:它们有坠落或者近于坠落的意思。

1.157　际①、接②、翠③,捷也④。

【注释】

①际:本义为两墙相接处,引申为交会、连接。《易·泰》:"无往不复,天地际也。"唐韩愈《暮行河堤上》诗:"衰草际黄云,感叹愁我神。"

②接：交接、连接。《国语·吴语》："两君偃兵接好，日中为期。"韦昭注："接，合也。"南朝梁沈约《齐故安陆昭王碑》："南接衡巫，风云之路千里。"又通"捷"，迅速、敏捷。《荀子·大略》："先事虑事谓之接，接则事优成。"杨倞注："接，读为捷，速也。"

③翜（shà）：快速、飞得快。《说文解字·羽部》："翜，捷也。飞之疾也。"古籍中没有见到"翜"用为快速、飞得快的例证。

④捷：本义为猎获物、战利品，引申有迅速、敏捷的意思。《荀子·君子》："亲疏有分，则施行而不悖；长幼有序，则事业捷成而有所休。"杨倞注："捷，速。"又通"接"，接续、连续。《文选·司马相如〈上林赋〉》："捷垂条，掉希间。"李善注引张揖曰："捷持悬垂之条。"

【译文】

际是交会、连接；接是交接、连接，又是迅速、敏捷；翜是快速、飞得快：它们有快捷或者连接的意思，所以用捷来解释。

1.158　毖①、神②、溢③，慎也。

【注释】

①毖（bì）：谨慎、戒慎。《书·毕命》："惟周公左右先王，绥定厥家，毖殷顽民，迁于洛邑。"孔颖达疏："惟周公佐助先王，安定其家。慎彼殷之顽民，恐其或有叛逆，故迁于洛邑。"《诗·周颂·小毖》："予其惩而毖后患。"

②神：通"慎"，谨慎。《逸周书·宝典》："行之以神，振之以宝，顺之以事，明众以备。"朱右曾校释："神，慎也。"

③溢：谨慎。《诗·周颂·维天之命》："假以溢我，我其收之。"毛传："溢，慎。"孔颖达疏："假、嘉，溢、慎，皆《释诂》文。舍人曰：'溢，行之慎。'"后多释"溢"为"静"，"溢我"即使我安静。古籍中没有见到其他例证。

【译文】

毖是谨慎、戒慎，神（慎）、溢是谨慎：它们都有谨慎的意思。

1.159　郁陶①、繇②，喜也。

【注释】

①郁陶：形容喜而未畅。《礼记·檀弓下》"人喜则思陶"郑玄注："陶，郁陶也。"孔颖达疏："郁陶者，心初悦而未畅之意也。"唐虚中《赠秀才》诗："谁解伊人趣，村沽对郁陶。"

②繇（yóu）：喜。郭璞注："《礼记》曰：'人喜则斯陶，陶斯咏，咏斯犹。'犹即繇也。古今字耳。"《庄子·逍遥游》："宋荣子犹然笑之。"陆德明释文："崔李云：'犹，笑貌。'"古籍中没有见到"繇"用为喜的例证。

【译文】

郁陶是形容喜而未畅，繇是喜：它们都有喜悦的意思。

1.160　馘①、秸②，获也。

【注释】

①馘（guó）：古代战争中割取敌人的左耳以计数献功。《诗·大雅·皇矣》："执讯连连，攸馘安安。"毛传："馘，获也。不服者杀而献其左耳曰馘。"《左传·宣公二年》："俘二百五十人，馘百人。"

②秸（jī）：收割、收获的谷物。《说文解字·禾部》："秸，获刈也。"《诗·小雅·大田》："彼有不获稚，此有不敛秸。"孔颖达疏："秸者，禾之铺而未束者。"

【译文】

馘是战争中割取敌人的左耳以计数献功,秸是收割、收获的谷物:它们都有获得的意思。

1.161　阻、艰,难也①。

【注释】

①阻、艰,难也:郭璞注:"皆险难。"

【译文】

阻是险阻,艰是艰险:它们都有险难的意思。

1.162　剡①、恝②,利也。

【注释】

①剡(yǎn):锐利。《楚辞·九章·橘颂》:"曾枝剡棘,圆果抟兮。"王逸注:"剡,利也。"晋葛洪《抱朴子·用刑》:"若德教治狡暴,犹以鞴辔御剡锋也。"剡锋,锐利的锋刃。

②恝(lüè):锋利。郝懿行义疏:"恝者,《说文》作剠,籀文作恝,云:'刀剑刃也。'通作略。《诗》'有略其耜'传:'略,利也。'释文:'略,字书本作恝。'"古籍中没有见到"恝"用为锋利的例证。

【译文】

剡是锐利,恝是锋利:它们都有锋利的意思。

1.163　允①、任②、壬③,佞也④。

【注释】

①允:本义为诚信,引申有谄媚的意思。郭璞注:"允信者,佞人似信。"《逸周书·宝典》:"十奸:一,穷□干静……六,展允干信。"

②任(rén):佞、奸佞。《书·舜典》:"惇德允元,而难任人。"孔安国传:"任,佞;难,拒也。佞人斥远之。"《商君书·慎法》:"破胜党任,节去言谈。"

③壬(rén):奸佞。《书·皋陶谟》:"能哲而惠,何忧乎驩兜? 何迁乎有苗? 何畏乎巧言令色孔壬?"孔安国传:"禹言有苗、驩兜之徒甚佞如此。"《汉书·元帝纪》:"咎在朕之不明,亡以知贤也。是故壬人在位,而吉士雍蔽。"颜师古注引服虔曰:"壬人,佞人也。"

④佞:谄谀。《论语·卫灵公》:"放郑声,远佞人。郑声淫,佞人殆。"朱熹集注:"佞人,卑谄辩给之人。"

【译文】

允是谄媚,任是佞、奸佞,壬是奸佞:它们都有谄谀的意思。

1.164　俾①、拼②、抨③,使也④。

【注释】

①俾(bǐ):使。《书·汤诰》:"俾予一人,辑宁尔邦家。"孔安国传:"言天使我辑安汝国家。"《诗·大雅·生民》:"式遏寇虐,无俾民忧。"

②拼(pēng):通"抨(pēng)",使。《诗·大雅·桑柔》:"民有肃心,抨云不逮。"毛传:"抨,使也。"孔颖达疏:"抨云不逮者,使之不得及门也。"陆德明释文:"抨……或作拼,同。"

③抨(bēng):使、令。邢昺疏:"郭云见《诗》者……《大雅·桑柔》云:'抨云不逮。'拼、抨音义同,抨义亦同。"《汉书·扬雄传上》:"抨雄鸩以作媒兮,何百离而曾不壹耦!"颜师古注:"抨,使也。"

《文选·张衡〈思玄赋〉》:"抨巫咸作占梦兮,乃贞吉之元符。"李善注引旧注:"抨,使也。"

④使:致使、命令。《诗·郑风·狡童》:"维子之故,使我不能息兮。"《管子·中匡》:"桓公自莒反于齐,使鲍叔牙为宰。"

【译文】

俾、拼(幷)是使,抨是使、令:它们都有致使、命令的意思。

1.165　俾①、拼②、抨③、使④,从也⑤。

【注释】

①俾(bǐ):通"比",从。《书·君奭》:"海隅出日,罔不率俾。"《礼记·乐记》:"王此大邦,克顺克俾。"郑玄注:"俾当为比,声之误也。择善从之曰比。"《诗·大雅·皇矣》"克顺克俾"作"克顺克比"。

②拼:通"并",相从。《周礼·考工记·舆人》:"凡居材,大与小无并,大倚小则摧。"郑玄注:"并,偏邪相就也。"王引之《经义述闻·尔雅上》:"相就即相从。"古籍中没有见到"拼"用为相从的例证。

③抨(pēng):郭璞注:"随从。"古籍中没有见到"抨"用为随从的例证。

④使:由致使、命令引申为听从、顺从。《诗·小雅·雨无正》:"云不可使,得罪于天子;亦云可使,怨及朋友。"郑玄笺:"不可使者,不正不从也;可使者,虽不正从也。"《墨子·非命下》:"若以为政乎天下,上以事天鬼,天鬼不使。"王念孙《读书杂志·墨子三》:"天鬼不从,犹上文言上帝不顺耳。"

⑤从:跟从,跟随。《论语·公冶长》:"道不行,乘桴浮于海,从我者其由与?"《史记·项羽本纪》:"张良是时从沛公,项伯乃夜驰之

沛公军，私见张良。"

【译文】

俾（比）是从，拼（并）是相从，抨是随从，使是听从、顺从：它们都有随从的意思。

1.166　儴①、仍②，因也③。

【注释】

①儴（ráng）：因循、沿袭。汉陆贾《新语·至德》："儴道者众归之，恃刑者民畏之。"

②仍：依照、沿袭。《礼记·明堂位》："荐用玉豆雕篹，爵用玉琖仍雕。"郑玄注："仍，因也。因爵之形为之饰也。"《汉书·艺文志》："故与左丘明观其史记，据行事，仍人道。"颜师古注："仍亦因也。"

③因：本义为依靠、凭借，引申为沿袭、承袭。《论语·为政》："殷因于夏礼，所损益可知也。"《文选·张衡〈东京赋〉》："因秦宫室，据其府库。"薛综注："因，仍也。"

【译文】

儴是因循、沿袭，仍是依照、沿袭：它们都有沿袭、承袭的意思。

1.167　董①、督②，正也。

【注释】

①董：本义为督察，引申为正、守正。《楚辞·九章·涉江》："余将董道而不豫兮，固将重昏而终身。"王逸注："董，正也。豫，犹豫也。言己虽见先贤执忠被害，犹正身直行，不犹豫而狐疑也。"

②督:本义为察视、督促,引申为正、纠正。《周礼·春官·大祝》:
"禁督逆祀命者,颁祭号于邦国都鄙。"郑玄注:"督,正也。正王
之所命诸侯之所祀,有逆者则刑罚焉。"《吕氏春秋·先己》:"勿
身督听,利身平静。"高诱注:"督,正也。正听,不倾听也。"

【译文】

董是正、守正,督是正、纠正:它们都有督正的意思。

1.168　享①,孝也②。

【注释】

①享:本义为献,引申为祭、祭祀。《书·泰誓下》:"郊社不修,宗庙
不享。"孔颖达疏:"不享,谓不祭祀也。"又引申为孝养。王引之
《经义述闻·尔雅上》:"享、孝并与养同义,故享又训为孝。《逸
周书·谥法篇》曰'协时肇享曰孝'是也。"

②孝:祭、祭祀。《论语·泰伯》:"子曰:'禹,吾无间然矣。菲饮食
而致孝乎鬼神,恶衣服而致美乎黻冕,卑宫室而尽力乎沟洫。'"
引申为孝养。《左传·隐公三年》:"君义、臣行、父慈、子孝、兄
爱、弟敬,所谓六顺也。"汉贾谊《新书·道术》:"子爱利亲谓之
孝,反孝为孽。"

【译文】

享有祭祀和孝养的意思。

1.169　珍①、享②,献也③。

【注释】

①珍:献,特指献珍物。郭璞注:"珍物宜献。"《文选·扬雄〈羽猎

赋〉》："是以旃裘之王，胡貉之长，移珍来享，抗手称臣。"李善注
引犍为舍人云："献珍物曰珍，献食物曰享。"郝懿行义疏："珍、享
对文则别，散则通矣。"

②享：献，特指献食物。《诗·商颂·殷武》："昔有成汤，自彼氐羌，
莫敢不来享。"郑玄笺："享，献也。"《汉书·司马相如传下》："康
居西域，重译纳贡，稽首来享。"颜师古注："享，献也，献其国珍
也。"参见"珍"下注。

【译文】

珍是献，特指献珍物；享是献，特指献食物：它们都有进献的
意思。

1.170　纵①、缩②，乱也。

【注释】

①纵：本义为松缓，引申为杂乱。王引之《经义述闻·尔雅上》：
"《贾子·傅职篇》曰：'杂彩从美不以章。'从与纵同。《大戴礼
记·保傅篇》作'纵美杂采不以章。'纵、杂皆乱也。美不以章，故
曰纵美；采不以章，故曰杂采，是纵为乱也。"

②缩：不齐而乱。《说文解字·系部》："缩，乱也。"段玉裁注："《通
俗文》云：'物不申曰缩，不申则乱，故曰乱也。'"王筠句读："以从
糸推之，治丝同度，而其中有纵弛者，则其度长矣；有收缩者，则
其度短矣。长短不齐，故乱。"古籍中没有见到"缩"用为不齐而
乱的例证。

【译文】

纵是杂乱，缩是不齐而乱：它们都有紊乱的意思。

1.171　探^①、篡^②、俘,取也。

【注释】

①探:取、摸取。《书·多方》:"尔乃惟逸惟颇,大远王命,则惟尔多方探天之威,我则致天之罚。"《汉书·宣帝纪》:"其令三辅毋得以春夏摘巢探卵,弹射飞鸟。"

②篡:劫夺。《墨子·兼爱中》:"今家主独知爱其家,而不爱人之家,是以不惮举其家,以篡人之家。"《史记·卫将军骠骑列传》:"大长公主执囚青,欲杀之。其友骑郎公孙敖与壮士往篡取之,以故得不死。"

【译文】

探是取、摸取,篡是劫夺,俘是擒获:它们都有取得的意思。

1.172　徂^①、在,存也。

【注释】

①徂(cú):存在。郭璞注:"以徂为存,犹以乱为治,以囊为向,以故为今,此皆诂训义有反复旁通,美恶不嫌同名。"古籍中没有见到"徂"用为存在的例证。

【译文】

徂、在都有存在的意思。

1.173　在^①、存^②、省^③、士^④,察也。

【注释】

①在:本义为存在,引申有省察、观察的意思。《书·舜典》:"在璇

玑玉衡,以齐七政。"孔安国传:"在,察也。"《大戴礼记·曾子立
事》:"存往者,在来者。"王聘珍解诂:"存,恤也。在,察也。"

②存:本义为问候、省视,引申为观察、审察。《荀子·修身》:"见
善,修然必以自存也;见不善,愀然必以自省也。"《晋书·王羲之
传》:"又遗万书诫之曰:'……济否所由,实在积小以致高大,君
其存之。'"

③省(xǐng):察看、察视。《易·观》:"先王以省方观民设教。"省方
观民,省视万方,观看民风。《汉书·韩安国传》:"安国为梁史,
见大长公主而泣曰:'何梁王为人子之孝,为人臣之忠,而太后曾
不省也?'"颜师古注:"省,视也。"

④士:本义指未婚男子,引申指法官。法官主察狱讼。《书·舜
典》:"帝曰:'皋陶,蛮夷猾夏,寇贼奸宄,汝作士,五刑有服。'"孔
安国传:"士,理官也。"《周礼·秋官·司寇》:"士师下大夫四人,
乡士上士八人,中士十有六人,旅下士三十有二人。"郑玄注:
"士,察也。主察狱讼之事者。"

【译文】

在是省察、观察,存是观察、审察,省是察看、察视,士是法官主察狱
讼:它们都有察视的意思。

1.174　烈①、枿②,余也。

【注释】

①烈:树木被砍伐后重生的新芽。郭璞注:"晋卫之间曰蘖,陈郑之
间曰烈。"王引之《经义述闻·尔雅上》:"《大雅·皇矣》:'修之平
之,其灌其栵。'栵,读为烈。为伐木之余也。"古籍中没有见到
"烈"用为伐木之余的例证。

②枿(niè):树木砍伐后留下的根株。《汉书·叙传下》:"三枿之起,

本根既朽,枯杨生华,曷惟其旧!"颜师古注引刘德曰:"《诗》云:
'包有三櫱。'……谓木斫髡而复櫱生也。喻魏、齐、韩皆灭而复
起,若髡木更生也。"今本《诗·商颂·长发》作"苞有三蘖"。北
魏郦道元《水经注·沅水》:"吴丹阳太守李衡植柑于其上……今
洲上犹有陈根余櫱,盖其遗也。"

【译文】

烈是树木被砍伐后重生的新芽,櫱是树木砍伐后留下的根株:它们
都有残余的意思。

1.175　迓①,迎也。

【注释】

①迓(yà):迎、迎接。《左传·成公十三年》:"迓晋侯于新楚。"杜预
注:"迓,迎也。"《韩非子·外储说右上》:"或令孺子怀钱挈壶瓮
而往酤,而狗迓而龁之,此酒所以酸而不售也。"

【译文】

迓有迎接的意思。

1.176　元①、良②,首也。

【注释】

①元:人头。《左传·僖公三十三年》:"(先轸)免胄入狄师,死焉。
狄人归其元,面如生。"杜预注:"元,首。"《孟子·滕文公下》:"志
士不忘在沟壑,勇士不忘丧其元。"参见1.001条。

②良:年长。《广雅·释诂》"元良长也"王念孙疏证:"元、良为长幼
之长……《齐语》:'四里为连,连为之长;十连为乡,乡有良人。'

是良与长同义。妇称夫良人义亦同也。"郝懿行义疏:"(良、首)
二字形近相乱,疑《尔雅》元良即元首之讹也。"

【译文】

元是人头,良是年长:人头为人体之首,年长居年龄之首,所以用首
来解释。

1.177　荐①、挚②,臻也③。

【注释】

①荐:通"洊",屡次、接连。《诗·大雅·云汉》:"天降丧乱,饥馑荐
臻。"毛传:"荐,重;臻,至也。"孔颖达疏:"乃使上天下此丧乱之
灾,使饥馑之害频频重至也。"《史记·历书》:"九黎乱德,民神杂
扰,不可放物,祸菑荐至,莫尽其气。"

②挚:本义为握持,引申有至、到的意思。《书·西伯戡黎》:"天曷
不降威,大命不挚。"孔安国传:"挚,至也。"宋朱熹《跋刘叔通诗
卷》:"寒夜拥炉,风雪大挚,吟讽之余,戏书其后。"

③臻(zhēn):到达。参见1.005条。

【译文】

荐(洊)是接连而至,挚是至、到:它们有到达的意思或者与到达相
关的意思,所以用臻来解释。

1.178　赓①、扬②,续也。

【注释】

①赓(gēng):连续、继续。《书·益稷》:"乃赓载歌。"孔安国传:"赓,
续。"唐韩愈《上巳日燕太学听弹琴诗序》:"坐于樽俎之南。鼓有

虞氏之《南风》,赓之以文王《宣父》之操,优游夷愉,广厚高明。"

②扬:本义为飞起、飘扬,引申为发扬、继承。《书·立政》:"以觐文王之耿光,以扬武王之大烈。"《逸周书·祭公》:"扬文武大勋,弘成康昭考之烈。"朱右曾校释:"扬,续。"

【译文】

赓是连续、继续,扬是发扬、继承;它们都有继续的意思。

1.179　袝①、祪②,祖也。

【注释】

①袝(fù):祭名。新死者附祭于先祖。《仪礼·既夕礼》:"卒哭,明日以其班袝。"郑玄注:"班,次也……袝犹属也。祭昭穆之次而属之。"《左传·僖公三十三年》:"凡君薨,卒哭而袝。"杜预注:"以新死者之神袝之于祖。"

②祪(guǐ):已毁庙的远祖。《说文解字·示部》:"祪,袝祪祖也。"段玉裁注曰:"袝为新庙,祪为毁庙,皆祖也。"古籍中没有见到"祪"用为已毁庙的远祖的例证。

【译文】

袝是新死者附祭于先祖,祪是已毁庙的远祖:它们都有祖先的意思。

1.180　即①,尼也②。

【注释】

①即:本义为就食,引申为就、接近、靠近。《诗·卫风·氓》:"匪来贸丝,来即我谋。"郑玄笺:"即,就也。"《史记·吴王濞列传》:"吴

王即山铸钱,煮海水为盐,诱天下豪桀,白头举事。"

②昵:亲近、亲昵。《书·高宗肜日》:"典祀无丰于昵。"孔安国传:

"昵,近也。"孔颖达疏:"尼与昵音义同。"《尸子》卷上:"悦尼而

远来。"

【译文】

即有贴近的意思。

1.181　尼①,定也。

【注释】

①尼:安定、平和。《隶释·汉山阳太守祝睦后碑》:"竟界尼康。"

【译文】

尼有安定、平和的意思。

1.182　迩①、几②、昵③,近也。

【注释】

①迩(ěr):近、接近。《书·盘庚上》:"乃不畏戎毒于远迩。"孔安国

传:"不畏大毒于远近。"《诗·周南·汝坟》:"虽则如毁,父母

孔迩。"

②几(jī):将近、几乎。《诗·大雅·荡之什》:"天之降罔,维其几

矣。"郑玄笺:"几,近也。言灾异谴告离人身近,愚者不能觉。"

《史记·刘敬孙叔通列传》:"通曰:'公不知也,我几不脱于

虎口!'"

③昵:亲近。《左传·隐公元年》:"不义不昵,厚将崩。"《国语·晋

语六》:"吾君将伐智而多力,怠教而重敛,大其私昵而益妇人

田。"韦昭注:"昵,近也。私近,谓嬖臣。"

【译文】

迩是近、接近,几是将近、几乎,昵是亲近:它们都有贴近的意思。

1.183　妥①、安②,坐也。

【注释】

①妥:安坐。《诗·小雅·楚茨》:"以妥以侑,以介景福。"毛传:"妥,安坐也。"《仪礼·士相见礼》:"凡言非对也,妥而后传言。"郑玄注:"妥,安坐也。"

②安:本义为安居、安宁,引申有坐的意思。《逸周书·度邑》:"安,予告汝。"朱右曾校释:"安,坐也。"

【译文】

妥是安坐,安是坐:它们都有坐的意思。

1.184　貉缩①,纶也②。

【注释】

①貉(mò)缩:用绳子捆束。郭璞注:"纶者,绳也,谓牵缚缩貉之,今俗语亦然。"郝懿行义疏:"貉缩,谓以缩牵连绵络之也。声转为莫缩。《檀弓》云:'今一日而三斩板。'郑注:'斩板,谓断莫缩也。'莫缩即貉缩,谓斩断束板之绳耳。"古籍中没有见到"貉缩"用为用绳子捆束的例证。

②纶(lún):本义为青丝绶带,引申为比丝粗的绳子。《礼记·缁衣》:"王言如丝,其出如纶。"孔颖达疏:"纶粗于丝。"《淮南子·说山训》:"上言若丝,下言若纶。"

【译文】

貉缩有绳束的意思。

1.185　貉①、嗼②、安,定也。

【注释】

①貉(mò):亦作"貊",清静、安静。参见1.031条。

②嗼(mò):寂寞、安静。《吕氏春秋·首时》:"饥马盈厩,嗼然,未见
刍也。"嗼然,形容安静无声。

【译文】

貉是清静、安静,嗼是寂寞、安静,安是安定:它们都有安定的意思。

1.186　伊①,维也②。

【注释】

①伊:句首或句中语助词,起舒缓语气的作用。《诗·小雅·正
月》:"有皇上帝,伊谁云憎。"《仪礼·士冠礼》:"旨酒既清,嘉荐
伊脯。"郑玄注:"伊,惟也。"

②维:句首或句中语助词,起舒缓语气的作用。《易·解》:"君子维
有解。"孔颖达疏:"维,辞也。"《诗·召南·鹊巢》:"维鹊有巢,维
鸠居之。"

【译文】

伊是句首、句中语助词,与维相同。

1.187　伊、维,侯也①。

【注释】

①侯:句首或句中语助词,起舒缓语气的作用。《诗·周颂·载 芟》:"千耦其耘,徂隰徂畛,侯主侯伯,侯亚侯旅,侯强侯以。"高 亨今注:"侯,发语词。"《诗·小雅·十月之交》:"择三有事,亶侯 多藏。"朱熹集传:"侯,维。"

【译文】

伊、维是句首、句中语助词,与侯相同。

1.188　时①、寔②,是也③。

【注释】

①时:此、这。《书·无逸》:"自时厥后立王,生则逸。"自时,从此。 《诗·周颂·噫嘻》:"率时农夫,播厥百谷。"

②寔(shí):通"是",此、这。《公羊传·桓公六年》:"寔来者何? 犹 曰是人来也。"《国语·晋语五》:"赵穿攻公于桃园,逆公子黑臀 而立之,寔为成公。"

③是:此、这。《诗·大雅·崧高》:"王命召伯,定申伯之宅,登是南 邦,世执其功。"《墨子·辞过》:"当是之时,坚车良马不知贵也, 刻镂文采不知喜也。何则? 其所道之然。"

【译文】

时、寔(是)都有此、这的意思。

1.189　卒①、猷②、假③、辍④,已也⑤。

【注释】

①卒:终尽、完毕。《诗·邶风·日月》:"父兮母兮,畜我不卒。"郑

玄笺:"卒,终也。"《礼记·奔丧》:"三日五哭,卒,主人出送宾。"
郑玄注:"卒犹止也。"

②猷(yóu):已、止。《穀梁传·僖公三十一年》:"犹者,可以已之辞
也。"范宁集解:"已,止也。"

③假:通"格",至、到。《诗·商颂·玄鸟》:"四海来假,来假祁祁。"
郑玄笺:"假,至也。"古注中有释"假"为"已"的。《礼记·曲礼
下》:"告丧,曰天王登假。"郑玄注:"假,已也。"孔颖达疏:"登,上
也。假,已也。言天子上升已矣,若仙去然也。"但后世多以此
"假"通"遐",不采郑、孔之说。参见1.130条。

④辍(chuò):本义为车队行列间断又连接起来,引申为止、停止。
《论语·微子》:"耰而不辍。"何晏集解:"郑曰:'辍,止也。'"《史
记·陈涉世家》:"陈涉少时,尝与人佣耕,辍耕之垄上,怅恨久
之,曰:'苟富贵,无相忘。'"

⑤已:停止。《诗·郑风·风雨》:"风雨如晦,鸡鸣不已。"郑玄笺:
"已,止也。"引申为完毕。《战国策·齐策二》:"左右恶张仪,曰:
'仪事先王不忠。'言未已,齐让又至。"

【译文】

卒是终尽、完毕,猷是已、止,假(格)是至、到,辍是止、停止:它们有
停止或者完毕的意思,所以用已来解释。

1.190　求①、酋②、在③、卒、就④,终也。

【注释】

①求:本义为皮衣,后有寻求、获得的意思,再引申有终的意思。
《诗·大雅·下武》:"王配于京,世德作求。"郑玄笺:"求,终也。
武王配行三后之道于镐京者,以其世世积德,庶为终成其大功。"
但后世多以"求"通"述"或"仇",不采郑说。

②酋(qiú)：本义为久酿的酒，引申为终、完成。《诗·大雅·卷阿》：
"岂弟君子，俾尔弥尔性，似先公酋矣。"毛传："似，嗣也。酋，终
也。"郑玄笺："嗣先君之功而终成之。"

③在：本义为存在，引申有终、终结的意思。《左传·昭公十二年》：
"昭子曰：'必亡。宴语之不怀，宠光之不宣，令德之不知，同福之
不受，将何以在？'"洪亮吉诂引《尔雅》："在，终也。"

④就：本义为趋向、往……去，引申有终尽、完成的意思。《国语·
越语下》："先人就世，不谷即位。"韦昭注："就世，终世也。"《史
记·礼书》："今上即位，招致儒术之士，令共定仪，十余年不就。"

【译文】

求是终，酋是终、完成，在是终、终结，卒是终尽、完毕，就是终尽、完
成：它们都有终尽的意思。

1.191　崩①、薨②、无禄③、卒④、徂落⑤、殰⑥，死也。

【注释】

①崩：本义为山陷塌，引申称帝王、皇后之死。《礼记·曲礼下》："天
子死曰崩。"《史记·魏其武安侯列传》："建元六年，窦太后崩。"

②薨：周代称诸侯之死。《韩非子·和氏》："武王薨，文王即位。"武
王，商诸侯王之一。后亦指高级官员等死亡。《汉书·萧望之
传》："数月间，丙吉薨，霸为丞相。霸薨，于定国复代焉。"

③无禄：本义为不幸，引申称士之死。《公羊传·隐公三年》："天子
曰崩，诸侯曰薨……士曰不禄。"汉何休注："不禄，无禄也。"

④卒：本义为终尽、完毕，引申称大夫之死。《礼记·曲礼下》："大
夫曰卒。"亦泛指死亡。《礼记·曲礼下》："寿考曰卒。"《史记·
晋世家》："是岁郑伯亦卒。"《史记·汉兴以来将相名臣年表》：
"丞相北平侯张苍卒。"

⑤徂(cú)落：死亡。《孟子·万章上》：“《尧典》曰：‘二十有八载，放勋乃徂落，百姓如丧考妣。’”赵岐注：“徂落，死也。”《汉书·扬雄传上》：“于是玄冬季月，天地隆烈，万物权舆于内，徂落于外。”颜师古注：“权舆，始也。徂落，死也。言草木萌牙始生于内，而枝叶凋毁死伤于外也。”

⑥殪：杀死、死。《诗·小雅·吉日》：“发彼小豝，殪此大兕。”《左传·定公八年》：“偃且射子鉏，中颊，殪。”杜预注：“子鉏死。”

【译文】

崩是帝王、皇后之死；薨是周代诸侯之死亡，又指高级官员等死亡；无禄是士之死；卒是大夫之死，又泛指死亡；徂落是死亡；殪是杀死、死：它们都有死亡的意思。

释言第二

【题解】

《释言》所收词语也属于一般词语。邢昺疏:"《释言》则《释诂》之别。"《释言》与《释诂》无异,也是以通语易词解释古语、方言及疑难词语。但是其体例特点则是以一词解释一词为多。本篇共有308条,解释371个词,平均每条约1.2个词。其中一词解释一词的有245条,占总条数近4/5。

2.001　殷①、齐②,中也。

【注释】

①殷:本义为盛乐,引申为大、多,再引申有居中的意思。《书·禹贡》:"江汉朝宗于海,九江孔殷。"孔安国传:"江于此州界分为九道,甚得地势之中。"《文选·王延寿〈鲁灵光殿赋〉》:"据坤灵之宝势,承苍昊之纯殷。"李善注引张载曰:"殷,中也。"

②齐:通"脐",当中、中央。《列子·周穆王》:"四海之齐谓中央之国,跨河南北,越岱东西,万有余里。"

【译文】

殷是居中,齐(脐)是当中、中央:它们都有中间、当中的意思。

2.002　斯①、诐②,离也。

【注释】

①斯:本义为析、劈开,引申为距离、离开。《列子·黄帝》:"华胥氏之国在弇州之西,台州之北,不知斯齐国几千万里。"张湛注:"斯,离也。"

②诐(chǐ):离开、脱离。《周易参同契》卷上:"四七乖戾,诐离仰俯。"清张尔岐《蒿庵闲话》卷一:"与二十八宿之相互乖戾诐离俯仰之不同。"上古典籍没有见到"诐"用为离开、脱离的例证。

【译文】

斯是距离、离开,诐是离开、脱离:它们都有离开的意思。

2.003　谡①、兴,起也。

【注释】

①谡(sù):起立、起。《仪礼·特牲馈食礼》:"尸谡,祝前,主人降。"郑玄注:"谡,起也。"《列子·黄帝》:"乃若夫没人,则未尝见舟而谡操之者也。"

【译文】

谡是起立、起,兴是起身、起来:它们都有起来的意思。

2.004　还、复,返也①。

【注释】

①还、复,返也:郭璞注:"皆回返也。"

【译文】

还是返回，复是还、返回：它们都有回来的意思。

2.005　宣①、徇②，遍也。

【注释】

①宣：本义为古代帝王的大室，引申为广大，再引申为周遍、普遍。《诗·大雅·桑柔》："秉心宣犹，考慎其相。"郑玄笺："宣，遍；犹，谋……乃执正心，举事遍谋于众，又考诚其辅相之行。"《管子·小匡》："公宣问其乡里而有考验。"尹知章注："宣，遍也。遍问其乡里之人，以考其所行，皆有事验。"

②徇：周遍。郝懿行义疏："徇者，旬之假音也。《说文》云：'旬，遍也。十日为旬。'《诗》'来旬来宣'传：'旬，遍也。'"古籍中没有见到"徇"用为周遍的例证。

【译文】

宣是周遍、普遍，徇是周遍：它们都有周遍的意思。

2.006　驲①、遽②，传也③。

【注释】

①驲(rì)：古代驿站专用的车。后亦指驿马。《左传·文公十六年》："楚子乘驲，会师于临品。"杜预注："驲，传车也。"《资治通鉴·陈宣帝太建十一年》："周天元如洛阳，亲御驿马，日行三百里，四皇后及文武侍卫数百人并乘驲以从。"胡三省注："驲，亦驿马也。"亦指驿站。明谢谠《四喜记·帝阙辞荣》："永昌，快去驲中催趱船夫，就此起程。"

②遽(jù)：驿车、驿马。《左传·僖公三十三年》："及滑，郑商人弦高将市于周，遇之……且使遽告于郑。"杜预注："遽，传车。"孔颖达疏引孙炎曰："传车，驿马也。"宋沈遘《入内内侍省内东头供奉官曹宗吉可内殿崇班制》："塞外之事，军中之情，吾所欲知，故以轩闵之臣，乘遽往来以察之。"亦指驿站。《礼记·玉藻》："凡自称，天子曰予一人……士曰传遽之臣。"郑玄注："传遽，以车马给使者也。"

③传(zhuàn)：驿站、驿舍。《战国策·齐策五》："昔者，赵氏袭卫，车舍人不休传。"亦指驿马。《左传·成公五年》："梁山崩，晋侯以传召伯宗。"杜预注："传，驿。"

【译文】

驲、遽是驿车、驿马，又是驿站：它们都有驿站、驿车、驿马的意思。

2.007　蒙①、荒②，奄也③。

【注释】

①蒙：本指兔丝草，引申有遮蔽、覆盖的意思。《诗·鄘风·君子偕老》："蒙彼绉绤，是绁袢也。"毛传："蒙，覆也。"绉绤(zhòu chī)，细葛布。绁袢(xiè fán)，白色内衣。《左传·昭公十三年》："晋人执季孙意如，以幕蒙之。"

②荒：本义为田地荒芜，引申为掩、覆盖。《诗·周南·樛木》："南有樛木，葛藟荒之。"毛传："荒，奄也。"

③奄(yǎn)：覆盖、函括。《诗·鲁颂·閟宫》："奄有下国，俾民稼穑。"郑玄笺："奄犹覆也。"《淮南子·修务训》："万物至众，而知不足以奄之。"高诱注："奄，盖之也。"

【译文】

蒙是遮蔽、覆盖，荒是掩、覆盖：它们都有覆盖、函括的意思。

2.008　告^①、谒^②，请也。

【注释】

①告：本义为上报，引申有求、请求的意思。《国语·鲁语上》："国有饥馑，卿出告籴，古之制也。"韦昭注："告，请也。"

②谒（yè）：本义为禀告、陈述，引申有请、请求的意思。《左传·昭公十六年》："宣子有环，其一在郑商。宣子谒诸郑伯，子产弗与。"杜预注："谒，请也。"《国语·越语下》："微君王之言，臣故将谒之。"韦昭注："谒，请也，请伐吴也。"

【译文】

告是求、请求，谒是请、请求：它们都有请求的意思。

2.009　肃^①、噰^②，声也。

【注释】

①肃：鸟类振动膀翅的声音，见于叠音词"肃肃"。《诗·小雅·鸿雁》："鸿雁于飞，肃肃其羽。"毛传："肃肃，羽声也。"唐畅当《自平阳馆赴郡》诗："溶溶山雾披，肃肃沙鹭起。"

②噰：鸟声和鸣，见于叠音词"噰噰"。参见1.064条。

【译文】

肃（肃肃）是鸟类振动膀翅的声音，噰（噰噰）是鸟声和鸣：它们都有鸟类声音的意思。

2.010　格^①、怀^②，来也。

【注释】

①格：前来、到来。参见 1.005 条。

②怀：本义为怀念、思念，引申有归向的意思，再引申有来、来到的意思。参见 1.005 条。

【译文】

格是前来、到来，怀是来、来到：它们都有到来的意思。

2.011　畛①、厎②，致也。

【注释】

①畛（zhěn）：本义为田间道路，后有祝告、致意的意思。参见 1.033 条。

②厎（dǐ）：本义为质地细腻的磨刀石，引申有止、终止的意思，再引申为到、致。《书·皋陶谟》：“皋陶曰：‘朕言惠，可厎行。’禹曰：‘俞乃言厎可绩。’”《史记·夏本纪》引作：“乃言曰：‘……吾言厎可行乎？’禹曰：‘女言致可绩行。’”

【译文】

畛是祝告、致意，厎是到、致：它们都有到的意思。

2.012　恀①、怙②，恃也。

【注释】

①恀（shì）：凭借、依赖。《荀子·非十二子》：“俭然，恀然。”杨倞注：“恀然，恃尊长之貌。”

②怙（hù）：依赖、仗恃。《诗·小雅·蓼莪》：“无父何怙？无母何恃？”陆德明释文：“《韩诗》云：‘怙，赖也。’”《左传·襄公十八

年》：“齐环怙恃其险，负其众庶，弃好背盟，陵逆神主。”环，齐灵公名。

【译文】

恃是凭借、依赖，怙是依赖、仗恃：它们都有依靠的意思。

2.013　律①、遹②、述也③。

【注释】

①律：古代用来校正乐音标准的管状仪器，以管的长短确定音阶高低，引申有遵循、效法的意思。《礼记·中庸》：“仲尼祖述尧舜，宪章文武，上律天时，下袭水土。”《荀子·非十二子》：“劳知而不律先王，谓之奸心。”不律，不遵循。

②遹（yù）：遵从、遵循。参见1.013条。

③述：遵循。《书·五子之歌》：“五子咸怨，述大禹之戒以作歌。”孔安国传：“述，循也。”《礼记·中庸》：“以王季为父，以武王为子。父作之，子述之。”孔颖达疏：“父作之子述之者，言文王以王季为父，则王季能制作礼乐，文王奉而行之。”

【译文】

律是遵循、效法，遹是遵从、遵循：它们都有遵循的意思。

2.014　俞①、畬②，然也③。

【注释】

①俞：叹词，表示应允。《书·尧典》：“帝曰：‘俞，予闻，如何？’”《礼记·内则》：“子能食食，教以右手。能言，男唯女俞。”郑玄注：“俞，然也。”

②畣(dá)：同"答"，酬答、应答。唐刘长卿《献淮宁军节度使李相公》诗："家散万金酬士死，身留一剑畣君恩。"宋陆游《东篱记》："间亦吟讽，为长谣短章，楚调唐律，酬畣风月烟雨之态度。"上古典籍中没有见到"畣"用为酬答、应答的例证。

③然：叹词，表示应答。《晏子春秋·内篇·杂下二十四》："公见其妻曰：'此子之内子耶？'晏子对曰：'然，是也。'"《礼记·檀弓上》："有子曰：'然。然则父子有为言之也。'"

【译文】

俞是叹词，表示应允；畣是酬答、应答：它们都有表示应答的意思。

2.015　豫①、胪②，叙也③。

【注释】

①豫：次序。郝懿行义疏："豫者，舒也，序也。故《释地》释文引《春秋元命包》云：'豫之言序也。'亦通作序。《祭义》注：'序或为豫。'"

②胪(lú)：陈序、罗列。汉扬雄《太玄·棿》："秉圭戴璧，胪凑群辟。"司马光集注："胪，陈序也。"《史记·六国年表》："今秦杂戎翟之俗，先暴戾，后仁义，位在藩臣而胪于郊祀，君子惧焉。"索隐："胪字训陈也，出《尔雅》文。以言秦是诸侯而陈天子郊祀，实僭也。"

③叙：本义为次序、次第，引申为排列次序、按照次序。《书·皋陶谟》："惇叙九族，庶明励翼。"惇叙，谓按次序，使之敦睦。《周礼·天官·司书》："司书掌……邦中之版、土地之图，以周知入出百物，以叙其财，受其币，使入于职币。"郑玄注："叙犹比次也。"

【译文】

豫是次序，胪是陈序、罗列：它们都有排次序的意思。

2.016   庶几①，尚也②。

【注释】

①庶几:希望、但愿。《左传·襄公二十六年》:"惧而奔郑,引领南望曰:'庶几赦余!'"又有差不多、接近的意思。《孟子·梁惠王下》:"王之好乐甚,则齐国其庶几乎!"朱熹集注:"庶几,近辞也。"

②尚:表示希望。《左传·昭公十三年》:"灵王卜曰:'余尚得天下!'"又有差不多的意思。《后汉书·王景传》:"昔元光之间,人庶炽盛,缘堤垦殖,而瓠子河决,尚二十余年,不即拥塞。"

【译文】

庶几有希望和差不多的意思。

2.017   观①、指②,示也③。

【注释】

①观:本义为细看、观看,引申为给人看。《吕氏春秋·博志》:"上二士者,可谓能学矣,可谓无害之矣,此其所以观后世已。"高诱注:"观,示也。"

②指:本义为手指,引申为指示、指点。《礼记·曲礼上》:"六十曰耆,指使。"郑玄注:"指事使人也。"唐韩愈《答殷侍御书》:"善诱不倦,斯为多方,敢不喻所指!"

③示:本义为显现、显示,引申为把事物摆出来或指出来给人看。《书·武成》:"归马于华山之阳,放牛于桃林之野,示天下弗服。"《史记·项羽本纪》:"范增数目项王,举所佩玉玦以示之者三,项王默然不应。"

【译文】

观是给人看,指是指示、指点;它们都有给人看的意思。

2.018　若①、惠②,顺也。

【注释】

①若:顺、顺从。《诗·小雅·大田》:"播厥百谷,既庭且硕,曾孙是若。"郑玄笺:"若,顺也。"《穀梁传·庄公元年》:"不若于道者,天绝之也。"范宁注:"若,顺。"

②惠:本义为仁爱,引申为柔顺、顺从。《诗·邶风·燕燕》:"终温且惠,淑慎其身。"毛传:"惠,顺也。"《汉书·艺文志》:"德胜不祥,义厌不惠。"颜师古注:"惠,顺也。"

【译文】

若是顺、顺从,惠是柔顺、顺从:它们都有顺从的意思。

2.019　敖①、忨②,傲也。

【注释】

①敖:傲慢、狂妄。后写作"傲"。《诗·小雅·桑扈》:"彼交匪敖,万福来求。"《礼记·曲礼上》:"敖不可长,欲不可从。"孔颖达疏:"敖者,矜慢在心之名。"

②忨(hū):本义为覆盖,引申有傲慢的意思。《礼记·投壶》:"毋忨毋敖。"郑玄注:"忨、敖,慢也。"

【译文】

敖是傲慢、狂妄,忨是傲慢:它们都有傲慢的意思。

2.020　幼、鞠①,稚也。

【注释】

①鞠:幼稚、幼小。《书·康诰》:"兄亦不念鞠子哀,大不友于弟。"孔安国传:"为人兄亦不念稚子之可哀,大不笃友于弟。"晋陆机《思亲赋》:"忘天命之晚暮,愿鞠子之速融。"速融,迅速成长。

【译文】

幼是年少,鞠是幼稚、幼小:它们都有幼小的意思。

2.021　逸①、愆②,过也。

【注释】

①逸:本义为奔逃,引申为超越,再引申为过失。《书·盘庚上》:"予亦拙谋,作乃逸。"孔安国传:"逸,过也。"《国语·周语上》:"国之臧,则惟女众;国之不臧,则惟余一人是有逸罚。"韦昭注:"逸,过也。罚,犹罪也。"

②愆(qiān):同"愆",本义为超过,引申为过失、过错。《礼记·缁衣》:"诗云:'淑慎尔止,不愆于仪。'"郑玄注:"愆,过也。"孔颖达疏:"言当守道以自居,引者证言行不可过也。"《诗·大雅·抑》作"不愆"。《文选·司马相如〈长门赋〉》:"揄长袂以自翳兮,数昔日之愆殃。"刘良注:"自数己之过咎。"

【译文】

逸是过失,愆是过失、过错:它们都有过失的意思。

2.022　疑①、休②,戾也③。

【注释】

①疑(níng):安定、止息。《诗·大雅·桑柔》:"靡所止疑,云徂何

往。"毛传:"疑,定也。"郑玄笺:"我从兵役,无有止息时。"《仪礼·士昏礼》:"侧尊甒醴于房中,妇疑立于席西。"郑玄注:"疑,正立自定之貌。"

②休:本义为休息,引申为停止。《诗·大雅·瞻卬》:"妇无公事,休其蚕织。"毛传:"休,息也。"休其蚕织:停止养蚕织纴。三国魏曹丕《典论·论文》:"武仲以能属文,为兰台令史,下笔不能自休。"

③戾:安定、止息。参见 1.087 条。

【译文】

疑是安定、止息,休是停止,它们都有止息的意思。

2.023 疾、齐①,壮也②。

【注释】

①齐:本义为禾麦吐穗上平,引申为整齐,再引申有捷速的意思。参见 1.070 条。

②壮:本义为人体高大,引申为大,再引申有迅速、迅猛的意思。《庄子·徐无鬼》:"庶人有旦暮之业则劝,百工有器械之巧则壮。"陆德明释文:"李云:'壮,犹疾也。'"《后汉书·冯衍传》"韩卢抑而不纵兮"李贤注引《战国策》:"韩卢,天下之壮犬也。"今本《战国策·齐策三》作:"韩子卢者,天下之疾犬也。"

【译文】

疾是急速,齐是捷速:它们都有迅速的意思。

2.024 悈①、褊②,急也。

【注释】

①悈(jiè)：本义为警戒，引申为褊急。邢昺疏："悈与亟同，《大雅·灵台》云：'经始勿亟。'……字虽异，音义同。"古籍中没有见到"悈"用为褊急的例证。

②褊(biǎn)：本义为衣服狭小，引申有急躁的意思。《诗·魏风·葛屦》："维是褊心，是以为刺。"郑玄笺："魏俗所以然者，是君心褊急，无德教使之耳。"《晋书·王浚传》："吾始惧邓艾之事，畏祸及，不得无言，亦不能遣诸胸中，是吾褊也。"

【译文】

悈是褊急，褊是急躁：它们都有急躁的意思。

2.025　贸①、贾②，市也③。

【注释】

①贸：交易、买卖。《诗·卫风·氓》："氓之蚩蚩，抱布贸丝。"《宋书·前废帝纪》："藩王贸货，壹皆禁断。"贸货，买卖货物。

②贾(gǔ)：做买卖。《韩非子·五蠹》："长袖善舞，多钱善贾。"《史记·管晏列传》："吾始困时，尝与鲍叔贾，分财利多自与，鲍叔不以我为贪，知我贫也。"

③市：本义为集中交易的场所，引申为交易、进行买卖。《左传·僖公三十三年》："郑商人弦高将市于周。"《史记·平准书》："弘羊以诸官各自市，相与争，物故腾跃……令远方各以其物贵时商贾所转贩者为赋，而相灌输。"

【译文】

贸是交易、买卖，贾是做买卖：它们都有进行买卖的意思。

2.026　厞①、陋②，隐也。

【注释】

①扉(fěi)：隐蔽。《仪礼·士虞礼》："祝反入，彻设于西北隅，如其设也。几在南，扉用席。"郑玄注："扉，隐也。于扉隐之处，从其幽闇。"《文选·张衡〈东京赋〉》："以布画取五方正色于大侯之上也。设三乏，扉司旌。"薛综注引《尔雅》："扉，隐也。"大侯，一种箭靶。乏，报靶人用来护身的器具。

②陋：本义为狭隘、简陋，引申有隐蔽的意思。《书·尧典》："明明扬侧陋。"孔颖达疏："举其明德之人于僻隐鄙陋之处。"

【译文】

扉、陋都有隐蔽的意思。

2.027　遏、遾，逮也①。

【注释】

①遏、遾，逮也：郭璞注："东齐曰遏，北燕曰遾，皆相及逮。"古籍中没有见到"遏""遾(shì)"用为相及的例证。参见 1.129 条。

【译文】

遏、遾都有相及的意思。

2.028　征①、迈②，行也。

【注释】

①征：远行、远去。《诗·小雅·小明》："我征徂西，至于艽野。"郑玄笺："征，行；徂，往也。"艽(qiú)野，荒远之地。汉冯衍《显志赋》："浮江河而入海兮，泝淮济而上征。"

②迈：出行、远行。《诗·小雅·小宛》："我日斯迈，而月斯征。"郑

玄笺:"迈、征,皆行也。"三国魏曹丕《浮淮赋》:"泝淮水而南迈兮,泛洪涛之湟波。"

【译文】

征是远行、远去,迈是出行、远行:它们都有出行的意思。

2.029　圮①、败②,覆也。

【注释】

①圮(pǐ):毁坏、坍塌。参见1.036条。

②败:毁坏。《易·大有》:"大车以载,积中不败也。"《宋史·苏轼传》:"浙江潮自海门东来,势如雷霆……岁败公私船不可胜计。"

【译文】

圮是毁坏、坍塌,败是毁坏:它们都有倾坏的意思。

2.030　荐①、原②,再也。

【注释】

①荐:同"薦",通"洊",屡次、接连。参见1.177条。

②原:本义为水源,引申有再、重的意思。《淮南子·泰族训》:"原蚕一岁再收,非不利也,然而王法禁之者,为其残桑也。"高诱注:"原,再也。"原蚕,第二次孵化的蚕。《史记·高祖本纪》:"及孝惠五年,思高祖之悲乐沛,以沛宫为高祖原庙。"裴骃集解:"谓'原'者,再也。先既已立庙,今又再立,故谓之原庙。"

【译文】

荐(洊)是屡次、接连,原是再、重:它们都有再的意思。

2.031　怃①、敉②，抚也。

【注释】

①怃(wǔ)：爱抚。郭璞注："爱抚也。"《方言》卷一："怃，爱也。韩、郑曰怃。"古籍中没有见到"怃"用为爱抚的例证。

②敉(mǐ)：安抚。《书·大诰》："民献有十夫，予翼以于，敉宁武图功。"孔安国传："用抚安武事，谋立其功。"蔡沈集传："辅我以往，抚定商邦。"《书·洛诰》："四方迪乱，未定于宗礼，亦未克敉公功。"孔安国传："礼未彰，是亦未能抚顺公之大功。"

【译文】

怃是爱抚，敉是安抚：它们都有安抚的意思。

2.032　臞①、脙②，瘠也③。

【注释】

①臞(qú)：消瘦。《韩非子·喻老》："吾入见先王之义则荣之，出见富贵之乐又荣之，两者战于胸中，未知胜负，故臞。今先王之义胜，故肥。"汉王充《论衡·祀义》："先知则宜自见粢盛之不膏，珪璧之失度，牺牲之臞小。"

②脙(xiū)：瘦瘠。清郑珍《巢经巢记》："而余常衣不完，食不饱，对妻孥脙槁寒栗象，亦每默焉自悔。"上古中古典籍中没有见到"脙"用为瘦瘠的例证。

③瘠：瘦弱。《左传·襄公二十一年》："(申叔豫)遂以疾辞……楚子使医视之，复曰：'瘠则甚矣，而血气未动。'"杜预注："瘠，瘦也。"《礼记·月令》："(仲秋之月)案刍豢，瞻肥瘠，察物色。"刍豢，指牛羊犬豕之类的家畜。

【译文】

臞是消瘦,脙是瘦瘠:它们都有瘦弱的意思。

2.033 桄①、颎②,充也。

【注释】

①桄(guàng):充盛。郝懿行义疏:"桄者,《说文》云:'充也。'通作光……光之为言广也。广光声同,光充义近。"古籍中没有见到"桄"用为充盛的例证。

②颎(jiǒng):充盛。郝懿行义疏:"颎者,《释诂》云:'光也。'光、颎声转,故其义同。"古籍中没有见到"颎"用为充盛的例证。

【译文】

桄、颎,都有充盛的意思。

2.034 屡①、昵②,亟也③。

【注释】

①屡:多次。《诗·小雅·正月》:"屡顾尔仆,不输尔载。"郑玄笺:"屡,数也。"又为疾速。《礼记·乐记》:"临事而屡断,勇也。"

②昵:亲近。郝懿行义疏:"昵训亲近,与亟训爱敬义同。"参见1.182条。

③亟:屡次、一再,音qì。《左传·隐公元年》:"(姜氏)爱共叔段,欲立之,亟请于武公,公弗许。"又为疾速,音jí。《诗·豳风·七月》:"亟其乘屋,其始播百谷。"又为爱,音jí。《管子·君臣下》:"故正名稽疑,刑杀亟近,则内定矣。"郭沫若等集校:"《方言》:'亟,爱也。'亟近犹言亲近也。"

【译文】

屡是多次，又是疾速；昵是亲近：它们有多次、疾速或者亲近的意思，所以用亟来解释。

2.035　靡^①、罔^②，无也。

【注释】

①靡(mǐ)：无、没有。《诗·鄘风·柏舟》："髧彼两髦，实维我仪，之死矢靡它。"《史记·屈原贾生列传》："明道德之广崇，治乱之条贯，靡不毕见。"

②罔(wǎng)：无、没有。《书·康王之诰》："虽尔身在外，乃心罔不在王室。"《史记·秦始皇本纪》："二十有六年，初并天下，罔不宾服。"

【译文】

靡、罔都有无、没有的意思。

2.036　爽^①，差也。

【注释】

①爽：差错、违背。《诗·卫风·氓》："女也不爽，士贰其行。"《隋书·律历志中》："刘焯闻胄玄进用，又增损孝孙历法，更名《七曜新术》，以奏之。与胄玄之法，颇相乖爽，袁充与胄玄害之，焯又罢。"

【译文】

爽有差错、违背的意思。

2.037　爽①,忒也②。

【注释】

①爽:差错、违背。参见2.036条。又为贰、不专一。《国语·周语下》:"言爽,日反其信;听淫,日离其名。"韦昭注:"爽,贰也。反,违也。"

②忒:变更、变换。《诗·鲁颂·閟宫》:"春秋匪解,享祀不忒。"匪解(xiè),不懈怠。引申为差错。《易·豫》:"天地以顺动,故日月不过而四时不忒。"

【译文】

爽有差错和不专一的意思。

2.038　佴①,贰也。

【注释】

①佴(èr):相次。郭璞注:"佴次为副贰。"《文选·司马迁〈报任少卿书〉》:"李陵既生降,隤其家声;而仆又佴之蚕室,重为天下观笑。"李善注引如淳曰:"佴,次也,若人相次也。"

【译文】

佴有相次的意思。

2.039　剂①、翦②,齐也③。

【注释】

①剂:剪断、剪齐。《说文解字·刀部》:"剂,齐也。"汉扬雄《太玄·永》:"永不轨,其命剂也。"范望注:"剂,剪也。剪,绝也。"

②翦(jiǎn)：本义为羽初生如剪一样齐整,引申为剪整齐。《诗·鲁颂·閟宫》：“后稷之孙,实维大王。居岐之阳,实始翦商。”毛传：“翦,齐也。”郑玄笺：“翦,断也。”后世多解释“翦”为除灭,不从毛、郑。

③齐：本义为禾麦吐穗上平,引申为整齐,活用为使整齐,音 qí。《论语·为政》：“道之以政,齐之以刑。”邢昺疏：“道之以政而民不服者,则齐整之以刑罚也。”通“剪”,修剪、截断,音 jiǎn。《仪礼·既夕礼》：“马不齐髦。”郑玄注：“齐,翦也。”

【译文】

剂是剪断、剪齐,翦是剪整齐：它们都有剪断、使整齐的意思。

2.040　馈①、馏②,稔也③。

【注释】

①馈(fēn)：同“饙”,蒸饭。《诗·大雅·洞酌》：“洞酌彼行潦,挹彼注兹,可以馈饎。”毛传：“饙,馏也。饎,酒食也。”饙饎,蒸饭做酒。五代徐锴《说文系传·食部》引“饙”作“馈”。

②馏(liù)：米一蒸为馈,再蒸为馏。《世说新语·夙惠》：“太丘问：‘炊何不馏?’元方、季方长跪曰：‘大人与客语,乃俱窃听,炊忘著箅,饭今成糜。’”

③稔(rěn)：通“任”,蒸熟。陆德明释文：“稔,字又作任。”郝懿行义疏：“稔,任之假音也。”古籍中没有见到“稔”用为蒸熟的例证。

【译文】

馈是蒸饭,馏是再蒸：它们都有蒸熟的意思。

2.041　媵①、将②,送也。

【注释】

①媵(yìng)：陪送出嫁。《左传·僖公五年》："执虞公及其大夫井伯以媵秦穆姬。"杜预注："送女曰媵。"引申为相送。《楚辞·九歌·河伯》："波滔滔兮来迎，鱼邻邻兮媵予。"王逸注："媵，送也。言江神闻己将归，亦使波流滔滔来迎，河伯遣鱼邻邻侍从而送我也。"

②将(jiāng)：本义为扶助、扶持，引申有送行的意思。《诗·邶风·燕燕》："之子于归，远于将之。"郑玄笺："将亦送也。"《淮南子·诠言训》："来者弗迎，去者弗将。"高诱注："将，送也。"

【译文】

媵是陪送出嫁、相送，将是送行：它们都有送行的意思。

2.042　作、造，为也①。

【注释】

①作、造，为也：邢昺疏："谓营为也。"

【译文】

作、造都有制作的意思。

2.043　饙①、糇②，食也。

【注释】

①饙(fēi)：古代陈楚一带相见后请吃麦饭叫饙。《方言》卷一："饙，食也。陈楚之内相谒而食麦饘谓之饙。"古籍中没有见到"饙"用为相见后请吃麦饭的例证。

②糇(hóu)：干粮。《尸子》卷下："乃遣使巡国中，求百姓宾客之无

居宿、绝糇粮者赈之。"汉张衡《思玄赋》："屑瑶蕊以为糇兮,斛白水以为浆。"斛(jū),舀取。

【译文】

餐是相见后请吃麦饭,糇是干粮:它们都有吃食的意思。

2.044　鞫①、究②,穷也。

【注释】

①鞫(jū):本义为穷究、审问,引申为穷尽。《诗·小雅·小弁》:"踧踧周道,鞫为茂草。"毛传:"鞫,穷也。"

②究:穷尽、终极。《诗·大雅·荡》:"侯作侯祝,靡届靡究。"毛传:"届,极;究,穷也。"《诗·小雅·鸿雁》:"虽则劬劳,其究安宅。"毛传:"究,穷也。"郑玄笺:"女今虽病劳,终有安居。"

【译文】

鞫是穷尽,究是穷尽、终极:它们都有穷尽的意思。

2.045　滷①、矜②、咸③,苦也。

【注释】

①滷(lǔ):同"卤",苦地,即盐碱地。《易·说卦》:"其于地也,为刚卤。"孔颖达疏:"取水泽所停,则咸卤也。"《左传·襄公二十五年》:"表淳卤,数疆潦。"

②矜(jīn):劳困、劳苦。《庄子·在宥》:"愁其五藏以为仁义,矜其血气以规法度。"王引之《经义述闻·尔雅中》:"《庄子·在宥篇》⋯⋯'矜其血气',犹《孟子》言'苦其心志'耳。"

③咸:苦。郭璞注:"苦即大咸。"郝懿行义疏:"咸极必苦。故《淮南

子·地形篇》:'炼苦生咸。'今验海水咸,煮盐味苦,是其证也。"

【译文】

潟是苦地,矜是劳困、劳苦,咸是苦:它们有盐苦或者劳苦的意思,所以用苦来解释。

2.046　干①、流②,求也。

【注释】

①干(gān):求取。《书·大禹谟》:"罔违道以干百姓之誉。"孔安国传:"干,求也。"《论语·为政》:"子张学干禄。"

②流:本义为水行移动,引申为河川水流,活用为沿水流寻求采摘。参见1.075条。

【译文】

干是求取,流是沿水流寻求采摘:它们都有求取的意思。

2.047　流①,覃也②。

【注释】

①流:本义为水行移动,引申为传布、延展。《易·谦》:"地道变盈而流谦。"《史记·樊郦滕灌列传论》:"方其鼓刀屠狗卖缯之时,岂自知附骥之尾,垂名汉廷,德流子孙哉?"

②覃(tán):本义为滋味深长,引申为蔓延、延及。《诗·周南·葛覃》:"葛之覃兮,施于中谷。"毛传:"覃,延也。"《南史·江敩传》:"慈渥所覃,实有优忝。"

【译文】

流有延展的意思。

2.048　覃,延也①。

【注释】

①覃,延也:郭璞注:"皆谓蔓延相被及。"

【译文】

覃有蔓延的意思。

2.049　佻①,偷也②。

【注释】

①佻(tiāo):轻薄放纵、不庄重。《左传·昭公十年》:"《诗》曰:'德音孔昭,视民不佻。'"杜预注:"佻,偷也。"孔颖达疏:"言君子之人为宾客德音甚明,其视下民不偷薄苟且也。"汉陈琳《为袁绍檄豫州》:"谓其鹰犬之才,爪牙可任,至乃愚佻短略,轻进易退。"愚佻,愚昧轻佻。

②偷:轻薄、不庄重。《论语·泰伯》:"故旧不遗,则民不偷。"邢昺疏:"偷,薄也。"《文选·张衡〈东京赋〉》:"敬慎威仪,示民不偷。"薛综注:"《毛诗》曰:'敬慎威仪,视民不佻。'毛苌曰:'佻,偷也。'"

【译文】

佻有轻薄、不庄重的意思。

2.050　潜①,深也。

【注释】

①潜:本义为涉水,引申有深、深处的意思。汉王褒《四子讲德论》:

"夫雷霆必发,而潜底震动。"唐韩愈《苦寒》诗:"虎豹僵穴中,蛟螭死幽潜。"

【译文】

潜有深、深处的意思。

2.051　潜①、深②,测也。

【注释】

①潜:本义为涉水,引申有测量、探测的意思。《庄子·田子方》:"上窥青天,下潜黄泉。"郭庆藩集释:"潜与窥对文。潜,测也,与窥之意相近。"

②深:本义为水深,引申有测的意思。王引之《经义述闻·尔雅中》:"《列子·黄帝篇》:'彼将处乎不深之度,而藏乎无端之纪。'不深,不测也,是深亦为测也。"

【译文】

潜是测量、探测,深是测:它们都有测量的意思。

2.052　穀①、鞠②,生也③。

【注释】

①穀(谷):本义为谷物,引申有赡养、养育的意思。《诗·小雅·四月》:"民莫不谷,我独何害?"郑玄笺:"谷,养也。民莫不得养其父母者,我独何故睹此寒苦之害?"又为生长。《后汉书·张衡传》:"发昔梦于木禾兮,谷昆仑之高冈。"言木禾生长于昆仑高岗。又为生存、活着。《诗·王风·大车》:"谷则异室,死则同穴。"

②鞠(jū)：生、养。《诗·小雅·蓼莪》："父兮生我，母兮鞠我。"晋潘
　岳《京陵女公主王氏哀辞》："嗟尔母氏，劬劳抚鞠，恩斯勤斯，是
　长是育。"
③生：养育。《周礼·天官·大宰》："六曰事典，以富邦国，以任百官，
　以生万民。"郑玄注："生，犹养也。"引申为生长。《礼记·月令》：
　"(孟夏之月)王瓜生，苦菜秀。"又引申为生存、生活。《左传·襄公
　二十二年》："生于乱世，贵而能贫，民无求焉，可以后亡。"

【译文】

毂(谷)是赡养、养育，又是生长、生存；鞠是生、养：它们有生、养或
者生长、生存的意思，所以用生来解释。

2.053　啜①，茹也②。

【注释】

①啜(chuò)：吃。《墨子·节用中》："饮于土塯，啜于土形。"土形，一
　种盛饮食的瓦器。《礼记·檀弓下》："啜菽饮水，尽其欢，斯之
　谓孝。"
②茹：本义为喂牛马，引申为吃、吞咽。《诗·大雅·烝民》："柔则
　茹之，刚则吐之。"《汉书·董仲舒传》："食于舍而茹葵。"

【译文】

啜是吃的意思。

2.054　茹①、虞②，度也。

【注释】

①茹：猜度、估计。《诗·邶风·柏舟》："我心匪鉴，不可以茹。"毛

传:"鉴所以察形也。茹,度也。"《诗·小雅·六月》:"狎狁匪茹,整居焦获。"狎狁(xiǎn yǔn),古代北方少数民族。

②虞:猜度、料想。《书·大禹谟》:"儆戒无虞,罔失法度。"《左传·僖公四年》:"君处北海,寡人处南海,唯是风马牛不相及也。不虞君之涉吾地也,何故?"

【译文】

茹是猜度、估计,虞是猜度、料想:它们都有猜度的意思。

2.055　试①、式②,用也。

【注释】

①试:使用。《诗·小雅·大东》:"私人之子,百僚是试。"毛传:"是试,用于百官也。"《礼记·缁衣》:"爵不渎而民作愿,刑不试而民咸服。"

②式:用。《书·梓材》:"后式典,集庶邦,丕享。"孔安国传:"君天下能用常法,则和集众国,大来朝享。"《左传·成公二年》:"蛮夷戎狄不式王命。"杜预注:"式,用也。"

【译文】

试、式都有使用的意思。

2.056　诰①、誓②,谨也。

【注释】

①诰(gào):本义为告诉,引申为警戒。《国语·楚语上》:"近臣谏,远臣谤,舆人诵,以自诰也。"王引之《经义述闻·国语下》:"自诰者,自戒敕也。"

②誓：本义为军中告诫、约束将士的号令,引申有谨慎的意思。《礼

记·文王世子》：“曲艺皆誓之。”郑玄注：“誓,谨也。皆使谨习

其事。”

【译文】

诰是警戒,誓是谨慎：它们都有谨慎的意思。

2.057　竞①、逐②,强也③。

【注释】

①竞：本义为角逐、竞赛,引申为强盛、强劲。《诗·周颂·执竞》：

“执竞武王,无竞维烈。”郑玄笺：“竞,强也。能持强道者维有武

王耳。”《左传·僖公七年》：“心则不竞,何惮于病。”杜预注：“竞,

强也。”

②逐：本义为追赶、追逐,引申为竞争、争先,再引申为强盛、繁盛。

《管子·地员》：“其山之浅,有茏与斥,群木安逐,条长数大。”王

念孙《读书杂志·管子二》：“《尔雅》曰：‘逐,强也。’言群木于是

强盛也。”

【译文】

竞是强盛、强劲,逐是强盛、繁盛：它们都有强盛的意思。

2.058　御①、圉②,禁也。

【注释】

①御：本义为祭祀免灾,引申为防止、禁止。《周礼·秋官·司寤

氏》：“御晨行者,禁宵行者、夜游者。”郑玄注：“御亦禁也。”《国

语·鲁语下》：“诸侯有旅贲,御灾害也。”韦昭注：“御,禁也。”

②圄(yǔ):本义为牢狱,引申为禁止、抵御。《管子·霸言》:"按强
　　助弱,圄暴止贪。"《墨子·节用上》:"其为宫室何? 以为冬以圄
　　风寒,夏以圄暑雨。"

【译文】

御是防止、禁止,圄是禁止、抵御:它们都有禁止的意思。

2.059　窒①、薶②,塞也。

【注释】

①窒(zhì):堵塞、填塞。《诗·豳风·七月》:"穹窒熏鼠,塞向墐
　　户。"毛传:"窒,塞也。"《庄子·秋水》:"梁丽可以冲城,而不可以
　　窒穴。"梁丽,房屋的栋梁。

②薶(mái):本义为埋葬,引申为填塞。《元史·河渠志三》:"其为
　　埽台及推卷、牵制、薶挂之法,有用土、用石、用铁、用草、用木、用
　　杙、用绹之方。"上古中古典籍中没有见到"薶"用为填塞的例证。

【译文】

窒是堵塞、填塞,薶是填塞:它们都有填塞的意思。

2.060　黼①、黻②,彰也③。

【注释】

①黼(fǔ):古代礼服上所绣的白与黑相间的斧形花纹。《书·益
　　稷》:"藻、火、粉、米、黼、黻、绨、绣。"孔安国传:"黼若斧形,黻为两
　　己相背。"《荀子·哀公》:"黼衣、黻裳者,不茹荤。"杨倞注:"黼
　　衣、黻裳,祭服也。白与黑为黼。"

②黻(fú):古代礼服上绣的黑与青相间的弡形花纹。《诗·秦风·

终南》：“君子至止，黻衣绣裳。”毛传：“黑与青谓之黻。”朱熹集传：“黻之状亚，两已相戾也。”参见“黼”下注。

③彰：错综驳杂的花纹或色彩。《说文解字·彡部》：“彰，文彰也。”《广雅·释言》：“山龙，彰也。”王念孙疏证：“《考工记》说画绘之事云：‘青与赤谓之文，赤与白谓之章，白与黑谓之黼，黑与青谓之黻。’……是黼、黻与文、章同义，故云：‘黼、黻，彰也。’”章、彰同。

【译文】

黼是古代礼服上所绣的白与黑相间的斧形花纹，黻是古代礼服上绣的黑与青相间的亚形花纹：它们都有错综驳杂的花纹的意思。

2.061　膺①、身，亲也。

【注释】

①膺：本义为胸，引申为躬亲、自己。《礼记·少仪》：“抷席不以鬣，执箕膺擖。”郑玄注：“膺，亲也。擖，舌也。持箕将去粪者，以舌自乡。”

【译文】

膺是躬亲、自己，身是亲自：它们都有亲身的意思。

2.062　恺悌①，发也。

【注释】

①恺悌(kǎi tì)：破晓出发。郭璞注：“发，发行也。《诗》曰：‘齐子恺悌。’”《诗·齐风·载驱》：“鲁道有荡，齐子岂弟。”郑玄笺：“此岂弟犹言发夕也。岂读当为闿。弟，《古文尚书》以弟为圛。圛，明

也。"孔颖达疏:"上言发夕,谓初夜即行;此言阎明,谓侵明而行。"后多从毛传解释为乐易。

【译文】

恺悌有破晓出发的意思。

2.063　髦士①,官也。

【注释】

①髦(máo)士:英俊之士。郭璞注:"取俊士,令居官。"《诗·小雅·甫田》:"攸介攸止,烝我髦士。"毛传:"髦,俊也。"后单用"髦"亦指英俊杰出之士。《新唐书·文艺传中·李适》:"季卿在朝,荐进才髦,与人交,有终始,恢博君子也。"

【译文】

髦士有可以选取为官的英俊之士的意思。

2.064　畯①,农夫也②。

【注释】

①畯(jùn):古代掌管农事的官。《诗·小雅·甫田》:"馌彼南亩,田畯至喜。"汉刘桢《大暑赋》:"农畯捉鏄而去畤,织女释杼而下机。"

②农夫:古代田官名。《诗·周颂·噫嘻》:"率时农夫,播厥百谷。"郑玄笺:"又能率是主田之吏农夫,使民耕田而种百谷也。"

【译文】

畯有农官的意思。

2.065　盖^①、割,裂也。

【注释】

①盖(hài):通"害",伤害。《书·吕刑》:"群后之逮在下,明明棐常,鳏寡无盖。"《孟子·万章上》:"象曰:'谟盖都君咸我绩。'"句谓谋害舜都是我的功劳。都君,指舜。

【译文】

盖(害)是伤害,割是割裂:它们都有割裂的意思。

2.066　邕^①、支^②,载也^③。

【注释】

①邕(yōng):同"拥",拥护。邢昺疏:"谢氏云:'邕字又作拥。'释云:'拥者,护之载。'"古籍中没有见到"邕"用为拥护的例证。

②支:"枝"古文,引申为支撑。《左传·定公元年》:"天之所坏,不可支也;众之所为,不可奸也。"《史记·龟策列传》:"南方老人用龟支床足,行二十余岁,老人死,移床,龟尚生不死。"

③载:承载、承受,音 zài。《易·坤》:"坤厚载物,德合无疆。"又通"戴",拥戴,音 dài。《韩非子·功名》:"人主者,天下一力以共载之,故安;众同心以共立之,故尊。"

【译文】

邕是拥护,支是支撑:它们有拥戴或者支承的意思,所以用载来解释。

2.067　谣^①、诿^②,累也^③。

【注释】

①诿(zhuì)：嘱托。郭璞注："以事相属累为诿诿。"邢昺疏引孙炎曰："楚人曰诿,秦人曰诿。"清钱谦益《大中大夫李君墓志铭》："戊寅放归,君复造余山中,诿诿如前,请益力,语益不可了。"上古中古典籍中没有见到"诿"用为嘱托的例证。

②诿(wěi)：烦劳、托付。《汉书·胡建传》："丞于用法疑,执事不诿上,臣谨以斩,昧死以闻。"颜师古注："诿,累也。言执事者,当见法即行,不可以事累于上也。""诿""诿"多连用。参见"诿"下注。

③累(lèi)：烦劳、托付。《庄子·秋水》："庄子钓于濮水,楚王使大夫二人往先焉,曰:'愿以境内累矣!'"《韩非子·外储说右上》："吾欲以国累子,子必勿泄也。"

【译文】

诿是嘱托,诿是烦劳、托付:它们都有烦劳、托付的意思。

2.068　漠①、察②,清也。

【注释】

①漠：淡泊、清静。《庄子·知北游》："尝相与无为乎! 澹而静乎! 漠而清乎! 调而闲乎!"《楚辞·远游》："漠虚静以恬愉兮,澹无为而自得。"

②察：本义为详审、细究,引申为清楚、明晰。《墨子·修身》："守道不笃,遍物不博,辩是非不察者,不足与游。"《荀子·非相》："禹、汤有传政,而不若周之察也,非无善政也,久故也。"

【译文】

漠是淡泊、清静,察是清楚、明晰:它们有清静或者清晰的意思,所以用清来解释。

2.069　庇①、庥②,荫也③。

【注释】

①庇(bì):遮蔽。《左传·文公七年》:"葛藟犹能庇其本根,故君子以为比,况国君乎?"引申为保护、保佑。《国语·楚语》:"夫从政者,以庇民也。"

②庥(xiū):树荫。郭璞注:"今俗语呼树荫为庥。"古籍中没有见到"庥"用为树荫的例证。引申为庇荫、保护。唐柳宗元《非国语上·宰周公》:"凡诸侯之会霸主,小国,则固畏其力而望其庥焉者也。"上古典籍中没有见到"庥"用为庇荫、保护的例证。

③荫:树荫,音 yīn。《庄子·山木》:"睹一蝉,方得美荫而忘其身。"引申为遮盖,音 yìn。《吕氏春秋·先己》:"松柏成而涂之人已荫矣。"再引申为庇护,音 yìn。《南史·王僧虔传》:"吾不能为汝荫,政应各自努力耳。"上古典籍中没有见到"荫"用为庇护的例证。

【译文】

庇是遮蔽,又是保护、保佑;庥是树荫,又是庇荫、保护:它们都有树荫或者遮蔽、护佑的意思,所以用荫来解释。

2.070　穀①、履②,禄也③。

【注释】

①穀(谷):本义为谷物,引申为俸禄。《诗·小雅·天保》:"天保定尔,俾尔戬谷。"毛传:"戬,福。谷,禄。"《韩非子·说疑》:"有萃辱之名,则不乐食谷之利。"食谷,享受俸禄。

②履:通"釐(xī)",福禄。参见1.083条。

③禄:福。参见1.083条。引申为俸禄。《周礼·夏官·司士》:

"以德诏爵,以功诏禄。"

【译文】

縠(谷)是俸禄,履(釐)是福禄:它们都有福禄的意思。

2.071　履①,礼也。

【注释】

①履:本义为践踏、踩踏,引申有履行、实行的意思,再引申有礼仪的意思。《易·序卦》:"物畜然后有礼,故受之以履。"韩康伯注:"履者,礼也。"《诗·商颂·长发》:"率履不越,遂视既发。"毛传:"履,礼也。"郑玄笺:"使其民循礼不得逾越,乃遍省视之,教令则尽行也。"

【译文】

履有礼仪的意思。

2.072　隐①,占也②。

【注释】

①隐:本义为隐蔽、隐藏,引申有审度的意思。《书·盘庚下》:"邦伯师长,百执事之人,尚皆隐哉。"孔颖达疏:"隐谓隐审也。"《管子·禁藏》:"是故君子上观绝理者以自恐也,下观不及者以自隐也。"尹知章注:"隐,度也。度己有不及之事当效之也。"

②占(zhān):本义为占卜,引申为估计、揣度。《墨子·号令》:"度食不足,令民各自占家五种石升数,为其期。"《史记·平准书》:"诸贾人末作贳贷卖买,居邑稽诸物,及商以取利者,虽无市籍,各以其物自占,率缗钱二千而一算。"司马贞索隐:"谓各自隐度

其财物多少,为文簿送之官也。"

【译文】

隐有估计的意思。

2.073　逆①,迎也。

【注释】

①逆:迎接。《书·顾命》:"虎贲百人,逆子钊于南门之外。"《左传·宣公十二年》:"入自皇门,至于逵路,郑伯肉袒牵羊以逆。"

【译文】

逆有迎接的意思。

2.074　憯①,曾也②。

【注释】

①憯(cǎn):曾(zēng)、竟然。《诗·小雅·节南山》:"民言无嘉,憯莫惩嗟。"毛传:"憯,曾也。"

②曾(zēng):乃、竟。《诗·卫风·河广》:"谁谓河广?曾不容刀。"《史记·魏公子列传》:"吾所以待侯生者备矣,天下莫不闻,今吾且死而侯生曾无一言半辞送我,我岂有所失哉?"

【译文】

憯有竟然的意思。

2.075　增,益也①。

【注释】

①益:本义为水漫出器皿,引申为增加。《易·谦》:"天道亏盈而益谦。"孔颖达疏:"减损盈满而增益谦退。"《左传·襄公二十六年》:"子木惧,言诸王,益其禄爵而复之。"

【译文】

增有增加的意思。

2.076　窭①,贫也。

【注释】

①窭(jù):本义为无财备礼,引申泛指贫穷。《列子·杨朱》:"原宪窭于鲁,子贡殖于卫。"王安石《上凌屯田书》:"两世之枢,窭而不能葬也。"

【译文】

窭有贫穷的意思。

2.077　蔼①,隐也。

【注释】

①蔼(ài):隐蔽。《楚辞·离骚》:"何琼佩之偃蹇兮,众蔼然而蔽之。"《晋书·乐志上》:"祇之出,蔼若有。"祇(qí),地神。

【译文】

蔼有隐蔽的意思。

2.078　偎①,唈也②。

【注释】

①僾(ài)：呼吸不畅。《诗·大雅·桑柔》："如彼遡风，亦孔之僾。"
毛传："僾，唈。"郑玄笺："使人唈然如乡疾风，不能息也。"

②唈(yì)：抑郁不舒畅。《荀子·礼论》："祭者，志意思慕之情也。
悁诡唈僾而不能无时至焉。"杨倞注："唈僾，气不舒愤郁之貌。"

【译文】

僾有气不顺畅的意思。

2.079　基①，经也②。

【注释】

①基：有起始义，引申有谋划、经营的意思。参见 1.001 和
1.015 条。

②经：本义为织物的纵线，引申有起始的意思。《鬼谷子·抵巇》：
"经起秋毫之末，挥之于太山之本。"陶弘景注："经，始也。"又有
治理、经营的意思。《周礼·天官·大宰》："一曰治典，以经邦
国，以治官府，以纪万民。"《史记·项羽本纪论》："自矜功伐，奋
其私智而不师古，谓霸王之业，欲以力征经营天下，五年卒亡其
国。"经营，规划营治。

【译文】

基有起始和谋划、营治的意思。

2.080　基，设也①。

【注释】

①设：本义为设置、安排，引申为设想、谋划。《管子·心术上》："是

以君子不怵乎好,不迫乎恶,恬愉无为,去智与故。其应也,非所
设也;其动也,非所取也。"

【译文】

其有谋划的意思。

2.081　祺①,祥也。

【注释】

①祺:吉兆。郭璞注:"谓征祥。"邢昺疏:"舍人曰:祺,福之祥,谓征
祥也。祥即吉之先见者也。"

【译文】

祺有吉兆的意思。

2.082　祺①,吉也。

【注释】

①祺:由吉兆引申为吉利。《诗·大雅·行苇》:"寿考维祺,以介景
福。"毛传:"祺,吉也。""寿考维祺"之"祺"旧注亦释为"祥"。《仪
礼·士冠礼》:"弃尔幼志,顺尔成德,寿考唯祺,介尔景福。"郑玄
注:"祺,祥也。"

【译文】

祺有吉利的意思。

2.083　兆①,域也。

【注释】

①兆：通"垗(zhào)"，区域、界域。《尚书大传》卷一下："兆，十有二州。"郑玄注："兆，域也。"特指茔域。《左传·哀公二年》："若其有罪，绞缢以戮……无入于兆。"杜预注："兆，葬域。"

【译文】

兆（垗）有区域、界域的意思。

2.084　肇①，敏也。

【注释】

①肇(zhào)：敏疾。郭璞注："《书》曰：'肇牵车牛。'"邢昺疏："谓敏疾也。'《书》曰"肇牵车牛"'者，《周书·酒诰》文也。"

【译文】

肇有敏疾的意思。

2.085　挟①，藏也。

【注释】

①挟(xié)：本义为夹持，引申为怀藏、隐藏。《庄子·齐物论》："旁日月，挟宇宙。"成玄英疏："挟，怀藏也。"《汉书·惠帝纪》："三月甲子，皇帝冠，赦天下。省法令妨吏民者，除挟书律。"颜师古注引应劭曰："挟，藏也。"

【译文】

挟有隐藏的意思。

2.086　浃①,彻也②。

【注释】

①浃(jiā):本义为浸渍,引申为通达、通晓。《荀子·解蔽》:"其所以贯理焉,虽亿万,已不足以浃万物之变,与愚者若一。"

②彻:本义为撤除、拆除,引申为通达、通晓。《国语·周语中》:"若本固而功成,施遍而民阜,乃可以长保民矣,其何事不彻?"韦昭注:"彻,达也。"《京本通俗小说·拗相公》:"精于数学,通天彻地。"

【译文】

浃有通达、通晓的意思。

2.087　替①,废也。

【注释】

①替:本义为废弃、废除。《书·大诰》:"予惟小子,不敢替上帝命。"孔安国传:"不敢废天命。"《史记·司马相如列传》:"故圣王弗替,而修礼地祇,谒款天神,勒功中岳,以彰至尊。"弗替,指不废除封禅之事。

【译文】

替有废弃、废除的意思。

2.088　替①,灭也。

【注释】

①替:由废弃、废除引申为消亡、泯灭。《国语·鲁语上》:"今先君

俭而君侈,令德替矣。"《国语·晋语三》:"十四年,君之冢嗣其替
乎?"韦昭皆注为:"替,灭也。"

【译文】

替有消亡、泯灭的意思。

2.089　速①,徵也②。

【注释】

①速:本义为迅速,引申有召请的意思。《易·需》:"有不速之客三
　人来。"孔颖达疏:"速,召也。不须召唤之客有三人自来。"再引
　申为招致。《诗·召南·行露》:"谁谓女无家,何以速我狱?"朱
　熹集传:"速,召致也。"

②徵(征):征召、征聘,多指君召臣。《左传·僖公十六年》:"王以
　戎难告于齐,齐征诸侯而戍周。"引申为招致。《左传·定公八
　年》:"阳虎为政,鲁国服焉,违之征死。"杨伯峻注:"言违阳虎之
　命,招死而已。"

【译文】

速有召请和招致的意思。

2.090　徵,召也①。

【注释】

①召:本义为召唤,引申为招致。《左传·襄公二十三年》:"祸福无
　门,唯人所召。"又引申为征召。《史记·李将军列传》:"于是天
　子乃召拜广为右北平太守。"

【译文】

徵有招致和征召的意思。

2.091　琛①,宝也。

【注释】

①琛(chēn):珍宝。《诗·鲁颂·泮水》:"憬彼淮夷,来献其琛。"毛传:"琛,宝也。"《文选·木华〈海赋〉》:"其垠则有天琛水怪,鲛人之室。"李善注:"天琛,自然之宝也。"

【译文】

琛有珍宝的意思。

2.092　探,试也①。

【注释】

①探,试也:郭璞注:"刺探尝试。"

【译文】

探有试探的意思。

2.093　髦①,选也②。

【注释】

①髦:可以选取为官的英俊之士。参见2.063条。

②选:被选拔出来的人才。《礼记·礼运》:"禹、汤、文、武、成王、周公,由此其选也。"孔颖达疏:"用此礼义教化,其为三王中之英选也。"汉班固《白虎通·圣人》:"五人曰茂,十人曰选,百人曰俊,

千人曰英,倍英曰贤,万人曰杰,万杰曰圣。"

【译文】

髦有选取为官的人才的意思。

2.094　髦,俊也①。

【注释】

①髦,俊也:郭璞注:"士中之俊,如毛中之髦。"

【译文】

髦有可以选取为官的英俊之士的意思。

2.095　俾①,职也。

【注释】

①俾(bǐ):任使供职。邢昺疏:"俾诂为使,言任使供职也。"古籍中没有见到"俾"用为任使供职的例证。

【译文】

俾有任使供职的意思。

2.096　纰①,饰也。

【注释】

①纰(pí):在衣冠或旗帜上镶饰缘边。《诗·鄘风·干旄》:"素丝纰之,良马四之。"引申为冠服等的缘饰。《礼记·玉藻》:"缟冠素纰,既祥之冠也。"郑玄注:"纰,缘边也。"

【译文】

纯有镶饰和缘饰的意思。

2.097　淩①,慄也②。

【注释】

①淩:陆德明释文:"樊(光)注作凌。"本义为冰,引申有战栗的意思。《汉书·扬雄传上》:"熊罴之挐攫,虎豹之淩遽。"颜师古注:"淩,战栗也。遽,惶也。"

②慄(栗 lì):本义为恐惧,引申为战栗。《素问·疟论》:"疟之始发也,先起于毫毛,伸欠乃作,寒栗鼓颔,腰脊俱痛。"

【译文】

淩有战栗的意思。

2.098　慄①,感也②。

【注释】

①慄(栗):由恐惧引申为忧伤。《文选·张衡〈西京赋〉》:"将乍往而未半,怵悼栗而怂兢。"薛综注:"栗,忧戚也。"

②感:忧伤。《左传·僖公二十四年》:"《诗》曰:'自诒伊感。'其子臧之谓矣。"杜预注:"感,忧也。"三国魏嵇康《声无哀乐论》:"或闻哭而欢,或听歌而感。"

【译文】

慄(栗)有忧伤的意思。

2.099　蠲①,明也。

【注释】

①蠲(juān):明示、显察。《左传·襄公十四年》:"惠公蠲其大德,谓我诸戎是四岳之裔胄也,毋是翦弃。"杜预注:"蠲,明也。"《荀子·王制》:"立身则轻楛,事行则蠲疑。"王先谦集解:"蠲者,明也。谓喜明察而好狐疑也。"

【译文】

蠲有显明的意思。

2.100　茅①,明也。

【注释】

①茅:显明。《左传·宣公十二年》:"军行,右辕左追蓐,前茅虑无。"杜预注:"茅,明也。或曰时楚以茅为旌识。"孔颖达疏:"茅,明。《释言》文。舍人曰:'茅昧之明也。'"郝懿行义疏:"茅旌亦取显明为义。"虑无,军中前卫部队持以报警的旗帜。

【译文】

茅有显明的意思。

2.101　明,朗也①。

【注释】

①朗:明亮。《诗·大雅·既醉》:"昭明有融,高朗令终。"毛传:"朗,明也。"《后汉书·班固传》:"诞略有常,审言行于篇籍,光藻朗而不渝耳。"李贤注:"朗,明也。渝,变也。言光彩文藻朗明而

　　不变耳。"

【译文】

明有明亮的意思。

2.102　猷①,图也。

【注释】

①猷(yóu):谋划、计划。参见 1.015 条。

【译文】

猷有谋划、计划的意思。

2.103　猷①,若也。

【注释】

①猷(yóu):同"犹",如、同。郭璞注:"《诗》曰:'寔命不猷。'"今本
《诗·召南·小星》作"寔命不犹"。朱熹集传:"犹,亦'同'也。"

【译文】

猷有如、同的意思。

2.104　偁①,举也。

【注释】

①偁(chēng):同"称",举起。郭璞注:"《书》曰:'偁尔戈。'"今本
《书·牧誓》作"称尔戈"。

【译文】

偁有举起的意思。

2.105　称①,好也。

【注释】

①称(chèn):适宜、相当,引申为好、美好。《周礼·考工记·轮人》: "进而眡之,欲其肉称也。"郑玄注:"肉称,弘杀好也。"《管子·幼官》:"收天下之豪杰,有天下之称材。"

【译文】

称有好、美好的意思。

2.106　坎①、律②,铨也③。

【注释】

①坎:法象。郭璞注:"《易·坎卦》主法。"古籍中没有见到"坎"用为法的例证。

②律:古代用来校正乐音标准的管状仪器,以管的长短确定音阶高低,引申为衡量。郭璞注:"法、律皆所以铨量轻重。"明袁宏道《游苏门山百泉记》:"以常情律之,则为至怪;以通人观之,则亦人情也。"上古中古典籍中没有见到"律"用为衡量的例证。

③铨(quán):本义为秤,引申为衡量。《国语·吴语》:"不智,则不知民之极,无以铨度天下之众寡。"韦昭注:"铨,称也。"汉王充《论衡·自纪》:"贤圣铨材之所宜,故文能为深浅之差。"

【译文】

坎是法象,律是衡量:它们都有依法则衡量的意思。

2.107　矢①,誓也。

【注释】

①矢：本义为箭矢，引申有发誓的意思。《诗·鄘风·柏舟》："髧彼两髦，实维我仪，之死矢靡它。"《论语·雍也》："子见南子，子路不悦。夫子矢之曰：'予所否者，天厌之！天厌之！'"

【译文】

矢有发誓的意思。

2.108 舫①，舟也。

【注释】

①舫(fǎng)：相并连的两只船。《战国策·楚策一》："舫船载卒，一舫载五十人。"鲍彪注："舫，并船也。"《太平御览》卷七七〇引王隐《晋书·顾荣传》："遂解舫为单舸，一日一夜行五六百里。"

【译文】

舫有相并连的两只船的意思。

2.109 泳①，游也。

【注释】

①泳：潜行于水中，泛指在水中浮行。《诗·周南·汉广》："汉之广矣，不可泳思！"毛传："潜行为泳。"《汉书·司马相如列传》："尔陿游原，迥阔泳末。"颜师古注引孟康曰："尔，近也……泳，浮也。"

【译文】

泳有潜行于水中和在水中浮行的意思。

2.110 迨①，及也。

【注释】

①迨:及、趁。《诗·召南·摽有梅》:"求我庶士,迨其吉兮。"郑玄
　笺:"迨,及也。"《诗·豳风·鸱鸮》:"迨天之未阴雨,彻彼桑土,
　绸缪牖户。"毛传:"迨,及;彻,剥也。"

【译文】

迨有及、趁的意思。

2.111　冥①,幼也②。

【注释】

①冥:幽暗。《史记·龟策列传》:"正昼无见,风雨晦冥。"《汉书·
　五行志下》:"夷伯,世大夫,正昼雷,其庙独冥。"颜师古曰:"冥,
　暗也。"
②幼(yào):郝懿行义疏:"窈之假音。"幽暗。《诗·小雅·斯干》:
　"哕哕其冥。"毛传:"冥,幼也。"陆德明释文:"幼,本或作窈。"

【译文】

冥有幽暗的意思。

2.112　降,下也①。

【注释】

①降,下也:《释诂》:"下、降,落也。"

【译文】

降有下落的意思。

2.113　佣①,均也。

【注释】

①佣(chōng)：均等、公平。《诗·小雅·节南山》："昊天不佣，降此鞠讻。"毛传："佣，均。"

【译文】

佣有均等、公平的意思。

2.114　强①，暴也。

【注释】

①强：强暴、强横。《老子》第五十五章："益生曰祥，心使气曰强。"陈鼓应注："强，逞强暴。"

【译文】

强有强暴、强横的意思。

2.115　窕①，肆也②。

【注释】

①窕(tiǎo)：同"佻"，轻佻放肆。汉贾谊《新书·容经》："故至人者，在小不宝，在大不窕。"

②肆：恣纵、放肆。《左传·昭公十二年》："昔穆王欲肆其心，周行天下。"《礼记·表记》："君子庄敬日强，安肆日偷。"郑玄注："肆犹放恣也。"孔颖达疏："安肆日偷者，肆谓放恣，偷谓苟且，言小人安乐放恣，则其情性日为苟且。"

【译文】

窕有轻佻放肆的意思。

2.116　肆①,力也。

【注释】

①肆:极力、奋力。《文选·张衡〈东京赋〉》:"瞻仰二祖,厥庸孔肆。"薛综注:"肆,勤也。"晋陶潜《桃花源》诗:"相命肆农耕,日入从所憩。"

【译文】

肆有极力、奋力的意思。

2.117　俅①,戴也。

【注释】

①俅(qiú):头戴。郭璞注:"《诗》曰:'戴弁俅俅。'"邢昺疏:"谓头戴也。"此句出《诗·周颂·丝衣》,今本作"载弁俅俅"。"俅俅"的不同解释较多,如毛传即解释为"恭顺貌"。

【译文】

俅有头戴的意思。

2.118　瘞①,幽也②。

【注释】

①瘞(yì):埋、埋藏。参见1.102条。

②幽:隐蔽、隐微。参见1.102条。

【译文】

瘞有隐藏的意思。

2.119　氁①,罽也②。

【注释】

①氁(máo)：毛,引申指毛毯一类的织物。郭璞注："毛氁所以为罽。"《书·禹贡》"熊罴狐狸织皮"孔颖达疏引孙炎曰："毛氁为罽。"

②罽(jì)：毛织物。《逸周书·王会》："请令以丹青、白旄、纰罽、江历、龙角、神龟为献。"《汉书·东方朔传》："木土衣绮绣,狗马被缋罽。"颜师古曰："罽,织毛也,即氍毹之属。"

【译文】

氁有毛织物的意思。

2.120　烘①,燎也②。

【注释】

①烘：燃烧。《诗·小雅·白华》："樵彼桑薪,卬烘于煁。"郑玄笺："烘,燎也。"煁(chén),一种可移动的火炉。

②燎：焚烧、烧。《书·盘庚上》："若火之燎于原,不可向迩。"《抱朴子·用刑》："及其乘冲飚而燎巨野,奋六羽以凌朝霞,则虽智勇不能制也。"

【译文】

烘有烧的意思。

2.121　煁①,烓也②。

【注释】

①煁(chén)：一种可移动的火炉。《诗·小雅·白华》："樵彼桑薪,

卬烘于煁。"毛传:"煁,烓灶也。"

②烓(wēi):一种可移动的火炉。郭璞注:"今之三隅灶。"郝懿行义
疏:"郭云三隅灶者,盖如今之风炉,形如笔筒,缺其上口,为三角
以受风,谓之风灶。形制大小随人所为,舟车皆可携带。故《说
文》谓之行灶也。"宋欧阳修《镇安军节度使程公墓志铭》:"后官
人多,所居隘,其烓灶近版壁,岁久燥而焚。"

【译文】

煁有行灶的意思。

2.122　陪①,朝也②。

【注释】

①陪:本义为重叠的土堆,引申有朝拜的意思。郭璞注:"陪位为
朝。"《三国志·魏书·高贵乡公髦传》:"其日即皇帝位于太极前
殿,百僚陪位者欣欣焉。"唐李峤《奉和拜洛应制》:"殷荐三神享,
明禋万国陪。"

②朝:臣下朝见君上。《书·舜典》:"五载一巡守,群后四朝。"陆德
明释文:"郑云:四朝,四季朝京师也。"《孟子·公孙丑下》:"孟子
将朝王。"

【译文】

陪有朝拜的意思。

2.123　康①,苛也。

【注释】

①康:苛刻。郭璞注:"谓苛刻。"邢昺疏:"苛者,毒草名,为政刻急

者取譬焉。"古籍中没有见到"康"用为苛刻的例证。

【译文】

康有苛刻的意思。

2.124　樊①,藩也②。

【注释】

①樊:同"藩",篱笆。《诗·小雅·青蝇》:"营营青蝇,止于樊。"毛
　传:"樊,藩也。"宋王安石《还自舅家书所感》诗:"黄焦下泽稻,绿
　碎短樊蔬。"

②藩:篱笆。《易·大壮》:"羝羊触藩。"孔颖达疏:"藩,藩篱也。"
　《文选·张衡〈西京赋〉》:"揩枳落,突棘藩。"李善注引杜预《左氏
　传注》:"藩,篱也。"

【译文】

樊有篱笆的意思。

2.125　赋①,量也。

【注释】

①赋:称量。郭璞注:"赋税所以评量。"古籍中没有见到"赋"用为
　称量的例证。

【译文】

赋有称量的意思。

2.126　粻①,粮也。

【注释】

①粻(zhāng)：粮食。《诗·大雅·崧高》："以峙其粻，式遄其行。"郑玄笺："粻，粮。"《礼记·王制》："五十异粻，六十宿肉。"孔颖达疏："五十异粻者，粻，粮也。五十始衰，粮宜自异，不可与少壮者同也。"

【译文】

粻有粮食的意思。

2. 127　庶①，侈也②。

【注释】

①庶：众多。参见 1. 073 条。

②侈：本义为自大，引申为多。《国语·楚语上》："不羞珍异，不陈庶侈。"韦昭注："庶，众也。侈，犹多也。"

【译文】

庶有众多的意思。

2. 128　庶①，幸也②。

【注释】

①庶：欣幸、幸而。《诗·桧风·素冠》："庶见素冠兮，棘人栾栾兮。"毛传："庶，幸也。"《诗·大雅·生民》："后稷肇祀，庶无罪悔，以迄于今。"

②幸：幸运、侥幸。《左传·成公二年》："下臣不幸，属当戎行，无所逃隐。"《孟子·离娄上》："君子犯义，小人犯刑，国之所存者幸也。"

【译文】

庶有欣幸、侥幸的意思。

2.129　筑①,拾也。

【注释】

①筑:拾取。《书·金滕》:"凡大木所偃,尽起而筑之。"陆德明释
文:"筑,本亦作筑……马云:'筑,拾也。'"《史记·鲁周公世家》
引《金滕》此文,裴骃集解引马融曰:"禾为木所偃者,起其木,拾
其下禾,乃无所失亡也。"

【译文】

筑有拾取的意思。

2.130　奘①,驵也②。

【注释】

①奘(zàng):粗大。《西游记》第九五回:"(大圣)见那短棍儿一头
奘,一头细,却似舂碓臼的杵头模样。"上古中古典籍中没有见到
"奘"用为粗大的例证。

②驵(zǎng):粗大。《管子·侈靡》:"故法而守常,尊礼而变俗,上信
而贱文,好缘而好驵,此谓成国之法也。"郭沫若等集校:"丁士涵
云:'驵犹粗也。'沫若案:'好缘而好驵'当作'好缘而嫌驵'。驵
训粗,以丁说为是。"

【译文】

奘有粗大的意思。

2.131　集,会也①。

【注释】

①集,会也:参见 1.026 条。

【译文】

集有会合的意思。

2.132　舫①,泭也②。

【注释】

①舫:竹木筏。郭璞注:"水中篺筏。"《方言》卷九:"泭谓之篺,篺谓
之筏。"篺,音 pái。

②泭(fú):竹木筏。《国语·齐语》:"方舟设泭,乘桴济河。"韦昭注:
"编木曰泭,小泭曰桴。"《楚辞·九章·惜往日》:"乘泛泭以下流
兮,无舟楫而自备。"王逸注:"编竹木曰泭。"

【译文】

舫有竹木筏的意思。

2.133　洵①,均也。

【注释】

①洵:平均。《诗·郑风·羔裘》:"羔裘如濡,洵直且侯。"毛传:
"洵,均。"孔颖达疏:"言古之君子在朝廷之上,服羔皮为裘,其色
润泽如濡湿之。然身服此服,德能称之,其性行均直,且有人君
之度也。"后世多释"洵"为确实,不从毛、孔之说。

【译文】

洵有平均的意思。

2.134　洵①,龛也②。

【注释】

①洵:通"恂",胜任。郝懿行义疏:"洵又训龛者,借洵为恂,恂,信也。借龛为堪,堪,任也。言信可堪任也。"古籍中没有见到"洵"用为胜任的例证。

②龛:通"堪",胜任。《逸周书·祭公》:"用克龛绍成康之业,以将天命。"

【译文】

洵(恂)有胜任的意思。

2.135　逮①,遝也②。

【注释】

①逮(dài):与、相连及。参见1.129条。

②遝(tà):相及。《墨子·迎敌祠》:"城之外,矢之所遝。"《睡虎地秦墓竹简·秦律·工律》:"遝其未靡,谒更其久。"

【译文】

逮有相及的意思。

2.136　是①,则也②。

【注释】

①是:本义为直,引申有法则的意思。郭璞注:"是,事可法则。"郝

懿行义疏："是者,偍之假音。"古籍中没有见到"是"用为法则的例证。有作为法则之义的用例。《逸周书·周祝》："地出物而圣人是,时鸡鸣而人为时。"孔晁注："万物自然,不为人来,圣人则之,如因鸡鸣以识时也。"

②则:划分等级,引申有准则、法则的意思。参见1.016条。

【译文】

是有法则的意思。

2.137　画^①,形也^②。

【注释】

①画:本义为划分界限,引申为绘画、作图。《仪礼·乡射礼》："大夫布侯,画以虎豹。士布侯,画以鹿豕。"《汉书·扬雄传下》："譬画者画于无形,弦者放于无声。"

②形:描绘。《汉书·扬雄传上》："汉女水潜,怪物暗冥,不可殚形。"颜师古注："不可殚形,不能尽其形貌之状。"

【译文】

画有描绘的意思。

2.138　赈^①,富也。

【注释】

①赈:富裕。《文选·张衡〈西京赋〉》："郊甸之内,乡邑殷赈。"薛综注引《尔雅》："赈,富也。"北魏郦道元《水经注·沔水》："襄阳郡,荆州刺史治,邑居殷赈,冠盖相望,一都之会也。"

【译文】

赈有富裕的意思。

2. 139   局①,分也。

【注释】

①局:本义为局促,引申有局部、部分的意思。《礼记·曲礼》:"进
退有度,左右有局,各司其局。"郑玄注:"局,部分也。"孔颖达疏:
"军之在左右,各有部分,不相滥也。"

【译文】

局有部分的意思。

2. 140   忯①,怒也。

【注释】

①忯(qí):愤怒。《诗·大雅·板》:"天之方忯,无为夸毗。"毛传:
"忯,怒也。"夸毗(pí),以谄谀、卑屈取媚于人。

【译文】

忯有愤怒的意思。

2. 141   偰①,声也。

【注释】

①偰(xiè):象声词。形容小声音。《说文解字·人部》:"偰,声也。"
段玉裁注:"谓小声也。"古籍中没有见到"偰"用为小声音的
例证。

【译文】

偬有小声音的意思。

2.142　葵①,揆也②。

【注释】

①葵:通"揆",揆度。《诗·小雅·采菽》:"乐只君子,天子葵之。"毛传:"葵,揆也。"《诗·大雅·板》:"民之方殿屎,则莫我敢葵。"郑玄笺:"葵,揆也。民方愁苦而呻吟,则忽然有揆度知其然者。"

②揆(kuí):度量、揣度。《书·禹贡》:"三百里揆文教,二百里奋武卫。"孔安国传:"揆,度也。度王者文教而行之三百里皆同。"《诗·鄘风·定之方中》:"揆之以日,作于楚室。"毛传:"揆,度也。"

【译文】

葵(揆)有揆度的意思。

2.143　揆,度也①。

【注释】

①揆,度也:郭璞注:"商度。"

【译文】

揆有商度的意思。

2.144　逮,及也①。

【注释】

①逮,及也:参见1.129条。

【译文】

逮有相及的意思。

2.145　惄^①,饥也。

【注释】

①惄(nì):忧思、忧伤。《诗·周南·汝坟》:"未见君子,惄如调饥。"
毛传:"惄,饥意也。"郑玄笺:"惄,思也。未见君子之时,如朝饥
之思食。"《诗·小雅·小弁》:"我心忧伤,惄焉如捣。"

【译文】

惄有如朝饥思食般忧愁的意思。

2.146　昣^①,重也。

【注释】

①昣(zhěn):稳重、自重。《左传·隐公三年》:"夫宠而不骄,骄而能
降,降而不憾,憾而能昣者鲜矣。"杜预注:"降其身则必恨,恨则
思乱,不能自安自重。"

【译文】

昣有稳重、自重的意思。

2.147　猎^①,虐也。

【注释】

①猎:本义为打猎,引申为凌虐。《国语·吴语》:"今大夫国子兴其
众庶,以犯猎吴国之师徒,天若不知有罪,则何以使下国胜!"韦

注曰:"犯,陵也。猎,震也。"王引之《经义述闻·尔雅中》:"韦昭
注:'猎,虐也。'今本虐讹作震。"

【译文】

猎有凌虐的意思。

2.148　土①,田也。

【注释】

①土:本义为土壤、泥土,引申为田地。邢昺疏:"别地之二名也。
《白虎通》云:中央者土,土主吐舍万物。"郝懿行义疏:"土为田之
大名,田为已耕之土,对文则别,散则通也。"

【译文】

土有田地的意思。

2.149　戍①,遏也。

【注释】

①戍(shù):守边、防守。《诗·王风·扬之水》:"彼其之子,不与我
戍申。"毛传:"戍,守也。"《左传·庄公八年》:"齐侯使连称、管至
父戍葵丘,瓜时而往,曰:'及瓜而代。'"

【译文】

戍是守边、防守,有抑制、阻止的意思。

2.150　师①,人也②。

【注释】

①师:古代军队编制的一级,以二千五百人为师,引申为民众、徒
　众。参见1.073条。

②人:本义为能制造工具并能熟练使用工具进行劳动的高等动物,
　引申为众人。《榖梁传·庄公十七年》:"十有七年春,齐人执郑
　詹。人者,众辞也。"

【译文】

师有人众的意思。

2.151　硈①,巩也。

【注释】

①硈(qià):坚固。郭璞注:"硈然坚固。"宋曾巩《旌德县太君薛氏墓
　志铭》:"硈兮石,瑑铭文。"瑑(zhuàn),在玉器上雕刻凸纹或文字。
　硈,上古用假借字"劼(jié)"。参见1.060条。

【译文】

硈有坚固的意思。

2.152　弃①,忘也。

【注释】

①弃:本义为抛弃,引申为忘记。《左传·昭公十三年》:"南蒯、子仲
　之忧,其庸可弃乎?"杜预注:"弃,犹忘也。"南朝宋王僧达《答颜延
　年》诗:"结游略年义,笃顾弃浮沉。寒荣共偃曝,春酎时献斟。"

【译文】

弃有忘记的意思。

2.153　嚣①,闲也。

【注释】

①嚣(xiāo):悠闲自得的样子。《孟子·尽心上》:"人知之,亦嚣嚣;人
　不知,亦嚣嚣。"赵岐注:"嚣嚣,自得无欲之貌。"《三国志·蜀书·彭
　羕传》:"羕起徒步,一朝处州人之上,形色嚣然,自矜得遇滋甚。"

【译文】

嚣有悠闲自得的意思。

2.154　谋,心也①。

【注释】

①谋,心也:郭璞注:"谋虑以心。"汉王充《论衡·超奇》:"心思
　为谋。"

【译文】

谋有心思的意思。

2.155　献①,圣也②。

【注释】

①献:有德行才能的人。《书·益稷》:"万邦黎献共惟帝臣。"孔安
　国传:"献,贤也。万国众贤共为帝臣。"唐韩愈《处州孔子庙碑》:
　"乃新斯官,神降其献。耕读有常,不诫用劝。"

②圣:本义为无所不通,引申为德行高尚、才智过人的人。《论语·
　子罕》:"子贡曰:'固天纵之将圣,又多能也。'"何晏集解引孔曰:
　"言天固纵大圣之德,又使多能也。"将,大。《孟子·滕文公下》:

"我亦欲正人心,息邪说,距诐行,放淫辞,以承三圣者,岂好辩哉,予不得已也。"三圣,指夏禹、周公、孔子。

【译文】

献有圣贤的意思。

2.156　里①,邑也②。

【注释】

①里:人所居住的地方。《诗·郑风·将仲子》:"将仲子兮,无逾我里。"毛传:"里,居也。"《周礼·地官·载师》:"以廛里任国中之地,以场圃任园地。"郑玄注:"廛,民居之区域也。里,居也。"

②邑:本义指国,引申为人所聚居的地方。《周礼·地官·里宰》:"里宰掌比其邑之众寡与其六畜兵器,治其政令。"郑玄注:"邑犹里也。"《史记·田叔列传》:"褚先生曰:……邑中人民俱出猎,任安常为人分麋鹿雉兔。"

【译文】

里有人所居住的地方的意思。

2.157　襄①,除也。

【注释】

①襄:本义为一种翻开地面表层的耕种方法,引申为除去、扫除。《诗·鄘风·墙有茨》:"墙有茨,不可襄也。"《诗·小雅·出车》:"天子命我,城彼朔方,赫赫南仲,猃狁于襄。"毛传皆云:"襄,除也。"猃狁(xiǎn yǔn),古代北方少数民族。

【译文】

襄有除去、扫除的意思。

2. 158　振，古也^①。

【注释】

①振，古也：振，自、从。郭璞注："《诗》曰：'振古如兹。'"此句出《诗·周颂·载芟》，毛传："振，自也。"郑玄笺："振亦古也。"孔颖达疏把"振古如兹"对译为："乃古又古以来当皆如此。"郑、孔"振古"之释，后多不从，一般以毛传为是。《尔雅》此条当是据《诗》立目。

【译文】

振有自、从的意思。

2. 159　怼^①，怨也。

【注释】

①怼(duì)：怨恨。《左传·僖公二十四年》："其母曰：'盍亦求之？以死，谁怼？'"晋陆机《叹逝赋》："怼琼蕊之无征，恨朝霞之难挹。"

【译文】

怼有怨恨的意思。

2. 160　缡^①，介也^②。

【注释】

①缡(lí)：用丝装饰鞋头。《说文解字·糸部》："缡，以丝介履也。"

段玉裁注:"介者,画也,谓以丝介画履间为饰也。"古籍中没有见
到"缡"用为用丝装饰鞋头的例证。

②介:本义为疆界、边界,引申为处于二者之间。《左传·襄公九
年》:"天祸郑国,使介居二大国之间。"杜预注:"介犹间也。"
《史记·十二诸侯年表》:"晋阻三河,齐负东海,楚介江淮,秦
因雍州之固,四海迭兴,更为伯主。"司马贞索隐:"一云介者
夹也。"

【译文】

缡是以丝介履间为饰,有处于二者之间的意思。

2.161　号①,謼也②。

【注释】

①号(háo):大声呼叫。《诗·魏风·硕鼠》:"乐郊乐郊,谁之永
号?"毛传:"号,呼也。"《汉书·王商传》:"百姓奔走相蹂躏,老弱
号呼,长安中大乱。"

②謼(hū):大声喊叫。《诗·大雅·荡》:"式号式呼,俾昼作夜。"陆
德明释文:"呼,崔本作謼。"《汉书·梁孝王刘武传》:"李太后与争
门,措指,太后啼謼,不得见汉使者。"

【译文】

号有大声呼叫的意思。

2.162　凶①,咎也②。

【注释】

①凶:不吉利、灾祸。《诗·王风·兔爰》:"我生之初尚无庸,我生

之后逢此百凶。"百凶,多种灾祸。《史记·屈原贾生列传》:"予
去何之? 吉乎告我,凶言其菑。"

②咎(jiù):凶、灾祸。参见1.077条。

【译文】

凶有灾祸的意思。

2.163　苞①,稹也②。

【注释】

①苞:本义为席草,引申为丛生、茂密。参见1.068条。

②稹(zhěn):草木丛生。郭璞注:"今人呼物丛致者为稹。"《诗·唐
风·鸨羽》:"集于苞栩。"毛传:"苞,稹。"孔颖达疏:"孙炎曰:'物
丛生曰苞,齐人名曰稹。'"

【译文】

苞有草木丛生的意思。

2.164　逜①,寤也②。

【注释】

①逜(wù):迕逆。《鹖冠子·天则》:"下之所逜,上之可蔽,斯其离
人情而失天节者也。"陆佃解:"逜之言午也。"

②寤(wù):通"牾",逆、倒着。《左传·隐公元年》:"庄公寤生,惊姜
氏,故名寤生,遂恶之。"

【译文】

逜有迕逆的意思。

2.165　颋①,题也②。

【注释】

①颋(dìng):额。《诗·周南·麟之趾》:"麟之定,振振公姓。"毛传:"定,题也。"陆德明释文:"定,字书作颋。"

②题:额头。《韩非子·解老》:"是黑牛也而白题。"《楚辞·招魂》:"雕题黑齿,得人肉以祀,以其骨为醢些。"王逸注:"题,额也。"

【译文】

颋有额头的意思。

2.166　猷①、肯,可也。

【注释】

①猷(yóu):同"犹",可以。郭璞注:"《诗》曰:'猷来无弃。'"今本《诗·魏风·陟岵》作"犹来无弃",上章"犹来无止"毛传:"犹,可也。"孔颖达疏:"可来乃来,无止军事而来。"

【译文】

猷是可以,肯是可以、愿意:它们都有可以的意思。

2.167　务①,侮也。

【注释】

①务(wǔ):通"侮",侮辱。《诗·小雅·常棣》:"兄弟阋于墙,外御其务。"郑玄笺:"务,侮也。"《左传·僖公二十四年》引此诗作"外御其侮"。

【译文】

务(侮)有侮辱的意思。

2.168　贻①,遗也②。

【注释】

①贻(yí):赠送、给予。《诗·邶风·静女》:"静女其娈,贻我彤管。"
《史记·鲁周公世家》:"东土以集,周公归报成王,乃为诗贻王,
命之曰《鸱鸮》。"

②遗(wèi):给予、馈赠。《书·大诰》:"宁王遗我大宝龟,绍天明即
命。"《战国策·燕策三》:"既至秦,持千金之资币物,厚遗秦王宠
臣中庶子蒙嘉。"

【译文】

贻有赠送、给予的意思。

2.169　贸①,买也。

【注释】

①贸:交易、买卖,包括买和卖两个方面。《诗·卫风·氓》:"氓
之蚩蚩,抱布贸丝。"贸丝即进行交易而买进丝。参见
2.025 条。

【译文】

贸有买进的意思。

2.170　贿①,财也。

【注释】

①贿:财物。《诗·卫风·氓》:"以尔车来,以我贿迁。"毛传:"贿,财。"《国语·晋语六》:"夫王者成其德,而远人以其方贿归之,故无忧。"韦昭注:"方,所在之方。贿,财也。"

【译文】

贿有财物的意思。

2.171　甲①,狎也。

【注释】

①甲:通"狎(xiá)",习狎、亲昵。《诗·卫风·芄兰》:"虽则佩韘,能不我甲。"毛传:"甲,狎也。"陆德明释文:"《韩诗》作狎。"

【译文】

甲(狎)有习狎、亲昵的意思。

2.172　荼①,雖也②。

【注释】

①荼(tǎn):初生的荻。《诗·卫风·硕人》:"鳣鲔发发,葭菼揭揭。"毛传:"菼,薍也。"《梁书·沈约传》:"尔乃傍穷野,抵荒郊;编霜菼,葺寒茅。"

②雖:芦苇的幼芽。郭璞注:"菼,草色如雖,在青白间。"《诗·王风·大车》:"大车槛槛,毳衣如菼。"毛传:"菼,雖也。"陈奂疏:"雖,当作雖。"《说文解字·艸部》:"菼,萑之初生。一曰薍,一曰雖。"段玉裁注:"薍与雖皆言其青色,薍言其形,细茎缜密。"

【译文】

莪有芦苇的幼芽的意思。

2. 173　莪，萑也①。

【注释】

①萑(wàn)：初生的芦荻。《诗·卫风·硕人》"葭莪揭揭"孔颖达疏引陆机云："萑，或谓之荻。至秋坚成，则谓之萑。"唐韩愈《崔十六少府摄伊阳以诗及书见投因酬三十韵》："行当自劾去，渔钓老葭萑。"参见 2. 172 条。

【译文】

莪有初生的芦荻的意思。

2. 174　粲①，餐也。

【注释】

①粲(cān)：通"餐"，饭食。《诗·郑风·缁衣》："适子之馆兮，还予授子之粲兮。"毛传："粲，餐也。"引申为进食。唐柳宗元《天对》："益革民艰，咸粲厥粒。"

【译文】

粲(餐)有饭食和进食的意思。

2. 175　渝①，变也。

【注释】

①渝：改变、变更。《诗·郑风·羔裘》："彼其之子，舍命不渝。"毛

传:"渝,变也。"《文选·班固〈幽通赋〉》:"晧尔太素,曷渝色兮。"
班昭注:"言人能笃信好学,守死善道,不渐染于流俗,是为白尔
天质,何有渝变之色也!"

【译文】

渝有改变、变更的意思。

2.176　宜①,肴也②。

【注释】

①宜:菜肴。邢昺疏:"谓肴馔也。李巡曰:'饮酒之肴也。'"引申为
烹调菜肴。《诗·郑风·女曰鸡鸣》:"弋言加之,与子宜之。"毛
传:"宜,肴也。"郑玄笺:"所弋之凫雁,我以为加豆之实,与君子
共肴也。"

②肴(yáo):熟肉之类的荤菜。《礼记·学记》:"虽有嘉肴,弗食,不
知其旨也。"《楚辞·招魂》:"肴羞未通,女乐罗些。"王逸注:"鱼
肉为肴。"

【译文】

宜是菜肴,有熟肉之类的荤菜的意思。

2.177　夷①,悦也。

【注释】

①夷:喜悦。《诗·郑风·风雨》:"既见君子,云胡不夷?"毛传:
"夷,说也。"说(yuè),悦。《楚辞·王褒〈九怀·陶壅〉》:"道莫贵
兮归真,羡余术兮可夷。"王逸注:"夷,喜也。"

【译文】

夷有喜悦的意思。

2.178　颠①,顶也。

【注释】

①颠:头顶。《墨子·修身》:"华发隳颠,而犹弗舍者,其唯圣人乎!"《晋书·束皙传》:"丹墀步纨袴之童,东野遗白颠之叟。"

【译文】

颠有头顶的意思。

2.179　耋①,老也。

【注释】

①耋(dié):泛指老寿。郭璞注:"八十为耋。"郝懿行义疏:"耋无正训,故有六十、七十、八十之异,要为老寿之称则同。"《诗·秦风·车邻》:"今者不乐,逝者其耋。"毛传:"耋,老也。八十曰耋。"《礼记·射义》:"幼壮孝弟,耆耋好礼。"陆德明释文:"六十曰耆……七十曰耋。"

【译文】

耋有老寿的意思。

2.180　輶①,轻也。

【注释】

①輶(yóu):本义为轻车,引申为轻。《诗·大雅·烝民》:"人亦有

言,德辎如毛,民鲜克举之,我仪图之。"郑玄笺:"辎,轻。"《文选·
班固〈幽通赋〉》:"守孔约而不贰兮,乃辎德而无累。"李善注:"辎
德,德轻而易行也。"

【译文】

辎有轻的意思。

2. 181　佋①,浅也。

【注释】

①佋(jiàn):浅、薄。《诗·秦风·小戎》:"小戎佋收。"毛传:"佋,浅;
收,轸也。"孔颖达疏:"我襄公群臣卑小之戎车既浅短其轸矣。"
又:"佋驷孔群。"郑玄笺:"佋,浅也。谓以薄金为介之札。介,
甲也。"

【译文】

佋有浅、薄的意思。

2. 182　绹①,绞也②。

【注释】

①绹(táo):绞索、绳索。《诗·豳风·七月》:"昼尔于茅,宵尔索
绹。"郑玄笺:"夜作绞索,以待时用。"

②绞:拧绞成绳。《礼记·杂记上》:"小敛,环绖,公大夫士一也。"
孔颖达疏:"知以一股所谓缠绖者,若是两股相交,则谓之绞。"

【译文】

绹是绞索、绳索,有拧绞成绳的意思。

2.183 讹^①,化也。

【注释】

①讹:通"吪",感化。《书·尧典》:"申命羲叔,宅南交,平秩南讹,敬致。"孔安国传:"讹,化也。掌夏之官,平叙南方化育之事。"《诗·小雅·节南山》:"式讹尔心,以蓄万邦。"郑玄笺:"讹,化。"

【译文】

讹(吪)有感化的意思。

2.184 跋^①,躐也^②。

【注释】

①跋:本义为仆倒,引申为踏、踩。《诗·豳风·狼跋》:"狼跋其胡,载疐其尾。"毛传:"跋,躐;疐,跲也。老狼有胡,进则躐其胡,退则跲其尾。"宋陈亮《谢罗尚书启》:"跋前疐后,方进退惟谷以堪惊。"

②躐(liè):践踏、踩。《楚辞·九歌·国殇》:"凌余阵兮躐余行,左骖殪兮右刃伤。"王逸注:"躐,践也。"

【译文】

跋有踏、踩的意思。

2.185 疐^①,跲也^②。

【注释】

①疐(zhì):牵绊、颠仆。《诗·豳风·狼跋》:"狼跋其胡,载疐其尾。"毛传:"疐,跲也。"

②踂(jiá)：牵绊、绊倒。《吕氏春秋·不广》："北方有兽，名曰蹶，鼠前而兔后，趋则踂，走则颠，常为蛩蛩距虚取甘草以与之。"参见"蹇"下注。

【译文】

蹇有牵绊、颠仆的意思。

2.186　烝①,尘也②。

【注释】

①烝：长久。《诗·小雅·南有嘉鱼》："南有嘉鱼，烝然罩罩。"郑玄笺："烝，尘也。尘然犹言久如也。"

②尘：本义为尘土、灰尘，引申有长久的意思。参见1.128条。

【译文】

烝有长久的意思。

2.187　戎①,相也②。

【注释】

①戎：相助。《诗·小雅·常棣》："每有良朋，烝也无戎。"毛传："戎，相也。"郑玄笺："犹无相助己者。"

②相(xiàng)：本义为省视，引申为辅佐、佑助。参见1.055条。

【译文】

戎有相助的意思。

2.188　铗①,私也。

【注释】

①饫(yù)：古代君主燕饮同姓的私宴。《诗·小雅·常棣》："傧尔笾豆，饮酒之饫。"毛传："饫，私也。"《国语·鲁语下》："宗不具不绎，绎不尽饫则退。"韦昭注："绎，又祭也……说曰：'饫，宴安私饮也。'"

【译文】

饫是君主燕饮同姓的私宴，有私的意思。

2.189　孺①，属也②。

【注释】

①孺：本义为孩童，引申为亲属、相亲。《诗·小雅·常棣》："兄弟既具，和乐且孺。"毛传："孺，属也。"孔颖达疏："和而甚忻乐，且复骨肉相亲属也。"《礼记·曲礼下》："天子之妃曰后，诸侯曰夫人，大夫曰孺人，士曰妇人，庶人曰妻。"孔颖达疏："孺，属也。言其为亲属。"

②属(shǔ)：本义为种类，引申为亲属。《孟子·离娄下》："夫章子岂不欲有夫妻子母之属哉？"孙奭疏："岂以章子不欲有夫妻子母之为亲属哉？"《后汉书·灵帝纪》："死者百余人，妻子徙边，诸附从者锢及五属。"李贤注："五属，谓五服内亲也。"

【译文】

孺有亲属的意思。

2.190　幕①，暮也②。

【注释】

①幕：本义为遮在上面的帷幔，引申为帐幕、篷帐。《左传·庄公二

十八年》：“郑人将奔桐丘，谍告曰：‘楚幕有乌。’乃止。”杜预注：
“幕，帐也。”《晋书·祖逖传》：“樊雅遣众夜袭逖，遂入垒，拔戟大
呼，直趣逖幕，军士大乱。”

②暮：古字为“莫”，通“幕”，帐幕、篷帐。《史记·李将军列传》：“大
将军不听，令长史封书与广之莫府，曰：‘急诣部，如书。’”莫府，
将帅在外的营帐。

【译文】

幕有帐幕、篷帐的意思。

2.191　煽①，炽也②。

【注释】

①煽：本义为火炽旺，引申为气势炽盛。《诗·小雅·十月之交》：
“楀维师氏，艳妻煽方处。”毛传：“煽，炽也。”孔颖达疏：“楀氏维
为师氏之官。此七人于艳妻有宠炽盛方甚之时，并处于位。”

②炽(chì)：本义为火旺盛，引申为炽盛、强盛。《诗·小雅·六月》：
“猃狁孔炽，我是用急。”毛传：“炽，盛也。”《诗·鲁颂·閟宫》：“俾
尔昌而炽，俾尔寿而富。”孔颖达疏：“使汝昌大而炽盛，使汝长寿
而富足。”

【译文】

煽有炽盛的意思。

2.192　炽，盛也①。

【注释】

①炽，盛也：郭璞注：“互相训。”

【译文】

炽有强盛的意思。

2.193　柢^①,本也^②。

【注释】

①柢(dǐ):树根,特指主根。《老子》第五十九章:"是谓深根固柢,长生久视之道也。"引申为根基、基础。《后汉书·王充王符传论》:"百家之言政者尚矣,大略归乎宁固根柢,革易时敝也。"

②本:草木的根。《诗·大雅·荡》:"枝叶未有害,本实先拨。"引申为基础、主体。《论语·学而》:"君子务本,本立而道生。"何晏集解:"本,基也。"

【译文】

柢有树根和根基、基础的意思。

2.194　窕^①,闲也。

【注释】

①窕(tiǎo):由间隙、不充满引申为闲暇。《司马法·严位》:"凡战,击其微静,避其强静;击其倦劳,避其闲窕。"

【译文】

窕有闲暇的意思。

2.195　沦^①,率也^②。

【注释】

①沦:本义为水的小波纹,引申为相率。《诗·小雅·雨无正》:"若
　　此无罪,沦胥以铺。"毛传:"沦,率也。"沦胥,相率牵连。铺,同
　　"痛(pū)",痛苦。《文选·马融〈长笛赋〉》:"波澜鳞沦,窊隆诡
　　戾。"张铣注:"鳞沦,相次不绝貌。"

②率:相率。《诗·鲁颂·閟宫》:"奄有龟蒙,遂荒大东,至于海邦,
　　淮夷来同。莫不率从,鲁侯之功。"郑玄笺:"率从,相率从于中
　　国也。"

【译文】

沦有相率的意思。

2.196　罹①,毒也②。

【注释】

①罹(lí):忧患、忧惧。参见1.078条。

②毒:患苦、担忧。《书·汤誓》:"尔万方百姓,罹其凶害,弗忍荼
　　毒。"孔安国传:"荼毒,苦也。不能堪忍虐之甚。"《列子·汤问》:
　　"仙圣毒之,诉之于帝。"

【译文】

罹是忧患、忧惧,有患苦、担忧的意思。

2.197　检①,同也。

【注释】

①检:本义为封书题签,引申有等同、齐比的意思。《管子·山权
　　数》:"北郭有掘阙而得龟者,此检数百里之地也。"

【译文】

检有等同的意思。

2. 198　邮①,过也。

【注释】

①邮:通"尤",过失、罪过。《诗·小雅·宾之初筵》:"是曰既醉,不知其邮。"郑玄笺:"邮,过。"《国语·晋语四》:"远人入服,不为邮也。"韦昭注:"邮,过也。"

【译文】

邮(尤)有过失、罪过的意思。

2. 199　逊①,遁也②。

【注释】

①逊:逃遁。《书·微子》:"我其发出狂,吾家耄逊于荒。"孔安国传:"我念殷亡,发疾生狂,在家耄乱,故欲遁出于荒野。言愁闷。"《文选·扬雄〈剧秦美新〉》:"是以耆儒硕老,抱其书而远逊。"刘良注:"逊,逃也。"

②遁:同"遯",逃遁、逃跑。《书·微子》:"自靖,人自献于先王,我不顾行遯。"蔡沈集传:"特去其位而逃遯于外耳。"《后汉书·逸民列传·戴良》:"再辟司空府,弥年不到,州郡迫之,乃遁辞诣府,悉将妻子,既行在道,因逃入江夏山中。"李贤注:"遁,逊也。"

【译文】

逊有逃遁的意思。

2.200　弊①,踣也②。

【注释】

①弊:仆、向前倒下。《周礼·夏官·大司马》:"各帅其民而致。质明,弊旗,诛后至者。"郑玄注:"弊,仆也。"

②踣(bó):向前仆倒。《左传·襄公十四年》:"譬如捕鹿,晋人角之,诸戎掎之,与晋踣之。"孔颖达疏:"前覆谓之踣。言与晋共倒之。"

【译文】

弊有向前倒下的意思。

2.201　偾①,僵也②。

【注释】

①偾(fèn):倒仆。《左传·昭公十三年》:"牛虽瘠,偾于豚上,其畏不死?"杜预注:"偾,仆也。"《庄子·天运》:"一死一生,一偾一起,所常无穷,而一不可待。"

②僵:倒下。《战国策·燕策一》:"妾知其药酒也,进之则杀主父,言之则逐主母,乃阳僵弃酒。"阳,假装。《文选·张衡〈西京赋〉》:"睢盱跋扈,尸僵路隅。"薛综注:"僵,仆也。"

【译文】

偾有倒仆的意思。

2.202　畛①,殄也②。

【注释】

①畛(zhěn):殄绝。郭璞注:"谓殄绝。"古籍中没有见到"畛"用为殄

绝的例证。

②殄（tiǎn）：绝尽、灭绝。参见1.067条。

【译文】

畛有灭绝的意思。

2.203　曷①,盍也②。

【注释】

①曷（hé）：何不。《诗·唐风·有杕之杜》：“中心好之,曷饮食之?”

②盍（hé）：何不。《左传·成公六年》：“或谓栾武子曰:‘圣人与众同欲,是以济事。子盍从众?’”杜预注:“盍,何不也。”《论语·公冶长》:“颜渊季路侍,子曰:‘盍各言尔志?’”邢昺疏:“盍,何不也。”

【译文】

曷有何不的意思。

2.204　虹①,溃也。

【注释】

①虹：通“讧（hòng）”,溃乱。《诗·大雅·抑》:“彼童而角,实虹小子。”毛传:“虹,溃也。”郑玄笺:“此人实溃乱小子之政。”

【译文】

虹（讧）有溃乱的意思。

2.205　陪①,阛也②。

【注释】

①隌(àn)：当作"阴"，阴暗。郝懿行义疏引钱大昕《答问》："隌，本当为'阴'。"《礼记·丧服四制》："《书》曰：'高宗谅闇，三年不言。'善之也。"《论语·宪问》作"谅阴"。

②闇(àn)：晦暗、不亮。《吕氏春秋·期贤》："明火不独在乎火，在于闇。"高诱注："闇冥无所见，火乃为光耳。故曰'在于闇'也。"

【译文】

隌有阴暗的意思。

2.206　翻①，胶也。

【注释】

①翻(nì)：同"䵑(nì)"，黏。《战国策·赵策三》："夫胶漆，至翻也，而不能合远；鸿毛，至轻也，而不能自举。"

【译文】

翻有粘连的意思。

2.207　孔①，甚也。

【注释】

①孔：甚、很。《诗·豳风·七月》："我朱孔阳，为公子裳。"孔颖达疏："云我朱之色甚明好矣。"《楚辞·九章·怀沙》："眴兮杳杳，孔静幽默。"王逸注："孔，甚也。"

【译文】

孔有甚、很的意思。

2.208　厥①,其也。

【注释】

①厥(jué):其,他、那。《书·大诰》:"厥父菑,厥子乃弗肯播,矧肯获?"孔安国传:"其父已菑耕其田,其子乃不肯播种,况肯收获乎?"《诗·周颂·噫嘻》:"率时农夫,播厥百谷。"

【译文】

厥有其的意思。

2.209　戛①,礼也。

【注释】

①戛(jiá):本义为戟,古代戟类兵器或用为仪仗,所以引申有常礼、常法的意思。参见1.016条。

【译文】

戛有常礼、常法的意思。

2.210　阇①,台也。

【注释】

①阇(dū):城上之台。《诗·郑风·出其东门》:"出其闉阇,有女如荼。"孔颖达疏:"阇是城上之台,谓当门台也……闉是门外之城,即今之门外曲城是也。"宋叶隆礼《契丹国志·王沂公行程录》:"二十里至中京大定府,城垣卑小,方圆才四里许,门但重屋,无筑阇之制。"

【译文】

阇有城上之台的意思。

2.211　囚,拘也①。

【注释】

①囚,拘也:郭璞注:"谓拘执。"

【译文】

囚有拘执的意思。

2.212　攸①,所也。

【注释】

①攸(yōu):所。《易·坤》:"君子有攸往,先迷后得主,利。"《史记·殷本纪》:"汤曰:'汝不能敬命,予大罚殛之,无有攸赦。'"

【译文】

攸有所的意思。

2.213　展①,适也②。

【注释】

①展:省视。《周礼·春官·肆师》:"大祭祀展牺牲,系于牢,颁于职人。"郑玄注:"展,省阅也。"宋王安石《上徐兵部书》:"展先人之墓,宁祖母于堂。"

②适:省视。王引之《经义述闻·尔雅中》:"《文王世子》曰:'适馔省醴。'适,展也。适馔犹言视具。《内则》曰'佐长者视具'是也。

适与省同义,故郑注曰:'亲视其所有。'是省视谓之展,亦谓之
适也。"

【译文】

展有省视的意思。

2.214　郁①,气也。

【注释】

①郁:本义为繁茂,引申有火气、热气的意思。《左传·哀公三年》:
　　"济濡帷幕,郁攸从之,蒙葺公屋。"杜预注:"郁攸,火气也。"《汉
　　书·王褒传》:"故服绨绤之凉者,不苦盛暑之郁燠。"颜师古注:
　　"郁,热气也。燠,温也。"

【译文】

郁有火气、热气的意思。

2.215　宅①,居也。

【注释】

①宅:本义为住宅,引申为居住。《书·尧典》:"分命羲仲,宅嵎夷,
　　曰旸谷。"孔安国传:"宅,居也。"《诗·商颂·玄鸟》:"天命玄鸟,
　　降而生商,宅殷土芒芒。"

【译文】

宅有居住的意思。

2.216　休①,庆也。

【注释】

①休:本义为休息,引申有喜庆的意思。《诗·小雅·菁菁者
莪》:"既见君子,我心则休。"此与上章"既见君子,我心则喜"
同义。

【译文】

休有喜庆的意思。

2.217　祈①,叫也。

【注释】

①祈:向天或神求祷。郭璞注:"祈祭者叫呼而请事。"《书·召诰》:
"王其德之用,祈天永命。"《诗·小雅·甫田》:"琴瑟击鼓,以御
田祖,以祈甘雨,以介我稷黍。"

【译文】

祈是向天或神求祷,有叫呼的意思。

2.218　浚①、幽,深也。

【注释】

①浚(jùn):本义为疏浚,引申为深。《书·舜典》:"浚哲文明。"孔安
国传:"浚,深;哲,智也。"北魏郦道元《水经注·清水》:"(汲县)
城西北有石夹水,飞湍浚急,人亦谓之礐溪,言太公尝钓于
此也。"

【译文】

浚是深,幽是幽深:它们都有深的意思。

2.219　哲^①,智也。

【注释】

①哲:明智。《书·皋陶谟》:"知人则哲,能官人。"孔安国传:"哲,
智也。"唐玄宗《孝经序》:"朕尝三复斯言,景行先哲。"邢昺疏:
"哲,智也。"

【译文】

哲有明智的意思。

2.220　弄^①,玩也。

【注释】

①弄:用手玩弄。《诗·小雅·斯干》:"乃生男子,载寝之床,载衣
之裳,载弄之璋。"郑玄笺:"男子生而卧于床……玩以璋者,欲其
比德焉。"《史记·张丞相列传》:"既行久之,高祖持御史大夫印
弄之,曰:'谁可以为御史大夫者?'"

【译文】

弄有用手玩弄的意思。

2.221　尹^①,正也^②。

【注释】

①尹(yǐn):本义为主管、治理,引申为官长。郭璞注:"谓官正也。"
《书·益稷》:"百兽率舞,庶尹允谐。"孔安国传:"尹,正也。众正
官之长信皆和谐。"《左传·文公元年》:"使为大师,且掌环列之
尹。"杜预注:"环列之尹,宫卫之官。"

②正：本义为正中、不偏，引申有官长、君长的意思。参见
　1.149条。

【译文】

尹有官长的意思。

2.222　皇①、匡②，正也。

【注释】

①皇：通"匡"，匡正。《诗·豳风·破斧》："周公东征，四国是皇。"
　毛传："皇，匡也。"

②匡：纠正。《诗·小雅·六月》："王于出征，以匡王国。"郑玄笺：
　"匡，正也。"《左传·襄公十四年》："善则赏之，过则匡之，患则救
　之，失则革之。"

【译文】

皇（匡）是匡正，匡是纠正：它们都有纠正的意思。

2.223　服①，整也②。

【注释】

①服：本义为从事，引申为治理。《诗·周南·葛覃》："为絺为绤，服
　之无斁。"郑玄笺："服，整也……整治之无厌倦。"《韩非子·说
　疑》："故有道之主，远仁义，去智能，服之以法。"

②整：本义为整齐。引申为整理、整治。《诗·大雅·常武》："整我
　六师，以修我戎。"

【译文】

服有治理的意思。

2.224　聘①,问也。

【注释】

①聘:访问、问候。《诗·小雅·采薇》:"我戍未定,靡使归聘。"毛
　　传:"聘,问也。"孔颖达疏:"聘、问俱是谓问安否之义。散则通,
　　对则别。"《礼记·曲礼下》:"诸侯使大夫问于诸侯曰聘。"

【译文】

聘有访问、问候的意思。

2.225　愧,惭也①。

【注释】

①惭:羞愧。《易·系辞上》:"将叛者其辞惭。"唐孟浩然《送韩使君
　　除洪府都督》:"无才惭孺子,千里愧同声。"

【译文】

愧有羞愧的意思。

2.226　殛①,诛也。

【注释】

①殛(jí):诛杀。《书·汤誓》:"有夏多罪,天命殛之。"孔安国传:
　　"桀有昏德,天命诛之。"《逸周书·商誓》:"予既殛纣,承天命,予
　　亦来休命尔百姓里居君子。"

【译文】

殛有诛杀的意思。

2.227　克^①,能也。

【注释】

①克:能、能够。《诗·齐风·南山》:"析薪如之何?匪斧不克。"毛
传:"克,能也。"《诗·大雅·荡》:"靡不有初,鲜克有终。"

【译文】

克有能、能够的意思。

2.228　翌^①,明也。

【注释】

①翌:通"昱(yù)",明日。郝懿行义疏:"翌者,昱之假音也。《说
文》云:'昱,明日也。'……《书》:'王翼日乃瘳。'郭引翼作翌。"
《汉书·武帝纪》:"翌日亲登嵩高,御史乘属,在庙旁吏卒咸闻呼
万岁者三。"

【译文】

翌(昱)有明日之明的意思。

2.229　讻^①,讼也。

【注释】

①讻(xiōng):争讼。《诗·鲁颂·泮水》:"不告于讻,在泮献功。"郑
玄笺:"讻,讼也。"宋辛弃疾《美芹十论·观衅》:"此讻未定,犹勉
强姑息以示恩,时肆诛戮以贾威。"

【译文】

讻有争讼的意思。

2.230　晦①,冥也②。

【注释】

①晦:本义为农历每月的最后一日,引申为昏暗。《诗·郑风·风雨》:"风雨如晦,鸡鸣不已。"毛传:"晦,昏也。"《楚辞·九歌·山鬼》:"云容容兮而在下,杳冥冥兮羌昼晦。"王逸注:"晦,暗也。"

②冥:幽暗。参见 2.111 条。

【译文】

晦有昏暗的意思。

2.231　奔①,走也②。

【注释】

①奔:快跑。《诗·小雅·小弁》:"鹿斯之奔,维足伎伎。"

②走:疾趋、奔跑。《左传·昭公七年》:"一命而偻,再命而伛,三命而俯,循墙而走。"《韩非子·五蠹》:"田中有株,兔走触株,折颈而死。"

【译文】

奔有快跑的意思。

2.232　逡①,退也。

【注释】

①逡(qūn):退让、退避。《汉书·公孙弘传》:"有功者上,无功者下,则群臣逡。"王先谦补注:"逡,退也。言群臣明退让之义也。"

《宋书·袁淑传》:"如有决罥漏网,逡窠逗穴,命淮汝戈船,遏其
还径,兖部劲卒,梗其归涂。"逡窠逗穴:退避于巢穴。

【译文】

逡有退让、退避的意思。

2.233　疐①,仆也。

【注释】

①疐(zhì):牵绊、颠仆。参见 2.185 条。

【译文】

疐有颠仆的意思。

2.234　亚①,次也。

【注释】

①亚:次一等、次于。《左传·襄公十九年》:"圭妫之班,亚宋子而
相亲也。"杜预注:"亚,次也。"《国语·吴语》:"吴王许诺,乃退就
幕而会。吴公先歃,晋侯亚之。"

【译文】

亚有次一等、次于的意思。

2.235　谂①,念也。

【注释】

①谂(shěn):思念。《诗·小雅·四牡》:"岂不怀归,是用作歌,将母
来谂。"毛传:"谂,念也。"三国魏邯郸淳《汉鸿胪陈纪碑》:"思齐

古公,邠土是因。不忘谂国,惠我无垠。"

【译文】

谂有思念的意思。

2.236　届^①,极也。

【注释】

①届:极限、穷极。《诗·大雅·瞻卬》:"蟊贼蟊疾,靡有夷届。"郑
　玄笺:"届,极也。"晋陆云《大将军宴会被命作诗》:"致天之届,于
　河之沂。"

【译文】

届有极限、穷极的意思。

2.237　弇^①,同也。

【注释】

①弇(yǎn):通"奄",同。《诗·周颂·执竞》:"自彼成康,奄有四
　方。"毛传:"奄,同也。"孔颖达疏:"奄,同。《释言》文……四方同
　为己有。"古籍中没有见到"弇"用为同的例证。

【译文】

弇(奄)有同的意思。

2.238　弇^①,盖也。

【注释】

①弇:覆盖、遮蔽。《管子·八观》:"明君者,闭其门,塞其涂,弇其

迹,使民毋由接于淫非之地。"《墨子·耕柱》:"是犹弇其目而祝
于丛社曰:'苟使我皆视。'岂不缪哉!"

【译文】

弇有覆盖、遮蔽的意思。

2.239　恫①,痛也。

【注释】

①恫(tōng):哀痛、痛苦。《诗·大雅·桑柔》:"哀恫中国,具赘卒
　荒。"郑玄笺:"恫,痛也。"《后汉书·张衡传》:"尚前良之遗风兮,
　恫后辰而无及。"李贤注:"恫,痛也。"

【译文】

恫有哀痛、痛苦的意思。

2.240　握①,具也。

【注释】

①握:通"屋",餐具。《诗·秦风·权舆》:"於我乎夏屋渠渠,今也
　每食无余。"毛传:"夏,大也。"郑玄笺:"屋,具也。"古籍中没有见
　到"握"用为食具的例证。

【译文】

握(屋)有食具的意思。

2.241　振①,讯也②。

【注释】

①振：振作、奋起。《礼记·月令》："东风解冻，蛰虫始振。"《史记·高祖本纪》："秦军复振，守濮阳，环水。"裴骃集解引如淳曰："振，起也。收败卒自振迅而复起也。"

②讯：通"迅"，振奋、迅疾。《诗·豳风·七月》："莎鸡振羽。"毛传："莎鸡羽成而振讯之。"陆德明释文："讯音信，本又作迅，同。"《汉书·扬雄传上》："猋骇云讯，奋以方攘。"颜师古注："讯亦奋迅也。"

【译文】

振有振作、迅起的意思。

2.242　阋①，恨也②。

【注释】

①阋（xì）：争讼、争斗。《诗·小雅·常棣》："兄弟阋于墙，外御其务。"毛传："阋，很也。"孔颖达疏："很者，忿争之名。"《新唐书·高骈传》："乃擢废吏百余，号'察子'，厚禀食，令居衢闬间，凡民私阋隐语莫不知，道路箝口。"

②恨：争讼、争斗。郝懿行义疏："恨者，当作很。《玉篇》云：'很，戾也。诤讼也。'……释文引孙炎亦作很。"《礼记·曲礼上》："很毋求胜，分毋求多。"郑玄注："很，阋也。谓争讼也。"

【译文】

阋有争讼、争斗的意思。

2.243　越①，扬也。

【注释】

①越:本义为度过、跨过,引申为激扬。《礼记·聘义》:"叩之,其声清越以长,其终诎然,乐也。"三国魏嵇康《琴赋》:"英声发越,采采粲粲。"

【译文】

越有激扬的意思。

2.244　对①,遂也②。

【注释】

①对:通"遂",达、至。《诗·大雅·荡》:"流言以对,寇攘式内。"毛传:"对,遂也。"流言以对,谓流言因此而至。

②遂:通达,至。《礼记·月令》:"庆赐遂行,毋有不当。"郑玄注:"遂犹达也。"孔颖达疏:"言庆赐之事通达施行,使之周遍。"《淮南子·精神训》:"能知大贵,何往而不遂?"

【译文】

对(遂)有达、至的意思。

2.245　煨①,火也。

【注释】

①煨(huǐ):火。《诗·周南·汝坟》:"鲂鱼赪尾,王室如煨。"毛传:"煨,火也。"《南史·孙皓传》:"逆竖滔天,王室如煨,正是义夫发愤之秋,志士忘躯之日。"

【译文】

煨有火的意思。

2.246　憪,怠也①。

【注释】

①憪,怠也:邢昺疏:"谓怠慢也。"

【译文】

憪有怠慢的意思。

2.247　宣①,缓也。

【注释】

①宣:通"烜(huán)",舒缓。郝懿行义疏:"《说文》作烜,云'缓也'……《乐记》云:'其声啴以缓。'"古籍中没有见到"宣"用为舒缓的例证。

【译文】

宣(烜)有舒缓的意思。

2.248　遇,偶也①。

【注释】

①偶:偶尔相遇。郭璞注:"偶尔相值遇。"唐李白《邺中赠王大劝入高凤石门山幽居》:"中途偶良朋,问我将何行。"

【译文】

遇有偶尔相遇的意思。

2.249　曩①,曏也②。

【注释】

①曩(nǎng)：从前、过去。参见 1.128 条。

②曏(xiàng)：不久以前、以往。《仪礼·士相见礼》："曏者，吾子辱使某见，请还挚于将命者。"郑玄注："曏，曩也。"《吕氏春秋·观表》："曏者，右宰谷臣之觞吾子也甚欢，今侯溅过而弗辞？"

【译文】

曩有从前、过去的意思。

2.250　偟①，暇也。

【注释】

①偟(huáng)：闲暇。汉扬雄《法言·君子》："问也者，忠孝之问也。忠臣孝子，偟乎不偟？"

【译文】

偟有闲暇的意思。

2.251　宵①，夜也。

【注释】

①宵：夜。《诗·豳风·七月》："昼尔于茅，宵尔索绹。"毛传："宵，夜。"《左传·桓公九年》："邓师大败，鄾人宵溃。"杜预注："宵，夜也。"

【译文】

宵有夜的意思。

2.252　懊①,忨也②。

【注释】

①懊(yù):贪爱。郭璞注:"谓爱忨。"邢昺疏:"皆谓爱忨贪羡也。《昭元年左传》云:'主民玩岁而愒日。'杜注云:'忨、愒,皆贪也。'"古籍中没有见到"懊"用为贪的例证。

②忨(wán):贪爱、苟安。《说文解字·心部》:"忨,贪也。"《国语·晋语八》:"今忨日而澈岁,怠偷甚矣。"澈(hé)岁,旷废时日。

【译文】

懊有贪爱的意思。

2.253　愒①,贪也。

【注释】

①愒(kài):贪。《左传·昭公元年》:"赵孟将死矣,主民玩岁而愒日,其与几何?"杜预注:"玩、愒,皆贪也。"三国魏曹操《气出唱》之一:"心恬澹,无所愒欲。"

【译文】

愒有贪的意思。

2.254　榰①,柱也②。

【注释】

①榰(zhī):本义为柱脚,引申为支撑。郭璞注:"相榰柱。"唐孟郊《怀南岳隐士二首》之二:"枫桠榰酒瓮,鹤虱落琴床。"桠(lí),锹锸一类的用具。

②柱：本义为支撑房屋的柱子，音 zhù，引申为支撑，音 zhǔ。汉王充
《论衡·谈天》："且鳌足可以柱天，体必长大，不容于天地，女娲
虽圣，何能杀之？"汉王符《潜夫论·释难》："故大屋移倾，则下之
人不待告令，各争其柱之。"

【译文】

楮有支撑的意思。

2.255　裁①，节也。

【注释】

①裁：本义为剪裁，引申为节制、减削。《易·系辞上》："化而裁之
谓之变。"孔颖达疏："阴阳变化而相裁节之，谓之变也。"《国语·
吴语》："越国之中，富者吾安之，贫者吾与之，救其不足，裁其有
余，使贫富皆利之，求以报吴。"

【译文】

裁有节制、减削的意思。

2.256　並①，併也②。

【注释】

①並：并列。《诗·齐风·还》："並驱从两肩兮，揖我谓我儇兮。"郑
玄笺："並，併也。"《左传·昭公二十六年》："礼之可以为国也久
矣，与天地並。"
②併：并列、并行。《礼记·祭义》："行肩而不併。"孔颖达疏："行肩
而不併者，谓老少并行，言肩臂不得併行，少者差退在后。"《汉
书·平帝纪》："四辅、公卿、大夫、博士、郎、吏家属皆以礼娶，亲

迎立轵併马。"
【译文】
並有并列的意思。

2.257　卒^①,既也^②。

【注释】
①卒:终尽、完毕。参见 1.189 条。
②既:本义为食尽,指日全食或月全食。李孝定《甲骨文字集释》解
　释为"人食已"。引申为尽、完尽。《庄子·应帝王》:"吾与汝既
　其文,未既其实。"成玄英疏:"既,尽也。"
【译文】
卒有终尽、完毕的意思。

2.258　憽^①,虑也。

【注释】
①憽(cóng):谋虑。郭璞注:"谓谋虑也。字书作悰。"古籍中没有见
　到"憽"用为谋虑的例证。
【译文】
憽有谋虑的意思。

2.259　将^①,资也^②。

【注释】
①将(jiāng):本义为扶助、扶持,引申为赠送。《周礼·春官·大

史》:"及将币之日,执书以诏王。"郑玄注:"将,送也。"贾公彦疏:
"至此得朝觐之时,则有三享之礼将送也。"

②资:通"赍(jī)",送。《庄子·德充符》:"战而死者,其人之葬也不
以翣资。"陆德明释文:"李云:'资,送也。'"《汉书·严助传》:"今
发兵行数千里,资衣粮,入越地。"颜师古注:"资,犹赍。"

【译文】

将有送给的意思。

2.260　黹①,紩也②。

【注释】

①黹(zhǐ):本义为用针线绣出的花纹,引申为刺绣、缝纫。郭璞注:
"今人呼缝纴衣为黹。"邢昺疏:"谓缝刺也……郑注《司服》云:'黼
黻希绣。'希读为黹,谓刺绣。"

②紩(zhì):缝。《晏子春秋·谏下十四》:"古者尝有紩衣挛领而王
天下者。"《后汉书·王符传》:"裁切绮縠,缝紩成幡。"《宋书·孝
武帝纪》:"昔紩衣御宇,贬甘示节;土簋临天,伤俭昭度。"

【译文】

黹有刺绣、缝纫的意思。

2.261　递①,迭也②。

【注释】

①递:交替。《楚辞·九辩》:"四时递来而卒岁兮,阴阳不可与俪
偕。"唐刘知几《史通·六家》:"古往今来,质文递变,诸史之作,
不恒厥体。"

②迭：更迭、交替。《易·说卦》："易六画而成卦，分阴分阳，迭用柔
　　刚。"《诗·邶风·柏舟》："日居月诸，胡迭而微。"孔颖达疏："今
　　日何为与月更迭而亏伤乎？"

【译文】

递有交替、更迭的意思。

2.262　矧①，况也。

【注释】

①矧（shěn）：况、况且。《书·大禹谟》："至诚感神，矧兹有苗。"孔安
　　国传："矧，况也。"《诗·小雅·伐木》："相彼鸟矣，犹求友声。矧
　　伊人矣，不求友生？"毛传："矧，况也。"

【译文】

矧有况、况且的意思。

2.263　廪①，廯也②。

【注释】

①廪（lǐn）：粮仓。《诗·周颂·丰年》："亦有高廪，万亿及秭。"《礼
　　记·月令》："天子布德行惠，命有司发仓廪，赐贫穷，振乏绝。"

②廯（xiān）：仓廪。邢昺疏："《广雅》云：'廯，仓也。'则廪、廯皆囷仓
　　之别名。孙炎云：'廯藏谷鲜絜也。'"古籍中没有见到"廯"用为仓
　　廪的例证。

【译文】

廪有粮仓的意思。

2.264　迿①,逃也。

【注释】

①迿(huàn):逃避。《书·太甲中》:"天作孽,犹可违;自作孽,不可逭。"孔安国传:"孽,灾;迿,逃也。言天灾可避,自作灾不可逃。"

【译文】

迿有逃避的意思。

2.265　讯①,言也②。

【注释】

①讯:询问。《诗·小雅·正月》:"召彼故老,讯之占梦。"毛传:"讯,问也。"晋陆机《文赋》:"其始也,皆收视反听,耽思傍讯,精骛八极,心游万仞。"

②言:本义为言语,引申为问。《仪礼·聘礼》:"若有言,则以束帛,如享礼。"郑玄注:"有言,有所告请,若有所问也。"《左传·昭公二十五年》:"叔孙氏之司马鬷戾言于其众曰:'若之何?'莫对。"

【译文】

讯有询问的意思。

2.266　间①,俔也②。

【注释】

①间:本义为空隙、缝隙,引申有离间的意思,再引申为间谍。《孙子·用间》:"非圣智不能用间,非仁义不能使间。"《史记·廉颇蔺相如列传》:"秦间来入,赵奢善食而遣之。"

②倪(xiàn)：间谍。郭璞注："《左传》谓之谍，今之细作也。"古籍中没有见到"倪"用为间谍的例证。

【译文】

间有间谍的意思。

2.267　沄①，沆也②。

【注释】

①沄(yún)：水波汹涌回旋。《楚辞·王逸〈九思·哀岁〉》："窥见兮溪涧，流水兮沄沄。"《后汉书·张衡传》："扬芒熛而绛天兮，水沄沄而涌涛。"李贤注："沄、沄，并水流皃也。"古籍中多不单用。

②沆(hàng)：描写水面广阔。《说文解字·水部》："沆，莽沆，水大也。"《文选·张衡〈西京赋〉》："沧池漭沆。"薛综注："漭沆犹洸潒，亦宽大也。"古籍中没有见到单用的例证。

【译文】

沄有水大的意思。

2.268　干①，扞也②。

【注释】

①干(gàn)：捍卫。《诗·周南·兔罝》："赳赳武夫，公侯干城。"毛传："干，扞也。"

②扞(hàn)：捍卫、护卫。后写作"捍"。《书·文侯之命》："汝多修，扞我于艰。"蔡沈集传："扞卫我于艰难。"《左传·文公六年》："尽具其帑与其器用、财贿，亲帅扞之，送致诸竟。"杜预注："扞，卫也。"

【译文】

干有捍卫的意思。

2.269　趾①,足也。

【注释】

①趾:脚。《易·噬嗑》:"屦校灭趾,不行也。"《诗·豳风·七月》:"三之日于耜,四之日举趾。"孔颖达疏:"三之日于是始修耒耜,四之日悉皆举足而耕。"

【译文】

趾有脚的意思。

2.270　跰①,刖也②。

【注释】

①跰(fēi):断足的刑法。《玉篇·足部》:"跰,刖足也。"引《书·吕刑》:"跰辟疑赦,其罚倍差。"今本"跰"作"剕"。
②刖(yuè):砍掉脚的酷刑。《左传·庄公十六年》:"九月,杀公子阏,刖强鉏。"杜预注:"断足曰刖。"

【译文】

跰有砍掉脚的意思。

2.271　襄①,驾也。

【注释】

①襄:驾车。《诗·郑风·大叔于田》:"两服上襄,两骖雁行。"郑玄

笺:"襄,驾也。"王引之《经义述闻·毛诗上》:"上者,前也,上襄
犹言前驾,谓并驾于车前。"

【译文】

襄有驾车的意思。

2.272　忝①,辱也。

【注释】

①忝(tiǎn):羞辱、有愧于。《书·尧典》:"否德,忝帝位。"孔安国
传:"忝,辱也。"《诗·小雅·小宛》:"夙兴夜寐,毋忝尔所生。"毛
传:"忝,辱也。"

【译文】

忝有羞辱、有愧于的意思。

2.273　燠①,煖也②。

【注释】

①燠(yù):暖、热。《书·洪范》:"庶征:曰雨,曰旸,曰燠,曰寒,曰
风,曰时。"《礼记·内则》:"下气怡声,问衣燠寒。"

②煖(nuǎn):"暖"的异体字。《孟子·尽心上》:"五十非帛不煖,七
十非肉不饱。不煖不饱,谓之冻馁。"

【译文】

燠有暖的意思。

2.274　块①,堛也②。

【注释】

①块:土块。《国语·晋语四》:"(重耳)过五鹿,乞食于野人,野
人举块以与之。"汉桓宽《盐铁论·水旱》:"雨不破块,风不
鸣条。"

②墢(bì):土块。《仪礼·既夕礼》:"墢用块。"郑玄注:"块,墢也。
古文墢为役。"

【译文】

块有土块的意思。

2.275　将①,齐也②。

【注释】

①将(jiāng):分割。《诗·小雅·楚茨》:"或剥或亨,或肆或将。"毛
传:"肆,陈;将,齐也。"孔颖达疏:"或陈其肉于牙之上者,或分其
肉所当用者。"

②齐:分割。参见"将"下注。

【译文】

将有分割的意思。

2.276　糊①,馆也②。

【注释】

①糊(hú):稠粥。郭璞注:"糜也。"邢昺疏:"糊、馆、鬻、糜,相类之
物。稠者曰糜,淖者曰鬻。糊、馆是其别名。"古籍中没有见到
"糊"用为稠粥的例证。

②馆(zhān):稠粥。《礼记·檀弓上》:"哭泣之哀,齐斩之情,馆粥之

食,自天子达。"孔颖达疏:"厚曰饘,希曰粥。"《左传·僖公二十八年》:"执卫侯,归之于京师,寘诸深室。宁子职纳橐饘焉。"

【译文】

糊有稠粥的意思。

2.277　启[①],跪也。

【注释】

①启:通"跽(jì)",跪坐。《诗·小雅·四牡》:"王事靡盬,不遑启处。"毛传:"启,跪;处,居也。"《南齐书·高帝纪上》:"亿兆夷人,启处靡厝。"

【译文】

启(跽)有跪坐的意思。

2.278　瞴[①],密也。

【注释】

①瞴(mián):密致。郭璞注:"谓致密。"郝懿行义疏:"绵密即瞴密,俱双声字。"古籍中没有见到"瞴"用为密致的例证。

【译文】

瞴有密致的意思。

2.279　开,辟也[①]。

【注释】

①开,辟也:郭璞注:"《书》曰:'辟四门。'"《书·舜典》:"询于四

岳,辟四门。"孔安国传:"谋政治于四岳,开辟四方之门未开者,广致众贤。"

【译文】

开有开辟的意思。

2.280 袍,襺也①。

【注释】

①襺(jiǎn):丝绵衣。郭璞注:"《左传》:'重襺衣裘。'"今本《左传·襄公二十一年》作"重茧衣裘",杜预注:"茧,绵衣。"孔颖达疏引《玉藻》:"纩为茧,缊为袍。"

【译文】

袍有丝绵衣的意思。

2.281 障①,畛也②。

【注释】

①障(zhàng):本义为阻隔,引申为界限。陆德明释文:"又界也。"古籍中没有见到"障"用为界限的例证。

②畛(zhěn):本义为田间道路,引申为界限。《庄子·齐物论》:"夫道未始有封,言未始有常,为是而有畛也。"成玄英疏:"畛,界畔也。"汉扬雄《太玄·文》:"天炫炫于无畛。"范望注:"畛,界也。"

【译文】

障有界限的意思。

2.282 脑①,姑也②。

【注释】

①腼(tiǎn)：描写面目具备的样子。《诗·小雅·何人斯》："为鬼为蜮,则不可得,有腼面目,视人罔极。"毛传："腼,姡也。"郑玄笺："姡然有面目,女乃人也。"《国语·越语下》："余虽腼然而人面哉,吾犹禽兽也。"韦昭注："腼,面目之貌。"

②姡(huó)：描写人的面目的样子。陆德明释文："姡,孙、李云：'腼,人面姡然也。'"参见"腼"下注。

【译文】

腼是描写人的面目的样子。

2.283　鬻①,糜也②。

【注释】

①鬻(zhōu)：同"粥",指稀粥。《仪礼·士丧礼》："夏祝鬻余饭,用二鬲于西墙下。"郑玄注："鬻余饭,以饭尸余米为鬻也。"《左传·昭公七年》："饘于是,鬻于是,以糊余口。"孔颖达疏："稠者曰糜,淖者曰鬻。糊、饘是其别名。"

②糜(mí)：稠粥。《礼记·问丧》："水浆不入口,三日不举火,故邻里为之糜粥以饮食之。"孔颖达疏："糜厚而粥薄。薄者以饮之,厚者以食之。"

【译文】

鬻是稀粥,糜是稠粥：它们都有粥的意思。

2.284　舒①,缓也。

【注释】

①舒:迟缓。《诗·召南·野有死麕》:"舒而脱脱兮,无感我帨兮,无使尨也吠。"毛传:"舒,徐也。"《穀梁传·桓公十四年》:"听远音者,闻其疾而不闻其舒。"范宁集解:"舒谓徐缓。"

【译文】

舒有缓慢的意思。

2.285　翢①,纛也②。

【注释】

①翢(dào):用雉尾或牦牛尾等做成的舞具,又名羽葆幢。郭璞注:"今之羽葆幢。"古籍中没有见到"翢"用为羽葆幢的例证。

②纛(dào):用雉尾或牦牛尾等做成的舞具,又名羽葆幢。《周礼·地官·乡师》:"及葬,执纛。"郑玄注引郑司农云:"翿,羽葆幢也。"翿即纛。

【译文】

翢有用雉尾或牦牛尾等做成的舞具的意思。

2.286　纛①,翳也②。

【注释】

①纛(dào):帝王车上用牦牛尾或雉尾制成的饰物。《史记·项羽本纪》:"纪信乘黄屋车,傅左纛。"裴骃集解:"李斐曰:'纛,毛羽幢也。在乘舆车衡左方上注之。'蔡邕曰:'以牦牛尾为之,如斗,或在骖头,或在衡上也。'"

②翳(yì):用羽毛做成的车盖。《山海经·海外西经》:"(夏后启)左

手操翳。"郭璞注:"翳,羽葆幢。"

【译文】

蠹有装饰性车盖的意思。

2.287　隍①,壑也②。

【注释】

①隍(huáng):无水的护城壕。参见 1.072 条。

②壑(hè):本义为山谷,引申为护城壕。《诗·大雅·韩奕》:"实墉实壑,实亩实籍。"孔颖达疏:"壑,即城下之沟。"

【译文】

隍有护城壕的意思。

2.288　芼①,搴也②。

【注释】

①芼(mào):拔取、采取。《诗·周南·关雎》:"参差荇菜,左右芼之。"毛传:"芼,择也。"

②搴(qiān):拔取、采取。《晏子春秋·谏下九》:"寡人不席而坐地,二三子莫席,而子独搴草而坐之,何也?"《史记·河渠书》:"搴长茭兮沉美玉,河伯许兮薪不属。"

【译文】

芼有拔取、采取的意思。

2.289　典①,经也②。

【注释】

①典:本义为简册,引申为典范著作。《书·五子之歌》:"明明我祖,万邦之君,有典有则,贻厥子孙。"孔安国传:"典,谓经籍。"汉王充《论衡·自纪》:"尧舜之典,伍伯不肯观;孔墨之籍,季孟不肯读。"

②经:本义为织物的纵线,与"纬"相对,引申为历来被尊奉的典范著作。《荀子·劝学》:"其数则始乎诵经,终乎读礼。"杨倞注:"经,谓《诗》、《书》。"《史记·儒林列传》:"行常带经,止息则诵习之。以试第次,补廷尉史。"

【译文】

典有典范著作的意思。

2.290　威①,则也。

【注释】

①威:本义为丈夫的母亲,引申为威严、威力,再引申为法则。《诗·周颂·有客》:"既有淫威,降福孔夷。"毛传:"淫,大。威,则。"郑玄笺:"既有大则,谓用殷正朔行其礼乐,如天子也。"

【译文】

威有法则的意思。

2.291　苛①,妎也②。

【注释】

①苛:苛刻、烦琐。《礼记·檀弓下》:"夫子曰:'小子识之:苛政猛于虎也。'"《史记·高祖本纪》:"(沛公)还军霸上。召诸县父老

豪桀曰:'父老苦秦苛法久矣,诽谤者族,偶语者弃市。'"苛法,烦
琐的法律。

②妎(hài):烦苛。《亢仓子·臣道》:"夫不妎人力,不损官吏,而功
成政立。"

【译文】

苛有苛刻、烦琐的意思。

2.292　苐①,小也。

【注释】

①苐(fèi):微小的样子。《诗·召南·甘棠》:"蔽苐甘棠,勿翦勿
伐。"毛传:"蔽苐,小貌。"古籍中没有见到"苐"单用为微小貌的
例证。

【译文】

苐有微小的样子的意思。

2.293　迷①,惑也。

【注释】

①迷:迷惑。《诗·小雅·节南山》:"天子是毗,俾民不迷。"毗(pí),
辅佐。

【译文】

迷有迷惑的意思。

2.294　狃①,复也。

【注释】

①狃(niǔ):重复。《诗·郑风·大叔于田》:"将叔无狃,戒其伤女。"
郑玄笺:"狃,复也。"

【译文】

狃有重复的意思。

2. 295　逼,迫也①。

【注释】

①逼,迫也:邢昺疏:"逼,相急迫也。"

【译文】

逼有逼迫的意思。

2. 296　般①,还也。

【注释】

①般:通"班",返回。《汉书·赵充国传》:"明主般师罢兵,万人留
田。"颜师古注引邓展曰:"般音班。班,还也。"

【译文】

般(班)有返回的意思。

2. 297　班①,赋也②。

【注释】

①班:本义为分瑞玉,引申为分给、赏赐。《书·洪范》:"武王既胜
殷,邦诸侯,班宗彝。"孔安国传:"赋宗庙彝器酒罇赐诸侯。"《后

汉书·马援传》：“因处田牧，至有牛马羊数千头，谷数万斛……乃尽散以班昆弟故旧，身衣羊裘皮绔。”

②赋：本义为赋税，引申为授予、给予。《国语·晋语四》：“公属百官，赋职任功。”韦昭注：“赋，授也。授职事，任有功。”《庄子·齐物论》：“狙公赋芋曰：‘朝三而暮四。’众狙皆怒。曰：‘然则朝四而暮三。’众狙皆悦。”

【译文】

班是分给、赏赐，赋是授予、给予：它们都有给予的意思。

2.298　济①，渡也。

【注释】

①济（jì）：渡河。《书·盘庚中》：“若乘舟，汝弗济，臭厥载。”孔安国传：“言不徙之害，如舟在水中流不渡，臭败其所载物。”《史记·宋微子世家》：“襄公与楚成王战于泓。楚人未济，目夷曰：‘彼众我寡，及其未济击之。’”

【译文】

济有渡河的意思。

2.299　济①，成也。

【注释】

①济：本义为渡河，引申为成就、成功。《书·君陈》：“必有忍，其乃有济；有容，德乃大。”孔安国传：“为人君长，必有所含忍，其乃有所成。”

【译文】

济有成就、成功的意思。

2.300　济①,益也。

【注释】

①济:本义为渡河,引申有增加的意思。《左传·桓公十一年》:"莫
敖曰:'盍请济师于王?'"杜预注:"盍,何不也。济,益也。"

【译文】

济有增加的意思。

2.301　缗①,纶也②。

【注释】

①缗(mín):钓丝。《诗·召南·何彼襛矣》:"其钓维何?维丝伊
缗。"毛传:"缗,纶也。"晋左思《吴都赋》:"结轻舟而竞逐,迎潮水
而振缗。"

②纶(lún):本义为青丝绶带,引申为钓丝。《诗·小雅·采绿》:
"之子于钓,言纶之绳。"郑玄笺:"纶,钓缴也。"《史记·老子韩
非列传》:"走者可以为罔,游者可以为纶,飞者可以为矰。"
罔,网。

【译文】

缗有钓丝的意思。

2.302　辟①,历也②。

【注释】

①辟(bì)：本义为法、法度，引申为治、治理。《书·金縢》："我之弗辟，我无以告我先王。"陆德明释文："辟，治也。"《左传·文公六年》："宣子于是乎始为国政，制事典，正法罪，辟刑狱。"杜预注："辟犹理也。"

②历：同"厤"，治理。《说文解字·厂部》："厤，治也。"古籍中没有见到"厤"用为治理的例证。

【译文】

辟有治理的意思。

2.303　漦①，盝也②。

【注释】

①漦(chí)：渗流。《说文解字·水部》："漦，顺流也。"段玉裁注："顺下之流也。《释言》曰：'漦，盝也。'盝同漉酒之漉。"古籍中没有见到"漦"用为渗流的例证。

②盝(lù)：同"漉"，渗漏、滤去水。《周礼·考工记·慌氏》："清其灰而盝之，而挥之。"

【译文】

漦有渗滤的意思。

2.304　宽，绰也①。

【注释】

①绰(chuò)：宽缓、宽裕。《诗·卫风·淇奥》："宽兮绰兮，倚重较兮。"毛传："绰，缓也。"汉邹阳《酒赋》："哲王临国，绰矣多暇。"

【译文】

宽有宽缓、宽裕的意思。

2.305　衮^①,黼也^②。

【注释】

①衮(gǔn):古代天子祭祀时所穿的绣有龙形的礼服。《周礼·春
　官·司服》:"王之吉服,祀昊天上帝则大裘而冕;祀五帝亦如之;
　享先王则衮冕……公之服,自衮冕而下,如王之服。"郑玄注引郑
　司农曰:"衮,卷龙衣也。"

②黼(fú):本义为礼服上绣的黑与青相间的亞形花纹。参见
　2.060条。

【译文】

衮是古代天子祭祀时所穿的绣有龙形的礼服,绣有黑与青相间的亞
形的花纹。

2.306　华^①,皇也^②。

【注释】

①华(huā):花、花朵。《易·大过》:"枯杨生华,老妇得其士夫,无
　咎无誉。"《诗·周南·桃夭》:"逃之夭夭,灼灼其华。"

②皇:通"葟(huáng)",草木之花。郭璞注:"《释草》曰:'葟、华,
　荣。'"邢昺疏:"草木之华一名皇。"《淮南子·地形训》:"玄玉生
　醴泉,醴泉生皇辜,皇辜生庶草。"清方以智《通雅·草》:"皇辜,
　盖言草本初生之葟而有勒也。"勒,花蕊。

【译文】

华有花、花朵的意思。

2.307　昆①,后也。

【注释】

①昆:后,与"先"相对。郭璞注:"谓先后,方俗语。"《书·大禹谟》:"官占,惟先蔽志,昆命于元龟。"孔安国传:"昆,后也。官占之法,先断人志,后命于元龟,言志定然后卜。"又有后世、子孙的意思。《书·仲虺之诰》:"王懋昭大德,建中于民,以义制事,以礼制心,垂裕后昆。"孔安国传:"垂优足之道示后世。"

【译文】

昆有在后和后世的意思。

2.308　弥①,终也。

【注释】

①弥(mí):本义为放松弓弦,引申为尽、终极。《诗·大雅·卷阿》:"岂弟君子,俾尔弥尔性。"郑玄笺:"弥,终也。"《文选·王粲〈登楼赋〉》:"北弥陶牧,西接昭丘。"李善注:"《尔雅》曰:'弥,终也。'谓终极也。"

【译文】

弥有尽、终极的意思。

释训第三

【题解】

《释训》所收词语也属于一般词语。邢昺疏:"此篇以物之事、义、形、貌告道人也,故曰'释训'。案此所释,多释《诗》文,故郭氏即以《诗》义解之。"《释训》与《释诂》《释言》亦无异,也是以通语易词解释古语、方言及疑难词语。本篇共有115条,解释201个词语,其中与《诗》相合的有155个。其体例特点是被释词语以双音词语为多,共160个;且双音词语中又以双音联绵词为多,有142个。

3.001 明明①、斤斤②,察也。

【注释】

①明明:明察的样子。《诗·大雅·大明》:"明明在下,赫赫在上。"毛传:"明明,察也。"《诗·大雅·常武》:"赫赫明明,王命卿士。"毛传:"明明然,察也。"

②斤斤:明察的样子。《诗·周颂·执竞》:"自彼成康,奄有四方,斤斤其明。"毛传:"斤斤,明察也。"

【译文】

明明、斤斤都是描写明察的样子。

3.002 条条①、秩秩②,智也。

【注释】

①条条:有条理的样子。郝懿行义疏:"条兼畅达、分理诸义,皆与智近。"汉董仲舒《春秋繁露·如天之为》:"其在人者,亦宜行而无留,若四时之条然也。"

②秩秩:由有顺序的样子引申为聪明多智的样子。《诗·秦风·小戎》:"厌厌良人,秩秩德音。"毛传:"秩秩,有知也。"《诗·小雅·宾之初筵》:"宾之初筵,左右秩秩。"毛传:"秩秩然肃敬也。"孔颖达疏:"由有智而能肃敬,理亦通也。"

【译文】

条条是有条理的样子,秩秩是聪明多智的样子:它们是描写有条理或者明智的样子。

3.003 穆穆①、肃肃②,敬也。

【注释】

①穆穆:端庄恭敬的样子。《书·多方》:"尔尚不忌于凶德,亦则以穆穆在乃位。"孔安国传:"汝庶几不自忌入于凶德,亦则用敬敬常在汝位。"《书·吕型》:"穆穆在上,明明在下。"孔安国传:"尧躬行敬敬在上,三后之徒秉明德明君道于下。"

②肃肃:恭敬的样子。《诗·大雅·思齐》:"雝雝在宫,肃肃在庙。"毛传:"肃肃,敬也。"

【译文】

穆穆是端庄恭敬的样子,肃肃是恭敬的样子:它们都是描写肃敬的样子。

3.004　诸诸①、便便②,辩也。

【注释】

①诸诸:善于辞令的样子。郭璞注:"皆言辞辩给。"古籍中没有见
　到"诸诸"用为善于辞令的样子的例证。

②便便:善于辞令的样子。《论语·乡党》:"其在宗庙朝廷,便便
　言,唯谨尔。"何晏集解:"郑曰:'便便,辩也。'"

【译文】

诸诸、便便都是描写善于辞令的样子。

3.005　肃肃①、翼翼②,恭也。

【注释】

①肃肃:恭敬的样子。《诗·大雅·思齐》:"雝雝在宫,肃肃在庙。"
　毛传:"肃肃,敬也。"《史记·乐书》:"《诗》曰:'肃雍和鸣,先祖是
　听。'夫肃肃,敬也;雍雍,和也。夫敬以和,何事不行?"

②翼翼:恭敬谨慎的样子。《诗·大雅·大明》:"惟此文王,小心翼
　翼。"郑玄笺:"小心翼翼,恭慎貌。"《汉书·礼乐志》:"王侯秉德,
　其邻翼翼,显明昭式。"颜师古注:"翼翼,恭敬也。"

【译文】

肃肃是恭敬的样子,翼翼是恭敬谨慎的样子:它们都是描写恭敬的
样子。

3.006　廱廱①、优优②,和也。

【注释】

①雝雝:同"噰噰",和乐的样子。《诗·周颂·雝》:"有来雝雝,至止肃肃。"郑玄笺:"雝雝,和也。肃肃,敬也。"《楚辞·九辩》:"雁雝雝而南游兮,鹍鸡啁哳而悲鸣。"王逸注:"雄雌和乐,群戏行也。"

②优优:宽和。《诗·商颂·长发》:"敷政优优,百禄是遒。"毛传:"优优,和也。"

【译文】

雝雝是和乐的样子,优优是宽和:它们都有和乐的意思。

3.007　兢兢①、绳绳②,戒也。

【注释】

①兢兢:小心谨慎的样子。《诗·小雅·小旻》:"战战兢兢,如临深渊,如履薄冰。"毛传:"兢兢,戒也。"《汉书·外戚传》:"礼之用,唯昏姻为兢兢。"颜师古注:"兢兢,戒慎也。"

②绳绳:戒慎的样子。《诗·周南·螽斯》:"螽斯羽薨薨兮,宜尔子孙绳绳兮。"《管子·宙合》:"故君子绳绳乎慎其所先。"尹知章注:"绳绳,戒慎也。"

【译文】

兢兢是小心谨慎的样子,绳绳是戒慎的样子:它们都是描写戒慎的样子。

3.008　战战①、跄跄②,动也。

【注释】

①战战:戒惧的样子。《诗·小雅·小旻》:"战战兢兢,如临深渊,

如履薄冰。"毛传:"战战,恐也。"《史记·乐书》:"成王作颂,推己

惩艾,悲彼家难,可不谓战战恐惧,善守善终哉?"

②跄跄(qiāng):走路有节奏的样子。《诗·小雅·楚茨》:"济济跄

跄,絜尔牛羊。"毛传:"济济跄跄,言有容也。"

【译文】

战战是戒惧的样子,跄跄是走路有节奏的样子:它们都是描写动作

的样子。

3.009　晏晏①、温温②,柔也。

【注释】

①晏晏:和柔的样子。《诗·卫风·氓》:"总角之宴,言笑晏晏。"毛

传:"晏晏,和柔也。"《汉书·郅恽传》:"诚不欲圣朝行诽谤之诛,

以伤晏晏之化,杜塞忠直,垂讥无穷。"颜师古注引郑玄注《尚书

考灵耀》云:"道德纯备谓之塞,宽容覆载谓之晏。"

②温温:柔和的样子。《诗·小雅·宾之初筵》:"宾之初筵,温温其

恭。"郑玄笺:"温温,柔和也。"《诗·大雅·抑》:"温温恭人,维德

之基。"毛传:"温温,宽柔也。"

【译文】

晏晏是和柔的样子,温温是柔和的样子:它们都是描写和柔宽容的

样子。

3.010　业业①、翘翘②,危也。

【注释】

①业业:危惧的样子。《书·皋陶谟》:"兢兢业业,一日二日万几。"

孔安国传："兢兢,戒慎。业业,危惧。"《诗·大雅·云汉》:"兢兢
业业,如霆如雷。"毛传:"兢兢,恐也。业业,危也。"

②翘翘:高而危殆的样子。《诗·豳风·鸱鸮》:"予室翘翘,风雨所
飘摇,予维音哓哓。"毛传:"翘翘,危也。哓哓,惧也。"

【译文】

业业是危惧的样子,翘翘是高而危殆的样子:它们都是描写危险的
样子。

3.011　惴惴①、哓哓②,惧也。

【注释】

①惴惴(zhuì):忧惧戒慎的样子。《诗·小雅·小宛》:"惴惴小心,
如临于谷。"《汉书·叙传上》:"盖惴惴之临深兮,乃二雅之所
祗。"颜师古注:"惴惴,恐惧之貌也。"

②哓哓(xiāo):同"哓哓",恐惧的样子。参见3.010条。古籍中没
有见到"哓哓"用为恐惧的样子的例证。

【译文】

惴惴是忧惧戒慎的样子,哓哓是恐惧的样子:它们都是描写惧怕的
样子。

3.012　番番①、矫矫②,勇也。

【注释】

①番番(bō):勇武的样子。《书·秦誓》:"番番良士,旅力既愆,我
尚有之。"孔安国传:"勇武番番之良士,虽众力已过老,我今庶几
欲有此人而用之。"《诗·大雅·崧高》:"申伯番番,既入于谢。"

毛传:"番番,勇武貌。"

②矫矫:勇武的样子。《诗·鲁颂·泮水》:"矫矫虎臣,在泮献馘。"

　　郑玄笺:"矫矫,武貌。"《汉书·叙传下》:"绛侯矫矫,诛吕尊文。"

【译文】

番番、矫矫都是描写勇武的样子。

3.013　桓桓①、烈烈②,威也。

【注释】

①桓桓(huán):威武的样子。《书·牧誓》:"勖哉夫子! 尚桓桓。"

　　孔安国传:"桓桓,武貌。"《诗·鲁颂·泮水》:"桓桓于征,狄彼东

　　南。"毛传:"桓桓,威武貌。"

②烈烈:本义为猛火炎炽的样子,引申为威武的样子。《诗·小

　　雅·黍苗》:"烈烈征师,召伯成之。"郑玄笺:"烈烈,威武貌。"

　　《诗·商颂·长发》:"相土烈烈,海外有截。"毛传:"相土,契孙

　　也。烈烈,威也。"

【译文】

桓桓、烈烈都是描写威武的样子。

3.014　洸洸①、赳赳②,武也。

【注释】

①洸洸(guāng):威武的样子。《诗·大雅·江汉》:"江汉汤汤,武

　　夫洸洸。"毛传:"洸洸,武貌。"

②赳赳:威武的样子。《诗·周南·兔罝》:"赳赳武夫,公侯干城。"

　　毛传:"赳赳,武貌。"《汉书·叙传下》:"赳赳景王,匡汉社稷。"颜

师古注:"赳赳,武貌。"

【译文】

洸洸、赳赳都是描写威武的样子。

3.015　　蔼蔼①、济济②,止也③。

【注释】

①蔼蔼:众多的样子。《诗·大雅·卷阿》:"蔼蔼王多吉士。"毛传:
"蔼蔼犹济济也。"郑玄笺:"王之朝多善士蔼蔼然。"晋左思《咏史
八首》之五:"峨峨高门内,蔼蔼皆王侯。"

②济济(jǐ):众多的样子。《书·大禹谟》:"济济有众,咸听朕命。"
孔安国传:"济济,众盛之貌。"《诗·大雅·旱麓》:"瞻彼旱麓,榛
楛济济。"毛传:"济济,众多也。"

③止:聚集。《庄子·人间世》:"虚室生白,吉祥止止。"郭象注:"夫
吉祥之所集者,至虚至静也。"

【译文】

蔼蔼、济济都是描写聚集众多的样子。

3.016　　悠悠①、洋洋②,思也。

【注释】

①悠悠:深思或忧思的样子。《诗·邶风·终风》:"莫往莫来,悠悠
我思。"郑玄笺:"我思其如是,心悠悠然。"《诗·邶风·雄雉》:
"瞻彼日月,悠悠我思。"郑玄笺:"今君子独久行役而不来,使我
心悠悠然思之。"

②洋洋(yǎng):忧思的样子。《礼记·中庸》:"使天下之人齐明盛

服，以承祭祀。洋洋乎如在其上，如在其左右。"孔颖达疏："言鬼
神之形状人想象之，如在人之上，如在人之左右，想见其形也。"

【译文】

悠悠是深思或忧思的样子，洋洋是忧思的样子：它们都是描写思虑
的样子。

3.017　蹶蹶①、踖踖②，敏也。

【注释】

①蹶蹶(guì)：行事敏疾的样子。《诗·唐风·蟋蟀》："好乐无荒，良
　士蹶蹶。"毛传："蹶蹶，动而敏于事。"

②踖踖(jí)：恭敬而敏捷的样子。《诗·小雅·楚茨》："执爨踖踖，
　为俎孔硕。"孔颖达疏："其当执爨灶之人，皆踖踖然敬慎于事而
　有容仪矣。"

【译文】

蹶蹶是行事敏疾的样子，踖踖是恭敬而敏捷的样子：它们都是描写
行事敏捷的样子。

3.018　薨薨①、增增②，众也。

【注释】

①薨薨(hōng)：众虫齐飞的声音。《诗·周南·螽斯》："螽斯羽薨
　薨兮，宜尔子孙绳绳兮。"毛传："薨薨，众多也。"《诗·齐风·鸡
　鸣》："虫飞薨薨，甘与子同梦。"

②增增：众多的样子。《诗·鲁颂·閟宫》："公徒三万，贝胄朱綅，烝
　徒增增。"毛传："增增，众也。"

【译文】

薨薨是众虫齐飞的声音,增增是众多的样子:它们都是描写众多的样子。

3.019　烝烝^①、遂遂^②,作也。

【注释】

①烝烝:兴盛的样子。《诗·鲁颂·泮水》:"烝烝皇皇,不吴不扬。"毛传:"烝烝,厚也。"孔颖达疏:"《释训》云:'烝烝,作也。'众作是厚重之意,故为厚也。"

②遂遂:随行的样子。《礼记·祭义》:"及祭之后,陶陶遂遂,如将复入然。"郑玄注:"陶陶、遂遂,相随行之貌。"

【译文】

烝烝是兴盛的样子,遂遂是随行的样子:它们都是描写兴作的样子。

3.020　委委、佗佗^①,美也。

【注释】

①委委(wēi)、佗佗(tuó):行步美好的样子。《诗·鄘风·君子偕老》:"委委佗佗,如山如河。"孔颖达疏:"《释训》云:'委委佗佗,美也。'李巡曰:'宽容之美也。'孙炎曰:'委委,行之美;佗佗,长之美……则委委、佗佗皆行步之美,以内有其德,外形于貌。"

【译文】

委委、佗佗都是描写行步美好的样子。

3.021 恀恀^①、惕惕^②,爱也。

【注释】

①恀恀(tí):同"媞媞(tí)",美好可爱的样子。《汉书·叙传下》:"媞
媞公主,乃女乌孙,使命乃通,条支之濒。"孟康注:"媞音题。媞
媞,惕惕,爱也。"

②惕惕:忧愁的样子。郭璞注:"《诗》云:'心焉惕惕。'《韩诗》以为
悦人,故言爱也。"《诗·陈风·防有鹊巢》:"谁侜予美,心焉惕
惕。"毛传:"惕惕,犹忉忉也。"侜(zhōu),欺诳、蒙蔽。

【译文】

恀恀是美好可爱的样子,惕惕是忧愁的样子:它们是描写爱悦的样
子或含有爱悦的意思。

3.022 偁偁、格格^①,举也。

【注释】

①偁偁(chēng)、格格:举持物体。郭璞注:"皆举持物。"古籍中没有
见到"偁偁""格格"用为举持物体的例证。

【译文】

偁偁、格格都是举持物体的意思。

3.023 蓁蓁^①、孽孽^②,戴也^③。

【注释】

①蓁蓁(zhēn):草木极盛的样子。《诗·周南·桃夭》:"桃之夭夭,
其叶蓁蓁。"毛传:"蓁蓁,至盛貌。"

②孽孽(niè)：同"孼孼"，盛饰的样子。《诗·卫风·硕人》："庶姜孽
　孽，庶士有朅。"毛传："孽孽，盛饰。"朅(qiè)，武壮的样子。

③戴：增多。《说文解字·異(异)部》："戴，分物得增益曰戴。"段玉
　裁注："《释训》曰：'蓁蓁、孽孽，戴也。'毛传云：'蓁蓁，至盛皃。'
　'孽孽，盛饰。'是皆谓加多也。"

【译文】

蓁蓁是草木极盛的样子，孽孽是盛饰的样子：它们都是描写增多的
样子。

3.024　愿愿①、媞媞②，安也。

【注释】

①愿愿(yān)：同"厭厭(厌厌)"，安闲的样子。《诗·小雅·湛露》：
　"厭厭夜饮，不醉无归。"毛传："厭厭，安也。"《说文解字·心部》
　"愿，安也"下引作"愿愿夜饮"。

②媞媞(tí)：同"提提"，安适的样子。《诗·魏风·葛屦》："好人提
　提，宛然左辟。"毛传："提提，安谛也。"

【译文】

愿愿是安闲的样子，媞媞是安适的样子：它们都是描写安舒的
样子。

3.025　祁祁①、迟迟②，徐也。

【注释】

①祁祁(qí)：舒缓的样子。《诗·召南·采蘩》："被之祁祁，薄言还
　归。"毛传："祁祁，舒迟也。"《诗·小雅·大田》："有渰萋萋，兴雨

祁祁。"毛传:"祁祁,徐也。"

②迟迟:徐行的样子。《诗·邶风·谷风》:"行道迟迟,中心有违。"
　　毛传:"迟迟,舒行貌。"

【译文】

祁祁是舒缓的样子,迟迟是徐行的样子:它们都是描写徐缓的
样子。

3.026　丕丕①、简简②,大也。

【注释】

①丕丕(pī):很大的样子。《书·大诰》:"呜呼! 天明畏,弼我丕丕
　　基。"孔安国传:"叹天之明德可畏,辅成我大大之基业。"

②简简:很大的样子。《诗·周颂·执竞》:"降福穰穰,降福简简。"
　　毛传:"穰穰,众也。简简,大也。"

【译文】

丕丕、简简,都是描写很大的样子。

3.027　存存①、萌萌②,在也。

【注释】

①存存:存在的样子。邢昺疏:"谓存在也。《易·系辞》云:'成性
　　存存。'"《易·系辞上》:"成性存存,道义之门。"韩康伯注:"物之
　　存成,由乎道义也。"

②萌萌:同"苘苘(méng)",存在的样子。古籍中没有见到"萌萌(苘
　　苘)"用为存在的样子的例证。

【译文】

存存、萌萌都是描写存在的样子。

3.028　懋懋①、愗愗②,勉也。

【注释】

①懋懋(mào):是"懋"的叠用,勉力的样子。《书·舜典》:"汝平水土,惟时懋哉!"孔安国传:"懋,勉也。"

②愗愗(mù):勉力的样子。郝懿行义疏:"懋、愗一声之转。《方言》云:'侔莫,强也。'亦与懋、愗之声相转。"

【译文】

懋懋、愗愗都是描写勉力的样子。

3.029　庸庸①、慅慅②,劳也。

【注释】

①庸庸:是"庸"的叠用,劳苦的样子。《诗·王风·兔爰》:"我生之初,尚无庸;我生之后,逢此百凶。"郑玄笺:"庸,劳也。"

②慅慅(cǎo):同"草草",忧劳的样子。《诗·小雅·巷伯》:"骄人好好,劳人草草。"毛传:"草草,劳心也。"

【译文】

庸庸是劳苦的样子,慅慅是忧劳的样子:它们都是描写辛劳的样子。

3.030　赫赫①、跃跃②,迅也。

【注释】

①赫赫:盛大迅疾的样子。郭璞注:"盛疾之貌。"《诗·大雅·常武》:"赫赫明明,王命卿士。"毛传:"赫赫然盛也。"

②跃跃(tì):疾跳的样子。《诗·小雅·巧言》:"跃跃毚兔,遇犬获之。"孔颖达疏:"跃跃然者,跳疾之狡兔,遇值犬则能获得之。"

【译文】

赫赫是盛大迅疾的样子,跃跃是疾跳的样子:它们都是描写迅疾的样子。

3.031　绰绰①、爰爰②,缓也。

【注释】

①绰绰:宽裕的样子。《诗·小雅·角弓》:"此令兄弟,绰绰有裕。"毛传:"绰绰,宽也。"《孟子·公孙丑下》:"我无官守,我无言责也,则吾进退岂不绰绰然有余裕哉?"赵岐注:"进退自由,岂不绰绰然舒缓有余裕乎? 绰、裕,皆宽也。"

②爰爰(yuán):舒缓的样子。《诗·王风·兔爰》:"有兔爰爰,雉离于罗。"毛传:"爰爰,缓意。鸟网为罗。言为政有缓有急,用心之不均。"

【译文】

绰绰是宽裕的样子,爰爰是舒缓的样子:它们都是描写宽缓的样子。

3.032　坎坎、墫墫①,喜也。

【注释】

①坎坎:击鼓的声音。墫墫(cūn):同"蹲蹲",起舞的样子。《诗·小雅·伐木》:"坎坎鼓我,蹲蹲舞我。"孔颖达疏:"坎坎然击鼓以娱我,蹲蹲然兴舞以乐我。"

【译文】

坎坎是击鼓的声音,墫墫是起舞的样子:它们都是描写喜悦的样子。

3.033　瞿瞿①、休休②,俭也③。

【注释】

①瞿瞿(jù):勤谨的样子。《诗·唐风·蟋蟀》:"好乐无荒,良士瞿瞿。"毛传:"瞿瞿然顾礼义也。"孔颖达疏:"毛以为僖公俭不中礼,诗人戒之。"

②休休:安闲的样子。《诗·唐风·蟋蟀》:"好乐无荒,良士休休。"毛传:"休休,乐道之心。"

③俭:节俭。指顾礼义、乐道。郭璞注:"皆良士节俭。"

【译文】

瞿瞿是勤谨的样子,休休是安闲的样子:它们是描写顾礼义、乐道的样子。

3.034　旭旭①、跻跻②,憍也③。

【注释】

①旭旭:得意骄傲的样子。《汉书·扬雄传》:"嘻嘻旭旭,天地稠嶅。"颜师古注:"嘻嘻旭旭,自得之貌。"稠嶅(ào),动摇的样子。

②跻跻(jiǎo)：骄慢的样子。《诗·大雅·板》："老夫灌灌,小子跻
跻。"毛传："跻跻,骄貌。"灌灌,犹款款,情意恳切的样子。

③㤭(jiāo)：同"骄",骄傲。《楚辞·九章·抽思》："㤭吾以其美好
兮,览余以其修姱。"

【译文】

旭旭是得意骄傲的样子,跻跻是骄慢的样子：它们都是描写骄傲的
样子。

3.035　梦梦^①、讻讻^②,乱也。

【注释】

①梦梦(méng)：昏乱的样子。《诗·小雅·正月》："民今方殆,视天
梦梦。"孔颖达疏："《释训》云：'梦梦,乱也。'上天无昏乱之事,故
知天斥王也。"《诗·大雅·抑》："视尔梦梦,我心惨惨。"毛传：
"梦梦,乱也。惨惨,忧不乐也。"

②讻讻(zhùn)：同"谆谆",昏聩惑乱的样子。《左传·襄公三十一
年》："且年未盈五十,而谆谆焉如八、九十者,弗能久矣。"王引之
《经义述闻·春秋左传中》："谆谆,眊乱也。"

【译文】

梦梦是昏乱的样子,讻讻是昏聩惑乱的样子：它们都是描写昏乱的
样子。

3.036　懪懪^①、邈邈^②,闷也。

【注释】

①懪懪(bó)：烦闷的样子。邢昺疏："懪懪,烦闷也。"古籍中没有见

到"爆爆"用为烦闷的样子的例证。

②邈邈:同"藐藐",忧闷的样子。《诗·大雅·抑》:"诲尔谆谆,听我藐藐。"孔颖达疏:"《释训》云:'藐藐,闷也。'舍人曰:'忧闷也。'谓王不受之,言者忧闷也。"

【译文】

爆爆是烦闷的样子,邈邈是忧闷的样子:它们都是描写郁闷的样子。

3.037　偒偒①、洄洄②,惛也③。

【注释】

①偒偒(méng):昏昧糊涂的样子。《说文解字·人部》"儚,惛也"段玉裁注:"《释训》曰:'偒偒、洄洄,惛也。'偒当作儚,与'梦梦,乱也'义别。"古籍中没有见到"偒偒"用为昏昧糊涂的样子的例证。

②洄洄(huí):同"佪佪",昏乱的样子。《潜夫论·救边》:"佪佪溃溃,当何终极。"《玉篇·人部》:"佪佪,惛也。"

③惛:糊涂不明白。《孟子·梁惠王上》:"王曰:'吾惛,不能进于是矣。'"

【译文】

偒偒是昏昧糊涂的样子,洄洄是昏乱的样子:它们都是描写糊涂不明白的样子。

3.038　版版①、盈盈②,僻也③。

【注释】

①版版:同"板板",乖戾反常的样子。《诗·大雅·板》:"上帝板

板,下民卒瘅。"毛传:"板板,反也。"孔颖达疏:"邪僻即反戾
之义。"

②溢溢:同"荡荡",恣纵无所约束的样子。《诗·大雅·荡》:"荡荡
上帝,下民之辟。"孔颖达疏:"《释训》云:'荡荡,僻也。'孙炎曰:
'荡荡,法度废坏之僻。'"辟(bì),君。指周厉王。

【译文】

版版是乖戾反常的样子,溢溢是恣纵无所约束的样子;它们都是描
写邪僻的样子。

3.039　爞爞^①、炎炎,熏也。

【注释】

①爞爞(chóng):同"蟲蟲(虫虫)"。虫虫、炎炎,皆为炎热的样子。
《诗·大雅·云汉》:"旱既大甚,蕴隆虫虫。"毛传:"虫虫而热。"
又,"旱既大甚,则不可沮。赫赫炎炎,云我无所。"毛传:"炎炎,
热气也。"沮,止。

【译文】

爞爞、炎炎都是描写熏蒸炎热的样子。

3.040　居居、究究^①,恶也。

【注释】

①居居、究究:皆为怀恶不相亲近的样子。《诗·唐风·羔裘》:"羔
裘豹袪,自我人居居。"毛传:"居居,怀恶不相亲比之貌。"又:"羔
裘豹褎,自我人究究。"毛传:"究究,犹居居也。"

【译文】

居居、究究都是描写怀恶不相亲近的样子。

3.041　仇仇①、敖敖②,傲也。

【注释】

①仇仇:傲慢的样子。《诗·小雅·正月》:"执我仇仇,亦不我力。"毛传:"仇仇,犹謷謷也。"

②敖敖(áo):同"嚣嚣(áo)",傲慢的样子。《诗·大雅·板》:"我即尔谋,听我嚣嚣。"毛传:"嚣嚣,犹謷謷也。"謷謷即敖敖。

【译文】

仇仇、敖敖都是描写傲慢的样子。

3.042　佌佌①、琐琐②,小也。

【注释】

①佌佌(cǐ):微小的样子。《诗·小雅·正月》:"佌佌彼有屋,蔌蔌方有谷。"毛传:"佌佌,小也。蔌蔌,陋也。"

②琐琐:细小卑微的样子。《易·旅》:"旅琐琐,斯其所取灾。"孔颖达疏:"琐琐者,细小卑贱之貌也。"《诗·小雅·节南山》:"琐琐姻亚,则无膴仕。"毛传:"琐琐,小貌。"膴(wǔ)仕,高官厚禄。

【译文】

佌佌是微小的样子,琐琐是细小卑微的样子:它们都是描写微小的样子。

3.043　悄悄①、惨惨②,愠也③。

【注释】

①悄悄:忧伤的样子。《诗·邶风·柏舟》:"忧心悄悄,愠于群小。"
毛传:"愠,怒也。悄悄,忧貌。"

②惨惨:忧闷的样子。《诗·小雅·正月》:"忧心惨惨,念国之为
虐。"毛传:"惨惨犹戚戚也。"《诗·大雅·抑》:"视尔梦梦,我心
惨惨。"毛传:"梦梦,乱也。惨惨,忧不乐也。"

③愠:愁恨。邢昺疏:"愠,恨怒也。皆贤人愁恨也。"

【译文】

悄悄是忧伤的样子,惨惨是忧闷的样子:它们都是描写愁恨的
样子。

3.044　痯痯①、瘐瘐②,病也。

【注释】

①痯痯(guǎn):疲劳的样子。《诗·小雅·杕杜》:"檀车幝幝,四牡
痯痯,征夫不远。"毛传:"幝幝(chǎn),敝貌。痯痯,罷貌。"敝,破
旧。罷(pí),疲劳。

②瘐瘐(yǔ):同"愈愈",忧病的样子。邢昺疏:"《小雅·正月》云:
'忧心愈愈。'毛传云:'愈愈,忧惧也。'此皆贤人失志怀忧病也。"
《诗·小雅·正月》:"忧心愈愈,是以有侮。"

【译文】

痯痯是疲劳的样子,瘐瘐是忧病的样子:它们都是描写疲病的
样子。

3.045　殷殷①、惸惸②、忉忉③、慱慱④、钦钦⑤、京京⑥、忡忡⑦、惙惙⑧、恔恔⑨、奕奕⑩,忧也。

【注释】

①殷殷:忧伤的样子。《诗·邶风·北门》:"出自北门,忧心殷殷。"

②惸惸(qióng):忧思的样子。《诗·小雅·正月》:"忧心惸惸,念我无禄。"毛传:"惸惸,忧意也。"

③忉忉(dāo):忧思的样子。《诗·齐风·甫田》:"无思远人,劳心忉忉。"毛传:"忉忉,忧劳也。"

④慱慱(tuán):忧劳的样子。《诗·桧风·素冠》:"庶见素冠兮,棘人栾栾兮,劳心慱慱兮。"毛传:"慱慱,忧劳也。"

⑤钦钦:忧思难忘的样子。《诗·秦风·晨风》:"未见君子,忧心钦钦。如何如何,忘我实多。"郑玄笺:"言穆公始未见贤者之时,思望而忧之。"

⑥京京:忧愁不绝的样子。《诗·小雅·正月》:"念我独兮,忧心京京。"毛传:"京京,忧不去也。"

⑦忡忡(chōng):忧愁的样子。《诗·小雅·出车》:"未见君子,忧心忡忡。"

⑧惙惙(chuò):忧伤的样子。《诗·召南·草虫》:"未见君子,忧心惙惙。"毛传:"惙惙,忧也。"

⑨怲怲(bǐng):忧甚的样子。《诗·小雅·颊弁》:"未见君子,忧心怲怲。"毛传:"怲怲,忧盛满也。"

⑩奕奕(yì):同"弈弈",忧愁的样子。《诗·小雅·颊弁》:"未见君子,忧心弈弈。"孔颖达疏:"弈弈,忧之状。"

【译文】

殷殷是忧伤的样子,惸惸、忉忉是忧思的样子,慱慱是忧劳的样子,钦钦是忧思难忘的样子,京京是忧愁不绝的样子,忡忡是忧愁的样子,惙惙是忧伤的样子,怲怲是忧甚的样子,奕奕是忧愁的样子:它们都是描写忧愁的样子。

3.046　畇畇,田也^①。

【注释】

①畇畇(yún),田也:畇畇,田已垦辟的样子。田,耕种田地。《诗·
　小雅·信南山》:"信彼南山,维禹甸之。畇畇原隰,曾孙田之。"
　毛传:"畇畇,垦辟貌。"孔颖达疏:"此地今畇畇然成其垦辟之原
　隰者,由曾孙成王所田之。"

【译文】

畇畇是田已垦辟的样子,已垦之田用来耕种。

3.047　畟畟^①,耜也^②。

【注释】

①畟畟(cè):锋利的样子。《诗·周颂·良耜》:"畟畟良耜,俶载
　南亩。"
②耜(sì):农具耒下铲土的部件,初以木制,后以金属制作。《易·
　系辞下》:"神农氏作,斲木为耜,揉木为耒。"

【译文】

畟畟是用来描写农具耜锋利的样子。

3.048　郝郝^①,耕也。

【注释】

①郝郝(shì):同"泽泽(shì)",通"释释",分解离散的样子。《诗·周
　颂·载芟》:"载芟载柞,其耕泽泽。"孔颖达疏:"待其土气烝达,
　然后耕之。其耕则释释然土皆解散。"

【译文】

郝郝(释释)是描写耕种时分解离散田土的样子。

3.049　绎绎①,生也。

【注释】

①绎绎:同"驿驿",长势旺盛的样子。《诗·周颂·载芟》:"驿驿其达,有厌其杰,厌厌其苗,绵绵其麃。"孔颖达疏:"驿驿其达,谓苗生达也。"

【译文】

绎绎是描写禾苗生长旺盛的样子。

3.050　穟穟①,苗也。

【注释】

①穟穟(suì):禾苗好美的样子。《诗·大雅·生民》:"荏菽旆旆,禾役穟穟。"毛传:"旆旆然长也。役,列也。穟穟,苗好美也。"

【译文】

穟穟是描写禾苗好美的样子。

3.051　绵绵①,穮也②。

【注释】

①绵绵:连续不断的样子。《诗·周颂·载芟》:"厌厌其苗,绵绵其麃。"麃,通"穮"。参见"穮"下注。

②穮(biāo):耘田除草。《左传·昭公元年》:"譬如农夫,是穮是蓘,

虽有饥馑,必有丰年。"杜预注:"穮,耘也。壅苗为蓘。"

【译文】

绵绵是描写连续不断耘田除草的样子。

3.052　挃挃,获也。栗栗,众也①。

【注释】

①挃挃(zhì),获也。栗栗,众也:挃挃,收割庄稼的声音。栗栗,众
多的样子。《诗·周颂·良耜》:"获之挃挃,积之栗栗。"毛传:
"挃挃,获声也。栗栗,众多也。"

【译文】

挃挃是描写收割庄稼的声音,栗栗是描写庄稼聚积众多的样子。

3.053　滫滫,淅也。烰烰,烝也①。

【注释】

①滫滫(sōu),淅也。烰烰(fú),烝也:滫滫,同"叟叟",淘米的声音。
淅,淘(米)。烰烰,同"浮浮",热气蒸腾的样子。烝,用蒸气加
热。后写作"蒸"。《诗·大雅·生民》:"或舂或揄,或簸或蹂。
释之叟叟,烝之浮浮。"毛传:"释,淅米也。叟叟,声也。浮浮,气
也。"孔颖达疏:"《说文》云:'淅,汰米也。'"

【译文】

滫滫是描写淘米的声音,烰烰是描写做饭热气蒸腾的样子。

3.054　俅俅①,服也②。

【注释】

①俅俅(qiú)：冠饰华美的样子。《诗·周颂·丝衣》："丝衣其纰，载弁俅俅。"毛传："纰，洁鲜貌。"纰，音 fóu。郑玄笺："载犹戴也。弁，爵弁也。"爵弁，古代礼冠的一种，次冕一等。

②服：衣服、服饰。《诗·曹风·候人》："彼其之子，不称其服。"

【译文】

俅俅是描写服饰华美的样子。

3.055　峨峨①,祭也。

【注释】

①峨峨：盛美的样子。郭璞注："谓执圭璋助祭。"《诗·大雅·棫朴》："济济辟王，左右奉璋。奉璋峨峨，髦士攸宜。"毛传："峨峨，盛壮也。"辟(bì)王，君王。

【译文】

峨峨是描写执圭璋助祭时盛美的样子。

3.056　锽锽①,乐也。

【注释】

①锽锽(huáng)：同"喤喤"，钟鼓的声音。《诗·周颂·执竞》："钟鼓喤喤，磬筦将将。"孔颖达疏："舍人曰：'喤喤，钟鼓之乐也。'"

【译文】

锽锽是描写敲钟击鼓喜悦的样子。

3.057　穰穰①,福也。

【注释】

①穰穰(ráng):饶多的样子。郭璞注:"言饶多。"《诗·周颂·执竞》:"降福穰穰,降福简简。"毛传:"穰穰,众也。"

【译文】

穰穰是描写降福饶多的样子。

3.058　子子孙孙,引无极也①。

【注释】

①子子孙孙,引无极也:郭璞注:"世世昌盛长无穷。"《诗·小雅·楚茨》:"子子孙孙,勿替引之。"毛传:"替,废;引,长也。"

【译文】

子孙昌盛,永远延续。

3.059　颙颙、卬卬①,君之德也。

【注释】

①颙颙(yóng):庄重恭敬的样子。卬卬(áng):气宇轩昂的样子。《诗·大雅·卷阿》:"颙颙卬卬,如圭如璋,令闻令望。"毛传:"颙颙,温貌。卬卬,盛貌。"郑玄笺:"令,善也。"

【译文】

颙颙是庄重恭敬的样子,卬卬是气宇轩昂的样子:它们都是描写君王德行美善的样子。

3.060　丁丁、嘤嘤①,相切直也②。

【注释】

①丁丁(zhēng):伐木的声音。嘤嘤(yīng):鸟和鸣的声音。《诗·
　小雅·伐木》:"伐木丁丁,鸟鸣嘤嘤。"毛传:"兴也。丁丁,伐木
　声也。"郑玄笺:"嘤嘤,两鸟声也。"

②相切直:郭璞注:"喻朋友切磋相正。"

【译文】

　　丁丁是伐木的声音,嘤嘤是鸟和鸣的声音:它们都是起兴,用来比
喻朋友间切磋相正的景况。

3.061　蔼蔼①、萋萋②,臣尽力也。噰噰喈喈③,民协
服也。

【注释】

①蔼蔼:贤臣众多的样子。《诗·大雅·卷阿》:"蔼蔼王多吉士,维
　君子使,媚于天子。"毛传:"蔼蔼犹济济也。"

②萋萋:梧桐茂盛的样子,比喻君德盛大。参见"噰噰喈喈"下注。

③噰噰(yōng)喈喈(jiē):鸟和鸣的声音,比喻民臣和协。噰噰,同
　"雝雝"。《诗·大雅·卷阿》:"菶菶萋萋,雝雝喈喈。"毛传:"梧
　桐盛也,凤凰鸣也。臣竭其力,则地极其化;天下和洽,则凤凰乐
　德。"郑玄笺:"菶菶萋萋,喻君德盛也。雝雝喈喈,喻民臣和协。"

【译文】

　　蔼蔼是贤臣众多的样子,萋萋比喻君德盛大,众多贤臣都尽力辅
君。噰噰喈喈是鸟和鸣的声音,比喻民众顺从悦服。

3.062 佻佻①、契契②,愈遐急也。

【注释】

①佻佻(tiáo):独行叹息的样子。陆德明释文:"《诗》云'佻佻',独
行叹息也。"《诗·小雅·大东》:"佻佻公子,行彼周行。"毛传:
"佻佻,独行貌。"

②契契:忧苦的样子。《诗·小雅·大东》:"契契寤叹,哀我惮人。"
毛传:"契契,忧苦也。"

【译文】

佻佻是独行叹息的样子,契契是忧苦的样子:它们都是描写贤人忧
叹愈加急切的样子。

3.063 宴宴①、粲粲②,尼居息也③。

【注释】

①宴宴:同"燕燕",安闲逸乐的样子。《诗·小雅·北山》:"或燕燕
居息,或尽瘁事国。"毛传:"燕燕,安息貌。"

②粲粲:鲜洁华美的样子。《诗·小雅·大东》:"西人之子,粲粲衣
服。"毛传:"粲粲,鲜盛貌。"

③尼:近。郭璞注:"盛饰宴安,近处优闲。"

【译文】

宴宴是安闲逸乐的样子,粲粲是鲜洁华美的样子:它们都是描写贵
族在京城近处优闲逸乐的生活。

3.064 哀哀①、悽悽②,怀报德也。

【注释】

①哀哀:悲伤不已的样子。《诗·小雅·蓼莪》:"哀哀父母,生我劬劳。"郑玄笺:"哀哀者,恨不得终养父母,报其生长己之苦。"

②悽悽:同"萋萋",兴喻悲伤凄凉的样子。《诗·小雅·杕杜》:"有杕之杜,其叶萋萋……王事靡盬,忧我父母。"邵晋涵正义:"释文:'悽,郭本或作萋。'《小雅·杕杜》云:'其叶萋萋。'下云'忧我父母。'兴喻之义与《蓼莪》同。"

【译文】

哀哀是悲伤不已的样子,悽悽是悲伤凄凉的样子:它们都是描写报答父母恩德的忧思情状。

3.065　儵儵①、嘒嘒②,罹祸毒也③。

【注释】

①儵儵(yōu):同"悠悠""攸攸",忧思的样子。郝懿行义疏:"释文云:'樊本作攸,引《诗》"攸攸我思"。'今《诗》作'悠悠我思'。毛传:'悠悠,忧也。'……儵儵即悠悠。"参见3.016条。

②嘒嘒(huì):蝉鸣的声音,兴喻忧伤。郭璞注:"悼王道秽塞,羡蝉鸣自得,伤己失所遭谗贼。"《诗·小雅·小弁》:"菀彼柳斯,鸣蜩嘒嘒。"毛传:"蜩,蝉也;嘒嘒,声也。"

③罹(lí):遭受。《书·汤诰》:"尔万方百姓,罹其凶害。"孔安国传:"罹,被也。"

【译文】

儵儵是忧思的样子,嘒嘒是蝉鸣的声音:它们都是描写遭遇祸患的忧思情状。

3.066　晏晏、旦旦①,悔爽忒也②。

【注释】

①晏晏:和柔的样子。参见3.009条。旦旦:诚恳的样子。《诗·
卫风·氓》:"总角之宴,言笑晏晏。信誓旦旦,不思其反。反是
不思,亦已焉哉。"郑玄笺:"女与我言笑晏晏然而和柔,我其以信
相誓旦旦耳。言其恳恻款诚。"

②爽忒:差失。郭璞注:"伤见弃绝,恨士失也。"邢昺疏:"悔,恨也。
爽忒,差失也。"

【译文】

晏晏、旦旦是描写男子未婚之时和柔诚恳的样子,女子终则遭弃,
而恨夫行为差失。

3.067　皋皋①、琄琄②,刺素食也。

【注释】

①皋皋:愚顽无知的样子。《诗·大雅·召旻》:"皋皋讻讻,曾不知
其玷。"毛传:"皋皋,顽不知道也。讻讻,窍不供事也。"孔颖达疏:
"无德不治而空食禄,是顽不知其道也。"

②琄琄(xuàn):同"鞙鞙",佩玉累垂的样子。《诗·小雅·大东》:
"鞙鞙佩璲,不以其长。"郑玄笺:"佩璲者,以瑞玉为佩,佩之鞙鞙
然,居其官职,非其才之所长也,徒美其佩而无其德,刺其素餐。"

【译文】

皋皋是愚顽无知的样子,琄琄是佩玉累垂的样子:它们都是用来讽
刺无德而白吃饭的贵族的。

3.068　懽懽①、慅慅②,忧无告也。

【注释】

①懽懽(guàn)：同"管管"，无所凭依的样子。《诗·大雅·板》："靡圣管管，不实于亶。"毛传："管管，无所依系。"

②愮愮(yáo)：同"摇摇"，忧愁而无处告诉的样子。《诗·王风·黍离》："行迈靡靡，中心摇摇。"毛传："摇摇，忧无所愬。"

【译文】

懽懽是无所凭依的样子，愮愮是忧愁而无处告诉的样子：它们都是描写贤人忧愁无处诉说的样子。

3.069　宪宪、泄泄①，制法则也。

【注释】

①宪宪：喜悦的样子。泄泄(yì)：同"泄泄(yì)"，和乐的样子。《诗·大雅·板》："天之方难，无然宪宪。天之方蹶，无然泄泄。"孔颖达疏："宪宪犹欣欣，喜乐貌也，谓见王将为恶政而喜乐之。泄泄犹沓沓，竞进之意也，谓见王将为恶政竞随从而为之制法也。"

【译文】

宪宪、泄泄都是描写群臣随从恶政而竞相为王制定法规的喜悦情状。

3.070　谑谑、谪谪①，崇谗慝也②。

【注释】

①谑谑(xuè)：喜乐的样子。谪谪(hè)：同"熇熇"，炽盛的样子。《诗·大雅·板》："天之方虐，无然谑谑……多将熇熇，不可救药。"毛传："谑谑然喜乐……熇熇然炽盛也。"

②谗慝(tè)：邪恶奸佞。《左传·成公七年》：“尔以谗慝贪惏事君，
　　而多杀不辜。”贪惏(lán)，贪婪。

【译文】

謔謔是喜乐的样子，讻讻是炽盛的样子：它们都是描写臣子助王邪
恶奸佞的情状。

3.071　翕翕、訿訿①，莫供职也。

【注释】

①翕翕(xī)：同“潝潝”，苟合趋附的样子。訿訿(zǐ)：自营私利不称
　　职的样子。《诗·小雅·小旻》：“潝潝訿訿，亦孔之哀。”孔颖达
　　疏：“潝潝为小人之势，是作威福也。訿訿者自营之状，是求私利
　　也。自作威福，竞营私利，是不供君职也。”

【译文】

翕翕是苟合趋附的样子，訿訿是争营私利的样子：它们都是描写臣
子无人称职的情状。

3.072　速速①、蹙蹙②，惟述鞠也③。

【注释】

①速速：同“蔌蔌”，猥琐丑陋的样子。《诗·小雅·正月》：“佌佌彼
　　有屋，蔌蔌方有谷。”毛传：“佌佌，小也。蔌蔌，陋也。”郑玄笺：
　　“谷，禄也。此言小人富而窭陋将贵也。”

②蹙蹙(cù)：局缩不舒展的样子。《诗·小雅·节南山》：“我瞻四
　　方，蹙蹙靡所骋。”郑玄笺：“蹙蹙，缩小之貌。我视四方土地日见
　　侵削于夷狄，蹙蹙然虽欲驰骋无所之也。”

③惟述鞠(jū)：郭璞注："陋人专禄国侵削，贤士永哀念穷迫。"邢昺疏："惟，念也。述，急迫也。鞠，穷也。言鄙陋小人专据爵禄，国土侵削，致贤士永哀念其穷迫也。"

【译文】

速速是猥琐丑陋的样子，蹙蹙是局缩不舒展的样子，鄙陋小人专据爵禄，国土侵削，以致贤士哀念其穷困窘迫。

3.073　抑抑，密也。秩秩，清也①。

【注释】

①抑抑，密也。秩秩，清也：抑抑，致密的样子。秩秩，清明的样子。《诗·大雅·假乐》："威仪抑抑，德音秩秩。无怨无恶，率由群匹。"郑玄笺："抑抑，密也。秩秩，清也。成王立朝之威仪致密无所失，教令又清明，天下皆乐仰之，无有怨恶。循用群臣之贤者，其行能匹耦己之心。"

【译文】

抑抑是致密的样子，秩秩是清明的样子。

3.074　粤夆①，掣曳也②。

【注释】

①粤夆(píng fēng)：同"荓蜂"，牵引(入于恶道)。《诗·周颂·小毖》："予其惩而毖后患。莫予荓蜂，自求辛螫。"孔颖达疏："汝等群臣，莫复于我掣曳，牵我以入恶道。若其如是，我必刑诛于汝。是汝自求是辛苦毒螫之害耳。"

②掣曳(chè yè)：牵拖、牵引。郭璞注："谓牵扡。"扡，拖。

【译文】

粤夆是牵引(入于恶道)的意思。

3.075　朔,北方也①。

【注释】

①朔,北方也:邢昺疏引舍人曰:"朔,尽也。北方万物尽,故言
　朔也。"

【译文】

朔是北方的意思。

3.076　不俟①,不来也。

【注释】

①不俟(sì):不可等待。俟,同"竢"。郭璞注:"不可待是不复来。"
　《楚辞〈九章·思美人〉》:"窃快在中心兮,扬厥凭而不竢。"王逸
　注:"思舒愤懑无所待也。"

【译文】

不俟有不再来的意思。

3.077　不遹①,不迹也②。

【注释】

①不遹(yù):即"不述",不遵循法度。郭璞注:"言不循轨迹也。"郝
　懿行义疏:"遹,古述字。述、术字通。此释《诗》'报我不术'。"今
　本《诗》作"不述",《诗·邶风·日月》:"胡能有定,报我不述。"毛

传:"述,循也。"

②不迹:不遵循法度。《诗·小雅·沔水》:"念彼不迹,载起载行。心之忧矣,不可弭忘。"毛传:"不迹,不循道也。"郑玄笺:"诸侯不循法度,妄兴师出兵,我念之忧不能忘也。"

【译文】

不适有不遵循法度的意思。

3.078　不彻①,不道也。

【注释】

①不彻:不循常道。《诗·小雅·十月之交》:"天命不彻,我不敢效我友自逸。"毛传:"彻,道也。"郑玄笺:"不道者,言王不循天之政教。"

【译文】

不彻有不循常道的意思。

3.079　勿念①,勿忘也。

【注释】

①勿念:同"无念",勿(无)语气助词,无义。邢昺疏:"勿念,念也。念即不忘也。若《大雅·文王篇》云'无念尔祖'是也。"《诗·大雅·文王》:"王之荩臣,无念尔祖。"毛传:"无念,念也。"荩(jìn)臣,王所进用之臣。

【译文】

勿念有不忘的意思。

3.080　蕿、谖①,忘也。

【注释】

①蕿(xuān):同"萱",本义为忘忧草,引申为忘记。谖:通"萱"。《诗·卫风·淇奥》:"有匪君子,终不可谖兮。"毛传:"谖,忘也。"《诗·卫风·考盘》:"独寐寤言,永矢弗谖。"郑玄笺:"谖,忘也。"

【译文】

蕿、谖(萱)都有忘记的意思。

3.081　每有①,虽也。

【注释】

①每有:虽有。《诗·小雅·常棣》:"每有良朋,烝也无戎。"郑玄笺:"当急难之时,虽有善同门来,久也犹无相助己者。"

【译文】

每有虽有的意思。

3.082　饎①,酒食也。

【注释】

①饎(chì):酒食。《诗·小雅·天保》:"吉蠲为饎,是用孝享。"毛传:"吉,善;蠲,洁也。饎,酒食也。"

【译文】

饎有酒食的意思。

3.083　舞、号,雩也①。

【注释】

①雩(yú):为祈雨而举行的祭祀。郭璞注:"雩之祭舞者,吁嗟而请雨。"《礼记·月令》:"命有司为民祈祀山川百源,大雩帝,用盛乐。"郑玄注:"雩,吁嗟求雨之祭也。"

【译文】

舞、号是祈雨祭祀的祭舞与号呼。

3.084　暨①,不及也②。

【注释】

①暨:及。参见1.129条。

②不及:及,"不"衍文。王引之《经义述闻·尔雅中》:"训暨为及,未有训为不及者。'不'字盖涉下文'不逊也'而衍也。"

【译文】

暨有及的意思。

3.085　蠢①,不逊也。

【注释】

①蠢:不谦逊。《诗·小雅·采芑》:"蠢尔蛮荆,大邦为雠。"孔颖达疏:"我所伐者乃蠢蠢尔不逊之蛮荆。"

【译文】

蠢有不谦逊的意思。

3.086　"如切如磋",道学也。"如琢如磨",自修也。"瑟兮僴兮",恂栗也。"赫兮烜兮",威仪也。"有斐君子,终不可谖兮",道盛德至善,民之不能忘也①。

【注释】

①"如切"十二句:《诗·卫风·淇澳》:"有匪君子,如切如磋,如琢如磨。瑟兮僴兮,赫兮咺兮。有匪君子,终不可谖兮。"毛传:"瑟,矜庄貌。僴,宽大也。赫,有明德赫赫然。咺,威仪容止宣著也。谖,忘也。"如切如磋,比喻互相商讨砥砺。如琢如磨,比喻自我修养。瑟兮僴(xiàn)兮、恂栗,形容衿庄宽大。赫兮烜(xuān)兮,形容光明磊落。烜,同"咺"。有斐君子,终不可谖(xuān)兮,谓君子有善德,百姓不能忘记。谖,通"萱"。

【译文】

"如切如磋",比喻互相商讨砥砺;"如琢如磨",比喻自我修养;"瑟兮僴兮",形容衿庄宽大;"赫兮烜兮",形容光明磊落;"有斐君子,终不可谖兮",是君子有善德,百姓不能忘记的意思。

3.087　"既微且尰",骭疡为微,肿足为尰①。

【注释】

①"既微且尰(zhǒng)",骭(gàn)疡为微,肿足为尰:《诗·小雅·巧言》:"既微且尰,尔勇伊何。"毛传:"骭疡为微,肿足为尰。"骭疡、微,小腿生湿疮。肿足、尰,指足部水肿。

【译文】

"既微且尰",小腿生湿疮叫做微,足部水肿叫做尰。

3.088　"是刈是濩",濩,煮之也①。

【注释】

①"是刈是濩(huò)",濩,煮之也:《诗·周南·葛覃》:"是刈是濩,为绤为绤,服之无致。"毛传:"濩,煮之也。"无致(yì),不厌恶、不厌倦。

【译文】

"是刈是濩",濩是煮的意思。

3.089　"履帝武敏",武,迹也;敏,拇也①。

【注释】

①"履帝武敏",武,迹也;敏,拇也:《诗·大雅·生民》:"履帝武敏,歆。"毛传:"履,践也。帝,高辛氏之帝也。武,迹。"郑玄笺:"敏,拇也。"敏,通"拇",足大趾。

【译文】

"履帝武敏",武是足迹的意思,敏(拇)是足大趾的意思。

3.090　"张仲孝友",善父母为孝,善兄弟为友①。

【注释】

①"张仲孝友",善父母为孝,善兄弟为友:《诗·小雅·六月》:"侯谁在矣,张仲孝友。"毛传:"侯,维也。张仲,贤臣也。善父母为孝,善兄弟为友。"

【译文】

"张仲孝友",善事父母叫做孝,善待兄弟叫做友。

3.091　"有客宿宿",言再宿也。"有客信信",言四宿也①。

【注释】

①"有客"四句:《诗·周颂·有客》:"有客宿宿,有客信信。"邢昺疏:"毛传云:'一宿曰宿,再宿曰信。'各重言之,故知再宿及四宿也。"

【译文】

"有客宿宿",宿宿是两宿的意思。"有客信信",信信是四宿的意思。

3.092　美女为媛①。

【注释】

①媛(yuàn):美女。《诗·鄘风·君子偕老》:"展如之人兮,邦之媛也。"毛传:"展,诚也。美女为媛。"

【译文】

美女称为媛。

3.093　美士为彦①。

【注释】

①彦:贤士、俊才。《诗·郑风·羔裘》:"彼其之子,邦之彦兮。"毛传:"彦,士之美称。"

【译文】

贤士、俊才称为彦。

3.094　"其虚其徐"①，威仪容止也。

【注释】

①其虚其徐：谦虚从容。今本《诗》"徐"作"邪"。《诗·邶风·北风》："其虚其邪，既亟只且。"郑玄笺："邪读如徐"。孔颖达疏："虚徐者，谦虚闲徐之义。"亟，急。只且(jū)，句末语气助词，表感叹。

【译文】

"其虚其徐"，谦虚从容，描写庄重的仪容举止。

3.095　"猗嗟名兮"，目上为名①。

【注释】

①"猗嗟名兮"，目上为名：名，郭璞注："眉眼之间。"《诗·齐风·猗嗟》："猗嗟名兮，美目清兮。"毛传："目上为名。"猗嗟，感叹词，表示赞美。

【译文】

"猗嗟名兮"，眉眼之间称为名。

3.096　"式微式微"者，微乎微者也①。

【注释】

①"式微式微"者，微乎微者也：《诗·邶风·式微》："式微式微，胡不归。"郑玄笺："式微式微者，微乎微者也。"孔颖达疏："郭璞曰：'言至微也。'以君被逐，既微又见卑贱，是至微也。"式微，衰微。式，语气助词，无义。

【译文】

"式微式微",是极其衰微的意思。

3.097   之子者①,是子也。

【注释】

①之子:这个人。《诗·周南·汉广》:"之子于归,言秣其马。"郑玄
　　笺:"之子,是子也。"秣(mò),喂养。

【译文】

之子是这个人的意思。

3.098   "徒御不惊"①,辇者也②。

【注释】

①徒御不惊:《诗·小雅·车攻》:"徒御不惊,大庖不盈。"毛传:
　　"徒,辇也。御,御马也。不惊,惊也。不盈,盈也。"徒御,挽车、
　　御马的人。不惊,警戒。不,语气助词,无义。惊,通"警"。
②辇:人拉的车。

【译文】

"徒御不惊",挽车、御马人警惕戒备,他们用的有人力拉的辇车。

3.099   襢裼①,肉袒也②。

【注释】

①襢裼(tǎn xī):脱衣露体。襢,同"袒"。《诗·郑风·大叔于田》:
　　"襢裼暴虎,献于公所。"

②肉袒:脱衣露体。《礼记·郊特牲》:"君再拜稽首,肉袒亲割,敬
　之至也。"

【译文】

禮袒有脱衣露体的意思。

3.100　暴虎,徒搏也①。

【注释】

①暴虎,徒搏也:暴虎,空手和老虎搏斗。徒,空(手)。《诗·郑
　风·大叔于田》:"禮袒暴虎,献于公所。"毛传:"暴虎,空手以搏
　之。"参见3.101条。

【译文】

暴虎是空手和老虎搏斗的意思。

3.101　冯河,徒涉也①。

【注释】

①冯河,徒涉也:冯河,徒步涉水渡河。《诗·小雅·小旻》:"不敢
　暴虎,不敢冯河。"毛传:"徒涉曰冯河,徒搏曰暴虎。"

【译文】

冯河是徒步涉水渡河的意思。

3.102　籧篨,口柔也①。

【注释】

①籧篨(qú chú),口柔:描写花言巧语、谄媚奉承的人的情态。邢昺

疏引李巡曰:"籧篨,巧言好辞,以口饶人,是谓口柔。"《诗·邶风·新台》:"燕婉之求,籧篨不鲜。"毛传:"籧篨,不能俯者。"郑玄笺:"籧篨,口柔。常观人颜色而为之辞,故不能俯也。"

【译文】

籧篨,描写花言巧语、谄媚奉承之人的情态。

3.103　戚施,面柔也①。

【注释】

①戚施,面柔:描写谄谀献媚之人的情态。《诗·邶风·新台》:"燕婉之求,得此戚施。"毛传:"戚施,不能仰者。"郑玄笺:"戚施,面柔。下人以色,故不能仰也。"

【译文】

戚施,描写谄谀献媚之人的情态。

3.104　夸毗,体柔也①。

【注释】

①夸毗,体柔:描写谄媚卑屈之人的情态。《诗·大雅·板》:"天之方懠,无为夸毗。"毛传:"懠,怒也。夸毗,体柔人也。"郑玄笺:"王方行酷虐之威怒,女无夸毗以形体顺从之。"懠,音 qí。

【译文】

夸毗,描写谄媚卑屈之人的情态。

3.105　婆娑①,舞也。

【注释】

①婆娑:描写翩翩起舞的样子。《诗·陈风·东门之枌》:"子仲之子,婆娑其下。"毛传:"婆娑,舞也。"

【译文】

婆娑,描写翩翩起舞的样子。

3.106　摽^①,拊心也^②。

【注释】

①摽(pǐ):拍胸。邢昺疏:"《邶风·柏舟》云:'寤辟有摽。'谓拊心也。"今本《诗》"摽"作"辟",毛传:"辟,拊心也。"

②拊(fǔ)心:拍胸。《仪礼·士丧礼》:"妇人拊心不哭。"

【译文】

摽有拍胸的意思。

3.107　矜^①、怜,抚掩之也^②。

【注释】

①矜(jīn):怜悯、同情。《诗·小雅·鸿雁》:"爰及矜人,哀此鳏寡。"毛传:"矜,怜也。"

②抚掩:安慰体恤。郭璞注:"抚掩犹抚拍,谓慰恤也。"

【译文】

矜是怜悯、同情,怜是哀怜、怜悯,他们都有安慰体恤的意思。

3.108　绒^①,羔裘之缝也。

【注释】

①绒(yù)：羔裘的衣缝。《诗·召南·羔羊》："羔羊之革，素丝五绒。"毛传："绒，缝也。"

【译文】

绒是羔裘的衣缝的意思。

3.109 殿屎①，呻也。

【注释】

①殿屎(xī)：愁苦呻吟。《诗·大雅·板》："民之方殿屎，则莫我敢葵。"毛传："殿屎，呻吟也。"葵，通"揆"，揣度、估量。

【译文】

殿屎是愁苦呻吟的意思。

3.110 帱谓之帐①。

【注释】

①帱(chóu)：同"裯"，床帐。《诗·召南·小星》："肃肃宵征，抱衾与裯。"郑玄笺："裯，床帐也。"

【译文】

帱是床帐的意思。

3.111 侜张①，诳也。

【注释】

①侜(zhōu)张：同"诪张"，欺诳。《书·无逸》："民无或胥诪张为

幻。"孔安国传:"诪张,诳也。君臣以道相正,故下民无有相欺诪
幻惑也。"单用"伿"义同。《诗·陈风·防有鹊巢》:"谁伿予美?
心焉忉忉。"郑玄笺:"谁伿张诳欺我所美之人乎? 使我心忉
忉然。"

【译文】

伿张有欺诳的意思。

3.112　谁昔①,昔也。

【注释】

①谁昔:昔,从前。郭璞注:"谁,发语辞。"《诗·陈风·墓门》:"知
而不已,谁昔然矣。"郑玄笺:"谁昔,昔也。国人皆知其有罪恶而
不诛退,终致祸难,自古昔之时常然。"

【译文】

谁昔是从前的意思。

3.113　不辰①,不时也。

【注释】

①不辰:不得其时。《诗·大雅·桑柔》:"我生不辰,逢天僤怒。"郑
玄笺:"辰,时也。"僤(dàn)怒,大怒。

【译文】

不辰有生不逢时的意思。

3.114　凡曲者为罶①。

【注释】

①罶（liǔ）：曲梁，捕鱼的竹篓。《诗·小雅·鱼丽》：“鱼丽于罶，鲿鲨。”毛传：“罶，曲梁也。”

【译文】

凡是弯曲的捕鱼竹篓名叫罶。

3. 115　鬼之为言归也①。

【注释】

①之为言：训诂术语，相当于“所谓……就是……”。邢昺疏：“鬼犹归也，若归去然。故《尸子》曰：‘古者谓死人为归人。’”

【译文】

所谓鬼就是人死所归。

释亲第四

【题解】

《释亲》属于伦理学的范畴,解释有关亲属的名称。篇下据词语的性质内容,分为宗族、母党、妻党、婚姻4类。本篇共有32条,解释99个词语。

4.001 父为考,母为妣①。

【注释】

①父为考,母为妣(bǐ):父、母。《书·舜典》:"二十有八载,帝乃殂落,百姓如丧考妣。"孔安国传:"考妣,父母。"后称死去的父母为考妣。《礼记·曲礼下》:"生曰父,曰母,曰妻;死曰考,曰妣,曰嫔。"

【译文】

父称为考,母称为妣。

4.002 父之考为王父①,父之妣为王母。王父之考为曾祖王父②,王父之妣为曾祖王母。曾祖王父之考为高祖王父,曾祖王父之妣为高祖王母③。

【注释】

①王父:祖父。郭璞注:"加王者,尊之也。"《书·牧誓》:"昏弃厥遗王父母弟不迪。"

②曾祖:祖父的父亲。郭璞注:"曾犹重也。"汉班固《白虎通·宗族》:"宗其为曾祖后者,为曾祖宗。"

③高祖:曾祖的父亲。郭璞注:"高者,言最在上。"《礼记·丧服小记》:"继祢者为小宗。有五世而迁之宗,其继高祖者也。"郑玄注:"小宗有四:或继高祖,或继曾祖,或继祖,或继祢,皆至五世则迁。"祢(nǐ),亲庙、父庙。

【译文】

父亲的父亲称为王父,父亲的母亲称为王母。祖父的父亲称为曾祖王父,祖父的母亲称为曾祖王母。曾祖父的父亲称为高祖王父,曾祖父的母亲称为高祖王母。

4.003　父之世父①、叔父为从祖祖父②,父之世母、叔母为从祖祖母③。

【注释】

①世父:大伯父。后用为伯父的通称。《仪礼·丧服》:"传曰:世父叔父何以期也? 与尊者一体也。"

②从:同宗亲属。《仪礼·丧服》:"从父姊妹。"郑玄注:"父之昆弟之女。"

③世母:伯母。《仪礼·丧服》:"世母叔母何以亦期也? 以名服也。"

【译文】

父亲的伯父、叔父称为从祖祖父,父亲的伯母、叔母称为从祖祖母。

4.004　父之晜弟①,先生为世父,后生为叔父。

【注释】

①晜(kūn):同"昆",兄。《诗·王风·葛藟》:"终远兄弟,谓他人昆。"毛传:"昆,兄也。"

【译文】

父亲的兄弟先出生的称为世父,后出生的称为叔父。

4.005　男子先生为兄,后生为弟。男子谓女子先生为姊,后生为妹。父之姊妹为姑①。

【注释】

①"男子先生"五句:郝懿行义疏:"此释兄、弟、姑、姊、妹之亲也。"

【译文】

男子先出生的称为兄,后出生的称为弟。男子称女子先出生的为姊,后出生的为妹。父亲的姐妹称为姑。

4.006　父之从父晜弟为从祖父①,父之从祖晜弟为族父②。族父之子相谓为族晜弟,族晜弟之子相谓为亲同姓③。兄之子、弟之子相谓为从父晜弟。

【注释】

①从父晜(kūn)弟:同祖父的兄弟。《仪礼·丧服》:"从父昆弟。"郑

玄注："世父、叔父之子也。"

②从祖晜弟：同曾祖父的兄弟。《仪礼·丧服》："从祖昆弟。"郑玄注："父之从父昆弟之子。"

③族晜弟：同高祖父的兄弟。《仪礼·丧服》："族昆弟。"贾公彦疏："云族昆弟者，己之三从兄弟。"胡培翚正义："族昆弟者，高祖之玄孙，己之三从昆弟也。"

【译文】

父亲的同祖父的兄弟称为从祖父，父亲的同曾祖父的兄弟称为族父。族父的儿子们相互称为族兄弟，同高祖父的兄弟的儿子们相互称为亲同姓。兄的儿子、弟的儿子相互称为从父兄弟。

4.007　子之子为孙，孙之子为曾孙，曾孙之子为玄孙，玄孙之子为来孙，来孙之子为晜孙，晜孙之子为仍孙，仍孙之子为云孙①。

【注释】

①"子之子"七句：郝懿行义疏："此释子孙之异名也。"

【译文】

儿子的儿子称为孙，孙子的儿子称为曾孙，曾孙的儿子称为玄孙，玄孙的儿子称为来孙，来孙的儿子称为昆孙，昆孙的儿子称为仍孙，仍孙的儿子称为云孙。

4.008　王父之姊妹为王姑①，曾祖王父之姊妹为曾祖王姑，高祖王父之姊妹为高祖王姑。父之从父姊妹为从祖姑，父之从祖姊妹为族祖姑。

【注释】

①王姑：祖父的姐妹。郝懿行义疏："王姑者，从王父而得尊称
也……曾祖王姑、高祖王姑，其义并同。"

【译文】

祖父的姐妹称为王姑，曾祖祖父的姐妹称为曾祖王姑，高祖祖父的
姐妹称为高祖王姑。父亲的同祖父的姐妹称为从祖姑，父亲同曾祖父
的姐妹称为族祖姑。

4.009　父之从父晜弟之母为从祖王母①，父之从祖晜
弟之母为族祖王母。父之兄妻为世母，父之弟妻为叔母。
父之从父晜弟之妻为从祖母②，父之从祖晜弟之妻为族
祖母③。

【注释】

①王母：祖母。《礼记·曲礼下》："祭王父，曰皇祖考，王母曰皇祖
妣。"孔颖达疏："王母，祖母也。"

②从祖母：父亲的同祖父兄弟之妻。

③族祖母：即族母。郝懿行义疏："'父之从祖晜弟之妻为族祖母'
者，上云'父之从祖晜弟为族父'，故其妻为族祖母也。本为族
母，言祖者，亦如从母言从祖母之例。"

【译文】

父亲的同祖父兄弟的母亲称为从祖王母，父亲的同曾祖父兄弟的
母亲称为族祖王母。父亲的兄长的妻子称为世母，父亲的弟弟的妻子
称为叔母。父亲的同祖父兄弟的妻子称为从祖母，父亲的同曾祖父兄
弟的妻子称为族祖母。

4.010　父之从祖祖父为族曾王父,父之从祖祖母为族曾王母①。

【注释】

①"父之从祖祖父"二句:郝懿行义疏:"族曾王父母,即已之从曾祖父母也。"

【译文】

父亲的从祖祖父称为族曾王父,父亲的从祖祖母称为族曾王母。

4.011　父之妾为庶母①。

【注释】

①庶(shù)母:父亲的妾。《仪礼·士昏礼》:"庶母及门内施鞶,申之以父母之命。"郑玄注:"庶母,父之妾也。"鞶(pán),革制的囊。

【译文】

父亲的妾称为庶母。

4.012　祖,王父也。晜,兄也①。

【注释】

①祖,王父也。晜,兄也。郝懿行义疏:"此覆释上文之义。"

【译文】

祖父就是王父,晜就是兄。

4.(1)　宗族①

【注释】

①宗族：指同宗亲族。邢昺疏："此别同宗亲族。"郝懿行义疏："题上事也。"

【译文】

以上解释同宗亲族一类的名称。

4.013　母之考为外王父，母之妣为外王母。母之王考为外曾王父，母之王妣为外曾王母①。

【注释】

①"母之考"四句：郭璞注："异姓故言外。"

【译文】

母亲的父亲称为外王父，母亲的母亲称为外王母。母亲的祖父称为外曾王父，母亲的祖母称为外曾王母。

4.014　母之晜弟为舅，母之从父晜弟为从舅①。

【注释】

①"母之晜弟"二句：邢昺疏："舅者，孙炎云：'舅之言旧，尊长之称。'"

【译文】

母亲的兄弟称为舅，母亲的同祖兄弟称为从舅。

4.015　母之姊妹为从母①，从母之男子为从母晜弟，其女子子为从母姊妹②。

【注释】

①从母:母亲的姐妹,即姨母。《仪礼·丧服》:"从母丈夫妇人报。"
　郑玄注:"从母,母之姊妹。"

②女子子:女儿。

【译文】

母亲的姐妹称为从母,母亲的姐妹的儿子称为从母兄弟,母亲的姐妹的女儿称为从母姊妹。

4.(2)　母党①

【注释】

①母党:指母方亲族。邢昺疏:"此一节别母之族党也。"

【译文】

以上解释母方亲族一类的名称。

4.016　妻之父为外舅,妻之母为外姑①。

【注释】

①"妻之父"二句:郝懿行义疏:"舅、姑皆尊老之称,加外者,别之也。"

【译文】

妻子的父亲称为外舅,妻子的母亲称为外姑。

4.017　姑之子为甥,舅之子为甥,妻之昆弟为甥,姊妹之夫为甥①。

【注释】

①"姑之子"四句：郭璞注："四人体敌，故更相为甥。甥犹生也。"体
　　敌，谓彼此地位相等，不分上下尊卑。

【译文】

姑姑的儿子称为甥，舅舅的儿子称为甥，妻子的兄弟称为甥，姐妹
的丈夫称为甥。

4.018　妻之姊妹同出为姨①。女子谓姊妹之夫为私②。

【注释】

①同出：都已出嫁。郭璞注："同出，谓俱已嫁。"

②私：姐妹的丈夫。邢昺疏引孙炎曰："私，无正亲之言。"《诗·卫
　　风·硕人》："邢侯之姨，谭公维私。"毛传："姊妹之夫曰私。"

【译文】

妻子的姐妹已出嫁的称为姨。女子称姐妹的丈夫为私。

4.019　男子谓姊妹之子为出①。女子谓晜弟之子为
侄②，谓出之子为离孙③，谓侄之子为归孙④。女子子之子为
外孙。

【注释】

①出：姐妹出嫁所生，指外甥。郝懿行义疏："出者，《释名》云：'姊
　　妹之子曰出，出嫁于异姓而生之也。'"《左传·庄公二十二年》：
　　"陈厉公，蔡出也。"杜预注："姊妹之子曰出。"孔颖达疏："言姊妹
　　出嫁而生子也。"

②侄：女子称兄弟的儿子为侄。《仪礼·丧服传》："侄者何也？谓

　我姑者,我谓之侄。"

③离孙:外甥的儿子。郝懿行义疏:"'谓出之子为离孙'者,离犹远
　也。《释名》云:'言远离己也。'"

④归孙:女子称侄子的儿子为归孙。郝懿行义疏:"'谓侄之子为归
　孙'者,《释名》云:'妇人谓嫁曰归,侄子列,故其所生为孙也。'"

【译文】

　男子称姐妹的儿子为出。女子称兄弟的儿子为侄,称外甥的儿子
为离孙,称侄子的儿子为归孙。女儿的儿子称为外孙。

4.020　女子同出①,谓先生为姒,后生为娣②。

【注释】

①同出:同嫁一夫。郭璞注:"同出,谓俱嫁事一夫。"

②先生为姒(sì),后生为娣(dì):郝懿行义疏:"娣、姒即众妾相谓之
　词,不关嫡夫人在内。"

【译文】

女子同嫁一夫,称先出生的为姒,后出生的为娣。

4.021　女子谓兄之妻为嫂,弟之妻为妇①。

【注释】

①弟之妻为妇:郭璞注:"犹今言新妇是也。"

【译文】

女子称兄长的妻子为嫂,称弟弟的妻子为妇。

4.022　长妇谓稚妇为娣妇①,娣妇谓长妇为姒妇。

【注释】

①长（zhǎng）妇：兄长的妻子。稚妇：弟弟的妻子。

【译文】

兄长的妻子称弟弟的妻子为娣妇，弟弟的妻子称兄长的妻子为姒妇。

4.（3）　妻党①

【注释】

①妻党：指妻方亲族一类的亲属关系。邢昺疏："此一节别妻之亲党也。"

【译文】

以上解释妻方亲族一类的名称。

4.023　妇称夫之父曰舅，称夫之母曰姑。姑舅在，则曰君舅、君姑；没，则曰先舅、先姑。谓夫之庶母为少姑。

【译文】

妇女称丈夫的父亲为舅，称丈夫的母亲为姑。姑、舅如果在世，就称为君舅、君姑；姑、舅如果去世，就称为先舅、先姑。称丈夫的庶母为少姑。

4.024　夫之兄为兄公，夫之弟为叔，夫之姊为女公，夫之女弟为女妹。

【译文】

丈夫的兄长称为兄公，丈夫的弟弟称为叔，丈夫的姐姐称为女公，丈夫的妹妹称为女妹。

4.025   子之妻为妇：长妇为嫡妇,众妇为庶妇①。

【注释】

①长妇为嫡妇,众妇为庶妇:郝懿行义疏:"嫡妇、庶妇者,嫡,正也;
庶,众也。"

【译文】

儿子的妻子称为妇:正妻称为嫡妇,众妾称为庶妇。

4.026   女子子之夫为婿。

【译文】

女儿的丈夫称为婿。

4.027   婿之父为姻,妇之父为婚①。

【注释】

①婿之父为姻,妇之父为婚:邢昺疏引《白虎通》云:"婚姻者何谓?
昏时行礼故曰婚,妇人因夫而成故曰姻。"

【译文】

女婿的父亲称为姻,媳妇的父亲称为婚。

4.028   父之党为宗族①,母与妻之党为兄弟。

【注释】

①党:亲族。《礼记·杂记下》:"有服,人召食之,不往。大功以下,既葬适人,人食之,其党也食之,非其党弗食也。"郑玄注:"党,犹亲也。"

【译文】

父亲的亲族称为宗族,母亲与妻子的亲族称为兄弟。

4.029　妇之父母,婿之父母,相谓为婚姻。两婿相谓为亚①。

【注释】

①亚:"娅"的古字,姐妹丈夫的互称,俗称连襟。《诗·小雅·节南山》:"琐琐姻亚,则无膴仕。"毛传:"两婿相谓曰亚。"

【译文】

媳妇的父母,女婿的父母,相互称为婚姻。姐妹的丈夫相互称为亚。

4.030　妇之党为婚兄弟,婿之党为姻兄弟①。

【注释】

①"妇之党"二句:郭璞注:"古者皆谓婚姻为兄弟。"

【译文】

媳妇的亲族称为婚兄弟,女婿的亲族称为姻兄弟。

4.031　嫔①,妇也。

【注释】

①嫔(pín)：有妇人美称的意思，引申用为已死妻子的美称。《礼记·曲礼下》：“生曰父、曰母、曰妻，死曰考、曰妣、曰嫔。”郑玄注：“嫔，妇人有法度者之称也。”

【译文】

嫔是对已死妻子的美称。

4.032　谓我舅者，吾谓之甥。

【译文】

称我舅的人，我称他为甥。

4.(4)　婚姻①

【注释】

①婚姻：指夫妇婚姻之类的亲属关系。邢昺疏：“此别夫妇婚姻之名也。”

【译文】

以上解释夫妇婚姻一类的名称。

释宫第五

【题解】

《释宫》属于建筑学的范畴,解释宫室以及道路、桥梁等的名称。也有一些是服饰和饮食的名称。本篇共有 28 条,解释 91 个词语。

5.001　宫谓之室①,室谓之宫。

【注释】

①宫:房屋、居室的通称。《易·困》:"入于其宫,不见其妻,不祥也。"《史记·五帝本纪》:"象乃止舜宫居,鼓其琴。"张守节正义:"宫即室也。"室:本义为房间、内室,引申为房屋、住宅。《诗·小雅·斯干》:"筑室百堵,西南其户。"《左传·哀公元年》:"昔阖庐食不二味,居不重席,室不崇坛。"

【译文】

宫称为室,室称为宫。

5.002　牖户之间谓之扆①,其内谓之家。东西墙谓之序。

【注释】

①牖(yǒu)户:窗与门。《诗·豳风·鸱鸮》:"迨天之未阴雨,彻彼桑土,绸缪牖户。"《仪礼·士虞礼》:"祝阖牖户,降复位于门西。"宦(yì):《说文解字·户部》:"户牖之间谓之宦。"段玉裁注:"凡室,户东牖西,户牖之中间是曰宦。"

【译文】

堂室的窗门之间的地方称为宦,窗门以内的地方称为家。东西墙称为序。

5.003　西南隅谓之奥①,西北隅谓之屋漏,东北隅谓之宧②,东南隅谓之窔③。

【注释】

①隅(yú):本义为(山水)弯曲处,引申为角、角落。《诗·邶风·静女》:"静女其姝,俟我于城隅。"《史记·龟策列传》:"取前足臑骨穿佩之,取龟置室西北隅悬之,以入深山大林中,不惑。"臑(nào),动物的前肢。

②宧:音 yí。

③窔:音 yǎo。

【译文】

屋内西南角称为奥,西北角称为屋漏,东北角称为宧,东南角称为窔。

5.004　枨谓之闑①。枨谓之楔②。楣谓之梁③。枢谓之椳④。枢达北方谓之落时⑤,落时谓之戺⑥。

【注释】

①柣(zhì)：门槛。《左传·僖公二十二年》："妇人送迎不出门,见兄弟不逾阈。"杜预注："阈,门限。"孔颖达疏："孙炎曰:'柣,门限也。'经传诸注皆以阈为门限,谓门下横木为外内之限也。"阈(yù)：门槛。《仪礼·士冠礼》："布席于门中,阈西阈外,西面。"郑玄注："阈,阃也。"贾公彦疏："阃,门限,与阈为一也。"闑(niè),门中央所竖短木。

②枨(chéng)：门两旁竖的木柱。《礼记·玉藻》："君入门,介拂闑,大夫中枨与闑之间,士介拂枨。"郑玄注："枨,门楔也。"孔颖达疏："枨谓门之两旁长木,所谓门楔也。"

③楣：门框上边的横木。《楚辞·九歌·湘夫人》："桂栋兮兰橑,辛夷楣兮药房。"王逸注："辛夷,香草,以作户楣。"

④枢(shū)：门枢,指承托门轴的门臼。梶(wēi)：承托门轴的门臼。《说文解字·木部》："梶,门枢谓之梶。"段玉裁注："梶犹渊也,宛中为枢所居也。"

⑤落时：古代宫室撑持门轴之木。郭璞注："门持枢者,或达北檼以为固也。"檼(yìn),屋栋。

⑥戹(shì)：同"扅",门轴。邢昺疏："落时又名戹,是持枢一木有此二名也。"

【译文】

门槛称为阈。门两旁竖的木柱称为楔。门框上边的横木称为梁。承托门轴的门臼称为梶。撑持门轴之木有连接到北方屋栋的称为落时,落时又称为戹。

5.005　垝谓之坫①。墙谓之墉②。

【注释】

①塊(guì)：堂内放置物品的土台。郭璞注："在堂隅。"坫(diàn)：筑在堂内的土台。《论语·八佾》："邦君为两君之好，有反坫。"反坫，互相敬酒后，把空酒杯放还在土筑的平台上，是周代诸侯宴会时的一种礼节。

②墉(yōng)：本义为城墙，引申特指高墙。《书·梓材》："若作室家，既勤垣墉，惟其涂塈茨。"陆德明释文："马云：卑曰垣，高曰墉。"塈(jì)茨，用泥涂饰茅草屋顶。

【译文】

堂内放置物品的土台称为坫。高墙称为墉。

5.006　镘谓之杇①。椹谓之榩②。地谓之黝，墙谓之垩③。

【注释】

①镘(màn)：泥瓦工用来涂刷墙壁的工具。杇：音 wū。

②椹(zhēn)：斫木垫板。郭璞注："斫木榩也。"榍(zhì)，砧木，垫木。榩(qián)：斫木垫板。

③地谓之黝(yǒu)，墙谓之垩(è)：黝，涂饰黑色。垩，涂饰白色。《礼记·丧服大记》："既祥，黝垩。"孔颖达疏："黝，黑也，平治其地令黑也。垩，白也，新涂垩于墙壁令白，稍饰故也。"

【译文】

泥瓦工用来涂刷墙壁的工具称为杇。斫木垫板称为榩。把地涂饰成黑色称为黝，把墙涂饰成白色称为垩。

5.007　樴谓之杙①。在墙者谓之楎②，在地者谓之杙③。大者谓之栱④,长者谓之阁⑤。

【注释】

①杙(zhí):小木桩。《墨子·备梯》:"县火,四尺一钩杙。"钩杙,带钩的小木桩。杙:音 yì。

②楎(huī):钉在墙上用来悬挂衣服的木橛。《礼记·内则》:"男女不同椸枷,不敢县于夫之楎椸。"孔颖达疏:"植曰楎,横曰椸。"椸(yí):横着悬挂衣服的衣架。

③梟(niè):观测日影的标杆。《周礼·考工记·匠人》:"置槷以县,视以景,为规识日出之景与日入之景。"郑玄注:"槷,古文'梟'假借字。于所平之地中央,树八尺之梟以县正之。"视(shì),观看、察视。

④栱(gǒng):在立柱与横梁交接处向外伸出成弓形的承重结构。

⑤阁:开门后插在两旁用来固定门扇的长木桩。《说文解字·门部》:"阁,所以止扉者。"

【译文】

小木桩称为杙。钉在墙上用来悬挂衣服的木橛称为楎,插立在地上观测日影的标杆称为梟。大木桩称为栱,长木桩称为阁。

5.008　阇谓之台①,有木者谓之榭②。

【注释】

①阇(dū):城门上的台。《诗·郑风·出其东门》:"出其闉阇,有女如荼。"毛传:"阇,城台也。"

②榭(xiè):建在高台上的木屋。郭璞注:"台上起屋。"《书·泰誓上》:"惟宫室台榭。"孔安国传:"土高曰台,有木曰榭。"《楚辞·招魂》:"层台累榭,临高山些。"

【译文】

城门上的高台称为台,建在高台上的木屋称为榭。

5.009   鸡栖于弋为榤①,凿垣而栖为埘②。

【注释】

①弋(yì):木桩。邢昺疏:"弋,橜也。"橜(jué),同"橛",短木桩。北
魏贾思勰《齐民要术·种桑柘》:"正月二月中,以钩弋压下枝,令
着地。"钩弋,带钩的小木桩。榤(jié):同"桀",鸡栖息的木桩。
《诗·王风·君子于役》:"君子于役,不日不月,曷其有佸?鸡栖
于桀,日之夕矣,羊牛下括。"佸(huó),会面、聚会。郑玄笺:"行
役反无日月,何时而有来会期?"
②埘(shí):凿挖墙壁做成的鸡窝。《诗·王风·君子于役》:"君子
于役,不知其期,曷至哉?鸡栖于埘,日之夕矣,羊牛下来。"毛
传:"凿墙而栖曰埘。"

【译文】

鸡栖息的木桩称为榤,凿挖墙壁做成的鸡窝称为埘。

5.010   植谓之传①,传谓之突。

【注释】

①植:门外闭时用以加锁的中立直木。《墨子·非儒下》:"季孙与
邑人争门关,决植。"《淮南子·本经训》:"夏屋宫驾,县联房植。"
高诱注:"植,户植也。"

【译文】

门外闭时用以加锁的中立直木称为传,传又称为突。

5.011　㝔廇谓之梁^①，其上楹谓之棁^②。闬谓之槉^③。栭谓之楶^④。栋谓之桴^⑤。桷谓之榱^⑥。桷直而遂谓之阅，直不受檐谓之交^⑦。檐谓之樀^⑧。

【注释】

①㝔廇（máng liù）：房屋的大梁。郭璞注："屋大梁也。"

②棁（zhuō）：梁上的短柱。《论语・公冶长》："臧文仲居蔡，山节藻棁。"《汉书・货殖传序》："及周室衰，礼法堕，诸侯刻桷丹楹，大夫山节藻棁，八佾舞于庭，《雍》彻于堂。"颜师古注："棁，侏儒柱也。"

③闬（biàn）：门柱上的斗拱。邢昺疏："闬者，柱上木名也。"槉（jí）：即栱。

④栭（ér）：柱上支承大梁的方木。《文选・张衡〈西京赋〉》："雕楶玉碣，绣栭云楣。"薛综注："栭，斗也。"碣（xì），承柱的圆石墩。楶（jié）：斗栱，柱上支承大梁的方木。汉班彪《王命论》："燕雀之畴，不奋六翮之用；楶棁之材，不荷栋梁之任。"

⑤桴（fú）：房屋的二梁，亦泛指房栋。汉班固《西都赋》："列棼橑以布翼，荷栋桴而高骧。"棼橑（fén lǎo），楼阁的栋和椽。

⑥桷（jué）：方形的椽子。《诗・鲁颂・閟宫》："松桷有舄，路寝孔硕。"舄（xì），大的样子。《汉书・货殖传序》："及周室衰，礼法堕，诸侯刻桷丹楹，大夫山节藻棁，八佾舞于庭，《雍》彻于堂。"榱（cuī）：屋椽，放在檩上支持屋面和瓦片的木条。《左传・襄公三十一年》："栋折榱崩，侨将厌焉，敢不尽言。"《史记・司马相如列传》："高廊四注，重坐曲阁，华榱璧珰，辇道纚属。"

⑦"桷直"二句：阅，长而直达于檐的桷。交，短的屋椽。郝懿行义疏："阅、交者，别椽长短之名也。椽之长而直达于檐者名阅。阅，历也，言历于檐前也。其短而不直达于檐者名交。交，接

也,言接于栋上也。"

⑧楴(dí):屋檐。

【译文】

　　房屋的大梁称为梁,梁上的短柱称为梲。门柱上的斗拱称为㭉。柱上支承大梁的方木称为㭐。栋梁称为桴。方形的椽子称为榱。长而直达于檐的方形椽子称为阅,短而不直达于檐的方形椽子称为交。屋檐称为楴。

5.012　容谓之防①。

【注释】

①容:本义为容纳,引申为射礼唱获者用以防箭的障蔽物小屏风。邢昺疏:"容者,射礼唱获者蔽身之物也。一名防,言所以容身防矢也。"《周礼·夏官·射人》:"王以六耦射三侯,三获三容。"郑玄注引郑司农云:"容者,乏也,待获者所蔽也。"

【译文】

　　射礼唱获者用以防箭的障蔽物小屏风称为防。

5.013　连谓之簃①。

【注释】

①连:同"槤",堂楼阁边的小屋。郭璞注:"堂楼阁边小屋,今呼之簃厨、连观也。"簃:音 yí。

【译文】

　　堂楼阁边的小屋称为簃。

5.014　屋上薄谓之筄①。

【注释】

①薄：帘子。后写作"箔"。《庄子·达生》："有张毅者,高门县薄,无不走也。"成玄英疏："县薄,垂帘也。"县,"悬"的古字。筄(yào)：铺在椽上瓦下用以防漏的竹箔或苇箔。郝懿行义疏："薄即帘也,以苇为之,或以竹。屋上薄亦然。"

【译文】

铺在椽上瓦下用以防漏的竹箔或苇箔称为筄。

5.015　两阶间谓之乡①。中庭之左右谓之位②。门屏之间谓之宁③。屏谓之树④。

【注释】

①乡(xiàng)：由朝向义引申为殿堂前两阶之间。郭璞注："人君南乡当阶间。"邢昺疏："人君南面乡明而治,其位在两阶间,因名云也。"

②位：群臣的列位。郭璞注："群臣之侧位也。"邢昺疏："位,群臣之列位也。"

③宁(zhù)：由伫立义引申为宫室门和屏之间。《礼记·曲礼下》："天子当宁而立,诸公东面,诸侯西面,曰朝。"郑玄注："宁,门屏之间。"

④树：由竖立义引申为门屏、照壁。《礼记·郊特牲》："台门而旅树。"郑玄注："屏谓之树,树所以蔽行道。"

【译文】

殿堂前两阶之间称为乡。中庭左右群臣的列位称为位。宫室门和屏之间称为宁。门屏称为树。

5.016 阒谓之门①。

【注释】

①阒(bēng)谓之门:阒,同"祊(bēng)",宗庙门,亦指庙门内设祭之处。《诗·小雅·楚茨》:"或肆或将,祝祭于祊。"毛传:"祊,门内也。"《国语·周语中》:"今将大泯其宗祊,而蔑杀其民人,宜吾不敢服也!"韦昭注:"庙门谓之祊。宗祊犹宗庙也。"阮元校为"门谓之阒",郝懿行义疏疑《尔雅》古本当作"庙门谓之祊",各可备一说。

【译文】

阒是指宗庙之门。

5.017 正门谓之应门①。

【注释】

①应门:王宫的正门。《诗·大雅·绵》:"乃立应门,应门将将。"毛传:"王之正门曰应门。"

【译文】

王宫的正门称为应门。

5.018 观谓之阙①。

【注释】

①观(guàn):宫门外的双阙。郭璞注:"宫门双阙。"《礼记·礼运》:

"昔者仲尼与于蜡宾,事毕,出游于观之上。"郑玄注:"观,阙也。"
阙(què):宫门、城门两侧的高台,上有望楼,中间有道路。《诗·
郑风·子衿》:"挑兮达兮,在城阙兮。"孔颖达疏引孙炎曰:"宫门
双阙,旧章悬焉,使民观之,因谓之观。"

【译文】

宫门外两边的高台望楼称为阙。

5.019　宫中之门谓之闱①,其小者谓之闱②,小闱谓之阁③。衖门谓之闳④。

【注释】

①闱(wéi):宫中小门。郭璞注:"谓相通小门也。"《左传·哀公十四
年》:"子我归,属徒攻闱与大门,皆不胜,乃出。"

②闱:宫中小门。《公羊传·宣公六年》:"有人荷畚,自闱而出者。"
何休注:"宫中之门谓之闱,其小者谓之闱。"

③阁(gé):宫中小门。汉司马迁《报任少卿书》:"身直为闺阁之臣,宁
得自引深藏于岩穴邪!"

④衖(xiàng):同"巷",胡同。《楚辞·离骚》:"不顾难以图后兮,
五子用失乎家衖。"闳(hóng):巷门。《左传·成公十七年》:
"齐庆克通于声孟子,与妇人蒙衣乘辇而入于闳。"杜预注:
"闳,巷门。"

【译文】

宫中小门称为闱,小的闱称为闱,小的闱称为阁。巷门称为闳。

5.020　门侧之堂谓之塾①。

【注释】

①塾(shú)：宫门内外两侧的堂屋。郝懿行义疏："一门凡四塾，外塾皆南乡，内塾皆北乡。"乡，向。《书·顾命》："先辂在左塾之前，次辂在右塾之前。"辂(lù)，大车。

【译文】

宫门内外两侧的堂屋称为塾。

5.021　橛谓之阒①。阖谓之扉②。所以止扉谓之阁③。

【注释】

①橛：短木桩，指门中央所竖短木。《北史·酷吏传·王文同》："因令刬木为木橛，埋之于庭，出尺余，四面各埋小橛。"。阒(niè)：门中央所竖短木。《礼记·曲礼上》："大夫、士出入君门，由阒右，不践阒。"郑玄注："阒，门橛。"陆德明释文："门中木。"

②阖(hé)：门扇。《管子·八观》："闾闬不可以毋阖，宫垣关闭不可以不修。"闾闬(lú hàn)，里巷的门。扉(fēi)：门扇。《左传·襄公二十八年》："子尾抽桷击扉三。"杜预注："扉，门扇也。"桷(jué)，方形的椽子。

③阁：开门后插在两旁用来固定门扇的长木桩。参见5.007条。

【译文】

门中央所竖短木称为阒。门扇称为扉。开门后插在两旁用来固定门扇的长木桩称为阁。

5.022　瓵瓿谓之甓①。

【注释】

①瓴甋（líng dì）、甓（pì）：砖。《诗·陈风·防有鹊巢》："中唐有甓，邛有旨鹝。"毛传："甓，瓴甋也。"汉蔡邕《吊屈原文》："啄碎琬琰，宝其瓴甋。"琬琰（wǎn yǎn），美玉。

【译文】

瓴甋即砖，又称为甓。

5.023　宫中衖谓之壸①。庙中路谓之唐②。堂途谓之陈③。

【注释】

①衖（xiàng）：即"巷"。壸（kǔn）：宫中巷舍之间的道路。邢昺疏引孙炎曰："巷舍间道也。"《汉书·叙传上》："皆及时君之门闱，究先圣之壸奥。"颜师古注引应劭曰："宫中门谓之闱，宫中巷谓之壸。"

②唐：庙中的道路。《汉书·扬雄传上》："国家殷富，上下交足，故甘露零其庭，醴泉流其唐。"颜师古注引应劭曰："《尔雅》：'庙中路谓之唐。'"

③堂途、陈：堂下到院门的通道。《诗·小雅·何人斯》："彼何人斯，胡逝我陈？"郑玄笺："陈，堂涂也。"

【译文】

宫中巷舍之间的道路称为壸。庙中的道路称为唐。堂下到院门的通道称为陈。

5.024　路、旅①，途也。路、场②、猷③、行④，道也。

【注释】

①旅：道路。《书·禹贡》："蔡蒙旅平。"王引之《经义述闻·尚书上》："言二山之道已平治也。"

②场：道路。《墨子·备城门》："除城场外，去池百步，墙垣树木小大俱坏伐。"孙诒让间诂："《尔雅·释诂》云：'场，道也。'谓城下周道。"

③猷（yóu）：道路。郝懿行义疏："猷者，《说文》作邎，云'行邎径也'。"

④行（háng）：甲骨文作灷，象四通之路，道路。《诗·小雅·大东》："佻佻公子，行彼周行。"朱熹集传："周行，大路也。"

【译文】

路、旅都有道路的意思。路、场、猷、行也都有道路的意思。

5.025　　一达谓之道路①，二达谓之歧旁②，三达谓之剧旁③，四达谓之衢④，五达谓之康⑤，六达谓之庄⑥，七达谓之剧骖⑦，八达谓之崇期⑧，九达谓逵⑨。

【注释】

①达：通达。《子华子·晏子问党》："其涂之所出，四通而八达。"

②歧旁：通往两个方向的道路。郭璞注："歧道旁出也。"

③剧旁：通往三个方向的道路。邢昺疏引孙炎云："旁出歧多故曰剧。"

④衢（qú）：通往四个方向的道路。郭璞注："交道四出。"

⑤康：通往五个方向的道路。郭璞注："《史记》所谓'康庄之衢'。"《史记·孟子荀卿列传》："自如淳于髡以下，皆命曰列大夫，为开第康庄之衢。"

⑥庄：通往六个方向的道路。郭璞注："《左传》曰：'得庆氏之木百

车于庄。'"见《左传·襄公二十八年》文。

⑦剧骖(cān)：通往七个方向的道路。郭璞注："三道交，复有一歧
　出者。今北海剧县有此道。"

⑧崇期：通往八个方向的道路。郭璞注："四道交出。"

⑨逵(kuí)：通往九个方向的道路。郭璞注："四道交出，复有旁通。"

【译文】

通往一个方向的路称为道路，通往两个方向的道路称为歧旁，通往
三个方向的道路称为剧旁，通往四个方向的道路称为衢，通往五个方向
的道路称为康，通往六个方向的道路称为庄，通往七个方向的道路称为
剧骖，通往八个方向的道路称为崇期，通往九个方向的道路称为逵。

5.026　室中谓之时①，堂上谓之行，堂下谓之步，门外
谓之趋，中庭谓之走，大路谓之奔。

【注释】

①时：通"踟(chí)"，徘徊不前，指安步慢行。郝懿行义疏："《说文》
　'踟'云'踌也'……其字可通。盖室中迫隘，行宜安舒。"

【译文】

室中安步慢行称为时，堂上缓步行走称为行，堂下徐行称为步，门
外快走称为趋，庭中跑步称为走，大路快跑称为奔。

5.027　隄谓之梁①，石杠谓之徛②。

【注释】

①隄(dī)：桥梁。郭璞注："即桥也。"

②石杠(gāng)、徛(jì)：石桥。一说为置于水中供人渡涉的踏脚石。

郭璞注:"聚石水中以为步渡彴也。《孟子》曰:'岁十月徒杠成。'或曰今之石桥。"邢昺疏:"此别桥、彴之名也。"彴(zhuó),水中供人渡涉的踏脚石。

【译文】

隄即桥梁,又称为梁;石杠即石桥,又称为徛。

5.028　室有东西厢曰庙,无东西厢有室曰寝①。无室曰榭,四方而高曰台。陜而修曲曰楼②。

【注释】

①"室有东西"二句:庙,帝王宗庙的前殿,供祀先祖神位的屋舍。寝,帝王宗庙的后殿,为放置祖宗衣冠的地方。《礼记·月令》:"寝庙毕备。"郑玄注:"凡庙,前曰庙,后曰寝。"孔颖达疏:"庙是接神之处,其处尊,故在前。寝,衣冠所藏之处,对庙为卑,故在后。但庙制有东西厢,有序墙,寝制唯室而已。"

②陜(xiá):同"狭",狭窄。《史记·孙子吴起列传》:"马陵道陜,而旁多阻隘,可伏兵。"修,长。《礼记·投壶》:"壶颈修七寸,腹修五寸。"郑玄注:"修,长也。"

【译文】

殿室有东西厢房的称为庙,没有东西厢房而有藏室的称为寝。没有屋室的称为榭,呈四方形而且高的称为台。台上有屋狭窄而且高曲的称为楼。

释器第六

【题解】

《释器》属于应用科学的范畴,解释笾豆、农具、渔具、筑具、服饰、车舆、鼎鬲、弓矢等日用器物。本篇共有47条,解释137个词语。

6.001　木豆谓之豆①,竹豆谓之笾②,瓦豆谓之登。

【注释】

①豆:古代食器。亦用作装酒肉的祭器。形似高足盘,有的有盖。多为陶质,也有用青铜、木、竹制成的。下文的"登"为瓦制的豆,祭祀时盛肉食的礼器。《诗·大雅·生民》:"卬盛于豆,于豆于登。"毛传:"木曰豆,瓦曰登。豆,荐菹醢也。登,大羹也。"卬(áng),我。

②笾(biān):竹制的豆。祭祀和宴会时用来盛干食品的竹器。《周礼·天官·笾人》:"掌四笾之实。"郑玄注:"笾,竹器如豆者,其容实皆四升。"

【译文】

木制的豆称为豆,竹制的豆称为笾,瓦制的豆称为登。

6.002　盎谓之缶①,瓯瓿谓之瓵②,康瓠谓之瓺③。

【注释】

①盎(àng):大腹小口的瓦器。《急就篇》第三章:"甄缶盆盎瓮罂壶。"颜师古注:"缶、盆、盎一类耳。缶即盎也,大腹而敛口,盆则敛底而宽上。"

②瓯(ōu):盆、盂一类的瓦器。《淮南子·说林训》:"狗彘不择甂瓯而食,偷肥其体,而顾近其死。"瓿(bù):陶或青铜制的容器名。圆口、深腹、圈足,用以盛物。《战国策·东周策》:"夫鼎者,非效壶甋酱瓿耳,可怀挟提挈以至齐者。"高诱注:"瓿,甂也。"甂(biān),小盆、小瓮一类的陶器。瓵(yí):瓮、盆一类的瓦器。《史记·货殖列传》"蘖曲盐豉千荅"裴骃集解引晋徐广曰:"(荅)或作'台',器名有瓵。孙叔然云:瓵,瓦器,受斗六升合为瓵。"

③康瓠:空壶、破瓦壶。《史记·屈原贾生列传》:"斡弃周鼎兮宝康瓠,腾驾罢牛兮骖蹇驴。"瓺(qì):破瓦壶。邢昺疏:"康瓠一名瓺瓠,即壶也。《说文》云:'破罂也。'"

【译文】

大腹小口的瓦器称为缶,盆、盂一类的瓦器称为瓵,空壶、破瓦壶称为瓺。

6.003　斪斸谓之定①,斫谓之𨬯②,斛谓之䤦③。

【注释】

①斪斸(qú zhú):锄头一类的农具。《说文解字·斤部》:"斸,斪斸也。"《国语·齐语》:"恶金以铸锄、夷、斤、斸,试诸壤土。"

②斫(zhuó)、𨬯(zhuó):大锄。郭璞注:"镢也。"《说文解字·金部》:

"镬,大锄也。"

③斛(qiāo)、鍤(chā):锹。郭璞注:"皆古锹、锸字。"

【译文】

锄头一类的农具称为定,大锄称为镬,锹称为鍤。

6.004　缫罟谓之九罭①。九罭,鱼罔也②。嫠妇之笱谓之罶③,翼谓之汕④,筕谓之罩⑤,椮谓之涔⑥。

【注释】

①缫罟(zòng gǔ)、九罭(yù):捕小鱼的细眼网。《诗·豳风·九罭》:"九罭之鱼鳟鲂。"毛传:"九罭,缫罟,小鱼之网也。"孔颖达疏:"鳟鲂是大鱼,处九罭之小网非其宜。"罟,网的总称。

②罔:同"网"。

③嫠(lí)妇之笱(gǒu)、罶(liǔ):竹制的捕鱼器。嫠妇,寡妇。《诗·小雅·鱼丽》:"鱼丽于罶,鳟鲨。"毛传:"罶,曲梁也,寡妇之笱也。"孔颖达疏引孙炎曰:"罶,曲梁,其功易,故谓之寡妇之笱。"参见3.114条。

④翼(cháo)、汕(shàn):撩罟,即抄网。郭璞注:"今之撩罟。"郝懿行义疏:"撩罟,今谓之抄网也。"《诗·小雅·南有嘉鱼》:"南有嘉鱼,烝然汕汕。"毛传:"汕汕,樔也。"郑玄笺:"樔者,今之撩罟也。"樔(chāo),"翼"的通假字。

⑤筕(zhuó):用细竹编成的捕鱼用的笼罩。郭璞注:"捕鱼笼也。"邢昺疏引李巡云:"筕,编细竹以为罩捕鱼也。"

⑥椮(sēn)、涔(qián):积柴木于水中用作捕鱼之具。郭璞注:"今之作椮者,聚积柴木于水中,鱼得寒入其里藏隐,因以簿围捕取之。"

【译文】

捕小鱼的细眼网称为九罭。九罭,是捕小鱼的细眼网。寡妇都能用的竹制的捕鱼器称为罶,抄网称为汕,用细竹编成的捕鱼用的筕罩称为罩,积柴木于水中用作捕鱼之具称为涔。

6.005　鸟罟谓之罗^①,兔罟谓之罝^②,麋罟谓之罞^③,彘罟谓之羉^④,鱼罟谓之眾^⑤。繴谓之罿,罿,罬也;罬谓之罦,罦,覆车也^⑥。

【注释】

①罗:捕鸟的网。《诗·王风·兔爰》:"有兔爰爰,雉离于罗。"毛传:"鸟网为罗。"

②罝(jū):捕兔的网。《诗·周南·兔罝》:"肃肃兔罝,椓之丁丁。"毛传:"兔罝,兔罟也。"

③罞(máo):捕麋鹿的网。郭璞注:"冒其头也。"邢昺疏:"麋罔名罞,罞,冒也。言冒覆其头也。"

④羉(luán):捕猪的网。《后汉书·马融传》:"营围恢廓,充斥川谷,罜罝罗羉,弥纶坑泽,皋牢陵山。"李贤注:"羉,彘网也。"

⑤眾(gū):一种捕鱼的大网。邢昺疏:"眾,马云:'大鱼网。目大豁豁也。'"《诗·卫风·硕人》:"施眾濊濊,鱣鲔发发。"毛传:"眾,鱼罟。"

⑥繴(bì)谓之罿(chōng),罿,罬(zhuó)也;罬谓之罦(fú),罦,覆车也:繴、罿、罬、罦、覆车,装设机关捕获鸟兽的网。五个词异名同实。邢昺疏引孙炎曰:"覆车网,可以掩兔者也。一物五名,方言异也。"《诗·王风·兔爰》:"有兔爰爰,雉离于罦……有兔爰爰,雉离于罿。"毛传:"罦,覆车也。罿,罬也。"

【译文】

捕鸟的网称为罗,捕兔的网称为罝,捕麋鹿的网称为罞,捕猪的网称为羉。一种捕鱼的大网称为眾。装设机关捕获鸟兽的网称为罿,罿就是翼,翼称为罦,罦就是覆车。

6.006　绚谓之救^①。

【注释】

①绚(qú):网罟的别名。郭璞注:"救丝以为绚。或曰亦胃名。"邢昺
疏:"绚亦胃罟之别名也。"

【译文】

绚这种捕鸟兽的网具又称为救。

6.007　律谓之分^①。

【注释】

①律谓之分:王引之《经义述闻·尔雅中》引王念孙曰:"律读为率。
《说文》曰:'率,捕鸟毕也。''毕,田罔也。'"

【译文】

捕鸟网称为分。

6.008　大版谓之业^①。

【注释】

①业:乐器架横木上悬挂钟、鼓、磬等刻如锯齿形的大版。《诗·周
颂·有瞽》:"设业设虡,崇牙树羽。应田县鼓,鞉磬柷圉。"毛传:
"业,大板也。"虡(jù),悬挂钟鼓木架的两侧立柱。

【译文】

乐器架横木上悬挂钟、鼓、磬等刻如锯齿形的大版称为业。

6.009　绳之谓之缩之①。

【注释】

①绳之:指用绳索约束筑版。《诗·大雅·绵》:"其绳则直,缩版以载,作庙翼翼。"郑玄笺:"绳者,营其广轮方制之正也,既正则以索缩其筑版,上下相承而起。庙成则严显翼翼然。"

【译文】

用绳索约束筑版称为缩之。

6.010　彝①、卣②、罍③,器也。小罍谓之坎④。

【注释】

①彝(yí):宗庙常用的青铜祭器的总名。亦专指盛酒的尊。郭璞注:"皆盛酒尊。彝其总名。"《周礼·春官·序官》:"司尊彝。"郑玄注:"彝,亦尊也。"

②卣(yǒu):一种中型青铜酒器。一般为椭圆形,大腹,敛口,圈足,有盖与提梁,多用作礼器。《书·文侯之命》:"用赍尔秬鬯一卣。"孔安国传:"卣,中樽也。"

③罍(léi):一种盛酒器。小口,广肩,深腹,圈足,有盖,与壶相似。《诗·周南·卷耳》:"我姑酌彼金罍,维以不永怀。"朱熹集传:"罍,酒器,刻为云雷之象,以黄金饰之。"

④坎:盛酒器,形如壶而小。郝懿行义疏:"坎为酒樽,言小于罍,则受实不足一斛。"

【译文】

彝是宗庙常用青铜祭器的总名,卣是一种中型青铜酒器,罍是一种盛酒器:它们都有酒器的意思。小的罍称为坎。

6.011　衣梳谓之祝①。黼领谓之襮②。缘谓之纯③。衭谓之袬④。衣眥谓之襟⑤。裓谓之裾⑥。衿谓之祣⑦。佩衿谓之褑⑧。执衽谓之袺⑨。扱衽谓之襭⑩。衣蔽前谓之襜⑪。妇人之祎谓之缡⑫。缡,绶也⑬。裳削幅谓之襦⑭。

【注释】

①衣梳(liú)、祝(ní):衣缕。郭璞注:"衣缕也。"

②黼(fǔ)领、襮(bó):绣有黼形花纹的衣领。《诗·唐风·扬之水》:"素衣朱襮,从子于沃。"毛传:"襮,领也。诸侯绣黼丹朱中衣。"黼,古代礼服上所绣的白与黑相间的斧形花纹。参见2.060条。

③缘(yuàn)、纯(zhǔn):衣服的缘饰。《礼记·玉藻》:"袪尺二寸,缘广寸半。"郑玄注:"饰边也。"《仪礼·士冠礼》:"屦夏用葛,玄端黑屦,青绚缋纯,纯博寸。"郑玄注:"纯,缘也……博,广也。"贾公彦疏:"云纯缘也者,谓绕口缘边也……云博广也者,谓纯所施广一寸也。"

④衭(xué)、袬(yīng):开孔的衣服。郭璞注:"衣开孔也。"

⑤衣眥(zì):衣领交接处。郭璞注:"交领。"郝懿行义疏:"衣有眥者,《淮南·齐俗篇》云'隅眥之削',盖削杀衣领以为斜形,下属于襟,若目眥然也。"

⑥裓(jié)、裾(jū):衣服的后襟。郭璞注:"衣后襟也。"邢昺疏:"裓一名裾,即衣后裾也。"

⑦衿(qìn)、祣(jiàn):系衣服的小带。郭璞注:"衣小带。"《仪礼·士昏礼》:"母施衿结悦曰:'勉之敬之,夙夜无违宫事。'"胡培翚正义:"衿,衣小带。"

⑧褑(yuàn):衣襟上佩玉的带子。郭璞注:"佩玉之带上属。"邢昺疏:"佩下之带名褑。"宋卢炳《少年游》词:"绣罗褑子间金丝,打扮好容仪。"

⑨袺(jié)：用手把衣襟向上提。《诗·周南·芣苢》："采采芣苢，薄言袺之。"毛传："袺，执衽也。"

⑩扱(chā)衽、襭(xié)：把衣襟插在腰带上兜东西。《诗·周南·芣苢》："采采芣苢，薄言襭之。"毛传："襭，扱衽也。"扱，插。

⑪襜(chān)：系在衣服前面的围裙。《诗·小雅·采绿》："终朝采蓝，不盈一襜。"毛传："衣蔽前谓之襜。"

⑫祎(huī)、缡(lí)：佩巾，佩于前身可以蔽膝，故也称蔽膝。《诗·豳风·东山》："亲结其缡，九十其仪。"毛传："缡，妇人之祎也。"

⑬绥(ruí)：系结。郭璞注："祎邪交落带系于体，因名为祎。绥，系也。"邢昺疏："绥犹系也，取系属之义。"

⑭襥(pú)：古代深衣的下裳。郭璞注："削杀其幅，深衣之裳。"

【译文】

衣缕称为祝。绣有黼形花纹的衣领称为襮。衣服的缘饰称为纯。开孔的衣服称为衮。衣领交接处称为襟。衣服的后襟称为裾。系衣服的小带称为袸。衣襟上佩玉的带子称为褑。用手把衣襟向上提称为袺。把衣襟插在腰带上兜东西称为襭。系在衣服前面的围裙称为襜。妇人的佩巾称为缡。佩巾系结于前身就是绥。削杀下裳的幅宽称为襥。

6.012　舆①，革前谓之鞎②，后谓之第③。竹前谓之御，后谓之蔽。环谓之捐，镳谓之镳④。载辂谓之轵⑤，辂首谓之革。

【注释】

①舆：本义为车厢，引申指车。《老子》第十八章："虽有舟舆，无所乘之。"

②鞎(hén)：车厢前面的革制遮蔽物。邢昺疏引李巡曰："舆革前，

谓舆前以革为车饰曰鞎。"

③茀(fú)：车厢后面登车的门户上的革制遮蔽物。郭璞注："以韦靼后户。"

④镳(biāo)谓之钀：镳，马嚼子。与衔合用，衔在口中，镳在口旁。《诗·秦风·驷驖》："辀车鸾镳，载猃载骄。"猃(xiǎn)，一种长嘴猎犬。骄(xiāo)，即猲獢，一种短嘴的猎犬。王引之《经义述闻·尔雅中》"镳谓之钀"条据《说文》认为当作"镳谓之衔"。

⑤軜(yǐ)：车衡上贯穿缰绳的大环。《淮南子·说山训》："遗人车而税其軜。"税(tuō)，通"脱"，解下。

【译文】

车子，车厢前面的革制遮蔽饰物称为鞎，车厢后面登车的门户上的革制遮蔽饰物称为茀。车厢前面的竹制遮蔽饰物称为御，车厢后面的竹制遮蔽饰物称为蔽。穿缰绳的环称为捐，马嚼子称为钀。车衡上贯穿缰绳的大环称为軜，带嚼子的笼头称为革。

6.013　饐谓之餀①，食馈谓之餲②。拤者谓之糷③，米者谓之檗④。肉谓之败，鱼谓之餧。

【注释】

①饐(hài)、餀(huì)：食物变味发臭。邢昺疏引李巡云："饐、餀，皆秽臭也。"

②馈(yì)、餲(ài)：食物经久而腐臭变味。《论语·乡党》："食馈而餲，鱼餧而肉败，不食。"何晏集解引孔安国曰："馈、餲，臭味变。"

③糷(làn)：饭相拤粘。邢昺疏引李巡云："糷，饭渖糜相着也。"

④檗(bò)：半生半熟的饭。邢昺疏引李巡曰："米饭半腥半熟名檗。"

【译文】

食物变味发臭称为馇,食物经久而腐臭变味称为餲。饭相抟粘称为糷,半生半熟的饭称为饐。肉类腐坏称为败,鱼类腐坏称为馁。

6.014　肉曰脱之①,鱼曰斮之②。

【注释】

①脱:剥掉皮。郭璞注:"剥其皮也。"

②斮(zhuó):剥去鳞。郭璞注:"谓削鳞也。"

【译文】

肉类剥掉皮称为脱之,鱼类剥去鳞称为斮之。

6.015　冰①,脂也。

【注释】

①冰(níng):指脂膏。后写作"凝"。郭璞注:"《庄子》云:'肌肤若冰雪。'冰雪,脂膏也。"

【译文】

冰指的是脂膏。

6.016　肉谓之羹①。鱼谓之鲭②,肉谓之醢③,有骨者谓之臡④。

【注释】

①羹:带有肉类的浓汁食物。《左传·隐公元年》:"公赐之食,食舍肉。公问之,对曰:'小人有母,皆尝小人之食矣,未尝君之羹,请

以遗之。'"

②鮨（qí）：鱼酱。郭璞注："鮨，鲊属也。"郝懿行义疏："鮨是以鱼作酱。"

③醢（hǎi）：肉酱。《诗·大雅·行苇》："醓醢以荐，或燔或炙。"孔颖达疏："盖用肉为醢，特有多汁，故以醢为名。"

④臡（ní）：带骨的肉酱。《周礼·天官·醢人》："朝事之豆，其实：韭菹，醓醢，昌本，麋臡。"郑玄注引郑司农曰："或曰麋臡，酱也。有骨为臡，无骨为醢。"

【译文】

带有肉类的浓汁食物称为羹。鱼酱称为鮨，肉酱称为醢，带骨的肉酱称为臡。

6.017　康谓之蛊①。

【注释】

①康：同"糠"，稻、麦、谷子等子实上脱下的皮或壳。《墨子·备城门》："灰、康、秕、秅、马矢，皆谨收藏之。"蛊：谷虫。《左传·昭公元年》："谷之飞，亦为蛊。"杜预注："谷久积则变飞虫，名曰蛊。"

【译文】

糠中生出的谷虫称为蛊。

6.018　淀谓之垽①。

【注释】

①淀（diàn）、垽（yìn）：泥滓。郭璞注："滓淀也。今江东呼垽。"邢昺疏："淀，滓泥也。一名垽。"

【译文】

泥滓称为浑。

6.019　鼎绝大谓之鼐①，圜弇上谓之鼒②，附耳外谓之钑③，款足者谓之鬲④。

【注释】

①鼎：古器物，常见的为圆腹三足两耳，用于煮、盛物品。《易·鼎》：“鼎折足，覆公𫗧，其形渥。”𫗧(sù)，鼎中的食物。鼐(nài)：大鼎。《诗·周颂·丝衣》：“鼐鼎及鼒，兕觥其觩。”毛传：“大鼎谓之鼐，小鼎谓之鼒。”

②圜(yuán)：本义指天，引申为圆形。《周礼·考工记·舆人》：“圜者中规，方者中矩。”弇(yǎn)：本义为覆盖，引申谓器物口小而腹大。《周礼·春官·典同》：“侈声筰，弇声郁。”郑玄注：“弇，谓中央宽也，弇则声郁勃不出也。”鼒(zī)：小口的鼎。南朝宋沈约《需雅》之一：“或鼎或鼒宣九沸，楚桂胡盐芼芳卉。”参见“鼐”下注。

③钑(yì)：附耳在唇外的方鼎。郝懿行义疏：“附耳外者，言近于耳而在外之处。谓之钑，钑犹翼也。”

④款足：中间空的鼎足。郝懿行义疏：“鼎款足，谓足中空也。”款，空。鬲(lì)：古代炊具，口圆，似鼎，三足中空而曲。郭璞注：“鼎曲脚也。”《汉书·郊祀志》：“禹收九牧之金，铸九鼎，其空足曰鬲。”

【译文】

最大的鼎称为鼐，圆形口小而腹大的鼎称为鼒，附耳在唇外的方鼎称为钑，口圆三足中空而曲的鼎称为鬲。

6.020　䰝谓之鬵。鬵，鉹也①。

【注释】

①鬻(zèng)谓之鬵(qín)：醋、鬵、铬(chǐ)，古代炊具，大锅。郭璞注：
"《诗》曰：'溉之釜鬵。'凉州呼铬。"郝懿行义疏："《诗·匪风》传：
'鬵，釜属。'按鬵与甗异。甗有七穿(见《陶人》)，釜、鬵烹鱼必非
有穿，毛以为'釜属'是矣。"《诗·桧风·匪风》："谁能亨鱼？溉
之釜鬵。"毛传："溉，涤也。鬵，釜属。亨鱼烦则碎，治民烦则散。
知亨鱼则知治民矣。"

【译文】

大锅称为鬵。鬵，方言又称为铬。

6.021　璲①，瑞也。玉十谓之区②。

【注释】

①璲(suì)：瑞玉名。《诗·小雅·大东》："鞙鞙佩璲，不以其长。"毛
　传："璲，瑞也。"

②区：玉的计数单位，十件玉为区。郭璞注："双玉曰瑴，五瑴为
　区。"瑴(jué)，同"珏"。

【译文】

璲是瑞玉名。玉十件称为区。

6.022　羽本谓之翮①。一羽谓之箴，十羽谓之缚②，百羽谓之缲③。

【注释】

①翮(hé)：鸟羽茎下端的中空部分。《周礼·地官·羽人》："羽人
　掌以时征羽翮之政于山泽之农。"郑玄注："翮，羽本。"

②纯(zhuàn)：羽数名。十根羽毛捆成的一束。有不同于《尔雅》的，《周礼·地官·羽人》：“十羽为审，百羽为抟，十抟为纯。”郑玄注：“纯，羽数束名也。”

③绲(gǔn)：羽数名。百根羽毛捆成的一束。

【译文】

鸟羽茎下端的中空部分称为翮。一根羽毛称为箴，十根羽毛称为纯，百根羽毛称为绲。

6.023　木谓之虞①。

【注释】

①虞(jù)：悬挂钟鼓木架的两侧立柱。《诗·周颂·有瞽》：“设业设虞，崇牙树羽。”

【译文】

悬挂钟鼓木架的两侧立柱称为虞。

6.024　旄谓之藣①。

【注释】

①旄(máo)、藣(bēi)：古代舞者手执的牛尾。邢昺疏：“郭云‘旄牛尾’，一名藣，舞者所执也。”《周礼·春官宗伯》：“旄人下士四人，舞者众寡无数。”郑玄注：“旄，旄牛尾，舞者所持以指麾。”

【译文】

舞者手执的牛尾称为藣。

6.025　菜谓之蔌①。

【注释】

①蔌(sù)：蔬菜的总称。《诗·大雅·韩奕》："其蔌维何？维笋及蒲。"

【译文】

蔬菜称为蔌。

6.026　白盖谓之苫①。

【注释】

①苫(shān)：用茅草编制的覆盖物。郭璞注："白茅苫也。今江东呼为盖。"《左传·襄公十四年》："乃祖吾离被苫盖，蒙荆棘，以来归我先君。"杜预注："盖，苫之别名。"

【译文】

用茅草编制的覆盖物称为苫。

6.027　黄金谓之璗①，其美者谓之镠②。白金谓之银，其美者谓之镣③。饼金谓之钣④。锡谓之鈏⑤。

【注释】

①璗(dàng)：黄金。

②镠(liú)：纯美的黄金，又称紫磨金。《史记·夏本纪》"贡璆、铁、银、镂"裴骃集解引汉郑玄曰："黄金之美者谓之镠。"

③镣(liáo)：纯美的银子。

④钣(bǐng)、钣(bǎn)：饼状的金银块。

⑤鈏(yǐn)：锡。《周礼·地官·丱人》："丱人掌金玉锡石之地而为之厉禁以守之。"郑玄注："锡，鈏也。"丱："矿"的古字。

【译文】

黄金称为璗,纯美的黄金称为镠。白金称为银,纯美的银子称为镣。饼状的金银块称为钣。锡称为鈏。

6.028　象谓之鹄①,角谓之觷②,犀谓之剒③,木谓之剫④,玉谓之雕。

【注释】

①鹄(hú):加工象牙。宋周邦彦《汴都赋》:"鹄象觷角,剒犀剫玉,锲刻雕镂,其妙无伦。"

②觷(xué):加工兽角。

③剒(cuò):加工犀牛角。

④剫(duó):加工木料。郭璞注:"《左传》曰:'山有木,工则剫之。'"今本《左传·隐公十一年》"剫"作"度"。

【译文】

加工象牙称为鹄,加工兽角称为觷,加工犀牛角称为剒,加工木料称为剫,加工玉石称为雕。

6.029　金谓之镂①,木谓之刻,骨谓之切,象谓之磋②,玉谓之琢③,石谓之磨。

【注释】

①镂(lòu):雕刻金属。《左传·哀公元年》:"器不彤镂。"杜预注:"彤,丹也。镂,刻也。"

②磋(cuō):磨治象牙。《诗·卫风·淇奥》:"如切如磋,如琢如磨。"毛传:"治骨曰切,象曰磋,玉曰琢,石曰磨。"

③琢(zhuó)：加工玉石。《荀子·大略》："和之璧，井里之厥也，玉人琢之，为天子宝。"

【译文】

雕刻金属称为镂，雕镂木器称为刻，加工骨器称为切，磨治象牙称为磋，加工玉石称为琢，加工石料称为磨。

6.030　璆①、琳②，玉也。

【注释】

①璆(qiú)：美玉名。《书·禹贡》："厥贡璆、铁、银、镂、砮、磬。"孔安国传："璆，玉名。"

②琳(lín)：美玉名。《书·禹贡》："厥贡惟球、琳、琅玕。"孔安国传："球、琳，皆玉名。"球，同"璆"。

【译文】

璆、琳都是美玉名。

6.031　简谓之毕①。

【注释】

①毕：古代用以写字的竹简。郭璞注："今简札也。"《礼记·学记》："今之教者，呻其占毕，多其讯。"郑玄注："简谓之毕。"

【译文】

竹简称为毕。

6.032　不律谓之笔①。

【注释】

①不律：笔。郭璞注：“蜀人呼笔为不律也，语之变转。”郑樵注：“缓声为不律，急声为笔。”

【译文】

不律称为笔。

6.033　灭谓之点①。

【注释】

①灭、点：涂掉文字。邢昺疏：“以笔灭字为点。”

【译文】

涂掉文字称为点。

6.034　绝泽谓之铣①。

【注释】

①铣(xiǎn)：最有光泽的金属。郭璞注：“铣即美金，言最有光泽也。”南朝梁江淹《檀超墓志文》：“惟金有铣，惟玉有瑶。”

【译文】

最有光泽的金属称为铣。

6.035　金镞翦羽谓之鍭①，骨镞不翦羽谓之志②。

【注释】

①镞(zú)：箭头。汉贾谊《过秦论》：“秦无亡矢遗镞之费，而天下诸侯已困矣。”翦(jiǎn)：剪除。《诗·召南·甘棠》：“蔽芾甘棠，勿

翦勿伐,召伯所茇。"毛传:"翦,去。"

②志:郭璞注:"今之骨髇是也。"髇(bāo),指骨制的箭镞。《仪礼·既夕礼》:"志矢一乘。"郑玄注:"习射之矢。"

【译文】

金属箭头修剪羽毛的称为镞,骨头箭头不修剪羽毛的称为志。

6.036　弓有缘者谓之弓,无缘者谓之弭①。以金者谓之铣②,以蜃者谓之珧③,以玉者谓之珪④。

【注释】

①"弓有缘者"二句:缘,指弓两头的骨饰。弭(mǐ),两头不用骨饰的弓。《左传·僖公二十三年》:"其左执鞭弭,右属橐鞬,以与君周旋。"孔颖达疏引李巡曰:"骨饰两头曰弓,不以骨饰两头曰弭。"

②铣(xiǎn):两头用金装饰的弓。

③蜃(shèn):大蛤。《周礼·地官·掌蜃》郑玄注:"蜃,大蛤。"珧(yáo):两头用蛤壳装饰的弓。《文选·左思〈魏都赋〉》:"弓珧解檠,矛铤飘英。"刘良注:"以蛤骨饰弓曰珧。"

④珪(guī):两头用玉装饰的弓。郭璞注:"用金、蚌、玉饰弓两头,因取其类以为名。"

【译文】

两头有骨饰的弓称为弓,两头没有骨饰的弓称为弭。两头用金装饰的弓称为铣,两头用蛤壳装饰的弓称为珧,两头用玉装饰的弓称为珪。

6.037　珪大尺二寸谓之玠①。璋大八寸谓之琡②。璧大六寸谓之瑄③。肉倍好谓之璧④,好倍肉谓之瑗⑤,肉好若一谓之环⑥。

【注释】

①珪:同"圭",瑞玉名。常作祭祀、朝聘之用。《书·金縢》:"周公立焉,植璧秉珪,乃告大王、王季、文王。"玠(jiè):大圭。郭璞注:"《诗》曰:'锡尔玠珪。'"今本《诗·大雅·崧高》作"介圭"。

②璋(zhāng):瑞玉名。形如半圭。《诗·小雅·斯干》:"乃生男子,载寝之床,载衣之裳,载弄之璋。"毛传:"半珪曰璋。"琡(chù):瑞玉名,八寸的璋。

③璧:玉器名。平圆形、中心有孔,边宽为内孔直径的两倍。《诗·卫风·淇奥》:"有匪君子,如金如锡,如圭如璧。"瑄:同"瑄",六寸的大璧。《史记·孝武本纪》:"公卿言'皇帝始郊见泰一云阳,有司奉瑄玉。'"司马贞索隐:"音宣,璧大六寸也。"

④肉、好:中间有孔的环状物的边和孔。肉,边。好,中间的孔。《汉书·食货志下》:"(周景王)卒铸大钱,文曰'宝货',肉好皆有周郭。"颜师古注引韦昭曰:"肉,钱形也。好,孔也。"

⑤瑗(yuàn):孔大边小的璧。郭璞注:"瑗,孔大而边小。"《荀子·大略》:"聘人以珪,问士以璧,召人以瑗。"

⑥环:玉环。《左传·昭公十六年》:"宣子有环,其一在郑商。"杜预注:"玉环,同工共朴(璞),自共为双。"

【译文】

珪长一尺二寸称为玠。璋长八寸称为琡。璧大六寸称为瑄。边比中间孔的直径大一倍称为璧,中间孔比边的直径大一倍称为瑗,边和中间孔的直径一样大称为环。

6.038　缳①,绶也②。

【注释】

①缢(suì)：古代贯串佩玉的带子。郭璞注："即佩玉之组，所以连系瑞玉者。"

②绶(shòu)：用来拴系佩玉和印章等的丝带。《礼记·玉藻》："天子佩白玉而玄组绶，公侯佩山玄玉而朱组绶。"郑玄注："绶者，所以贯佩玉相承受者也。"

【译文】

缢是贯串佩玉的带子。

6.039　一染谓之缥①，再染谓之赪②，三染谓之纁③。青谓之葱，黑谓之黝。斧谓之黼④。

【注释】

①缥(quán)：浅红色。《仪礼·既夕礼》："缥绯裼。"郑玄注："一染谓之缥，今红也。"绯(bì)，裳幅的缘饰。裼(xī)，裳的下饰。

②赪(chēng)：浅红色。郭璞注："浅赤。"《诗·周南·汝坟》："鲂鱼赪尾，王室如燬。"毛传："赪，赤也。"赪(chēng)，同"赪"。

③纁(xūn)：浅红色。《周礼·考工记·钟氏》："三入为纁。"郑玄注："染纁者，三入而成。"

④斧、黼(fǔ)：礼服上白与黑相间的斧形花纹。郭璞注："黼文画斧形，因名云。"《书·益稷》："藻火粉米，黼黻絺绣。"孔安国传："黼若斧形。"陆德明释文："白与黑谓之黼。"

【译文】

染一次的浅红色称为缥，染两次的浅红色称为赪，染三次的浅红色称为纁。青色称为葱，黑色称为黝。白与黑相间的斧形花纹称为黼。

6.040　邸谓之柢①。

【注释】

①邸(dǐ):通"柢",根柢。郭璞注:"根柢皆物之邸。"郝懿行义疏:"邸者,本为邸舍,经典借为根柢,故此释之也。"《周礼·夏官·弁师》:"王之皮弁,会五采玉璂,象邸玉笄。"郑玄注:"邸,下柢也,以象骨为之。"

【译文】

根柢称为柢。

6.041　雕谓之琢①。

【注释】

①参见6.028和6.029条。

【译文】

加工玉石称为琢。

6.042　蓐谓之兹①。

【注释】

①蓐(rù)、兹:草席。郭璞注:"《公羊传》曰:'属负兹。'兹者,蓐席也。"《史记·周本纪》:"毛叔郑奉明水,卫康叔封布兹。"裴骃集解引徐广曰:"兹者,籍席之名。"

【译文】

草席称为兹。

6.043　竿谓之箷①。

【注释】

①箷(yí)：衣架。郭璞注："衣架。"邢昺疏："凡以竿为衣架者曰箷。"

【译文】

衣架竿称为箷。

6.044　箦谓之第①。

【注释】

①箦(zé)、第(zǐ)：用竹篾等编成的床垫。《礼记·檀弓上》："华而睆，大夫之箦与？"郑玄注："箦谓床第也。"《周礼·天官·玉府》："掌王之燕衣服、衽席、床第。"郑玄注："第，箦也。"

【译文】

用竹篾等编成的床垫称为第。

6.045　革中绝谓之辨①，革中辨谓之桊②。

【注释】

①绝：割断。《韩非子·内储说上》："临战而使人绝头刳腹而无顾心者，赏在兵也。"辨(piàn)：皮革中断。郭璞注："中断皮也。"

②桊(quàn)：郭璞注："复分半也。"邢昺疏："复中分其辨名桊也。"

【译文】

皮革从中间割开称为辨，割开的皮革再从中间割开称为桊。

6.046　镂，锼也①。

【注释】

①锼(sōu):刻镂。郭璞注:"刻镂物为锼。"

【译文】

刻镂物称为锼。

6.047　卣①,中尊也。

【注释】

①卣(yǒu):一种中型青铜酒器。参见6.010条。

【译文】

卣是一种中型青铜酒器。

释乐第七

【题解】

《释乐》属于音乐学的范畴,解释五音和钟鼓等音乐术语和乐器等的名称。本篇共有 16 条,解释 36 个词语。

7.001　宫谓之重,商谓之敏,角谓之经,徵谓之迭,羽谓之柳①。

【注释】

①"宫谓之重"五句:宫、商、角、徵(zhǐ)、羽,我国古代五声音阶中的五个音级,相当于简谱中的 1、2、3、5、6。重、敏、经、迭、柳,郭璞注:"皆五音之别名,其义未详。"邢昺疏:"此五名或在亡逸中,不可得而知,其义故未详。"《玉海》卷七载唐徐景安《乐书》引汉刘歆有解释:"宫者,中也,君也,为四音之纲,其声重厚,如君之德而为重。商者,章也,臣也,其声敏疾,如臣之节而为敏。角者,触也,民也,其声圆长,经贯清浊,如民之象而为经。徵者,祉也,事也,其声抑扬递续,其音如事之绪而为迭。羽者,宇也,物也,其声低平,掩映自下而高,五音备成,如物之聚而为柳也。"但后世多不以为是。

【译文】

宫音称为重,商音称为敏,角音称为经,徵音称为迭,羽音称为柳。

7.002 大瑟谓之洒[①]。

【注释】

①瑟(sè):拨弦乐器,形似古琴,但无徽位,有五十弦、二十五弦、十五弦等种类。《诗·小雅·鹿鸣》:"我有嘉宾,鼓瑟吹笙。"洒:大瑟。郭璞注:"长八尺一寸,广一尺八寸,二十七弦。"邢昺疏:"其大者别名洒。孙叔然云:'音多变,布如洒出也。'"

【译文】

大瑟称为洒。

7.003 大琴谓之离[①]。

【注释】

①琴:拨弦乐器,琴身为狭长形,木质音箱,面板外侧有十三徽,底板有二孔供出音。周前为五弦,至周增为七弦。《诗·小雅·鹿鸣》:"我有嘉宾,鼓瑟鼓琴。"离:大琴,二十弦。亦传有二十七弦。郭璞注:"或曰:琴大者,二十七弦。"邵晋涵正义:"《初学记》引《乐录》云:'大琴,二十弦,今无其器。'"

【译文】

大琴称为离。

7.004 大鼓谓之鼖[①],小者谓之应[②]。

【注释】

①鼖(fén)：大鼓，八尺两面，用于军事。《周礼·考工记·韗人》："鼓长八尺，鼓四尺，中围加三之一，谓之鼖鼓。"郑玄注："大鼓谓之鼖。以鼖鼓鼓军事。"

②应(yìng)：小鼓。《诗·周颂·有瞽》："应田县鼓，鞉磬柷圉。"毛传："应，小鞞也。田，大鼓也。"鞞(pí)，同"鼙"，小鼓。

【译文】

大鼓称为鼖，小鼓称为应。

7.005　大磬谓之璆①。

【注释】

①磬(qìng)：打击乐器，状如曲尺，用玉、石或金属制成，悬挂于架上。有单磬，有编磬。《诗·商颂·那》："既和且平，依我磬声。"璆(xiāo)：大磬。郭璞注："璆，形似犁錧，以玉石为之。"犁錧(guǎn)，即犁铧，安装在犁的下端的翻土金属器，略呈三角形。

【译文】

大磬称为璆。

7.006　大笙谓之巢①，小者谓之和②。

【注释】

①笙(shēng)：簧管乐器，由十三至十九根簧管和一根吹气管装在锅形座上构成。《诗·小雅·鹿鸣》："我有嘉宾，鼓瑟吹笙。"巢：大笙。郭璞注："列管瓠中，施簧管端，大者十九簧。"

②和：小笙。郭璞注："十三簧者。《乡射记》曰：'三簧一和而成

声。"邢昺疏引李巡云:"小者声少,音相和也。"

【译文】

大笙称为巢,小笙称为和。

7.007　大篪谓之沂①。

【注释】

①篪(chí):古代一种竹制的管乐器。郭璞注:"篪以竹为之,长尺四寸,围三寸,一孔上出一寸三分,名翘,横吹之。小者尺二寸。《广雅》云八孔。"沂(yín):大篪。邢昺疏引孙炎曰:"篪声悲。沂,悲也。"

【译文】

大篪称为沂。

7.008　大埙谓之嘂①。

【注释】

①埙(xūn):一种陶制的吹奏乐器。郭璞注:"埙,烧土为之,大如鹅子,锐上平底,形如称锤。"《周礼·春官·小师》:"小师掌教鼓、鼗、柷、敔、埙、箫、管、弦、歌。"郑玄注:"埙,烧土为之,大如雁卵。"嘂(jiào):大埙。邢昺疏:"大埙名嘂。孙炎曰:'音大如叫呼声。'"

【译文】

大埙称为嘂。

7.009　大钟谓之镛①,其中谓之剽②,小者谓之栈③。

【注释】

①钟：一种打击乐器，中空，用铜或铁制成，悬挂在架上，用槌敲击发音。《诗·周颂·执竞》："钟鼓喤喤，磬筦将将。"镛（yōng）：大钟。《诗·大雅·灵台》："虡业维枞，贲鼓维镛。"毛传："贲，大鼓也。镛，大钟也。"

②剽（piáo）：中等钟。邢昺疏："其不大不小者名剽。"

③栈（zhǎn）：小钟。邢昺疏："李巡云：'栈，浅也。'东晋太兴元年，会稽剡县人家井中得一钟，长三寸，口径四寸，上有铭古文云'栈'。钟之小者，既长三寸，自然浅也。"

【译文】

大钟称为镛，中等钟称为剽，小钟称为栈。

7.010　大箫谓之言①，小者谓之筊②。

【注释】

①箫：古代一种竹制管乐器，用一组长短不等的竹管按音律编排而成，即排箫，与后世单管箫不同。《诗·周颂·有瞽》："既备乃奏，箫管备举。"郑玄笺："箫，编小竹管如今卖饧者所吹也。"言：大箫。郭璞注："编二十三管，长尺四寸。"

②筊（jiǎo）：郭璞注："十六管，长尺二寸。第一名籁。"邢昺疏引李巡曰："小者声扬而小，故言筊。筊，小也。"

【译文】

大箫称为言，小箫称为筊。

7.011　大管谓之簥①，其中谓之篞②，小者谓之篎③。

【注释】

①管:古乐器,如篪而小,长一尺,六孔。郭璞注:"管,长尺,围寸,并漆之,有底。贾氏以为如篪六孔。"《周礼·春官·小师》:"小师掌教鼓、鼗、柷、敔、埙、箫、管、弦、歌。"郑玄注"郑司农云:'管如篪,六孔。'玄谓管如篹而小,并两而吹之。今大子乐官有焉。"篴(dí),"笛"的古字。筊(jiāo):大管。邢昺疏引李巡云:"声高大,故曰筊。筊,高也。"

②篎(niè):中等管。邵晋涵正义:"《太平御览》引舍人云:'大管声高大,故曰筊。筊者,高也。中者声相密,故曰篎。篎,密也。小者声音清妙也。'"郝懿行义疏:"舍人读篎如昵,训篎为妙。"

③篎(miǎo):小管。参见"篎"下注。

【译文】

大管称为筊,中等管称为篎,小管称为篎。

7.012　大籥谓之产①,其中谓之仲②,小者谓之箹③。

【注释】

①籥(yuè):管乐器,像笛,短管,有三孔或六孔。郭璞注:"籥,如笛,三孔而短小。"《诗·邶风·简兮》:"左手执籥,右手秉翟。"毛传:"籥六孔。"翟(dí),古代乐舞所执的雉羽。产:大籥。

②仲:中等籥。邵晋涵正义:"《太平御览》引舍人云:'仲,其声适中吕也。小者声音细小曰箹也。'"

③箹:小籥。参见"仲"下注。

【译文】

大籥称为产,中等籥称为仲,小籥称为箹。

7.013　徒鼓瑟谓之步①,徒吹谓之和,徒歌谓之谣,徒击鼓谓之咢②,徒鼓钟谓之修,徒鼓磬谓之寋③。

【注释】

①徒:仅、只。《孟子·公孙丑下》:"王如用予,则岂徒齐民安,天下之民举安。"

②咢(è):只击鼓不伴以其他乐器。《诗·大雅·行苇》:"嘉殽脾臄,或歌或咢。"毛传:"徒击鼓曰咢。"脾臄(jué),牲体的内脏和口舌。

③寋(jiǎn):只击磬不伴以其他乐器。

【译文】

只奏瑟称为步,只吹奏称为和,只唱歌称为谣,只击鼓称为咢,只敲钟称为修,只击磬称为寋。

7.014　所以鼓柷谓之止①,所以鼓敔谓之籈②。

【注释】

①柷(zhù):古代一种木制的方斗形打击乐器,奏乐开始时击之。郭璞注:"柷如漆桶,方二尺四寸,深一尺八寸,中有椎柄,连底,挏之,令左右击。止者,其椎名。"挏(dòng),摇撞。《周礼·春官·小师》:"小师掌教鼓、鼗、柷、敔、埙、箫、管、弦、歌。"郑玄注引郑司农云:"柷如漆筒,中有椎。敔,木虎也。"椎(chuí),槌。

②敔(yǔ):古代一种木制的虎形打击乐器,雅乐将终时击以止乐。郭璞注:"敔如伏虎,背上有二十七鉏铻刻,以木长尺栎之。籈者其名。"栎(lì),刮擦。《书·益稷》:"下管鼗鼓,合止柷敔。"孔颖达疏:"乐之初,击柷以作之;乐之将末,戛敔以止之。"《吕氏春秋·仲夏》:"饬钟磬柷敔。"高诱注:"敔,木虎,脊上有鉏铻,以杖捋之以止乐。"捋(lüè),击、敲击。籈(zhēn):击敔所用的木板。

【译文】

用来击柷的槌子称为止,用来击敔的木板称为籈。

7.015　大鼗谓之麻①,小者谓之料。

【注释】

①鼗(táo):长柄摇鼓,俗称拨浪鼓。《周礼·春官·小师》:"掌教鼓、鼗、柷、敔、埙、箫、管、弦、歌。"郑玄注:"鼗如鼓而小,持其柄摇之,旁耳还自击。"

【译文】

大的长柄摇鼓称为麻,小的长柄摇鼓称为料。

7.016　和乐谓之节①。

【注释】

①节:敲击以控制音乐节奏的乐器。邢昺疏:"节,乐器名,谓相也。《乐记》云:'治乱以相。'郑注云:'相即拊也,亦以节乐。'"

【译文】

敲击以控制音乐节奏的乐器称为节。

释天第八

【题解】

《释天》属于天文学的范畴,解释天文及其相关事物的名称。篇下据词语的性质内容,分为四时、祥、灾、岁阳、岁阴、岁名、月阳、月名、风雨、星名、祭名、讲武、旌旗 13 类。本篇共有 53 条,解释 151 个词语。

8.001　穹苍①,苍天也。

【注释】

①穹(qióng)苍:苍天。《诗·大雅·桑柔》:"靡有旅力,以念穹苍。"毛传:"穹苍,苍天。"孔颖达疏引李巡曰:"古时人质,仰视天形,穹隆而高,色苍苍然,故曰穹苍是也。"

【译文】

穹苍是苍天的意思。

8.002　春为苍天①,夏为昊天②,秋为旻天③,冬为上天④。

【注释】

①苍天:指春天。郭璞注:"万物苍苍然生。"

②昊(hào)天:指夏天。郭璞注:"言气皓旰。"

③旻(mín)天:指秋天。郭璞注:"旻犹愍也,愍万物雕落。"汉王逸《九思·哀岁》:"旻天兮清凉,玄气兮高朗。"

④上天:指冬天。郭璞注:"言时无事,在上临下而已。"

【译文】

春天称为苍天,夏天称为昊天,秋天称为旻天,冬天称为上天。

8.(1)　四时①

【注释】

①四时:四季。邢昺疏:"此题上事也。言上所陈是四时天之名也。"

【译文】

以上解释四时的名称。

8.003　春为青阳①,夏为朱明②,秋为白藏③,冬为玄英④。四气和谓之玉烛⑤。

【注释】

①青阳:指春天。《汉书·礼乐志》:"青阳开动,根荄以遂。"

②朱明:指夏天。汉书·礼乐志》:"朱明盛长,旉与万物。"旉(fū)与,遍施。旉,同"敷"。

③白藏:指秋天。郭璞注:"气白而收藏。"南朝梁萧统《玄圃讲》诗:"白藏气已暮,玄英序方及。"

④玄英:指冬天。郭璞注:"气黑而清英。"唐魏徵《道观内柏树赋》:"涉青阳不增其华,历玄英不减其翠。"

⑤玉烛:谓四时之气和畅。郭璞注:"道光照。"晋葛洪《抱朴子·明本》:"玉烛表升平之征,澄醴彰德洽之符。"

【译文】

春天称为青阳,夏天称为朱明,秋天称为白藏,冬天称为玄英。四时之气和畅称为玉烛。

8.004　春为发生①,夏为长嬴②,秋为收成③,冬为安宁④。四时和为通正⑤,谓之景风⑥。

【注释】

①发生:指春天。唐钱起《春郊》诗:"东风好作阳和使,逢草逢花报发生。"

②长嬴(yíng):指夏天。《乐府诗集·隋五郊歌·徵音》:"长嬴开序,炎上为德。"

③收成:秋天是收成的季节,因以为秋天的别称。

④安宁:冬天是安和宁静的季节,因以为冬天的别称。

⑤通正:通畅祥和。邢昺疏:"四时和为通正者,言上四时之功和,是为通畅平正也。"

⑥景风:祥和之风。郭璞注:"所以致景风。"邢昺疏:"景风即和风也。"

【译文】

春天称为发生,夏天称为长嬴,秋天称为收成,冬天称为安宁。四时通畅祥和称为通正,所致祥和之风称之为景风。

8.005 甘雨时降^①,万物以嘉,谓之醴泉^②。

【注释】

①甘雨:适时好雨。《诗·小雅·甫田》:"以祈甘雨,以介我稷黍,以穀我士女。"孔颖达疏:"甘雨者,以长物则为甘,害物则为苦。"

②醴(lǐ)泉:本义为甜美的泉水,引申指及时之雨。

【译文】

甘雨按时降临,万物因此而嘉美,这种及时甘霖称为醴泉。

8.(2) 祥^①

【注释】

①祥:祥瑞。

【译文】

以上解释祥瑞的名称。

8.006 谷不熟为饥,蔬不熟为馑,果不熟为荒。仍饥为荐^①。

【注释】

①仍、荐:接连。《左传·襄公二十二年》:"政令之无常,国家罢病,不虞荐至。"杜预注:"荐,仍也。"《国语·周语下》:"晋仍无道而鲜胄,其将失之矣。"韦昭注:"仍,数也。"

【译文】

谷物歉收称为饥,蔬菜歉收称为馑,果类歉收称为荒。接连饥荒称为荐。

8.(3)　灾^①

【注释】

①灾:灾荒。

【译文】

以上解释岁凶灾荒的名称。

8.007　大岁在甲曰阏逢,在乙曰旃蒙,在丙曰柔兆,在丁曰强圉,在戊曰箸雍,在己曰屠维,在庚曰上章,在辛曰重光,在壬曰玄黓,在癸曰昭阳^①。

【注释】

①"大(tài)岁在甲"十句:大岁,即"太岁"。古代天文学中假设的岁星。又称岁阴或太阴。古代认为岁星(即木星)十二年一周天(实为11.86年),因将黄道分为十二等分,以岁星所在部分作为岁名。但岁星运行方向自西向东,与将黄道分为十二支的方向正相反,故假设有一太岁星作与岁星运行相反的方向运动,以每年太岁所在的部分来纪年。如太岁在寅叫摄提格,在卯叫单阏等。又配以十岁阳,组成六十干支,用以纪年。大岁在甲曰阏逢,太岁在甲的部分称为阏逢。余类推。阏逢,音 yān péng。旃,音 zhān。黓,音 yì。

【译文】

太岁星在甲称为阏逢,在乙称为旃蒙,在丙称为柔兆,在丁称为强圉,在戊称为箸雍,在己称为屠维,在庚称为上章,在辛称为重光,在壬称为玄黓,在癸称为昭阳。

8.(4)　岁阳①

【注释】

①岁阳:古代以干支纪年,十干叫"岁阳"。参见8.007条。

【译文】

以上解释干支纪年十干的名称。

8.008　太岁在寅曰摄提格,在卯曰单阏,在辰曰执徐,在巳曰大荒落,在午曰敦牂,在未曰协洽,在申曰涒滩,在酉曰作噩,在戌曰阉茂,在亥曰大渊献,在子曰困敦,在丑曰赤奋若①。

【注释】

①"太岁在寅"十二句:参见8.007条。单阏,音 chán yè。敦牂,音 dūn zāng。涒,音 tūn。

【译文】

太岁在寅称为摄提格,在卯称为单阏,在辰称为执徐,在巳称为大荒落,在午称为敦牂,在未称为协洽,在申称为涒滩,在酉称为作噩,在戌称为阉茂,在亥称为大渊献,在子称为困敦,在丑称为赤奋若。

8.(5)　岁阴①

【注释】

①岁阴:古代以干支纪年,十二支叫作"岁阴"。郝懿行义疏:"今本无此二字,然十干既题岁阳,则十二支当题岁阴……今依臧氏《尔雅汉注》补。"

【译文】

以上解释干支纪年十二支的名称。

8.009　　载,岁也。夏曰岁,商曰祀,周曰年,唐虞曰载①。

【注释】

①夏曰岁,商曰祀,周曰年,唐虞曰载:邢昺疏:"别年岁之名也。"

【译文】

载是岁的意思。夏代称为岁,商代称为祀,周代称为年,唐尧与虞舜的时代称为载。

8.(6)　　岁名①

【注释】

①岁名:岁的名称。

【译文】

以上解释岁的名称。

8.010　　月在甲曰毕,在乙曰橘,在丙曰修,在丁曰圉,在戊曰厉,在己曰则,在庚曰窒,在辛曰塞,在壬曰终,在癸曰极①。

【注释】

①"月在甲"十句:邢昺疏:"此辨以日配月之名也。设若正月得甲则曰毕陬,二月得乙则曰橘如,三月得丙则曰修痫,四月得丁则

曰围余,五月得戊则曰厉皋,六月得己则曰则且,七月得庚则曰窒相,八月得辛则曰塞壮,九月得壬则曰终玄,十月得癸则曰极阳,十一月得甲则曰毕辜,十二月得乙则曰橘涂,周而复始亦可知也。”

【译文】

月亮在甲称为毕,在乙称为橘,在丙称为修,在丁称为围,在戊称为厉,在己称为则,在庚称为窒,在辛称为塞,在壬称为终,在癸称为极。

8.(7)　月阳①

【注释】

①月阳:古代十天干纪月的别名。

【译文】

以上解释十天干纪月的别名。

8.011　正月为陬,二月为如,三月为寎,四月为余,五月为皋,六月为且,七月为相,八月为壮,九月为玄,十月为阳,十一月为辜,十二月为涂①。

【注释】

①“正月为陬”十二句:邢昺疏:“正月为陬已下皆月之别名。”陬,音zōu。寎,音bǐng。且,音jū。相,音xiàng。

【译文】

正月称为陬,二月称为如,三月称为寎,四月称为余,五月称为皋,六月称为且,七月称为相,八月称为壮,九月称为玄,十月称为阳,十一月称为辜,十二月称为涂。

8.(8)　月名①

【注释】

①月名:十二个月每个月的别名。

【译文】

以上解释十二个月每个月的别名。

8.012　南风谓之凯风①,东风谓之谷风②,北风谓之凉风③,西风谓之泰风④。

【注释】

①凯风:和暖的风,指南风。邢昺疏引李巡曰:"南风长养万物,万物喜乐,故曰凯风。凯,乐也。"《诗·邶风·凯风》:"凯风自南,吹彼棘心。"

②谷风:东风。邢昺疏引孙炎曰:"谷之言穀。穀,生也。谷风者,生长之风也。"《诗·邶风·谷风》:"习习谷风,以阴以雨。"

③凉风:秋风。《礼记·月令》:"(孟秋之月)凉风至,白露降,寒蝉鸣。"

④泰风:西风,大风。郭璞注:"《诗》云:'泰风有隧。'"邢昺疏引孙炎曰:"西风成物,物丰泰也。《诗·大雅·桑柔》云'泰风有隧'是也。"今本《诗》"泰"作"大"。

【译文】

南风称为凯风,东风称为谷风,北风称为凉风,西风称为泰风。

8.013　焚轮谓之颓①,扶摇谓之猋②。风与火为庉③。回风为飘④。

【注释】

①焚轮:从上而下的暴风。邢昺疏引李巡曰:"焚轮,暴风从上来降
谓之颓。颓,下也。"《诗·小雅·谷风》:"维风及颓。"毛传:"颓,
风之焚轮者也。"

②扶摇:从下而上的暴风。邢昺疏引李巡曰:"扶摇,暴风从下升上
故曰猋。猋,上也。"《庄子·逍遥游》:"鹏之徙于南冥也,水击三
千里,抟扶摇而上者九万里。"猋:音 biāo。

③庉(tún):风因火猛,火因风烈。邢昺疏:"郭云:'庉庉,炽盛之
貌。'言风自火出、火因风炽而有大风者为庉。"

④回风:旋风。邢昺疏:"郭云:'旋风也。'李巡曰:'一曰飘风,别二
名也。'《诗·蓼莪》云'飘风发发'是也。"

【译文】

从上而下的暴风称为颓,从下而上的暴风称为猋。风因火猛,火因
风烈称为庉。旋风称为飘。

8.014　日出而风为暴,风而雨土为霾①,阴而风为曀②。

【注释】

①霾(mái):大风卷夹尘土。《诗·邶风·终风》:"终风且霾,惠然
肯来。"毛传:"霾,雨土也。"

②曀(yì):天阴而有风。《诗·邶风·终风》:"终风且曀,不日有
曀。"毛传:"阴而风曰曀。"

【译文】

晴天刮风称为暴,大风卷夹尘土称为霾,天阴刮风称为曀。

8.015　天气下,地不应曰雺①。地气发,天不应曰雾。

雾谓之晦②。

【注释】

①雺(méng)：天上空气下降，大地不去接应。郭璞注："言蒙昧。"邢昺疏："雺是天气下降、地气不应而蒙阇也。"

②地气发，天不应曰雾。雾谓之晦：地上空气上升，上天不去接应称为雾、晦。郭璞注："言晦冥。"邢昺疏："地气发而上天不应之则为氛雾。雾又名晦。"《管子·度地》："风、雾、雹、霜，一害也。"

【译文】

天上空气下降，大地不去接应称为雺。地上空气上升，上天不去接应称为雾。雾称为晦。

8.016　螮蝀谓之雩①。螮蝀，虹也。蜺为挈贰②。

【注释】

①螮蝀(dì dōng)：同"蝃蝀"，虹的别名。《诗·鄘风·蝃蝀》："蝃蝀在东，莫之敢指。"毛传："蝃蝀，虹也。"雩：音yù。

②蜺(ní)、挈(qiè)贰：副虹。又称雌虹、雌蜺。郭璞注："蜺，雌虹也，见《离骚》。挈贰，其别名，见《尸子》。"《楚辞·天问》："白蜺婴茀，胡为此堂?"王逸注："蜺，云之有色似龙者也。"《尸子》下："蜺，挈贰其别名也。"

【译文】

螮蝀称为雩。螮蝀就是虹。蜺称为挈贰。

8.017　弇日为蔽云①。

【注释】

①弇(yǎn)日:五彩云气遮住太阳。郭璞注:"即晕气五彩覆日也。"

【译文】

五彩云气遮住太阳称为蔽云。

8.018　疾雷为霆霓①。

【注释】

①霆霓:郝懿行义疏:"霆为疾雷,霓字衍也。"

【译文】

疾雷称为霆。

8.019　雨霓为霄雪①。

【注释】

①霓:同"霰",小冰粒。郭璞注:"《诗》云:'如彼雨雪,先集维霓。'"今本《诗·小雅·颊弁》"霓"作"霰"。郑玄笺:"将大雨雪,始必微温,雪自上下,遇温气而抟谓之霰,久而寒胜则大雪矣。"霄雪:郭璞注:"霓,水雪杂下者,谓之消雪。"郝懿行义疏:"霄雪者,雪亦衍字。《说文》:'雨霓为霄。齐语也。'无雪字。今本盖缘郭注而衍也。"

【译文】

下小冰粒称为霄。

8.020　暴雨谓之涷①,小雨谓之霡霂②,久雨谓之淫③。淫谓之霖④,济谓之霁⑤。

【注释】

①涑(dōng)：暴雨。郭璞注："今江东人呼夏月暴雨为涑雨。"《楚辞·九歌·大司命》："令飘风兮先驱，使涑雨兮洒尘。"王逸注："暴雨为涑雨。"

②霡霂(mài mù)：小雨。《诗·小雅·信南山》："益之以霡霂，既优既渥。"毛传："小雨曰霡霂。"

③淫(yín)：久雨。《礼记·月令》："(季春之月)行秋令，则天多沉阴，淫雨蚤降。"郑玄注："淫，霖也，雨三日以上为霖。"蚤，通"早"。

④霖(lín)：久雨。《左传·隐公九年》："凡雨，自三日以往为霖。"参见"淫"下注。

⑤济：止，特指雨止。郭璞注："今南阳人呼雨止为霁。"邢昺疏："济，止也。雨止名霁。"

【译文】

暴雨称为涑，小雨称为霡霂，久雨称为淫。淫雨称为霖，雨止称为霁。

8.(9)　风雨①

【注释】

①风雨：邢昺疏："风雨者，题上事也。"

【译文】

以上解释风雨之类的名称。

8.021　寿星，角、亢也①。天根，氐也②。

【注释】

①寿星,角(jiǎo)、亢(kàng)也:寿星,十二星次之一。在十二支为辰,在二十八宿则起于轸宿十二度,跨角、亢二宿而至氐宿四度。角、亢,分别属于东方七宿的第一宿和第二宿。角、亢二宿属于寿星次。《国语·晋语四》:"岁在寿星及鹑尾,其有此土乎?"韦昭注:"自轸十二度至氐四度,为寿星之次。"《楚辞·天问》:"角宿未旦,曜灵安藏?"王逸注:"角、亢,东方星。"

②天根,氐(dī):东方七宿的第三宿。郭璞注:"角、亢下系于氐,若木之有根。"《史记·天官书》:"氐为天根,主疫。"

【译文】

寿星次,包括有角、亢二宿。天根就是氐宿。

8.022　天驷,房也①。大辰,房、心、尾也②。大火谓之大辰。

【注释】

①天驷(sì),房:东方七宿的第四宿。郭璞注:"龙为天马,故房四星谓之天驷。"《国语·周语下》:"昔武王伐殷,岁在鹑火,月在天驷。"韦昭注:"天驷,房星也。"

②大辰,房、心、尾:大辰,大火次的别称,包括有房、心、尾三宿。《左传·昭公十七年》:"冬有星孛于大辰。"杜预注:"大辰,房、心、尾也。"

【译文】

天驷就是房宿。大辰次包括有房、心、尾三宿。大火次称为大辰次。

8.023　析木谓之津,箕、斗之间,汉津也①。

【注释】

①析木谓之津,箕、斗之间,汉津也:析木,星次名。邢昺疏:"孙炎曰:'析别水木,以箕斗之间,是天汉之津也。'刘炫谓是。天汉即天河也。天河在箕、斗二星之间,箕在东方木位,斗在北方水位,分析水木以箕星为隔。隔河须津梁以度,故谓此次为析木之津也。"天河,银河。谓,衍文。邵晋涵正义:"旧本无'谓'字。郭注亦系后人所增,今删正。"

【译文】

析木次,箕、斗二宿之间,就是银河。

8.024　星纪,斗、牵牛也①。

【注释】

①星纪,斗、牵牛也:星纪,星次名。二十八宿中之斗、牛二宿属之。《左传·襄公二十八年》:"岁在星纪,而淫于玄枵。"杜预注:"星纪在丑,斗、牛之次。"

【译文】

星纪次,包括有斗、牵牛二宿。

8.025　玄枵,虚也①。颛顼之虚,虚也②。北陆,虚也③。

【注释】

①玄枵(xiāo),虚也:玄枵,星次名。其中有女、虚、危三宿。《左

传·襄公二十八年》:"玄枵,虚中也。"

②颛顼之虚,虚也:颛顼之虚,虚宿的别名。《左传·昭公十年》:
"晋君将死,今兹岁在颛顼之虚。"孔颖达疏:"北方三次以玄枵为
中。玄枵次有三宿,又虚在其中。以水位在北,颛顼居之,故谓
玄枵虚星为颛顼之虚也。"

③北陆,虚也:北陆,虚宿的别名。《左传·昭公四年》:"古者日在
北陆而藏冰。"孔颖达疏引孙炎云:"陆,中也。北方之宿虚为
中也。"

【译文】

玄枵次,包括有虚宿。颛顼之虚是虚宿的别名。北陆也是虚宿的
别名。

8.026　营室谓之定①。娵訾之口,营室、东壁也②。

【注释】

①营室、定:邢昺疏:"营室一名定。"营室,星名。本指室、壁二宿,
后专指室宿。《诗·鄘风·定之方中》:"定之方中,作于楚宫。"
郑玄笺:"楚宫,谓宗庙也。定星昏中而正,于是可以营制宫室,
故谓之营室。"

②娵訾(jū zī),营室、东壁也:娵訾,同"娵觜",星次名。包括有室宿
和壁宿。营室、东壁四方似口,故名娵訾之口。邢昺疏引孙炎
曰:"娵訾之叹,则口开方,营室、东壁四方似口,故因名也。"《左
传·襄公三十年》:"及其亡也,岁在娵訾之口。"东壁,星宿名,即
壁宿。因在天门之东,故称。

【译文】

营室称为定宿。娵訾次,包括有营室、东壁二宿。

8.027　降娄，奎、娄也①。

【注释】

①降娄(lóu)，奎、娄也：降娄，星次名。包括有奎、娄二宿。奎、娄二宿分别为西方白虎七宿的第一宿和第二宿。《左传·襄公三十年》："于是岁在降娄，降娄中而旦。"杜预注："降娄，奎、娄也。周七月，今五月，降娄中而天明。"

【译文】

降娄次，包括有奎、娄二宿。

8.028　大梁，昴也①。西陆，昴也②。

【注释】

①大梁，昴(mǎo)也：大梁，星次名。包括有胃、昴、毕三宿。昴宿为白虎七宿的第四宿。郝懿行义疏："大梁三宿，胃、昴、毕，《尔雅》独言昴者，亦举中以包之。"《国语·晋语四》："岁在大梁，将集天行。"《史记·天官书》："敦牂岁：岁阴在午，星居酉。以五月与胃、昴、毕晨出，曰开明。"

②西陆，昴也：西陆，昴宿的别名。《左传·昭公四年》："古者日在北陆而藏冰，西陆朝觌而出之。"

【译文】

大梁次，包括有昴宿。西陆宿就是昴宿。

8.029　浊谓之毕①。

【注释】

①浊谓之毕：浊，同"𤲞(dú)"，毕宿的别名。为白虎七宿的第五宿。《诗·小雅·渐渐之石》："月离于毕，俾滂沱矣。"毛传："毕，𤲞也。"

【译文】

浊宿称为毕宿。

8.030　咮谓之柳①。柳，鹑火也②。

【注释】

①咮(zhòu)、柳：咮宿是柳宿的别名。为南方朱鸟七宿的第三宿。《左传·襄公九年》："咮为鹑火，心为大火。"孔颖达疏："咮，谓柳也。"

②鹑火：星次名。朱鸟七宿其中部柳、星、张三宿称鹑火。《左传·昭公八年》："陈，颛顼之族也。岁在鹑火，是以卒灭，陈将如之。"孔颖达疏："颛顼崩年，岁星在鹑火之次。"

【译文】

咮宿称为柳宿。柳宿属于鹑火次。

8.031　北极谓之北辰①。

【注释】

①北极、北辰：星名。《公羊传·昭公十七年》："北辰亦为大辰。"徐彦疏引李氏(巡)云："北极，天心，居北方，正四时，谓之北辰。"《论语·为政》："子曰：'为政以德，譬如北辰，居其所而众星共之。'"

【译文】

北极星称为北辰星。

8.032　何鼓谓之牵牛[①]。

【注释】

①何(hè)鼓：即河鼓。郭璞注："今荆楚人呼牵牛星为担鼓,担者荷也。"何、荷,古今字,担负,背,扛。牵牛：即河鼓。《诗·小雅·大东》："睆彼牵牛,不以服箱。"毛传："河鼓谓之牵牛。"睆(huǎn),视。

【译文】

何鼓星称为牵牛星。

8.033　明星谓之启明[①]。

【注释】

①明星、启明：启明星,即金星。《诗·小雅·大东》："东有启明,西有长庚。"毛传："日旦出,谓明星为启明；日既入,谓明星为长庚。"

【译文】

金星称为启明星。

8.034　彗星为欃枪[①]。

【注释】

①欃(chán)枪：彗星的别名。《史记·司马相如列传》："揽欃枪以

为旌兮,靡屈虹而为绸。"
【译文】
彗星称为欃枪星。

8.035　奔星为彴约^①。

【注释】
①彴(bó)约:流星。郭璞注:"流星。"
【译文】
流星称为彴约。

8.(10)　星名^①

【注释】
①邢昺疏:"题上事也。"
【译文】
以上解释星的名称。

8.036　春祭曰祠,夏祭曰礿,秋祭曰尝,冬祭曰烝^①。

【注释】
①"春祭"四句:礿(yuè),同"禴"。烝,同"蒸"。参见1.084条。
【译文】
春天的祭祀称为祠,夏天的祭祀称为礿,秋天的祭祀称为尝,冬天的祭祀称为烝。

8.037　祭天曰燔柴^①，祭地曰瘗薶^②。

【注释】

①燔(fán)柴：积柴焚烧牲体、玉帛等以祭天。邢昺疏："祭天之礼，积柴以实牲体、玉帛而燔之，使烟气之臭上达于天，因名祭天曰燔柴也。"《仪礼·觐礼》："祭天，燔柴。"

②瘗薶(yì mái)：同"瘗埋"，把牺牲等埋入地里以祭地。《礼记·祭法》："瘗埋于泰折，祭地也。用骍犊。"孔颖达疏："瘗埋于泰折祭地也者，谓瘗缯埋牲祭神州地祇于北郊也。"泰折，古代祭地神之处，在都城北郊。

【译文】

焚烧牲体、玉帛等以祭天称为燔柴，把牺牲等埋入地里以祭地称为瘗薶。

8.038　祭山曰庪县^①，祭川曰浮沉^②。

【注释】

①庪县(guǐ xuán)：埋藏或悬挂祭品以祭山。庪，埋藏。县，"悬"的古字，悬挂。郭璞注："或庪或县，置之于山。《山海经》曰'县以吉玉'是也。"邢昺疏："庪县，祭山之名也。庪，谓埋藏之……县，谓县其牲币于山林中，因名祭山曰庪县。"

②浮沉：投祭品于水中以祭川。郭璞注："投祭水中，或浮或沉。"

【译文】

埋藏或悬挂祭品以祭山称为庪县，投祭品于水中以祭川称为浮沉。

8.039　祭星曰布^①，祭风曰磔^②。

【注释】

①布：布散祭品于地以祭星。郭璞注："布散祭于地。"

②磔(zhé)：分裂牲体以祭风。《公羊传·僖公三十一年》："山川有
能润于百里者，天子秩而祭之。"徐彦疏李氏(巡)曰："祭风以牲
头蹄及皮破之以祭，故曰磔。"

【译文】

布散祭品于地以祭星称为布，分裂牲体以祭风称为磔。

8.040　"是禷是祃"①，师祭也。

【注释】

①是禷(lèi)是祃(mà)：《诗·大雅·皇矣》："是类是祃。""类""禷"
同，因征战出师而祭天。祃，在军队驻地而祭天。郭璞注："师出
征伐，类于上帝，祃于所征之地。"

【译文】

"是禷是祃"，是因征战出师和在军队驻地而举行的两种祭祀天神
的活动。

8.041　"既伯既祷"①，马祭也。

【注释】

①既伯既祷：《诗·小雅·吉日》："既伯既祷。"毛传："伯，马祖也。重物
慎微，将用马力，必先为之祷其祖。"孔颖达疏："为马而祭，故知马祖
谓之伯。"

【译文】

"既伯既祷"，是用马之前祭祀马祖。

8.042　禘①，大祭也。

【注释】

①禘(dì)：宗庙五年一次大祭。《论语·八佾》："禘自既灌而往者，吾不欲观之矣。"邢昺疏："三年一祫，五年一禘。"祫(xiá)，宗庙三年一祭。

【译文】

禘是宗庙五年一次大祭的意思。

8.043　绎①，又祭也。周曰绎，商曰肜②，夏曰复胙③。

【注释】

①绎(yì)：周代称正祭的次日再进行的祭祀。《春秋·宣公八年》："辛巳，有事于大庙，仲遂卒于垂。壬午，犹绎。"杜预注："绎，又祭。陈昨日之礼，所以宾尸。"孔颖达疏："《公羊传》曰：'绎者何？祭之明日也。'"

②肜(róng)：商代称祭祀的次日再进行的祭祀。《书·高宗肜日》："高宗肜日。"孔安国传："祭之明日又祭，殷曰肜，周曰绎。"孔颖达疏引孙炎曰："祭之明日寻绎复祭也，肜者，相寻不绝之意。"

③复胙(zuò)：夏代称祭祀的次日再进行的祭祀。郭璞注："未见义所出。"邢昺疏："《诗》传及《诗》笺亦无此一句。说者云：胙是祭肉也，以祭之旦日复陈其祭肉以宾尸也。未知然不。"

【译文】

绎是正祭的次日再进行的祭祀的意思。周代称为绎，商代称为肜，夏代称为复胙。

8.(11)　祭名①

【注释】

①祭名：邢昺疏："祭名者，以题上事也。"

【译文】

以上解释祭祀的名称。

8.044　春猎为蒐，夏猎为苗，秋猎为狝，冬猎为狩①。

【注释】

①"春猎为蒐(sōu)"四句：蒐、苗、狝(xiǎn)、狩，四季狩猎的不同名
称。《左传·隐公五年》："故春蒐、夏苗、秋狝、冬狩，皆于农隙以
讲事也。"

【译文】

春季狩猎称为蒐，夏季狩猎称为苗，秋季狩猎称为狝，冬季狩猎称
为狩。

8.045　宵田为獠①，火田为狩②。

【注释】

①宵田、獠(liáo)：夜间打猎。田，打猎。《管子·四称》："獠猎毕
弋，暴遇诸父，驰骋无度，戏乐笑语。"

②火田、狩：以火焚烧草木而田猎。《礼记·王制》："昆虫未蛰，不
以火田。"

【译文】

夜间打猎称为獠，以火焚烧草木而打猎称为狩。

8.046　"乃立冢土,戎丑攸行","起大事,动大众,必先有事乎社而后出,谓之宜。"①

【注释】

①"乃立冢土"六句:《诗》及毛传文。《诗·大雅·绵》:"乃立冢土,戎丑攸行。"毛传:"冢,大;戎,大;丑,众也。冢土,大社也。起大事,动大众,必先有事乎社而后出,谓之宜。"大事,指征战。有事,指祭祀。

【译文】

"乃立冢土,戎丑攸行",是建立大社、大众前往祭祀的意思。兴起征战,动员大众,一定要先到社坛祭祀再出征,这就称为宜。

8.047　"振旅阗阗",出为治兵,尚威武也。入为振旅,反尊卑也①。

【注释】

①"振旅阗阗(tián)"五句:《诗·小雅·采芑》:"振旅阗阗。"振旅,整队班师。阗阗:众多壮盛的样子。反尊卑,郭璞注:"尊老在前,复常仪也。"古礼,出兵之时幼贱在前,班师之时尊老在前。反,"返"的古字。

【译文】

"振旅阗阗",是整队班师、军众壮盛的意思。出兵之时幼贱在前,是崇尚威武。班师之时尊老在前,是恢复正常的礼仪。

8.(12)　讲武①

【注释】

①讲武:邢昺疏:"讲武者,题上事也。言皆所以讲习武事也。"邵晋
　涵正义:"题上事也。讲武必顺四时,故附见《释天》。"

【译文】

以上解释讲习武事的内容。

8.048　素锦绸杠①,纁帛縿②,素升龙于縿③,练旒九④,
饰以组⑤,维以缕⑥。

【注释】

①绸杠(gāng):缠裹旗竿。邢昺疏:"绸,韬也。杠,竿也。先以白
　地锦韬旗之竿。"韬(tāo),缠裹。

②纁(xūn):浅绛色。《周礼·考工记·钟氏》:"三入为纁。"郑玄注:
　"染纁者,三入而成。"縿(shān):旌旗的正幅,为旒所着之处。郭
　璞注:"縿,众旒所着。"《国语·齐语》:"龙旗九旒。"韦昭注:"龙
　旗,画交龙于縿也,正幅为縿,旁属为旒。"

③素升龙:白色头向上的龙。郭璞注:"画白龙于縿,令上向。"

④练旒(liú):白色熟绢做的旗饰物。练,白色熟绢。旒,旌旗悬垂
　的饰物。

⑤组:丝带。

⑥维:缀连。郭璞注:"维连持之,不欲令曳地。"缕,线。

【译文】

　龙旗之制:用白色丝帛缠裹旗竿,用浅绛色丝帛作旌旗的正幅,旗
面上画白色头向上的龙,有九条白色熟绢做的旗饰物,用丝带饰边,再
用线缀连起来不使拖到地上。

8.049　缁广充幅长寻曰旐①，继旐曰旆②。

【注释】

①缁(zī)：黑色的丝帛。寻：八尺。旐(zhào)：古代画有龟蛇的旗子。《诗·小雅·出车》："设此旐矣，建彼旄矣。"毛传："龟蛇曰旐。"

②旆(pèi)：旐末状如燕尾的垂旒。邢昺疏："又以帛继续旐末为燕尾者名旆。"《诗·小雅·六月》："织文鸟章，白旆央央。"

【译文】

全幅长八尺的黑色丝帛上画有龟蛇的旗子称为旐，联结在旐末状如燕尾的垂旒称为旆。

8.050　注旄首曰旌①。

【注释】

①注旄首曰旌：郭璞注："载旄于竿头，如今之幢，亦有旒。"

【译文】

竿头缀旄牛尾的旗子称为旌。

8.051　有铃曰旂①。

【注释】

①有铃曰旂：郭璞注："县铃于竿头，画蛟龙于旐。"县，"悬"的古字。

【译文】

竿头悬挂铃铛的旗子称为旂。

8.052　错革鸟曰旟①。

【注释】

①错:指画。革(jí):通"亟",急。旟(yú):画有鸟隼图象的旗子。邢昺
疏引孙炎云:"错,置也。革,急也。画急疾之鸟于缘也。"《周礼·春
官·司常》:"鸟隼为旟……州里建旟。"《诗·大雅·江汉》:"既出我
车,既设我旟。匪安匪舒,淮夷来铺。"郑玄笺:"鸟隼曰旟。"

【译文】

画有疾飞鸟隼图象的旗子称为旟。

8.053　因章曰旃①。

【注释】

①因章:依照绛帛本来的颜色花纹。郭璞注:"以帛练为旒,因其文
章,不复画之。《周礼》云:'通帛为旃。'"邢昺疏:"以因其文章与
《周礼》通用绛帛,随义立名,其实一也,故引为证。"旃(zhān):同
"旜",赤色、无饰、曲柄的旗。《说文解字·㫃部》:"旃,旗曲柄
也。"《仪礼·聘礼》:"使者载旜,帅以受命于朝。"

【译文】

依照绛帛本来的颜色花纹、不加文饰的曲柄旗子称为旃。

8.(13)　旌旗①

【注释】

①旌旗:邵晋涵正义:"题上事也。此因讲武而连类及之也。"

【译文】

以上解释旌旗的名称。

释地第九

【题解】

《释地》与以下《释丘》《释山》《释水》都属于地理学范畴。《释地》主要解释地理名称。篇下据词语的性质内容,分为九州、十薮、八陵、九府、五方、野、四极 7 类。本篇共有 47 条,解释 70 个词语。

9.001 两河间曰冀州①。

【注释】

①两河:战国秦汉时,黄河自今河南武陟以下向东北流,经山东西北角北折至河北沧州东北入海,略呈南北流向,与上游今晋陕间的北南流向一段东西相对,当时合称"两河"。冀州:古九州之一。《周礼·夏官·职方》:"河内曰冀州。"

【译文】

黄河自北向南再向东转入自南向北流的东西两段间称为冀州。

9.002 河南曰豫州①。

【注释】

①豫州:古九州之一。《书·禹贡》:"荆河惟豫州。"

【译文】

黄河以南称为豫州。

9.003　河西曰雝州①。

【注释】

①雝州:同"雍州",古九州之一。《书·禹贡》:"黑水西河惟雍州。"

【译文】

黄河以西称为雝州。

9.004　汉南曰荆州①。

【注释】

①荆州:古九州之一。《书·禹贡》:"荆及衡阳惟荆州。"

【译文】

汉水以南称为荆州。

9.005　江南曰杨州①。

【注释】

①杨州:同"扬州",古九州之一。《书·禹贡》:"淮海惟扬州。"

【译文】

长江以南称为杨州。

9.006　济、河间曰兖州①。

【注释】

①兖州:古九州之一。《书·禹贡》:"济、河惟兖州。"

【译文】

济水、黄河之间称为兖州。

9.007　济东曰徐州①。

【注释】

①徐州:古九州之一。《书·禹贡》:"海岱及淮惟徐州。"海,黄海。岱,泰山。

【译文】

济水以东称为徐州。

9.008　燕曰幽州①。

【注释】

①燕(yān):指战国燕国属地,即今河北北部及辽宁一带。幽州:古九州之一。《周礼·夏官·职方》:"东北曰幽州。"

【译文】

燕国属地称为幽州。

9.009　齐曰营州①。

【注释】

①齐:指战国齐国属地,即今山东泰山以北黄河流域和胶东半岛地区。营州:即青州。古九州之一。郭璞注:"自岱东至海。"邢昺疏:"《周礼》:'正东曰青州。'《禹贡》:'海岱惟青州。'孔传云:'东北据海,西南距岱。'然则此营州则青州之地也。"

【译文】

齐国属地称为营州。

9.(1)　九州①

【注释】

①九州:邢昺疏:"此上释九州之名,故题云九州也。"

【译文】

以上是九州。

9.010　鲁有大野①。

【注释】

①大野:古泽名。在今山东巨野、嘉祥一带。《书·禹贡》:"大野既猪,东原底平。"猪,"潴"的古字,谓水停聚。

【译文】

鲁国有大野泽。

9.011　晋有大陆①。

【注释】

①大陆:古泽名。在今河北隆尧、巨鹿、任县三县之间。《书·禹贡》:"北过降水,至于大陆。"

【译文】

晋国有大陆泽。

9.012　秦有杨陓①。

【注释】

①杨陓(yū):古泽名。具体所在已不可考。郭璞注:"今在扶风汧县西。"可备一说。汧(qiān)县,秦置,治所在今陕西陇县南。

【译文】

秦国有杨陓泽。

9.013　宋有孟诸①。

【注释】

①孟诸:同"孟猪",古泽名。在今河南商丘东北、虞城西北。《书·禹贡》:"导菏泽,被孟猪。"

【译文】

宋有孟诸泽。

9.014　楚有云梦①。

【注释】

①云梦:古泽名。其地属历来说法不一,大致在今湖南、湖北境内。

郭璞注:"今南郡华容县东南巴丘湖是也。"可备一说。

【译文】

楚国有云梦泽。

9.015　吴越之间有具区①。

【注释】

①具区:古泽名。即今太湖。《周礼·夏官·职方》:"东南曰扬州,其山镇曰会稽,其泽薮曰具区。"

【译文】

吴、越两国之间有具区泽。

9.016　齐有海隅①。

【注释】

①海隅:古泽名。邢昺疏:"此营州薮也。"或以为是泛指沿海地区,并非具体泽名。

【译文】

齐国有海隅泽。

9.017　燕有昭余祁①。

【注释】

①昭余祁:古泽名。在今山西祁县西南、介休东北。

【译文】

燕国有昭余祁泽。

9.018　郑有圃田①。

【注释】

①圃田:古泽名。在今河南中牟西。《竹书纪年》卷下:"三月,为大沟于北郛,以行圃田之水。"

【译文】

郑国有圃田泽。

9.019　周有焦护①。

【注释】

①周:指周代岐山、镐(hào)京地区。焦护:同"焦获",古泽名。在今陕西泾阳北。《诗·小雅·六月》:"狁匪茹,整居焦获。侵镐及方,至于泾阳。"毛传:"焦获,周地。"

【译文】

周地有焦护泽。

9.(2)　十薮①

【注释】

①薮(sǒu):泛指湖泽,亦特指水少而草木丰茂的沼泽。古有九薮、十薮之说。

【译文】

以上是十薮。

9.020　东陵,阸①。南陵,息慎。西陵,威夷。中陵,朱

滕。北陵,西隃雁门是也②。

【注释】

①阰:音 xìn。

②隃:音 shù。郭璞注:"雁门,即雁门山也。"邢昺疏:"此五方之陵
　名也。其义及所在未详。云'雁门是也'者,此指解北陵也,即雁
　门山是也。"陵,大土山。

【译文】

　东陵称为阰。南陵称为息慎。西陵称为咸夷。中陵称为朱滕。北
陵就是西隃雁门山。

9.021　陵莫大于加陵①。

【注释】

①加陵:郭璞注:"今所在未闻。"郝懿行义疏:"《周语》云:'柯陵之
　会。'韦昭注:'柯陵,郑西地名也……盟于柯陵,在鲁成十七年。'
　然则柯陵即加陵。"可备一说。

【译文】

没有哪个大土山比加陵大。

9.022　梁莫大于溴梁①。

【注释】

①溴(jú)梁:溴水边的大堤。《春秋·襄公十六年》:"公会晋侯、宋
　公……于溴梁。"梁,河堤。

【译文】

没有哪个河堤比滰水河堤大。

9.023　坟莫大于河坟①。

【注释】

①坟：堤岸，水边高地。邢昺疏："坟，大防，亦谓堤。"《诗·周南·
　汝坟》："遵彼汝坟，伐其条枚。"

【译文】

没有哪个河堤比黄河河堤高大。

9.（3）　八陵①

【注释】

①八陵：邢昺疏："此亦题上事也。大阜曰陵。滰梁、河坟虽非大
　阜，以其绝大若陵，故通谓之八陵也。"

【译文】

以上是八陵。

9.024　东方之美者，有医无闾之珣玗琪焉①。

【注释】

①医巫闾：山名。在今辽宁，以产玉石闻名。《周礼·夏官·职方
　氏》："东北曰幽州，其山镇曰医无闾。"郑玄注："医无闾，在辽
　东。"珣玗琪（xún yú qí）：夷玉，一种美玉。《淮南子·地形训》：
　"东方之美者有医毋闾之珣玗琪焉。"《说文解字·玉部》："医无

间之珣玗琪,《周书》所谓夷玉也。"医毋间,同"医巫间"。

【译文】

东方的宝物,有医无间的美玉珣玗琪。

9.025　东南之美者,有会稽之竹箭焉①。

【注释】

①会(kuài)稽:山名。在浙江绍兴市南。竹箭:一种小竹,可以作箭竿。《周礼·夏官·职方》:"东南曰扬州,其山镇曰会稽……其利金、锡、竹箭。"

【译文】

东南的宝物,有会稽山的竹箭。

9.026　南方之美者,有梁山之犀象焉①。

【注释】

①梁山:指湖南衡山。犀象:犀牛皮角和象牙。郭璞注:"犀牛皮角、象牙骨。"

【译文】

南方的宝物,有梁山的犀牛皮角和象牙。

9.027　西南之美者,有华山之金石焉①。

【注释】

①华(huà)山:在陕西华阴南。金石:黄金美石。郭璞注:"黄金、碝石之属。"邢昺疏:"碝石,石之次玉者。"碝,音 ruǎn。

【译文】

西南的宝物,有华山的黄金美石。

9.028　西方之美者,有霍山之多珠玉焉①。

【注释】

①霍山:在今山西霍州市东南。《周礼·夏官·职方氏》:"河内曰冀州,其山镇曰霍山。"珠玉:指美玉。

【译文】

西方的宝物,有霍山的多种美玉。

9.029　西北之美者,有昆仑虚之璆琳琅玕焉①。

【注释】

①昆仑虚:昆仑山。在新疆、西藏之间,西接帕米尔高原,东延入青海境内。璆(qiú)琳琅玕(láng gān):各种精美的玉石。郭璞注:"璆琳,美玉名。琅玕,状似珠也。"

【译文】

西北的宝物,有昆仑山的各种美玉和玉石。

9.030　北方之美者,有幽都之筋角焉①。

【注释】

①幽都:山名。郝懿行义疏:"幽都者,《一统志》云:'山在昌平县西北,古之幽州。'盖因山为名也。"筋角:兽畜的筋与角,古时多用于制弓。《周礼·天官·兽人》:"皮毛筋角,入于玉府。"

【译文】

北方的宝物,有幽都山的兽畜筋角。

9.031　东北之美者,有斥山之文皮焉①。

【注释】

①斥(chì)山:在今山东荣城南。郝懿行义疏:"山在今登州府荣城县南一百二十里。"文皮:有文彩的兽皮。郭璞注:"虎豹之属,皮有缛彩者。"

【译文】

东北的宝物,有斥山的带文彩的兽皮。

9.032　中有岱岳,与其五谷鱼盐生焉①。

【注释】

①中有岱岳,与其五谷鱼盐生焉:岱岳,泰山。邢昺疏:"岱岳,泰山也。此言中国也。"郝懿行义疏:"五谷鱼盐之饶,非必泰山所有,《尔雅》言'中有岱岳',实概举中土而言耳。"

【译文】

中部有泰山,那些地方盛产五谷鱼盐。

9.(4)　九府①

【注释】

①九府:邢昺疏:"府,聚也,财物之所聚也。"郝懿行义疏:"此篇所释,皆九州宝藏之属,故题曰九府。"

【译文】

九府,解释九州的宝藏。

9.033　东方有比目鱼焉,不比不行①,其名谓之鲽②。

【注释】

①比:并合。

②鲽(dié):即比目鱼。郭璞注:"状似牛脾,鳞细,紫黑色,一眼,两片相合乃得行。"

【译文】

东方有比目鱼,不两鱼并合就不能游动,它的名字称为鲽。

9.034　南方有比翼鸟焉,不比不飞,其名谓之鹣鹣①。

【注释】

①鹣鹣(jiān):即比翼鸟。郭璞注:"似凫,青赤色,一目一翼,相得乃飞。"相得,相挨并。

【译文】

南方有比翼鸟,不两鸟相挨并就不能飞行,它的名字称为鹣鹣。

9.035　西方有比肩兽焉,与邛邛岠虚比①,为邛邛岠虚啮甘草②,即有难,邛邛岠虚负而走,其名谓之蟨③。

【注释】

①邛邛(qióng)岠(jù)虚:兽名。传说邛邛岠虚前足长,后足短,善跑而不善觅食。

②啮(niè)：咬。

③蹶(jué)：兽名。传说蹶前足短，后足长，善觅食而不善跑。它与邛邛岠虚相互依存，所以称为比肩兽。

【译文】

西方有比肩兽，和邛邛岠虚相挨并，为邛邛岠虚咬取甘草，如果遇到灾难，邛邛岠虚背着它跑，它的名字称为蹶。

9.036　北方有比肩民焉①，迭食而迭望②。

【注释】

①比肩民：郭璞注："此即半体之人，各有一目，一鼻，一孔，一臂，一脚。"

②迭：更替、轮流。邢昺疏："迭，更也。谓一体取食则一体瞻望，所以备惊急也。"

【译文】

北方有比肩民，轮流吃饭，轮流瞭望警戒。

9.037　中有枳首蛇焉①。

【注释】

①枳(zhǐ)首蛇：歧头蛇，两头蛇。枳，通"枝"，歧出。郭璞注："歧头蛇也。或曰：今江东呼两头蛇为越王约发，亦名弩弦。"

【译文】

中部有两头蛇。

9.038　此四方中国之异气也①。

【注释】

①此四方中国之异气也:郝懿行义疏:"《尔雅》记异,令人多见多闻
　者也。"

【译文】

这些是四方中国的异常之物。

9.(5)　五方①

【注释】

①五方:邢昺疏:"亦题上事也。言是五方风气殊异而生此怪
　物也。"

【译文】

五方,解释五方因风气不同而产生出的怪异之物。

9.039　邑外谓之郊,郊外谓之牧,牧外谓之野,野外谓之林,林外谓之坰①。

【注释】

①"邑外"五句:邑,郭璞注:"邑,国都也。"郊、牧、野、林、坰(jiōng),
　郭璞注:"假令百里之国,五十里之界,界各十里也。"邢昺疏:"以
　其百里之国,国都在中,去境五十里,每十里而异其名。"《诗·鲁
　颂·駉》:"駉駉牡马,在坰之野。"毛传:"坰,远野也。邑外曰郊,
　郊外曰野,野外曰林,林外曰坰。"《文选·王粲〈登楼赋〉》:"北弥
　陶牧,西接昭丘。"李善注引《尔雅》:"郊外曰牧。"

【译文】

国都之外称为郊,郊外之地称为牧,牧外之地称为野,野外之地称

为林,林外之地称为坰。

9.040　下湿曰隰^①,大野曰平,广平曰原,高平曰陆,大陆曰阜^②,大阜曰陵,大陵曰阿^③。

【注释】

①下湿、隰(xí):低湿的地方。《书·禹贡》:"原隰底绩,至于猪野。"孔安国传:"下湿曰隰。"

②大陆、阜:指高而平的土山。《诗·小雅·天保》:"如山如阜,如冈如陵。"毛传:"高平曰陆,大陆曰阜,大阜曰陵。"

③大陵、阿(ē):大的丘陵。《诗·小雅·菁菁者莪》:"菁菁者莪,在彼中阿。"毛传:"大陵曰阿。"

【译文】

低湿的地方称为隰,广大的原野称为平,宽广平坦的地方称为原,高平的地方称为陆,高平的土山称为阜,大的土山称为陵,大的丘陵称为阿。

9.041　可食者曰原^①,陂者曰阪^②,下者曰隰。

【注释】

①可食者:指可以种庄稼的地方。

②陂(bēi)、阪(bǎn):山坡、斜坡。《诗·秦风·车邻》:"阪有漆,隰有栗。"毛传:"陂者曰阪。"《文选·古诗〈冉冉孤生竹〉》:"千里远结婚,悠悠隔山陂。"李善注引《说文》:"陂,阪也。"

【译文】

宽广平坦可以种庄稼的地方称为原,山坡的地方称为阪,低湿的地方称为隰。

9.042　田一岁曰菑①,二岁曰新田,三岁曰畬②。

【注释】

①菑(zī):初耕的田地。郭璞注:"今江东呼初耕地反草为菑。"邢昺

　疏引孙炎云:"菑,始灾杀其草木也。"

②畬(yú):耕种过三年的田地。《诗·周颂·臣工》:"亦又何求?

　如何新畬。"毛传:"田,二岁曰新,三岁曰畬。"

【译文】

初耕一年的田地称为菑,耕种两年的田地称为新田,耕种三年的田

地称为畬。

9.(6)　野①

【注释】

①野:邢昺疏:"此亦题上事也。上自'邑外谓之郊'以下,虽远近高

　下其名不同,野为总称,故题云野。"

【译文】

以上解释郊野之类的名称。

9.043　东至于泰远,西至于邠国,南至于濮铅,北至于

祝栗,谓之四极①。

【注释】

①"东至于"五句:泰远、邠(bīn)国、濮(pú)铅、祝栗,古国名。郭璞

注:"皆四方极远之国。"

【译文】

东到泰远国,西到邠国,南到濮铅国,北到祝栗国,称为四极。

9.044　觚竹、北户、西王母、日下,谓之四荒①。

【注释】

①"觚竹"二句:觚(gū)竹、北户、西王母、日下,古国名。郭璞注:
　"觚竹在北,北户在南,西王母在西,日下在东,皆四方昏荒之国,
　次四极者。"

【译文】

觚竹、北户、西王母、日下四国,称为四荒。

9.045　九夷、八狄、七戎、六蛮①,谓之四海②。

【注释】

①九夷、八狄、七戎、六蛮:泛指四方不同民族。郭璞注:"九夷在
　东,八狄在北,七戎在西,六蛮在南,次四荒者。"

②四海:指四方不同民族居住的地域。邢昺疏引孙炎云:"海之言
　晦,晦闇于礼义也。"

【译文】

九夷、八狄、七戎、六蛮四方不同民族居住的地域,称为四海。

9.046　岠齐州以南戴日为丹穴①,北戴斗极为空桐,东
至日所出为太平,西至日所入为太蒙。

【注释】

①岠：通"距"，距离。戴：正对。郭璞注："戴，值。"

【译文】

距离齐州以南正对着日下的地方称为丹穴，北面正对着北斗星与北极星的地方称为空桐，东面到日出的地方称为太平，西面到日落的地方称为太蒙。

9.047　太平之人仁，丹穴之人智，大蒙之人信，空桐之人武①。

【注释】

①"太平之人"四句：邢昺疏："言是土地之气刚柔不同，使之仁、智、信、武耳。"郝懿行义疏："《地形篇》注：'东方木德仁，故有君子之国。'此即太平之人仁也。推是而言，南方火德明，故其人智；西方金德实，故其人信；北方水德怒，故其人武；中国土德和平，故其人五性具备也。"《地形篇》注，指《淮南子·地形训》"东方有君子之国"高诱注。

【译文】

太平的人仁义，丹穴的人智慧，大蒙的人诚信，空桐的人勇武。

9.(7)　四极①

【注释】

①四极：邢昺疏："此释九州之外四方极远之国名，及其人性禀气不同也。"

【译文】

四极，解释四方极远之地及其地之人禀性的名称。

释丘第十

【题解】

《释丘》也属于地理学范畴,主要解释自然形成的高地的名称。篇下据词语的性质内容,分为丘、厓岸两类。本篇共有 29 条,解释 51 个词语。

10.001　丘,一成为敦丘[①],再成为陶丘,再成锐上为融丘[②],三成为昆仑丘。

【注释】

①成:重(chóng)、层。郭璞注:"成犹重也。"敦:音 duì。

②锐上:尖顶。

【译文】

丘,一层的称为敦丘,两层重叠的称为陶丘,两层重叠而尖顶的称为融丘,三层重叠的称为昆仑丘。

10.002　如乘者[①],乘丘。如陼者[②],陼丘。

【注释】

①乘(shèng)：郭璞注：“形似车乘也。”

②陼(zhǔ)：水中小洲。

【译文】

形似车乘的小土山称为正[沚]丘。形似水中小洲的小土山称为陼丘。

10.003　水潦所止，泥丘①。

【注释】

①水潦所止，泥丘：邵晋涵正义：“凡丘顶之停止水潦者俱名泥丘矣。”

【译文】

顶上凹洼积有雨水的高地称为泥丘。

10.004　方丘，胡丘①。

【注释】

①方丘，胡丘：邢昺疏：“丘形四方者名胡丘。”

【译文】

四方形的小土山称为胡丘。

10.005　绝高为之京①。非人为之丘②。

【注释】

①为之：谓之、称为。

②非人为之丘:郭璞注:"地自然生。"

【译文】

人工建成的极为高大的土山称为京。不是人工所建而是自然生成的土山称为丘。

10.006　水潦所还,埒丘①。

【注释】

①水潦所还,埒(liè)丘:还,通"环"。埒,界限。郭璞注:"谓丘边有界埒,水环绕之。"

【译文】

四周有水环绕、围有界限的土山称为埒丘。

10.007　上正,章丘①。

【注释】

①上正,章丘:邢昺疏:"丘顶上平正者名章丘。章亦平也。"

【译文】

顶上平正的土山称为章丘。

10.008　泽中有丘,都丘①。

【注释】

①泽中有丘,都丘:邢昺疏:"都,水所聚也。言在池泽中者,因名都丘。"

【译文】

池泽中的土山称为都丘。

10.009　当途,梧丘^①。

【注释】

①当途,梧丘:邢昺疏:"途,道也。梧,遇也。当道有名梧丘,言若相遇于道路然也。"

【译文】

道路中的土山称为梧丘。

10.010　途出其右而还之,画丘^①。途出其前,戴丘^②。途出其后,昌丘^③。

【注释】

①途出其右而还之,画丘:郭璞注:"言为道所规画。"邢昺疏:"右谓西也。还,绕也。画,规画也。言道出丘西而复环绕之者名画丘,若为道所规画然也。"

②途出其前,戴丘:郭璞注:"道出丘南。"

③途出其后,昌丘:郭璞注:"道出丘北。"

【译文】

道路出自其右侧而环绕着的土山称为画丘。道路出自其前面的土山称为戴丘。道路出自其后面的土山称为昌丘。

10.011　水出其前,渻丘^①。水出其后,沮丘。水出其右,正丘^②。水出其左,营丘。

【注释】

①洊：音 shěng。

②正："止"的讹字。"止"即"沚"。阮元校："《释名》曰：'水出其右
　曰沚丘。沚，止也。西方义气有所制止也。'今《尔雅》作'正'盖
　'止'之讹。此制止与下营回义取相反。"

【译文】

河流出自其前面的土山称为洊丘。河流出自其后面的土山称为沮
丘。河流出自其右面的土山称为正[止(沚)]丘。河流出自其左面的土
山称为营丘。

10.012　如覆敦者①，敦丘。

【注释】

①敦(duì)：古代盛黍稷的器具。青铜制，盖和器身都作半圆形，合
　成球形。

【译文】

形状像倒扣着的半圆盛器一样的土山称为敦丘。

10.013　逦迤①，沙丘。

【注释】

①逦迤(lǐ yǐ)：曲折绵延的样子。

【译文】

曲折绵延的土山称为沙丘。

10.014　左高，咸丘。右高，临丘。前高，旄丘。后高，

陵丘。偏高,阿丘①。

【注释】

①偏高,阿丘:邢昺疏:"谓丘形四隅有一高而不正在左右前后者,名阿丘也。"

【译文】

左边高的土山称为咸丘。右边高的土山称为临丘。前边高的土山称为旄丘。后边高的土山称为陵丘。四角有一角高的土山称为阿丘。

10.015　宛中,宛丘①。

【注释】

①宛丘:四方高中间低的土山。《诗·陈风·宛丘》:"子之汤兮,宛丘之上兮。"毛传:"四方高中央下曰宛丘。"汤,通"荡",行为放纵。

【译文】

四周高中间低的土山称为宛丘。

10.016　丘背有丘,为负丘①。

【注释】

①丘背有丘,为负丘:郝懿行义疏:"丘背有丘者,背犹北也,言丘之北复有一丘,若背负然,因名负丘。"

【译文】

土山的背后还有一个土山称为负丘。

10.017　左泽,定丘①。右陵,泰丘②。

【注释】

①左泽,定丘:邢昺疏:"谓丘之东有水泽者名定丘。"

②右陵,泰丘:邢昺疏:"谓丘之西有大阜者名泰丘。"

【译文】

左边有水泽的土山称为定丘。右边有大陵的土山称为泰丘。

10.018　如亩,亩丘①。如陵,陵丘②。

【注释】

①如亩,亩丘:郭璞注:"丘有垄界如田亩。"

②如陵,陵丘:郭璞注:"陵,大阜也。"

【译文】

形状像田垄的土山称为亩丘。形状像大陵的土山称为陵丘。

10.019　丘上有丘为宛丘①。

【注释】

①丘上有丘为宛丘:郝懿行义疏:"丘上有丘为宛丘者,即上宛丘,但其中间窊处复起一小部娄,是谓丘上有丘,从其本名仍曰宛丘。"窊(wā),低凹、低下。部(pǒu)娄,小土山。

【译文】

土山上面中间凹下的地方又有一个小土山也称为宛丘。

10.020　陈有宛丘①,晋有潜丘②,淮南有州黎丘③。

【注释】

①宛丘:古丘名。在今河南淮阳。

②潜丘:古地名。在今山西太原南。

③州黎丘:古丘名。在今安徽寿县西南。

【译文】

陈国有宛丘,晋国有潜丘,淮南有州黎丘。

10.021　天下有名丘五,其三在河南,其二在河北①。

【注释】

①"天下"三句:郭璞注:"说者多以州黎、宛、营为河南,潜、敦为河北者。案此方称天下之名丘,恐此诸丘碌碌未足用当之,殆自别更有魁梧桀大者五,但未详其名号、今者所在耳。"

【译文】

天下有名丘五座,其中三座在黄河南,两座在黄河北。

10.(1)　丘①

【注释】

①丘:邢昺疏:"此已上释众丘之名义,故题曰丘也。"

【译文】

以上解释众丘的名称与含义。

10.022　望厓洒而高,岸①。

【注释】

①望厓洒而高，岸：郭璞注："厓，水边。洒谓深也。视厓峻而水深者曰岸。"邢昺疏："言视水边之厓，其下水深，其厓高峻者名岸。"洒(xiǎn)，深峻、陡峭。《诗·邶风·新台》："新台有洒，河水浼浼。"毛传："洒，高峻也。"

【译文】

看上去深峻陡峭的水边高地称为岸。

10.023　夷上洒下，不漘①。

【注释】

①夷上洒下，不漘(chún)：郭璞注："厓上平坦而下水深者为漘。不，发声。"不，语助词。

【译文】

上面平坦下面陡峭的厓岸称为漘。

10.024　隩，隈①。厓内为隩，外为隈②。

【注释】

①隩(yù)，隈(wēi)：都指水边深曲的地方。

②隈：邢昺疏："隈当作鞠，传写误也。《诗·大雅·公刘》云：'芮鞠之即。'毛传云：'水之外曰鞠。'然则厓在水曲，其内名隩，又名隈；其外名鞠，又作坑，音义同。"毛传当为郑玄笺。鞠，音 jū。坑，阮元校作"坭(jú)"。郝懿行义疏："作鞠者古本也。"各说不一，录此备考。

【译文】

隩、隈都指水边深曲的地方。区别是厓岸向内弯曲的地方称为隩，向外弯曲的地方称为隈。

10.025　毕,堂墙①。

【注释】

①毕,堂墙:堤坝。堂,通"唐"。王引之《经义述闻·尔雅中》:"毕堂墙之堂,当读为陂唐之唐。唐,堤也。墙谓堤内一面障水者。以其在水之旁,故谓之墙,又谓之毕……毕之言蔽障,蔽水使不外出也。"

【译文】

毕是唐墙,即堤坝。

10.026　重厓①,岸。岸上,浒②。

【注释】

①重厓:高厓。郝懿行义疏:"重厓者,言其高……盖厓已高,其岸尤高,故云重厓。"
②岸上,浒:郭璞注:"岸上地。"

【译文】

高厓称为岸。岸上之地称为浒。

10.027　坟,大防①。

【注释】

①坟,大防:大堤。《诗·周南·汝坟》:"遵彼汝坟,伐其条枚。"孔

颖达疏:"坟,大防。"

【译文】

坟是大防,即大堤。

10.028　涘为厓[1]。

【注释】

①涘(sì)、厓:水边。邢昺疏引李巡曰:"涘一名厓。谓水边也。"
《诗·秦风·蒹葭》:"所谓伊人,在水之涘。"毛传:"涘,
厓也。"

【译文】

涘又称为厓,即水边。

10.029　穷渎,氾[1]。谷者,溦[2]。

【注释】

①穷渎(dú),氾(sì):邢昺疏:"谓穷困不通水渎名氾也。"渎,沟渠。
氾,不流通的沟渠。
②谷者,溦(méi):邢昺疏:"谓穷渎氾若能通于谷者则别名溦也。"
谷,山间流水的通道。溦,同"湄",通谷的厓岸。

【译文】

穷竭不流通的沟渠称为氾。山间流水的通道称为溦。

10.(2)　厓岸[1]

【注释】

①厓岸：邢昺疏：“此已上释厓岸之名也，故题厓岸。”

【译文】

以上解释厓岸的名称。

释山第十一

《释山》也属于地理学范畴,主要解释名山、山形等名称。本篇共有26条,解释50个词语。

11.001　河南华①,河西岳②,河东岱③,河北恒④,江南衡⑤。

【注释】

①华(huà):华山。又称西岳。在陕西华阴南,北临渭河平原,属秦岭东段。

②岳:岳山,又称吴岳。在今陕西。

③岱:岱宗,即泰山。又称东岳。在今山东中部。

④恒:恒山。又称北岳。在今河北曲阳西北。

⑤衡:衡山。又称南岳。在今湖南中部。

【译文】

黄河以南有华山,黄河以西有岳山,黄河以东有泰山,黄河以北有恒山,长江以南有衡山。

11.002　山三袭,陟①。再成②,英。一成,坯。

【注释】

①山三袭,陟(zhì):袭,重(chóng)。郭璞注:"袭亦重。"邢昺疏:"山
之形若三山重累者名陟。"

②成:重(chóng)、层。

【译文】

形似三重累叠的山称为陟,两重累叠的山称为英,一重的山称
为坯。

11.003　山大而高,崧①。山小而高,岑。锐而高,峤。

【注释】

①崧(sōng):同"嵩",山大而高。郭璞注:"今中岳嵩高山,盖依此
名。"《诗·大雅·崧高》:"崧高维岳,骏极于天。"毛传:"崧,高
貌。山大而高曰崧。"

【译文】

大而高的山称为崧,小而高的山称为岑,尖而高的山称为峤。

11.004　卑而大,扈①。

【注释】

①扈(hù):广大,特指低而大的山。郭璞注:"扈,广也。"邢昺疏:
"言山形卑下而广大者名扈。"

【译文】

低而大的山称为扈。

11.005　小而众,岿①。

【注释】

①岿(kuī):小山丛聚罗列。郭璞注:"小山丛罗。"

【译文】

小而众多的山称为岿。

11.006　小山岌大山,峘①。

【注释】

①小山岌(jí)大山,峘(huán):岌,高于。峘,高过大山的小山。邢
　昺疏:"小山与大山相并,而小山高过于大山者名峘。"

【译文】

高过大山的小山称为峘。

11.007　属者,峄①。独者,蜀②。

【注释】

①峄(yì):山相连接。郭璞注:"言骆驿相连属。"
②蜀:独。郭璞注:"蜀亦孤独。"

【译文】

相互连接的山称为峄,单独的山称为蜀。

11.008　上正,章。宛中,隆①。

【注释】

①宛中,隆:宛中,四周高中间低。郝懿行义疏:"谓中央下而四边高,因其高处名之为隆。"

【译文】

顶上平正的山称为章,四周高中间低的山称为隆。

11.009　山脊,冈。未及上,翠微①。

【注释】

①翠微:指青翠掩映的山腰处。郭璞注:"近上旁陂。"郝懿行义疏:"翠微者……盖未及山顶,屏颜之间,葱郁蓊蓊,望之岭岭青翠,气如微也。"岭岭(qiān),山色青葱的样子。

【译文】

山脊称为冈。青翠掩映的山腰处称为翠微。

11.010　山顶,冢①。崒者②,厜㕒③。

【注释】

①冢(zhǒng):山顶。《诗·小雅·十月之交》:"百川沸腾,山冢崒崩。"毛传:"山顶曰冢。"

②崒(zú):高峻。南朝宋鲍照《芜城赋》:"格高五岳,袤广三坟。崒若断岸,矗似长云。"

③厜㕒(zuī wēi):崔嵬,山峰高峻。

【译文】

山顶称为冢。山峰高峻称为厜㕒。

11.011　山如堂者,密①。如防者,盛②。

【注释】

①山如堂者,密:郭璞注:"形如堂室者。"

②如防者,盛(chéng):郭璞注:"防,堤。"邢昺疏:"此盛读如粢盛之盛。堤防之形隋而高峻,若黍稷之在器,故其山形如堤防者亦名盛也。"隋(duò),山形狭而长。

【译文】

形似堂室的山称为密,形似堤防的山称为盛。

11.012　峦,山堕①。

【注释】

①堕:通"隋(duò)",山形狭而长。郭璞注:"谓山形长狭者,荆州谓之峦。《诗》曰:'隋山乔岳。'"邢昺疏:"此言山隋者,谓山形狭长者一名峦也。"

【译文】

峦指形状长而狭的山。

11.013　重甗,隒①。

【注释】

①重甗(yǎn),隒(yǎn):甗,无底甑(zèng)。隒,重叠的山崖。郭璞注:"谓山形如累两甗。甗,甑也。山形状似之,因以名云。"

【译文】

形似两甗重叠的山崖称为隒。

11.014　左右有岸,厒①。

【注释】

①厒(qiè):两边有水流而成为岸的山。邢昺疏:"谓山两边有水,山
与水为岸,此山名厒。"王引之《经义述闻·尔雅中》认为"厒"是
"厌"字之误,可备一说。

【译文】

两边有水流而成为岸的山称为厒。

11.015　大山宫小山,霍①。小山别大山,鲜②。

【注释】

①大山宫小山,霍:宫,围绕。郭璞注:"宫谓围绕之。"邢昺疏:"谓
小山在中,大山在外围绕之,山形若此者名霍。"

②小山别大山,鲜:郭璞注:"不相连。"邢昺疏:"谓小山与大山分别
不相连属者名鲜。李巡云:'大山少,故曰鲜。'"

【译文】

大山围绕着小山的山称为霍。不与大山连接的小山称为鲜。

11.016　山绝,陉①。

【注释】

①陉(xíng):山脉中断的地方。邢昺疏:"谓山形连延中忽断绝者
名陉。"

【译文】

山脉中断的地方称为陉。

11.017　多小石,磝①。多大石,岩②。

【注释】

①磝(áo):磝,郭璞注:"多礓砾。"邢昺疏:"礓砾即小石也。山多此
小石者名磝。"

②岩(què):郭璞注:"多盘石。"邢昺疏:"盘,大石也。山多此盘石者
名岩。"

【译文】

多小石头的山称为磝,多大石头的山称为岩。

11.018　多草木,岵①。无草木,峐②。

【注释】

①多草木,岵(hù):岵,多草木的山。一说山无草木曰岵。《诗·魏
风·陟岵》:"陟彼岵兮,瞻望父兮。"毛传:"山无草木曰岵。"孔颖
达疏:"传言'无草木曰岵',下云'有草木曰屺',与《尔雅》正反,
当是转写误也。"

②无草木,峐(gāi):峐,无草木的山。邢昺疏:"峐当作屺,音起。"屺
(qǐ),有草木的山。《诗·魏风·陟岵》:"陟彼屺兮,瞻望母兮。"
毛传:"山有草木曰屺。"

【译文】

多草木的山称为岵,无草木的山称为峐。

11.019　山上有水,埒①。夏有水,冬无水,泴②。

【注释】

①山上有水,埒(liè):埒,山上的水流。《列子·汤问》:"一源分为四埒,注于山下。"张湛注:"山上水流曰埒。"

②泬(xué):夏有水冬无水的山上溪泽。

【译文】

山上的水流称为埒。夏有水冬无水的山上溪泽称为泬。

11.020　山嶨无所通①,溪。

【注释】

①嶨(dú):同"渎",沟渠、沟渎。汉蔡邕《劝学篇》:"鼫鼠五能,不成一技。五技者:能飞不能上屋,能缘不能穷木,能泅不能渡嶨,能走不能绝人,能藏不能覆身是也。"

【译文】

山中不与外界相通的沟渎称为溪。

11.021　石戴土谓之崔嵬,土戴石为砠①。

【注释】

①"石戴土"二句:砠,音jū。邢昺疏:"《诗·周南·卷耳》云:'陟彼崔嵬。'又云:'陟彼砠矣。'毛传云:'崔嵬,土山之戴石者。''石山戴土曰砠。'与此正反者,或传写误也。"郝懿行义疏引马瑞辰曰:"此《尔雅》误,宜从毛传。"可备一说。

【译文】

上头有土的石山称为崔嵬,上头有石头的土山称为砠。

11.022　山夹水,涧①。陵夹水,漘②。

【注释】

①涧:两山间的水沟。《诗·召南·采蘩》:"于以采蘩? 于涧之中。"毛传:"山夹水曰涧。"

②漘(yú):丘陵间的水沟。

【译文】

两山之间夹着的水沟称为涧,丘陵之间夹着的水沟称为漘。

11.023　山有穴为岫①。

【注释】

①岫(xiù):有洞穴的山。郭璞注:"谓岩穴。"邢昺疏:"谓山有岩穴者为岫也。"

【译文】

有洞穴的山称为岫。

11.024　山西曰夕阳①,山东曰朝阳②。

【注释】

①夕阳:指山的西面。郭璞注:"暮乃见日。"《诗·大雅·公刘》:"度其夕阳,豳居允荒。"毛传:"山西曰夕阳。"

②朝阳:指山的东面。郭璞注:"旦即见日。"《诗·大雅·卷阿》:"梧桐生矣,于彼朝阳。"毛传:"山东曰朝阳。"

【译文】

山的西面称为夕阳,山的东面称为朝阳。

11.025　泰山为东岳,华山为西岳,霍山为南岳,恒山为北岳,嵩高为中岳①。

【注释】

①"泰山"五句:霍山,郭璞注:"即天柱山。"在今安徽西部。邢昺疏以为即衡山,在今湖南中部。邢昺疏:"此据作注时霍山为言。此山本名天柱,汉武帝移江南霍山之祀于此,故又名霍山。其经之霍山,即江南衡是也,故上注云衡山南岳也。"嵩高,即嵩山。在河南登封县北。余参见11.001条。

【译文】

泰山称为东岳,华山称为西岳,霍山称为南岳,恒山称为北岳,嵩高称为中岳。

11.026　梁山①,晋望也②。

【注释】

①梁山:在今陕西韩城南。郭璞注:"今在冯翊夏阳县西北临河上。"郝懿行义疏:"梁山本韩国之山,晋灭韩属晋,故为晋望。"

②望:古祭名。遥祭山川、日月、星辰。《书·舜典》:"望于山川,遍于群神。"孔安国传:"九州名山大川、五岳四渎之属,皆一时望祭之。"

【译文】

梁山是晋国望祭的山。

释水第十二

【题解】

《释水》也属于地理学范畴，主要解释泉源川流等名称。篇下据词语的性质内容，分为水泉、水中、河曲、九河4类。本篇共有27条，解释71个词语。

12.001　泉一见一否为瀸①。

【注释】

①见(xiàn)："现"的古字，显现、显露。《易·乾》："九二：见龙在田。"瀸(jiān)：泉水时有时无。邢昺疏："言此泉其水有时出见有时不出而竭涸者名瀸。"

【译文】

有时出现有时干涸的泉水称为瀸。

12.002　井一有水一无水为瀱汋①。

【注释】

①瀱汋(jì zhuó)：井水时有时竭。邢昺疏："此言井或一时有水一时

无水者名灛汋。"

【译文】

井有时有水有时无水称为灛汋。

12.003　滥泉正出^①,正出,涌出也。沃泉县出^②,县出,下出也。氿泉穴出^③,穴出,仄出也。

【注释】

①滥(jiàn)泉:同"槛泉",涌出的水泉。《诗·大雅·瞻卬》:"觱沸槛泉,维其深矣。"郑玄笺:"槛泉正出,涌出也。"

②沃泉:由上向下流的泉水。郭璞注:"从上溜下。"县(xuán)出:由上向下流。县,"悬"的古字。

③氿(guǐ)泉:从侧旁流出的泉水。《诗·小雅·大东》:"有洌氿泉,无浸获薪。"毛传:"侧出曰氿泉。"

【译文】

滥泉,其泉水正出,正出就是向上涌出。沃泉,其泉水悬出,悬出就是由上向下流。氿泉,其泉水穴出,穴出就是从侧旁流出。

12.004　溔辟^①,流川。过辨,回川^②。

【注释】

①溔(guǐ)辟:直通流淌的水流。郭璞注:"通流。"邢昺疏:"溔辟者,则通流大川之别名也。"

②过辨,回川:回旋流淌的水流。郭璞注:"旋流。"邢昺疏:"回,旋也。言川水之中有回旋而流者名过辨。"

【译文】

潢辟是直通流淌的水流,过辨是回旋流淌的水流。

12.005　灉^①,反入。

【注释】

①灉(yōng):自黄河主道流出又流回主道的水。郭璞注:"即河水决出复还入者。河之有灉,犹江之有沱。"

【译文】

灉是自黄河主道流出又流回主道的水。

12.006　潬,沙出^①。

【注释】

①潬(tān):同"滩",水中沙堆。郭璞注:"今江东呼水中沙堆为潬。"

【译文】

潬是水中沙堆。

12.007　汧,出不流^①。

【注释】

①汧(qiān),出不流:汧,水泉流出而停积为沼泽的地方。郭璞注:"水泉潜出便自停成污池。"邢昺疏:"《地理志》云:扶风汧县:'雍州弦蒲薮。汧出西北入渭。'以其初出不流,停成弦蒲泽薮,故曰'汧出不流'也。"

【译文】

汧是水泉流出而停积为沼泽的地方。

12.008　归异,出同流,肥^①。

【注释】

①归异,出同流,肥:邢昺疏:"谓小水支分归入大水则异,其泉源初
　　出则同流者,名肥。"

【译文】

归向不同而出自同一源头的水流称为肥。

12.009　濆^①,大出尾下。

【注释】

①濆(fén),大出尾下:濆,从地下深处喷涌而出的泉水。邢昺疏:
　　"尾,犹底也,言源深大出于底下者名濆。濆,犹洒散也。"

【译文】

濆是从地下深处喷涌而出的泉水。

12.010　水醮曰厬^①。

【注释】

①厬(guǐ):干涸。郭璞注:"谓水醮尽。"邢昺疏:"醮,尽也。凡水之
　　尽皆曰厬。"

【译文】

水干涸称为厬。

12.011　水自河出为灉①,济为濋②,汶为澜③,洛为波④,汉为潜⑤,淮为浒⑥,江为沱⑦,过为洵⑧,颍为沙⑨,汝为溃⑩。

【注释】

①灉(yōng):即古汳(汴)水流经河南商丘虞城的一段。又作雝水,后堙。

②濋(chǔ):济水的支流,在今山东定陶一带。

③澜(chǎn):汶水支流。在今山东宁阳东北。

④波:洛水支流,或以为即门水。在今河南境内。郝懿行义疏:"《水经注》云:'洛水又东,门水出焉。《尔雅》所谓洛别为波也。'是郦以门水即波水。"

⑤潜:汉水支流,即今湖北潜江县东南部的芦洑河。

⑥浒:淮水支流,或以为即游水。郝懿行义疏:"《水经注》云:'淮水于县枝分,北为游水。'引《尔雅》曰:'淮别为浒。游水亦枝称者也。'是游即浒也。"

⑦沱(tuó):长江支流,在今四川境内。

⑧洵:过(guō)水支流,在今山西太原境内。

⑨沙:颍水支流。古颍水在流经今河南周口时分流为沙水,经淮阳南向东南流至今安徽怀远南注入淮河。今大部已堙。

⑩溃(fén):汝水支流。即今河南境内的沙河。

【译文】

从黄河流出的支流称为灉,从济水流出的支流称为濋,从汶水流出的支流称为澜,从洛水流出的支流称为波,从汉水流出的支流称为潜,从淮河流出的支流称为浒,从长江流出的支流称为沱,从过水流出的支流称为洵,从颍水流出的支流称为沙,从汝水流出的支流称为溃。

12.012　水决之泽为汧^①,决复入为氾^②。

【注释】

①汧(qiān):疏导水道流到河泽的水。郭璞注:"水决入泽中者亦名
　　为汧。"

②氾(sì):由干流分岔流出又流回到干流的水。郭璞注:"水出去
　　复还。"

【译文】

　　疏导水道流到河泽的水称为汧,由干流分岔流出又流回到干流的
水称为氾。

12.013　"河水清且澜漪",大波为澜,小波为沦,直波为径^①。

【注释】

①"河水"四句:《诗·魏风·伐檀》:"坎坎伐檀兮,真之河之干兮,
　　河水清且涟猗。"孔颖达疏:"猗,皆辞也。《释水》云:'"河水清且
　　澜猗",大波为澜,小波为沦,直波为径。'李巡云:'分别水大小曲
　　直之名。'郭璞曰:'澜言涣澜也,沦言蕴沦也,径言径涎也。'涟、
　　澜虽异而义同。此诗涟、沦举波名直,波不言径而言直者,取韵
　　故也。"《伐檀》下二章有"河水清且直猗"、"河水清且沦猗"。

【译文】

　　"河水清且澜漪",大水波称为澜,小水波称为沦,直水波称为径。

12.014　江有沱,河有灉,汝有渍^①。

【注释】

①江有沱,河有灉,汝有渍:参见 12.011 条。

【译文】

长江有支流沱水,黄河有支流灉水,汝水有支流渍水。

12.015　浒①,水厓。

【注释】

①浒:水边之地。郭璞注:"水边地。"《诗·王风·葛藟》:"绵绵葛藟,在河之浒。"毛传:"水厓曰浒。"葛藟(gé lěi),一种蔓生植物。

【译文】

浒是水边之地的意思。

12.016　水草交为湄①。

【注释】

①湄(méi):水和草相接的地方。《诗·秦风·蒹葭》:"所谓伊人,在水之湄。"孔颖达疏:"谓水草交际之处,水之岸也。"

【译文】

水和草相接的地方称为湄。

12.017　"济有深涉,深则厉,浅则揭。"揭者,揭衣也。以衣涉水为厉。繇膝以下为揭,繇膝以上为涉,繇带以上为厉①。

【注释】

①"济(jì)有深涉"九句:《诗·邶风·匏有苦叶》:"济有深涉,深则厉,浅则揭。"济,渡河。涉,徒步渡水。揭,提起衣服。繇,通"由",从。

【译文】

"济有深涉,深则厉,浅则揭。"揭是提起衣服。连衣渡河称为厉。从膝盖以下的水中渡河称为揭,从膝盖以上的水中渡河称为涉,从腰带以上的水中渡河称为厉。

12.018　潜行为泳①。

【注释】

①潜行为泳:郭璞注:"水底行也。"

【译文】

没入水中游渡称为泳。

12.019　"泛泛杨舟,绋缡维之。""绋,繛也。缡,绥也①。"

【注释】

①"泛泛杨舟"六句:《诗》及毛传文。《诗·小雅·采菽》:"泛泛杨舟,绋缅维之。"毛传:"绋,繛也。缅,绥也。"繛(lǜ),同"繛"。绋(fú)、繛,粗绳索。缡(lí),通"缅",缆绳。绥(ruí):缆绳。

【译文】

"泛泛杨舟,绋缡维之。"绋是粗绳索,缡(缅)是缆绳。

12.020　天子造舟，诸侯维舟，大夫方舟，士特舟①，庶人乘泭②。

【注释】

①"天子"四句：造舟，把船并列铺上木板做桥，即今浮桥。维舟，四船维连。方舟，两船相并。特舟，一舟。《诗·大雅·大明》："造舟为梁，不显其光。"孔颖达疏："李巡曰：'比其舟而渡曰造舟，中央左右相维持曰维舟，并两船曰方舟，一舟曰特舟。'孙炎曰：'造舟，比舟为梁也。维舟，连四舟也。'然则造舟者，比船于水加板于上，即今之浮桥。"

②泭（fú）：竹木筏。《国语·齐语》："方舟设泭，乘桴济河。"韦昭注："编木曰泭，小泭曰桴。"

【译文】

天子把船并列铺上木板做成浮桥渡河，诸侯维连四船渡河，大夫并排两船渡河，士用一船渡河，庶人乘竹木筏渡河。

12.021　水注川曰溪，注溪曰谷，注谷曰沟，注沟曰浍，注浍曰渎①。

【注释】

①"水注川"五句：郭璞注："此皆道水转相灌注所入之处名。"排序由大到小。郝懿行义疏为使便于理解，重新做了由小到大的排列："今试倒转其文，则为渎注于浍，浍注于沟，沟注于谷，谷注于溪，溪注于川，上下文义俱顺矣。"川，河流。浍（kuài），小沟。渎（dú），比浍小的沟渠。

【译文】

注入河流的水流称为溪,注入溪的水流称为谷,注入谷的水流称为沟,注入沟的水流称为浍,注入浍的水流称为渎。

12.022　逆流而上曰泝洄,顺流而下曰泝游①。

【注释】

①"逆流"二句:泝(sù)洄,同"遡洄"。泝游,同"遡游"。《诗·秦风·蒹葭》:"遡洄从之,道阻且长。遡游从之,宛在水中央。"毛传:"逆流而上曰遡洄,顺流而涉曰遡游。"

【译文】

逆流而上称为泝洄,顺流而下称为泝游。

12.023　正绝流曰乱①。

【注释】

①正:直。郭璞注:"正,直也。"
②乱:横渡。《诗·大雅·公刘》:"涉渭为乱,取厉取锻。"孔颖达疏:"水以流为顺,横渡则绝其流,故为乱。"

【译文】

直切横渡江河称为乱。

12.024　江、河、淮、济为四渎。四渎者,发原注海者也①。

【注释】

①原:"源"的古字,水源。

【译文】

长江、黄河、淮河、济水称为四渎。四渎是四条从发源地流入大海的河流。

12.(1) 水泉①

【注释】

①郝懿行义疏:"水之原在乎泉,故《释水》之篇先泉后水,又总题曰'水泉'也。"

【译文】

水泉,解释泉和水的名称。

12.025   水中可居者曰洲①,小洲曰陼②,小陼曰沚③,小沚曰坻④。人所为为潏⑤。

【注释】

①洲:水中的陆地。《诗·周南·关雎》:"关关雎鸠,在河之洲。"

②陼(zhǔ):同"渚",水中的小块陆地。《诗·召南·江有汜》:"江有渚,之子归,不我与!"毛传:"渚,小洲也。"

③沚(zhǐ):比陼小的水中小块陆地。《诗·秦风·蒹葭》:"遡游从之,宛在水中沚。"毛传:"小渚曰沚。"

④坻(chí):比沚小的水中小块陆地。《诗·秦风·蒹葭》:"遡游从之,宛在水中坻。"

⑤潏(shù):人工建造的水中陆地。郝懿行义疏:"人亦于水中作洲,

而小不可止住者名潏,水中地也。"

【译文】

水中可居的陆地称为洲,小洲称为陼,小陼称为沚,小沚称为坻。人工建造的水中陆地称为潏。

12.(2)　水中①

【注释】

①邢昺疏:"此一段释水中之地名也。"

【译文】

水中,解释水中陆地的名称。

12.026　河出昆仑虚①,色白。所渠并千七百一川,色黄。百里一小曲,千里一曲一直。

【注释】

①虚:"墟"的古字,山的基部。郭璞注:"虚,山下基也。"

【译文】

黄河流出昆仑山下的时候,水的颜色是白的。后汇入一千七百零一条支流,水的颜色就是黄的了。黄河一百里一个小弯,一千里一弯一直。

12.(3)　河曲①

【注释】

①邢昺疏:"此一段释河源所自及远近曲直之势也。"

【译文】

河曲,解释黄河源头及河道远近曲直的情况。

12.027　徒骇,太史,马颊,覆鬴,胡苏,简,絜,钩盘,鬲津①。

【注释】

①徒骇,太史,马颊,覆鬴(fǔ),胡苏,简,絜(xié),钩盘,鬲(gé)津:禹时黄河的九条支流。近人多认为是古代黄河下游许多支流的总称。今已无可确考。

【译文】

禹时黄河的九条支流:徒骇、太史、马颊、覆鬴、胡苏、简、絜、钩盘、鬲津。

12.(4)　九河①

【注释】

①"从《释地》"句:郝懿行义疏:"自周定五年河徙以来,历汉至今,转徙而南,土浅沙浮,溃决难制,禹河故道,日就沉湮,更数百年,殆将不可复识矣。"

【译文】

九河,九条河流的名称。

12.(5)　从《释地》已下至九河皆禹所名也①。

【注释】

①"从《释地》已下"句：郝懿行义疏："自《释地》已下,凡四篇,此其总题也。"

【译文】

从《释地》以下至九河都是禹所命名的。

释草第十三

【题解】

《释草》与以下《释木》都属于植物学范畴。《释草》主要解释草本植物的名称。对其中一部分草本植物的形体特征做了描述。本篇共有200条,解释258个词语。

13.001 　蒮,山韭①。

【注释】

①蒮(yù):生长在山中的野韭菜。邢昺疏:"韭……生山中者名蒮。《韩诗》云'六月食郁及蒮'是也。"

【译文】

蒮即山韭,生长在山中的野韭菜。

13.002 　茖①,山葱。

【注释】

①茖(gé):生长在山中的野葱。郭璞注:"茖葱,细茎大叶。"郝懿行义疏:"葱之生于山者名茖。"

【译文】

茖即山葱,生长在山中的野葱。

13.003　茖①,山薤②。

【注释】

①茖(qíng):生长在山中的野薤(xiè)。又称野藠(jiào)头。

②薤(xiè):同"薤",又称藠(jiào)头。叶丛生,细长中空,新鲜鳞茎可作蔬菜。

【译文】

茖即山薤,生长在山中的野藠头。

13.004　蒚①,山蒜。

【注释】

①蒚(lì):生长在山中的野蒜。郝懿行义疏:"蒜之生于山者名蒚。"

【译文】

蒚即山蒜,生长在山中的野蒜。

13.005　薜,山蕲①。

【注释】

①薜(bò),山蕲(qín):药草。当归的别名。郭璞注:"《广雅》曰:'山蕲,当归。'当归今似蕲而粗大。"

【译文】

薜即山蕲,当归的别名。

13.006　椴,木堇。榇,木堇①。

【注释】

①椴(duàn),木堇(jǐn)。榇(qìn),木堇:木槿的异名。木堇,同"木槿",落叶灌木。叶卵形,互生。夏秋开花,花钟形,单生,有白、红、紫等色,朝开暮落。树皮和花可入药,茎的纤维可造纸。《淮南子·时则训》:"木堇荣。"高诱注:"木堇,朝荣莫落,树高五六尺,其叶与安石榴相似也。"莫,"暮"的古字。

【译文】

椴即木堇,榇亦即木堇。

13.007　术,山蓟。杨,枹蓟①。

【注释】

①术(zhú),山蓟。杨,枹蓟:邢昺疏:"此辨蓟生山中及平地者名也。生平地者即名蓟,生山中者一名术。《本草》云:'一名山蓟,一名山姜,一名山连。'陶注云'有两种:白术叶大有毛,甜而少膏。赤术叶细小,苦而多膏'是也。其生平地而肥大于众者,名杨。枹蓟,今呼之马蓟。"邵晋涵正义:"术之生于山者,名山蓟。杨,一名枹蓟,即术也。"术,草名。多年生草本植物。有白术、赤术等数种。

【译文】

术有山蓟,生长于山中。术又有名为杨的,亦即枹蓟,是生长于平地而肥大的种类。

13.008　莳,王蔧①。

【注释】

①葥(jiàn),王蔧(huì):即地肤草,也称王帚、落帚、扫帚草。一年生草本植物。茎多分枝,叶线状披针形,开黄绿色小花,茎可做扫帚。果实叫地肤子,可入中药。

【译文】

葥又称为王蔧,即扫帚草。

13.009　菉,王刍①。

【注释】

①菉(lù),王刍(chú):即荩(jìn)草。一年生草本植物。高一二尺。叶片卵状披针形,茎和叶可作染料。

【译文】

菉又称为王刍,即荩草。

13.010　拜,蒴蓳①。

【注释】

①拜,蒴蓳(shāng diào):植物名。又名灰蓳、灰菜。似藜。邢昺疏:"此亦似藜而叶大者,名拜,一名蒴蓳。"

【译文】

拜又称为蒴蓳,即灰菜。

13.011　繁,皤蒿①。蒿,菣②。蔚,牡菣③。

【注释】

①蘩(fán),皤(pó)蒿:白蒿。多年生草本植物。可食用。《诗·召
　　南·采蘩》:"于以采蘩? 于沼于沚。"毛传:"蘩,皤蒿也。"

②蒿,菣(qìn):青蒿。郭璞注:"今人呼青蒿香中炙啖者为菣。"

③蔚,牡菣:即牡蒿。《诗·小雅·蓼莪》:"蓼蓼者莪,匪莪伊蔚。"
　　孔颖达疏引陆机疏云:"牡蒿也,华似胡麻华而紫赤,一名马
　　薪蒿。"

【译文】

　　蘩又称为皤蒿,即白蒿。蒿又称为菣,即青蒿。蔚又称为牡菣,即
牡蒿。

13.012　啮,雕蓬①。荐,黍蓬②。

【注释】

①啮(niè),雕蓬:蓬草的一种。郝懿行义疏:"今验秋蓬,叶似松杉,
　　秋枯根拔,风卷为飞,所谓孤蓬自振,此即'啮,雕蓬'矣。"

②荐,黍蓬:蓬草的一种。郭璞注:"别蓬种类。"

【译文】

　　啮又称为雕蓬,是蓬草的一种。荐又称为黍蓬,是蓬草的另一种。

13.013　蓖,鼠莞①。

【注释】

①蓖(bǐ),鼠莞(guān):龙须草类。郭璞注:"亦莞属也。纤细似龙
　　须,可以为席,蜀中出好者。"

【译文】

藆又称为鼠莞,即龙须草类。

13.014　茢①,鼠尾。

【注释】

①茢(jìng):鼠尾草。一年生草本植物。郭璞注:"可以染皂。"
　皂,黑。

【译文】

茢即鼠尾草。

13.015　菥蓂①,大荠。

【注释】

①菥蓂(xī mì):一种大荠菜,茎梗上有毛。种子或全草可入药,嫩
　苗可作野菜。李时珍《本草纲目·菜二·菥蓂》:"荠与菥蓂,一
　物也,但分大小二种耳。小者为荠,大者为菥蓂,菥蓂有毛,故其
　子功用相同。"

【译文】

菥蓂又称为大荠,是一种大荠菜。

13.016　蒤①,虎杖。

【注释】

①蒤(tú):又称为虎杖,亦名花斑竹根。多年生草本植物。郭璞注:
　"似红草而粗大,有细刺,可以染赤。"

【译文】

莶又称为虎杖。

13.017　孟①,狼尾。

【注释】

①孟:狼尾草。郭璞注:"似茅,今人亦以覆屋。"明李时珍《本草纲目·谷二·狼尾草》:"狼尾,茎、叶、穗、粒并如粟,而穗色紫黄,有毛。荒年亦可采食。"

【译文】

孟即狼尾草。

13.018　瓟栖①,瓣②。

【注释】

①瓟栖:同"瓟犀",瓟瓜的子。《诗·卫风·硕人》:"领如蝤蛴,齿如瓟犀。"

②瓣:瓜类的子。《说文解字·瓜部》:"瓣,瓜中实。"

【译文】

瓟栖即瓟瓜的子。

13.019　茹藘,茅蒐①。

【注释】

①茹藘(rú lú),茅蒐(sōu):茜草。多年生草本植物。根黄赤色,可做红色染料,也可入药。《诗·郑风·东门之墠》:"东门之墠,茹

蒐在阪。"毛传："茹蔍,茅搜也。"埠(shàn),经过整治的郊野平地。

【译文】

茹蔍又称为茅蒐,即茜草。

13.020　果赢之实①,栝楼。

【注释】

①果赢(luǒ):多年生草本植物。茎上有卷须,以攀缘他物。果实卵圆形,橙黄色。可入药。其果实亦称栝(kuò)楼。《诗·豳风·东山》:"果赢之实,亦施于宇。"

【译文】

果赢的子实称为栝楼。

13.021　荼①,苦菜。

【注释】

①荼(tú):苦菜。菊科植物。茎空,有白汁。茎叶嫩时均可食,略带苦味。《诗·邶风·谷风》:"谁谓荼苦,其甘如荠。"毛传:"荼,苦菜也。"

【译文】

荼即苦菜。

13.022　萑,蓷①。

【注释】

①萑(zhuī),蓷(tuī):即益母草。郭璞注:"今茺蔚也。叶似荏,方茎,白华,华生节间。又名益母。"《诗·王风·中谷有蓷》:"中谷

有蓷,暵其干矣。"暵(hàn),萎缩、干枯。

【译文】

萑又称为蓷,即益母草。

13.023　藄①,绶。

【注释】

①藄(yì):同"鹝",即绶草。郭璞注:"小草,有杂色,似绶。"《诗·陈风·防有鹊巢》:"中唐有甓,邛有旨鹝。"毛传:"鹝,绶草也。"甓(pì),砖。

【译文】

藄即绶草。

13.024　粢,稷①。众,秫②。

【注释】

①粢(zī),稷(jì):即粟。子实去壳称小米。邢昺疏:"郭云:'今江东人呼粟为粢。'然则粢也、稷也、粟也正是一物。"

②众,秫(shú):黏粟。郭璞注:"谓黏粟也。"

【译文】

粢又称为稷,即粟。众又称为秫,即黏粟。

13.025　戎叔谓之荏菽①。

【注释】

①戎叔、荏(rěn)菽:大豆。《诗·大雅·生民》:"荏菽旆旆,禾役穟穟。"

毛传："荏菽，戎菽也。"郑玄笺："戎菽，大豆也。"戎菽，同"戎叔"。

【译文】

戎叔称为荏菽，即大豆。

13.026 卉①，草。

【注释】

①卉（huì）：草的总称。郭璞注："百卉总名。"《诗·小雅·四月》："山有嘉卉，侯栗侯梅。"郑玄笺："山有美善之草，生于梅栗之下。"

【译文】

卉是草的总称。

13.027 菴，雀弁①。

【注释】

①菴（yǎn），雀弁：草名。郭璞注："未详。"邵晋涵正义："下文云：'萺，蒀'，陆机疏云：'一名爵弁。'爵与雀古通用。"参见13.047条。

【译文】

菴又称为雀弁。

13.028 蘥，雀麦①。

【注释】

①蘥（yuè），雀麦：形似燕麦，叶稍长。可作牧草，谷粒可作饲料。

【译文】

蕎又称为雀麦。

13.029　荍,乌蘏①。

【注释】

①荍(huài),乌蘏(sūn):草名。茎歧出,花生叶间,生长在水石旁边。郭璞注:"未详。"下"泽乌蘏"条邢昺疏:"即上荍,生于水泽者。"郝懿行义疏:"《尔雅图》作'茎歧出,叶如蕙,生叶间,在水石侧'。"

【译文】

荍又称为乌蘏。

13.030　菍,菟荄①。

【注释】

①菍(liàn),菟荄(tù gāi):白蔹(liǎn)。藤本植物。根呈卵形块状,数个相聚,可入药。

【译文】

菍又称为菟荄,即白蔹。

13.031　蘩,菟葵①。

【注释】

①蘩,菟葵(xí):即款冬。多年生草本植物。严冬开花,叶似葵而大,花黄色,花蕾和叶可入药。

【译文】

蘩又称为菟葵,即款冬。

13.032　黄,菟瓜①。

【注释】

①黄(yín),菟(tù)瓜:似土瓜的植物。郭璞注:"菟瓜似土瓜。"

【译文】

黄即菟瓜。

13.033　茢薽,豕首①。

【注释】

①茢薽(liè zhēn),豕首:即天名精。多年生草本植物。根、叶、果实
均可入药。明李时珍《本草纲目·草四·天名精》:"天名精乃天
蔓精之讹也。其气如豕彘,故有豕首、彘颅之名。"

【译文】

茢薽又称为豕首,即天名精。

13.034　荓①,马帚。

【注释】

①荓(píng):俗名铁扫帚。多年生草本植物。根可制扫帚。郭璞
注:"似著,可以为扫蔧。"

【译文】

荓又称为马帚,即铁扫帚。

13.035   虉①,怀羊。

【注释】

①虉(huì):草名。郭璞注:"未详。"郝懿行义疏:"当是香草。"

【译文】

虉又称为怀羊。

13.036   荍,牛蕲①。

【注释】

①荍(jiāo),牛蕲(qí):野菜名。与芹相似,嫩时可食。也称马蕲、野茴香。郭璞注:"今马蕲,叶细锐,似芹,亦可食。"

【译文】

荍又称为牛蕲,即野茴香。

13.037   葖,芦萉①。

【注释】

①葖(tū),芦萉:萝卜。郭璞注:"'萉'宜为'菔'。芦菔,芜菁属,紫华大根,俗呼雹葖。"邢昺疏:"芦菔,今谓之萝卜是也。"

【译文】

葖又称为芦萉,即萝卜。

13.038   蒩灌,茵芝①。

【注释】

①渲(zhí)灌,茵(xiú)芝:菌的一种,即木灵芝。郝懿行义疏:"渲之言殖也,灌犹丛也。菌芝丛生而繁殖,因以为名……余按《类聚》九十八引《尔雅》作'菌芝',盖菌字破坏作'茵'耳。"以为"茵"是"菌"讹字。

【译文】

渲灌又称为茵芝,即木灵芝。

13.039　笋①,竹萌。荡②,竹。

【注释】

①笋(sǔn):竹子的嫩芽,可作菜。邢昺疏:"凡草木初生谓之萌,笋则竹之初生者。"《诗·大雅·韩奕》:"其蔌维何,维笋及蒲。"郑玄笺:"笋,竹萌也。"

②荡(dàng):大竹。《书·禹贡》:"篠荡既敷。"孔安国传:"篠,竹箭。荡,大竹。水去已布生。"

【译文】

笋是竹子的嫩芽,荡是大竹子。

13.040　莪①,萝。

【注释】

①莪(é):莪蒿,一名萝蒿。多年生草本植物。嫩的茎叶可作蔬菜。《诗·小雅·菁菁者莪》:"菁菁者莪,在彼中阿。"毛传:"莪,萝蒿也。"

【译文】

莪即萝蒿。

13.041　苊①,蒩苊。

【注释】

①苊(nǐ):药草名。多年生草本植物。根可入药。又名蒩(dǐ)苊、荠苊、甜桔梗、杏叶沙参等。邢昺疏:"《本草》'荠苊'陶注云:'根茎都似人参而叶小异,根味甜。'又别本注云'根似桔梗,以无心为异者'是也。"

【译文】

苊又称为蒩苊,即甜桔梗。

13.042　绖,履①。

【注释】

①绖(dié),履:郭璞注:"未详。"

【译文】

绖又称为履。

13.043　莕,接余①。其叶苻②。

【注释】

①莕(xìng),接余:莕菜。多年生草本植物。生于淡水湖泊或池沼中,嫩叶可食。《诗·周南·关雎》:"参差荇菜,左右流之。"毛传:"荇,接余也。"荇,同"莕"。

②苻(fú):莕菜的叶子。

【译文】

莕又称为接余,即荇菜。它的叶子称为苻。

13.044　白华,野菅①。

【注释】

①白华,野菅(jiān):一种似茅的草本植物。开白色的花,故称白花。在野未沤的时候称为野菅,已沤称为菅。可以做绳索和盖屋。《诗·小雅·白华》:"白华菅兮,白茅束兮。"毛传:"白华,野菅也,已沤为菅。"

【译文】

白华又称为野菅。

13.045　薜①,白蕲。

【注释】

①薜(bò):药草。当归的别名。郭璞注:"即上山蕲。"参见13.005条。

【译文】

薜又称为白蕲,当归的别名。

13.046　菲,芴①。

【注释】

①菲(fěi),芴(wù):土瓜。一年生草本植物。可作蔬菜。郭璞注:"即土瓜也。"

【译文】

菲又称为芴,即土瓜。

13.047　菖,蓄①。

【注释】

①菖(fú),蓄(fú):多年生蔓草,可蒸食。因对作物有害,古又称恶菜。邢昺疏引陆机云:"其根正白,可着热灰中温啖之,饥荒之岁可烝以御饥也。"烝,蒸。《诗·小雅·我行其野》:"我行其野,言采其菖。"毛传:"菖,恶菜也。"

【译文】

菖又称为蓄。

13.048　荧,委萎①。

【注释】

①荧(jiǒng),委萎:即萎蕤(ruí)。药草名。郭璞注:"药草也。叶似竹,大者如箭竿,有节。叶狭而长,表白里青。根大如指,长一二尺,可啖。"

【译文】

荧又称为委萎,即萎蕤。

13.049　蒟,芋荧①。

【注释】

①蒟(qú),芋荧(tīng jiǒng):草名。郭璞注:"未详。"邵晋涵正义:"《中山经》云:'熊耳之山,有草焉,其状如苏而赤华,名曰葶苈,可以毒鱼。'葶苈疑即芋荧,声相近也。"可备一说。

【译文】

蓾又称为芋荧。

13.050　竹,萹蓄①。

【注释】

①竹,萹(biān)蓄:草名。又名萹竹。一年生草本植物。多生道旁,叶狭长似竹。郭璞注:"似小藜,赤茎节,好生道旁,可食,又杀虫。"

【译文】

竹指萹蓄,即萹竹草。

13.051　葴,寒浆①。

【注释】

①葴(zhēn),寒浆:即酸浆草。多年生草本植物。根茎花实均可入药。郭璞注:"今酸浆草,江东呼曰苦葴。"

【译文】

葴又称为寒浆,即酸浆草。

13.052　薢茩,英光①。

【注释】

①薢茩(xiè gòu),英光(jué guāng):草英明。一年生草本植物。郭璞注:"英明也。叶锐黄,赤华,实如山茱萸。或曰菱也,关西谓之薢茩。"

【译文】

薢茩又称为芵茪，即草芵明。

13.053 蕪荑，蔱蘠①。

【注释】

①蕪荑（wú yí），蔱蘠（shā qiáng）：落叶小乔木或灌木状。

【译文】

蕪荑又称为蔱蘠。

13.054 瓞，瓝①。其绍瓞②。

【注释】

①瓞（dié），瓝（bó）：小瓜。《诗·大雅·绵》："绵绵瓜瓞，民之初生，自土沮漆。"毛传："瓞，瓝也。"孔颖达疏引舍人曰："瓞名瓝，小瓜也。"

②绍：继。邢昺疏："绍，继也。瓜之蔓绍绪先岁之瓜，必小，亦名瓞。故云'其绍瓞'。"

【译文】

瓞又称为瓝，即小瓜。瓜蔓继生结出的小瓜叫做瓞。

13.055 芍，凫茈①。

【注释】

①芍（xiào），凫茈（cí）：即荸荠，俗称马蹄。多年生草本植物。地下茎为扁圆形，可食。

【译文】

芍又称为凫茈,即荸荠。

13.056　葵,鼄薡①。

【注释】

①葵(lèi),鼄薡(dǐng dǒng):蒲草的一种,即长苞香蒲。多年生草本
　植物。生水边或池沼。可编鞋、制索。郭璞注:"似蒲而细。"邢
　昺疏:"状似蒲而细,可为屩,亦可绹以为索。"

【译文】

葵又称为鼄薡,即长苞香蒲。

13.057　蕛,芺①。

【注释】

①蕛(tí),芺(diē):一种形似稗的杂草。实如小米。郭璞注:"蕛似
　稗,布地生,秽草。"

【译文】

蕛又称为芺,是一种形似稗的杂草。

13.058　钩,芺①。

【注释】

①钩,芺(ǎo):蓟类草。郭璞注:"大如拇指,中空,茎头有台,似蓟,
　初生可食。"

【译文】

钩又称为芺,是一种蓟类的草。

13.059　薤^①,鸿荟。

【注释】

①薤(xiè):同"薤",即藠(jiào)头。野生的称为荋,人种的称为鸿荟。郝懿行义疏:"上云荋是山薤,此谓人家薤也。"参见13.003条。

【译文】

薤又称为鸿荟,指人工种植的藠头。

13.060　苏,桂荏^①。

【注释】

①苏,桂荏(rěn):即紫苏。一年生草本植物。茎方形,花淡紫色,种子可榨油,嫩叶可以吃,叶、茎和种子均可入药。

【译文】

苏又称为桂荏,即紫苏。

13.061　蔷,虞蓼^①。

【注释】

①蔷(sè),虞蓼:即泽蓼。蓼科植物的一种。生长于水泽之中。郭璞注:"虞蓼,泽蓼。"邢昺疏:"即蓼之生水泽者也。"

【译文】

蕎又称为虞蓼,即泽蓼。

13.062　藫,蓨①。

【注释】

①藫(tiáo),蓨(tiáo):即羊蹄草。多年生草本植物。根可入药。
《管子·地员》:"黑埴宜稻麦,其草宜苹蓨,其木宜白棠。"

【译文】

藫又称为蓨,即羊蹄草。

13.063　虋①,赤苗。芑②,白苗。秬③,黑黍。秠④,一
稃二米⑤。

【注释】

①虋(mén):赤粱粟。谷的良种。郭璞注:"今之赤粱粟。"郝懿行义
　疏:"粟即谷通名耳。"

②芑(qǐ):白粱粟。茎白色。

③秬(jù):黑黍。嘉谷。

④秠(pī):黑黍的一种。每个壳中有两颗米。

⑤稃(fū):谷壳。

【译文】

虋是赤粱粟,芑是白粱粟,秬是黑黍,秠是每个壳中有两颗米的
黑黍。

13.064　稌①,稻。

【注释】

①稌(tú):稻。《诗·周颂·丰年》:"丰年多黍多稌。"毛传:"稌,稻也。"

【译文】

稌即稻。

13.065　菖,蒧茅①。

【注释】

①菖(fú),蒧(qióng)茅:多年生蔓草,可蒸食。因对作物有害,古又称恶菜。邢昺疏:"菖与蒧茅一草也,华白者即名菖,华赤者别名蒧茅。"参见 13.047 条。

【译文】

菖又称为蒧茅。

13.066　台,夫须①。

【注释】

①台,夫须:莎(suō)草。可制蓑笠。邢昺疏引陆机云:"旧说夫须,莎草也。可以为蓑笠。"《诗·小雅·南山有台》:"南山有台,北山有莱。"毛传:"台,夫须也。"

【译文】

台又称为夫须,即莎草。

13.067　蒚,苬①。

【注释】

①蔮(jiǎn),莂(fá):郭璞注:"未详。"

【译文】

蔮又称为莂。

13.068　莔,贝母①。

【注释】

①莔(méng),贝母:多年生草本植物。叶长似韭,可入药。郭璞注:
　　"根如小贝,圆而白华,叶似韭。"《诗·鄘风·载驰》:"陟彼阿丘,
　　言采其蝱。"毛传:"蝱,贝母也。"蝱,同"莔"。

【译文】

莔又称为贝母。

13.069　苀,蚍衃①。

【注释】

①苀(qiáo),蚍衃(pí fú):锦葵。郭璞注引谢氏云:"小草,多华少
　　叶,叶又翘起。"《诗·陈风·东门之枌》:"视尔如苀,贻我握椒。"
　　毛传:"苀,芘芣也。"芘芣,同"蚍衃"。

【译文】

苀又称为蚍衃,即锦葵。

13.070　艾①,冰台。

【注释】

①艾:艾蒿。多年生草本植物。茎、叶皆可入药。郭璞注:"今艾蒿。"《诗·王风·采葛》:"彼采艾兮,一日不见,如三岁兮。"

【译文】

艾即艾蒿,又称为冰台。

13.071　葶,亭历①。

【注释】

①葶(diǎn),亭历:俗呼麦里蒿。一年或二年生草本植物。种子可入药。郝懿行义疏:"形颇类蒿而小,多生麦田,故俗呼麦里蒿。"

【译文】

葶又称为亭历,即麦里蒿。

13.072　苻①,鬼目。

【注释】

①苻(fú):鬼目草。郭璞注:"今江东有鬼目草,茎似葛,叶员而毛,子如耳珰也,赤色丛生。"

【译文】

苻即鬼目草。

13.073　薜①,庾草。

【注释】

①薜(bì):一种藤蔓植物。郑樵注:"藤生,蔓延墙树间,花生颇似

薛荔。"

【译文】

薛又称为庚草,是一种藤蔓植物。

13.074　薂,薂蒌①。

【注释】

①薂(áo),薂蒌(sǎo lǔ):即鸡肠草。郭璞注:"今蘩蒌也。或曰鸡肠草。"邢昺疏:"《本草》云:'蘩蒌,味辛。'陶注:'此菜人以作羹。'唐本注云:'此即鸡肠草也。多生下湿坑渠之侧。'人家园庭亦有此草是也。"

【译文】

薂又称为薂蒌,即鸡肠草。

13.075　离南,活莌①。

【注释】

①离南,活莌(tuō):又称通脱木、通草。常绿灌木或小乔木。茎髓大,白色,纸质。郭璞注:"草生江南,高丈许,大叶,茎中有瓤,正白。"

【译文】

离南又称为活莌,即通草。

13.076　茏,天蘥①。

【注释】

①茏(lóng),天蘥(yuè):草名。郝懿行义疏:"《管子·地员篇》云:

'其山之浅,有茫与斥。'茫即此也。下文'红,龙古',疑亦此。盖
此草高大,故名天蕣。"

【译文】

茫又称为天蕣。

13.077　须,葑苁①。

【注释】

①须,葑苁(fēng zǒng):即芜菁。块根肥大,可做蔬菜。《诗·邶
风·谷风》:"采葑采菲,无以下体。"毛传:"葑,须也。菲,芴也。"
郑玄笺:"此二菜者,蔓菁与葍之类也。皆上下可食。"

【译文】

须又称为葑苁,即芜菁。

13.078　蒡①,隐荵。

【注释】

①蒡(páng):草名。郭璞注:"似苏,有毛。今江东呼为隐荵。藏以
为菹,亦可瀹食。"瀹(yuè),煮。

【译文】

蒡即隐荵草。

13.079　茜,蔓于①。

【注释】

①茜(yóu),蔓于:郭璞注:"草生水中,一名轩于,江东呼茜。"郝懿

行义疏:"茜当为茷。《说文》:'茷,水边草也。'《系传》云:'似细芦,蔓生水上,随水高下泛泛然也,故曰。茷,游也。'……今验此草,俗人即名芦子,其形状悉如徐锴所说。"

【译文】

茜又称为蔓于。

13.080　蔺,蓾①。

【注释】

①蔺(lǔ),蓾(cuó):草名。蒯类。可做鞋中草垫。郭璞注:"作履苴草。"履苴(jū),鞋底。

【译文】

蔺又称为蓾,是一种蒯类的草。

13.081　柱夫,摇车①。

【注释】

①柱(zhǔ)夫,摇车:草名。俗名野蚕豆、红花菜、翘翘花。蔓生,细叶,紫花,可食。郭璞注:"蔓生,细叶,紫华,可食。今俗呼翘摇车。"郝懿行义疏:"即今野豌豆也。"

【译文】

柱夫又称为摇车,即野蚕豆。

13.082　出隧,蘧蔬①。

【注释】

①出隧,蘧(qú)蔬:郭璞注:"蘧蔬似土菌,生菰草中,今江东啖之,甜滑。"

【译文】

出隧又称为蘧蔬,是一种菌类植物。

13.083　蕲茝,蘪芜①。

【注释】

①蕲茝(qín zhǐ),蘪(mí)芜:香草名。芎䓖的苗,叶有香气。郭璞注:"香草。叶小如萎状……《山海经》云:'臭如蘪芜。'"

【译文】

蕲茝又称为蘪芜,即芎䓖的的苗。

13.084　茨,蒺藜①。

【注释】

①茨(cí),蒺藜(jí lí):一年生草本植物。果皮有尖刺。可入药。《易·困》:"困于石,据于蒺藜,入于其宫,不见其妻,凶。"孔颖达疏:"蒺藜之草,有刺而不可践也。"《诗·鄘风·墙有茨》:"墙有茨,不可扫也。"毛传:"茨,蒺藜也。"蒺藜,同"蒺藜"。

【译文】

茨又称为蒺藜。

13.085　蘮蒘,窃衣①。

【注释】

①蘮蒘(jì rú)，窃衣：草名。似芹，花下有芒刺，粘附人衣。郭璞注：
　　"似芹，可食。子大如麦，两两相合。有毛，着人衣。"邢昺疏："俗
　　名鬼麦者也。"郝懿行义疏："郭注云是其毛，不如孙注言华，差为
　　近之，其实是其华下芒刺耳。"

【译文】

蘮蒘又称为窃衣，即鬼麦。

13.086　髦，颠蕀①。

【注释】

①髦，颠蕀(jí)：药草名。即天门冬。多年生攀援草本植物。块根
　　纺锤形，簇生，肉质，可入药。郝懿行义疏："《本草》云：'天门冬
　　一名颠勒。'勒即棘也。"

【译文】

髦又称为颠蕀，即天门冬。

13.087　雚，芄兰①。

【注释】

①雚(guàn)，芄(wán)兰：即萝藦。多年蔓生草本植物。断之有白
　　汁，可食。子附长毛，如白绒。郭璞注："雚芄蔓生，断之有白汁，
　　可啖。"

【译文】

雚又称为芄兰，即萝藦。

13.088　蕁,莐藩①。

【注释】

①蕁(tán),莐藩(chén fān):蕁,同"荨",即药草知母。郭璞注:"生山上,叶如韭,一曰提母。"邢昺疏:"药草知母也。"

【译文】

蕁又称为莐藩,即药草知母。

13.089　蕍,蕮①。

【注释】

①蕍(yú),蕮(xì):即药草泽泻。多年生草本植物。叶狭长,块茎可入药。邢昺疏:"《本草》作'泽泻'……陶注云:'叶狭长,丛生诸浅水中。'"

【译文】

蕍又称为蕮,即药草泽泻。

13.090　藆,鹿藿①。其实莥②。

【注释】

①藆(juàn),鹿藿(huò):郭璞注:"今鹿豆也。叶似大豆,根黄而香,蔓延生。"

②莥(niǔ):鹿藿的果实,亦称为鹿豆。

【译文】

藆又称为鹿藿,即鹿豆。它的果实称为莥。

13.091　蔊侯,莎①。其实媞②。

【注释】

①蔊(hào)侯,莎(suō):即香附子。莎草科莎草属的莎草。多年生草本植物。地下纺锤形的块茎可入药。

②媞(tí):莎草籽。

【译文】

蔊侯又称为莎,即香附子。它的果实称为媞。

13.092　莞,苻蓠①。其上蒚②。

【注释】

①莞(guān),苻蓠(pú lí):郭璞注:"今江东谓之苻蓠,西方亦名蒲。中茎为蒚,用之为席。"

②蒚(lì):蒲草的中茎。

【译文】

莞又称为苻蓠,即蒲草。它的中茎称为蒚。

13.093　荷,芙渠。其茎茄,其叶蕸①,其本蔤②,其华菡萏③,其实莲,其根藕,其中的④,的中薏⑤。

【注释】

①蕸(xiá):荷的叶子。

②蔤(mì):荷的地下茎。郭璞注:"茎下白蒻在泥中者。"蒻(ruò),荷茎没入泥中的部分。

③菡萏(hàn dàn):荷花。

④的：同"菂(dì)"，莲子。

⑤薏(yì)：莲子心，即莲子中的青嫩坯芽。

【译文】

荷又称为芙渠。它的茎干称为茄，它的叶子称为蕸，它的地下茎称为蔤，它的花称为菡萏，它的果实称为莲，它的根称为藕，它的莲子称为的，莲子心称为薏。

13.094　红，茏古①。其大者蘬②。

【注释】

①红，茏(lóng)古：即荭(hóng)草，又称水荭。一年生草本植物。生水泽中，高丈余，全株有毛，果实可入药。

②蘬(kuī)：大的荭草。

【译文】

红又称为茏古，即荭草。大的荭草称为蘬。

13.095　差①，荠实。

【注释】

①差(cuó)：荠菜籽。

【译文】

差即荠菜籽。

13.096　黂①，枲实②。枲，麻。

【注释】

①黂(fén)：大麻的籽。

②枲(xǐ)：大麻。

【译文】

黂即大麻的籽，枲即大麻。

13.097　须，薞芜①。

【注释】

①须，薞(sūn)芜：即酸模。草名。嫩茎叶有酸味，可食，全草入药。郭璞注："薞芜，似羊蹄，叶细，味酢，可食。"

【译文】

须又称为薞芜，即酸模。

13.098　菲，蒠菜①。

【注释】

①菲(fěi)，蒠(xī)菜：郭璞注："菲草生下湿地，似芜菁，华紫赤色，可食。"郝懿行义疏："此菜极似萝卜，野地自生，宿根不断，冬春皆可采食，故云蒠菜。"

【译文】

菲又称为蒠菜。

13.099　蒉①，赤苋。

【注释】

①蒉(kuài)：郭璞注："今之苋赤茎者。"

【译文】

蒉又称为赤苋。

13.100　蔷蘼,蘩冬①。

【注释】

①蔷蘼(qiáng mí)，蘩(mén)冬：即蔷薇。郝懿行义疏："《说文》云：
　'蔷蘼，蘩冬也。'即今蔷薇。"

【译文】

蔷蘼又称为蘩冬,即蔷薇。

13.101　萹苻、止泺①,贯众。

【注释】

①萹苻(biān fú)、止泺(lì)：即贯众。多年生草本植物。以根状茎及
　叶柄残基部入药。邵晋涵正义："别三名也。贯众一名萹苻,一
　名止泺。《释文》引《本草》云'贯众一名萹苻'是也。郭注以'萹
　苻,止'为'未详','泺一名贯众',师读不同故也。"

【译文】

萹苻和止泺都是贯众。

13.102　莙,牛藻①。

【注释】

①莙(jūn)，牛藻：大叶水藻。可食。郭璞注："似藻,叶大,江东呼为

马藻。"

【译文】

菪又称为牛藻,即大叶水藻。

13. 103　蘧荡,马尾①。

【注释】

①蘧荡(zhú tāng),马尾:即商陆。多年生粗壮草本植物。根可入药。郭璞注:"《广雅》曰:'马尾,萹陆。'《本草》云:'别名荡。'今关西亦呼为荡,江东呼为当陆。"

【译文】

蘧荡又称为马尾,即商陆。

13. 104　萍,萍①。其大者蘋②。

【注释】

①萍,萍(píng):浮萍。郭璞注:"水中浮萍。"多年生草本植物。生浅水中,叶有长柄,柄端四片小叶成田字形。全草可入药,也可作猪饲料。

②蘋(pín):大萍。《诗·召南·采蘋》:"于以采蘋? 南涧之滨。"毛传:"蘋,大萍也。"

【译文】

萍又称为萍,即浮萍。大萍称为蘋。

13. 105　菥,菟葵①。

【注释】

①蕲(xī),菟(tù)葵:似葵,可食,茎叶可入药。郭璞注:"颇似葵而小,叶状如藜,有毛,汋啖之滑。"汋(yuè),煮。

【译文】

蕲又称为菟葵。

13.106　芹,楚葵①。

【注释】

①芹,楚葵:水芹。郭璞注:"今水中芹菜。"

【译文】

芹即水芹,又称为楚葵。

13.107　蕍,牛蕶①。

【注释】

①蕍(tuī),牛蕶(tuí):草名。郭璞注:"今江东呼草为牛蕶者,高尺余许,方茎,叶长而锐,有穗,穗间有华,华紫缥色,可淋以为饮。"

【译文】

蕍又称为牛蕶。

13.108　蕍,牛唇①。

【注释】

①蕍(xù),牛唇:泽泻,又称为水蕮。多年生草本植物。生浅水中,

可食,亦可入药。郭璞注:"如续断,寸寸有节,拔之可复。"《诗·魏风·汾沮洳》:"彼汾一曲,言采其藚。"毛传:"藚,水舄也。"孔颖达疏引陆机疏云:"今泽舃也。其叶如车前草大,其味亦相似。徐州广陵人食之。"

【译文】

藚又称为牛唇,即泽泻。

13.109　苹,藾萧①。

【注释】

①苹,藾(lài)萧:即藾蒿。白蒿类植物。郭璞注:"今藾蒿也。初生亦可食。"《诗·小雅·鹿鸣》:"呦呦鹿鸣,食野之苹。"郑玄笺:"苹,藾萧。"孔颖达疏引陆机疏云:"叶青白色,茎似箸而轻脆,始生香,可生食,又可烝食。"烝,蒸。

【译文】

苹又称为藾萧,即藾蒿。

13.110　连,异翘①。

【注释】

①连,异翘:即连翘。落叶灌木。叶子对生,卵形或长椭圆形,开黄花,果实可入药。明李时珍《本草纲目·草五·连翘》:"按《尔雅》云:'连,异翘。'则是本名连,又名异翘,人因合称为连翘矣。"

【译文】

连即连翘,又称为异翘。

13.111　泽,乌蕵[①]。

【注释】

①泽,乌蕵(sūn):草名。茎歧出,花生叶间,生长在水石旁边。邢昺
　疏:"即上荪,生于水泽者。"参见 13.029 条。

【译文】

泽又称为乌蕵。

13.112　傅,横目[①]。

【注释】

①傅,横目:草名。即鼓筝草。贴地蔓生,根如线相结。郭璞注:
　"一名结缕,俗谓之鼓筝草。"

【译文】

傅又称为横目,即鼓筝草。

13.113　蘱[①],蔓华。

【注释】

①蘱(lài):通"莱",草名。茎叶像王刍,初生时可食。邵晋涵正义:
　"蘱一名蔓华,《说文》作'莱,蔓华。'徐锴以为蘱与莱音同,是也。"

【译文】

蘱(莱)又称为蔓华。

13.114　薚,蕨攗[①]。

【注释】

①菱(líng)，蕨攈(jué méi)：即菱角。郭璞注："今水中芰。"郝懿行义疏："菱角小者烝曝可以充粮，大者甘脆可生啖之。"烝，蒸。

【译文】

菱又称为蕨攈，即菱角。

13. 115　大菊，蘧麦①。

【注释】

①大菊，蘧(qú)麦：即瞿麦。多年生草本植物。叶对生，狭披针形。可入药。郭璞注："一名麦句姜，即瞿麦。"

【译文】

大菊又称为蘧麦，即瞿麦。

13. 116　薜，牡贊①。

【注释】

①薜(bì)，牡贊(zàn)：草名。郭璞注："未详。"郝懿行义疏："贊当作赞。《说文》：'薜，牡赞也。'郭云：'未详。'今未知其审。或云即薜荔，恐非。"

【译文】

薜又称为牡贊。

13. 117　荫，山莓①。

【注释】

①葥(jiàn)，山莓(méi)：即悬钩子。灌木。果实可食。郝懿行义
疏："莓有数种……此则植生，树高四五尺，枝亦柔软，茎多逆
刺，叶有细齿，颇似樱桃叶而狭长，四月开白花，结实如覆盆
而大。"

【译文】

葥又称为山莓，即悬钩子。

13.118   啮,苦堇①。

【注释】

①啮(niè)，苦堇(jǐn)：即堇葵。郭璞注："今堇葵也。叶似柳，子如
米，为食之滑。"沩(yuè)，煮。

【译文】

啮又称为苦堇，即堇葵。

13.119   薚,石衣①。

【注释】

①薚(tán)，石衣：即水苔。苔藻类植物。郭璞注："水苔也。一名石
发，江东食之。"

【译文】

薚又称为石衣，即水苔。

13.120   蘜,治墙①。

【注释】

①鞠(jú)，治蘠(qiáng)：即菊花。鞠，同"菊"。郭璞注："今之秋华菊。"

【译文】

鞠即菊花，又称为治蘠。

13.121　唐、蒙，女萝。女萝，菟丝①。

【注释】

①女萝，菟丝：即松萝，俗称菟丝子。多附生在松柏或其他植物上，成丝状下垂。《诗·小雅·頍弁》："茑与女萝，施于松柏。"毛传："女萝，菟丝，松萝也。"茑(niǎo)，常绿寄生灌木名。

【译文】

唐和蒙都是女萝，女萝即菟丝。

13.122　苖①，蓨。

【注释】

①苖(dí)：《说文解字·艸部》："苖，蓨也。"即羊蹄草。多年生草本植物。根可入药。参见13.062条。

【译文】

苖又称为蓨，即羊蹄草。

13.123　莗，葥莐①。

【注释】

①茥(guī)，蕨苺(quē pén)：即覆盆子。落叶灌木。茎有钩状刺。果可食，可入药。郭璞注："覆盆也。实似莓而小，亦可食。"

【译文】

茥又称为蕨苺，即覆盆子。

13.124　芨，堇草①。

【注释】

①芨(jī)，堇(jǐn)草：即陆英。灌木状草本植物。野生。全草治跌打损伤，故又称接骨草。

【译文】

芨又称为堇草，即陆英。

13.125　藊，百足①。

【注释】

①藊(jiān)，百足：即地蜈蚣草。清翟灏《尔雅补郭》："今所呼地蜈蚣草也。生塍野卑湿处，叶密而对，有如蜈蚣足形。"

【译文】

藊又称为百足，即地蜈蚣草。

13.126　菺，戎葵①。

【注释】

①菺(jiān)，戎葵：即蜀葵。两年生草本植物。花瓣五枚，有红、紫、

黄、白等色，可供观赏。郭璞注：“今蜀葵也。”郝懿行义疏：“戎、蜀皆大之名，非自戎、蜀来也。”

【译文】

肩又称为戎葵，即蜀葵。

13.127　蘮①，狗毒。

【注释】

①蘮(jì)：即狗毒草。郭璞注引樊光云：“俗语苦如蘮。”

【译文】

蘮即狗毒草。

13.128　垂，比叶①。

【注释】

①垂，比叶：郭璞注：“未详。”清翟灏《尔雅补郭》：“谓葽蕤也。《说文》曰：‘蕤，草木花垂貌。’此草根多长须，如冠绥之下垂，因有‘垂’及‘葽蕤’之称。《本草》言葽蕤叶俱两两相并，因又谓之比叶。”可备一说。

【译文】

垂又称为比叶。

13.129　覆，盗庚①。

【注释】

①覆(fù)，盗庚：即旋覆花。多年生草本植物。叶针形或长椭圆形。

花色黄,圆而覆下,故名。可入药。郭璞注:"旋蕧似菊。"邢昺疏:"《本草》:'旋蕧……一名盛椹。'陶注云'出近道下湿地,似菊花而大'是也。"

【译文】

蕧又称为盗庚,即旋覆花。

13.130　茡,麻母①。

【注释】

①茡(zì),麻母:苴麻,即大麻的雌株。郭璞注:"苴麻盛子者。"

【译文】

茡又称为麻母,即苴麻。

13.131　昢①,九叶。

【注释】

①昢(bó):即九叶草。邢昺疏:"此草九叶丛生一茎。"

【译文】

昢即九叶草。

13.132　藐,茈草①。

【注释】

①藐(mò),茈(zǐ)草:即紫草。多年生草本植物。暗紫色,含紫草素,可作染料。邢昺疏:"藐一名茈草。根可以染紫之草。"

【译文】

藐又称为茈草,即紫草。

13.133　倚商,活脱①。

【注释】

①活脱:即活莌(tuō),又称通脱木、通草。参见 13.075 条。

【译文】

倚商又称为活脱,即通草。

13.134　蒖,黄蒢①。

【注释】

①蒖(zhī),黄蒢(chú):草名。即龙葵。郭璞注:"草似酸浆,华小而白,中心黄,江东以作菹食。"北齐颜之推《颜氏家训·书证》:"江南别有苦菜,叶似酸浆,其花或紫或白,子大如珠,熟时或赤或黑,此菜可以释劳。案郭璞注《尔雅》,此乃'蒖,黄蒢'也。今河北谓之龙葵。"

【译文】

蒖又称为黄蒢,即龙葵。

13.135　藒车,芞舆①。

【注释】

①藒(qiè)车,芞(qì)舆:香草名。古代用以去除臭味及虫蛀。

【译文】

犏车又称为芑舆。

13.136　权,黄华①。

【注释】

①权,黄华:草名。郭璞注:"今谓牛芸草为黄华。华黄,叶似苜蓿。" 郑樵注:"野决明。"

【译文】

权又称为黄华,即牛芸草或野决明。

13.137　莔,春草①。

【注释】

①莔(mǐ),春草:即芒草、莽草、茵草,可毒鱼。郭璞注:"一名芒草。 《本草》云。"邢昺疏:"药草也……《本草》:'莽草一名莔,一名春 草。'陶注云:'今是处皆有,叶青辛烈者良,今俗呼为茵草也。'" 清俞正燮《癸巳存稿·莽草》:"《本经》云:茵草杀虫鱼。"

【译文】

莔又称为春草,即芒草。

13.138　蕬葵,繁露①。

【注释】

①蕬(zhōng)葵、繁露:即承露。一年生缠绕草本植物。可作菜蔬, 亦可入药。郭璞注:"承露也。大茎小叶,华紫黄色。"

【译文】

蔠葵又称为繁露,即承露。

13.139　葛,荎蕏①。

【注释】

①葛(wèi),荎蕏(chí chú):草名。即五味子。郭璞注:"五味也,蔓生,子丛在茎头。"邢昺疏引《唐本(草)》注云:"五味皮肉甘酸,核中辛苦,都有咸味,此则五味具也。"

【译文】

葛又称为荎蕏,即五味子。

13.140　荼,委叶①。

【注释】

①荼(tú),委叶:一种杂草、恶草。郭璞注:"《诗》云:'以茠荼蓼。'"今本《诗·周颂·良耜》作"薅去荼蓼",孔颖达疏引孙炎曰:"蓼是秽草,荼亦秽草,非苦菜也。"

【译文】

荼又称为委叶,是一种杂草、恶草。

13.141　皇,守田①。

【注释】

①皇,守田:一种似燕麦的植物。郭璞注:"似燕麦,子如雕胡米,可食。生废田中。一名守气。"

【译文】

皇又称为守田,是一种似燕麦的植物。

13.142　钩,藈姑①。

【注释】

①钩,藈(kuí)姑:即王瓜。多年生攀援草本植物。叶互生,近心脏形。块根、果实可入药。郭璞注:"一名王瓜。实如胞瓜,正赤,味苦。"胞(bó)瓜,一种小瓜。

【译文】

钩又称为藈姑,即王瓜。

13.143　望,乘车①。

【注释】

①望,乘车:即芒草。郭璞注:"可以为索,长丈余。"

【译文】

望又称为乘车,即芒草。

13.144　困,极裤①。

【注释】

①困,极裤(jié jiàng):草名。郭璞注:"未详。"

【译文】

困又称为极裤。

13.145　欔,乌阶①。

【注释】

①欔(jué),乌阶:即狼杷草。郭璞注:"即乌杷也。子连相着,状如杷齿,可以染皂。"邢昺疏:"今俗谓之狼杷是也。"郝懿行义疏引陈藏器《本草》云:"狼杷草生道旁,秋穗,子并染皂。"

【译文】

欔又称为乌阶,即狼杷草。

13.146　杜,土卤①。

【注释】

①杜,土卤:即杜衡,一名杜若,香草名。多年生草本植物。高一二尺。叶广披作针形,味辛香,可入药。郭璞注:"杜衡也。似葵而香。"

【译文】

杜又称为土卤,即杜衡。

13.147　盱,虺床①。

【注释】

①盱(xū),虺(huǐ)床:即蛇床。一年生草本植物。花叶似蘼芜。果实卵圆形,可入药。邢昺疏引《本草》陶注云:"近道田野墟落间甚多,花叶正似蘼芜。"

【译文】

盱又称为虺床,即蛇床。

13.148　薞,蓲①。

【注释】

①薞(mǐ),蓲(áo):郭璞注:"未详。"一说菜名。《玉篇·艸部》:"薞,菜名,薞子也。"一说即上文的"蓲,蘵蘵",郝懿行义疏引阎若璩《困学纪闻》注:"即上文蓲,蘵蘵。"

【译文】

薞又称为蓲。

13.149　赤,枹蓟①。

【注释】

①赤,枹蓟:郭璞注:"即上枹蓟。"郝懿行义疏:"此即赤术,今之所谓苍术。"术,音 zhú。参见 13.007 条。

【译文】

赤又称为枹蓟,即苍术。

13.150　菟奚,颗涷①。

【注释】

①菟(tù)奚,颗涷(dōng):即款冬。多年生草本植物。严冬开花,叶似葵而大,花黄色,花蕾和叶可入药。参见 13.031 条。

【译文】

菟奚又称为颗涷,即款冬。

13.151　中馗,菌。小者菌①。

【注释】

①中馗(qiú)，菌。小者菌：中馗，大菌。郭璞注："地蕈也。似盖。今
　　江东名为土菌，亦曰馗厨，可啖之。"邢昺疏："此辨菌大小之异名
　　也。大者名中馗，小者即名菌。"俞樾平议："疑古本《尔雅》作'中
　　馗，地蕈。小者菌'。故《说文》即以地蕈释菌。盖对文则地蕈与
　　菌大小异名，散文则亦可通也。今注中'地蕈'字盖本在正文，传
　　写误入注文，而又增'也'字以足句。学者遂据注中'土菌'之文臆
　　增'菌'字，而大小异名者转若大小同名，义不可通矣。"可备一说。

【译文】

中馗是大菌，小的称为菌。

13.152　苴①，小叶。

【注释】

①苴(zōu)：同"菆"，小叶麻。郝懿行义疏："菆为小叶之麻，所以别
　　于山麻。"

【译文】

苴即小叶麻。

13.153　苕①，陵苕。黄华，蔈②。白华，茇③。

【注释】

①苕(tiáo)：即凌霄花。落叶藤本植物。攀援他物而生，高可至数
　　丈。可入药。《诗・小雅・苕之华》："苕之华，芸其黄矣。"毛传：
　　"苕，陵苕也。"
②蔈：音 biāo。

③苬：音 pèi。

【译文】

苕又称为陵苕，即凌霄花。开黄花的称为薰，开白花的称为苬。

13.154   麋，从水生①。

【注释】

①麋（méi）：水草的通称。邢昺疏："草从水生者曰麋。"

【译文】

麋指从水中生长出来的水草。

13.155   薇，垂水①。

【注释】

①薇（wēi），垂水：即野豌豆。一年或二年生草本植物。嫩茎和叶可食。邢昺疏："草生于水滨而枝叶垂于水者曰薇。"不认为"垂水"是"薇"的异名。

【译文】

薇又称为垂水，即野豌豆。

13.156   薜①，山麻。

【注释】

①薜（bì）：山中野生的麻。郭璞注："似人家麻，生山中。"

【译文】

薜又称为山麻。

13.157　莽,数节①。桃枝,四寸有节。粼②,坚中。筼、
筡,中③。仲,无笐④。篜,箭萌⑤。篠,箭⑥。

【注释】

①莽,数(cù)节:莽,竹子的一种。数节,竹节短密。郭璞注:“竹类
也。节间促。”

②粼(lín):竹子的一种。郭璞注:“竹类也。其中实。”

③筼(mǐn),筡(tú),中:空心的竹子。郭璞注:“言其中,空竹类。”郝
懿行义疏:“筼、筡皆析竹,析竹必须中空者,因以为竹名焉。”

④仲,无笐(háng):仲,中等的竹子。无笐,没有形成行列。郝懿行
义疏:“仲当为中竹,非大竹也。云无笐者,《说文》:‘笐,竹列
也。’养大竹欲得成列,中竹以下任其延布而已。”

⑤篜(tái),箭萌:即竹笋。

⑥篠(xiǎo),箭:即箭竹。竹子的一种。细小而劲实,可作箭杆。

【译文】

莽是一种竹节短密的竹子。桃枝是一种竹节间距有四寸长的竹
子。粼是一种实心的竹子。筼和筡都是空心的竹子。仲是指没有形成
行列的中等大小的竹子。篜又称为箭萌,即竹笋。篠即箭竹。

13.158　枹,霍首①。

【注释】

①枹(bāo),霍首:郭璞注:“未详。”郝懿行义疏:“邵氏正义云:‘枹
通作苞。’《说文》云:‘苞,艸也。南阳以为粗履。’翟氏《补郭》云:
‘霍,藿省。’《类篇》引《尔雅》直作藿字。”若“枹通作苞”,则指席
草,此草可制席子和草鞋。若“霍,藿省”,则当指豆类植物。各

说可备考。

【译文】

枹又称为霍首,或是席草,或是豆类植物。

13. 159　素华,轨鬷①。

【注释】

①素华,轨鬷(zěng):郭璞注:"未详。"郝懿行义疏:"《广韵》引《尔雅》:'轨鬷一名素华。'但其形状未闻。"

【译文】

素华又称为轨鬷。

13. 160　芏,夫王①。

【注释】

①芏(dù),夫王:即茳(jiāng)芏。多年生草本植物。茎三棱形,高四五尺,叶片细长,花绿褐色。茎可织席。郭璞注:"芏草生海边,似莞蔺,今南越人采以为席。"

【译文】

芏又称为夫王,即茳芏。

13. 161　蕨,月尔①。

【注释】

①蕨(qí),月尔:即紫蕨(jué)。蕨类植物。嫩叶可食,根茎可入药。郭璞注:"即紫蕨也。似蕨,可食。"

【译文】

綦又称为月尔,即紫蕨。

13.162　葴,马蓝①。

【注释】

①葴(zhēn),马蓝:即大叶冬蓝。常绿草本植物。呈灌木状,叶对生,花紫色。茎叶可制蓝靛。根叶可入药。郭璞注:"今大叶冬蓝也。"

【译文】

葴又称为马蓝,即大叶冬蓝。

13.163　姚茎,涂荠①。

【注释】

①姚茎,涂荠:一种茎高的荠菜。郭璞注:"未详。"郑樵注:"蒫莫也。擢茎高于荠而相似。"参见13.015条。

【译文】

姚茎又称为涂荠,是一种茎高的荠菜。

13.164　芐,地黄①。

【注释】

①芐(hù),地黄:多年生草本植物。根状茎可入药。郭璞注:"一名地髓。江东呼芐。"

【译文】

芐又称为地黄。

13.165　蒙,王女①。

【注释】

①蒙,王女:即菟丝。参见13.121条。

【译文】

蒙又称为王女,即菟丝。

13.166　拔,茏葛①。

【注释】

①拔(fá),茏葛:即龙尾草。郭璞注:"似葛,蔓生,有节。江东呼为龙尾,亦谓之虎葛。细叶赤茎。"

【译文】

拔又称为茏葛,即龙尾草。

13.167　蘮,牡茅①。

【注释】

①蘮(sù),牡茅:不结子实的白茅类植物。郭璞注:"白茅属。"邢昺疏:"茅之不实者也。"

【译文】

蘮又称为牡茅。

13.168　菤耳①,苓耳。

【注释】

①菤(juǎn)耳:同"卷耳"。郭璞注:"形似鼠耳,丛生如盘。"《诗·周南·卷耳》:"采采卷耳,不盈顷筐。"毛传:"卷耳,苓耳也。"孔颖达疏引陆机疏云:"叶青白色,似胡荽,白华,细茎蔓生,可煮为茹,滑而少味。"

【译文】

菤耳又称为苓耳。

13.169　蕨,虌①。

【注释】

①蕨,虌(biē):即蕨菜。生于山野间,嫩叶可食。《诗·召南·草虫》:"陟彼南山,言采其蕨。"毛传:"蕨,虌也。"虌,同"虌"。孔颖达疏引陆机云:"山菜也。茎叶皆似小豆,蔓生,其味亦如小豆,藿可作羹,亦可生食。"

【译文】

蕨又称为虌,即蕨菜。

13.170　荞,邛巨①。

【注释】

①荞(jiáo),邛巨:即大戟。药草名。郭璞注:"今药草大戟也。"郝懿行义疏:"此草俗呼猫眼睛……叶如柳叶而黄,其茎中空,茎头又攒细叶,摘皆白汁,啮人如漆。"

【译文】

荞又称为邛巨,即大戟。

13.171　繁①,由胡。

【注释】

①繁:同"蘩",即白蒿。参见 13.011 条。

【译文】

繁又称为由胡,即白蒿。

13.172　莔,杜荣①。

【注释】

①莔(wáng),杜荣:即芒草。秆皮可用来制绳索,编鞋。郭璞注:"今莔草。似茅,皮可以为绳索、履屩也。"屩(juē),草鞋。

【译文】

莔又称为杜荣,即芒草。

13.173　稂,童粱①。

【注释】

①稂(láng),童粱:长出禾穗但壳内无米的禾谷。《诗·曹风·下泉》:"洌彼下泉,浸彼苞稂。"毛传:"稂,童粱。"孔颖达疏引机疏云:"禾秀为穗而不成崱嶷然,谓之童粱。"崱嶷(zè nì),高出不齐的样子。

【译文】

稂又称为童粱。

13.174　蔗,麎①。

【注释】

①麃(pāo),麃(biāo):是莓的一种。郭璞注:"麃即莓也。今江东呼为麃莓子,似覆盆而大,赤,酢甜可啖。"

【译文】

麃又称为麃,是莓的一种。

13.175　的,薂①。

【注释】

①的,薂(xí):即莲子。郭璞注:"即莲实。"参见13.093条。

【译文】

的又称为薂,即莲子。

13.176　购,蔏蒌①。

【注释】

①购,蔏蒌(shāng lóu):蒌蒿,即水生白蒿。郭璞注:"蔏蒌,蒌蒿也。生下田,初出可啖,江东用羹鱼。"

【译文】

购又称为蔏蒌,即水生白蒿。

13.177　苅,勃苅①。

【注释】

①苅(liè),勃苅:即石芸。药草名。郭璞注:"一名石芸。"郝懿行义疏:"《本草别录》:'石芸味甘无毒,一名螫烈,一名顾喙。'按螫烈

盖即勃烈之异文,其形状今未闻。"

【译文】

莿又称为勃莿,即石芸。

13.178　葽绕,蕀菟①。

【注释】

①葽(yǎo)绕,蕀菟(jí yuān):即远志。药草名。郭璞注:"今远志也。似麻黄,赤华,叶锐而黄,其上谓之小草。"

【译文】

葽绕又称为蕀菟,即远志。

13.179　莿,刺①。

【注释】

①莿(cì),刺:草的芒刺。郭璞注:"草刺针也。关西谓之刺,燕北、朝鲜之间曰莿。"

【译文】

莿又称为刺,即草的芒刺。

13.180　萧,萩①。

【注释】

①萧,萩(qiū):蒿类植物的一种。《诗·王风·采葛》:"彼采萧兮,一日不见,如三秋兮。"孔颖达疏引陆机云:"今人所谓荻蒿者是也。或云牛尾蒿,似白蒿。白叶,茎粗,科生,多者数

十茎。"

【译文】

萧又称为荻,是一种蒿类植物。

13.181　荮,海藻^①。

【注释】

①荮(xún):海藻的一种。郭璞注:"药草也。一名海罗。如乱发,生海中。"

【译文】

荮是一种海藻。

13.182　长楚,铫芅^①。

【注释】

①长楚,铫芅(yào yì):即羊桃。郭璞注:"今羊桃也。或曰鬼桃。叶似桃,华白,子如小麦,亦似桃。"《诗·桧风·隰有苌楚》:"隰有苌楚,猗傩其枝。"毛传:"苌楚,铫弋也。"铫弋,同"铫芅"。

【译文】

长楚又称为铫芅,即羊桃。

13.183　蘦^①,大苦。

【注释】

①蘦(líng):药草名。郭璞注:"今甘草也。蔓延生,叶似荷,青黄,茎赤有节,节有枝相当。或云:蘦似地黄。"宋沈括《梦溪笔谈·

药议》谓蘦为黄药,非甘草。

【译文】

蘦又称为大苦。

13.184　茉苢,马舄①。马舄,车前。

【注释】

①茉苢(fú yǐ),马舄(xì):即车前草。多年生草本植物。叶长卵形,
　果实纺锤形。叶和种子可以入药。《诗·周南·茉苢》:"采采茉
　苢,薄言采之。"毛传:"茉苢,马舄。马舄,车前也。"

【译文】

茉苢又称为马舄,马舄即车前草。

13.185　纶似纶,组似组①,东海有之。帛似帛,布似
布②,华山有之。

【注释】

①纶(guān)似纶,组似组:后"纶"和后"组"分别指青色丝带做的头
　巾和宽而薄的丝带。前"纶"和前"组"即分别指像这两种丝织物
　的海草。郭璞注:"纶,今有秩啬夫所带纠青丝纶。组,绶也。海
　中草生彩理有象之者,因以名云。"
②帛似帛,布似布:前"帛"和前"布"分别指草叶像帛和布的山草。
　郭璞注:"草叶有象布、帛者,因以名云。生华山中。"

【译文】

纶是像青色丝带做的头巾的海草,组是像宽而薄的丝带的海草,东
海有这两种草。帛是草叶像帛的山草,布是草叶像布的山草,华山有这

两种草。

13.186　芫,东蠡^①。

【注释】

①芫(háng),东蠡(lǐ):郭璞注:"未详。"郝懿行义疏:"《集韵》云:'芫,草名,叶似蒲,丛生。'"

【译文】

芫又称为东蠡。

13.187　绵马,羊齿^①。

【注释】

①绵马,羊齿:草名。郭璞注:"草细叶,叶罗生而毛,有似羊齿。今江东呼为雁齿。缲者以取茧绪。"邵晋涵正义:"郭氏以目验之,今所未悉。"

【译文】

绵马又称为羊齿。

13.188　菂^①,麋舌。

【注释】

①菂(kuò):郭璞注:"今麋舌草,春生,叶似于舌。"

【译文】

菂即麋舌草。

13.189　搴,柜朐①。

【注释】

①搴(jiǎn),柜朐(jù qú):草名。郝懿行义疏:"上文'搴,荨'释文:
　　'搴,本一作搴。'然则搴即搴也。郭注俱未详。搴、柜双声,柜、
　　朐叠韵。"可备一说。

【译文】

搴又称为柜朐。

13.190　蘩之丑,秋为蒿①。

【注释】

①蘩之丑,秋为蒿:郭璞注:"丑,类也。春时各有种名,至秋老成,
　　通皆呼为蒿。"郝懿行义疏:"蘩之类,莪、萧皆是,至秋通名
　　为蒿。"

【译文】

蘩一类的草,秋天统称为蒿。

13.191　芺、蓟,其实荂①。

【注释】

①荂(fū):菊科植物芺(ǎo)、蓟等的果实。郭璞注:"芺与蓟茎头皆
　　有蓊台,名荂,荂即其实。"参见13.058条和13.007条。

【译文】

芺和蓟的果实称为荂。

13.192　蕉、荂,荼①。

【注释】

①蕉(biāo)、荂(fū),荼(tú):茅菅、芦苇之类的花穗。邢昺疏:"郑注《周礼》'掌荼'及《诗》'有女如荼'皆云:'荼,茅秀也。蕉也、荂也其别名。荼即苕也。"

【译文】

蕉和荂是荼的别名,都是指茅菅、芦苇之类的花穗。

13.193　焱、蔗,芀①。苇丑,芀。

【注释】

①焱(biāo)、蔗(biāo),芀(tiáo):芦苇的花穗。芀,同"苕"。郝懿行义疏:"芀、苕通"。

【译文】

焱和蔗都是芀的别名,芦苇之类的花穗称为芀。

13.194　葭,华①。蒹,薕②。葭,芦。葭,菼③。其萌蘿薍④。

【注释】

①葭(jiā),华:郝懿行义疏:"华亦芀也,葭亦苇也,广异名耳。"

②蒹(jiān),薕(lián):没有长穗的芦苇。《诗·秦风·蒹葭》:"蒹葭苍苍,白露为霜。"孔颖达疏引郭璞曰:"蒹似萑而细,高数尺,芦苇也。"

③菼(tǎn),薍(wàn):初生的芦苇。《诗·卫风·硕人》:"鳣鲔发发,

葭菼揭揭。"毛转:"菼,薍也。"孔颖达疏引陆机云:"薍或谓之荻,
至秋坚成则谓之萑。"

④其萌虇蕍(quǎn yú):此句"蕍"郭璞属下读,后多倾向于属上读。
邵晋涵正义:"《说文》云:'萌,艸芽也。'又云:'蓫,灌渝。读若
萌。'灌渝为草木之萌生者,则下文'渝'字当上属,与郭读异。"

【译文】

葭是初生的芦苇。蒹又称为薕,是没有长穗的芦苇。葭即芦苇。
菼又称为薍,是初生的芦苇。芦苇的萌芽称为虇蕍。

13.195　苇、葟、华,荣①。

【注释】

①苇(wěi)、葟(huáng)、华,荣:草木的花。苇,指初生的草木花。郭
璞注:"今俗呼草木华初生者为苇。"邢昺疏:"苇,华初生之
名也。"

【译文】

苇、葟、华都是草木的花,其中苇是指初生的草木花。

13.196　卷施草,拔心不死①。

【注释】

①卷施草,拔心不死:郭璞注:"宿莽也。"此草经冬亦不死。

【译文】

卷施草是一种拔心不死的草。

13.197　菊①、蕧②、荄③,根。

【注释】

①蓳（yǔn）：草根。《说文解字·艸部》："蓳，茇也。茅根也。""茇，艸根也。"

②茭（xiào）：草根。郝懿行义疏："草根通名茭。"

③荄（gāi）：草根。《汉书·礼乐志》："青阳开动，根荄以遂。"颜师古注："草根曰荄。"

【译文】

蓳、茭、荄都是指草根。

13.198　欔，橐含①。

【注释】

①欔（jué），橐（tuó）含：郭璞注："未详。"邵晋涵正义："橐含一名欔，上文乌阶亦名欔，郭注以为染草也。郑注《典染草》有橐卢，疑郑君所见本异。橐含当作橐卢，即乌阶也。"可备一说。

【译文】

欔又称为橐含。

13.199　华，荂也①。华、荂，荣也。

【注释】

①荂（fū）：草木的花。郭璞注："今江东呼华为荂。音敷。"

【译文】

华又称为荂，即草木的花。华和荂又称为荣，它们都是指草木的花。

13.200 木谓之华,草谓之荣。不荣而实者谓之秀[1],荣而不实者谓之英。

【注释】

[1]不:衍文。郝懿行义疏:"《尔雅》释文:'众家并无"不"字……'按今推寻上下文义,本无'不'字者是。《类聚·八十一》引《尔雅》亦无'不'字,此即释文所谓众家本也。"

【译文】

木本植物的花称为华,草本植物的花称为荣。开花而又结果的称为秀,开花不结果的称为英。

释木第十四

【题解】

《释木》也属于植物学范畴,主要解释木本植物的名称。对其中一部分木本植物的形体特征做了描述。本篇共有79条,解释126个词语。

14.001　栲,山榎[①]

【注释】

①栲(tāo),山榎(jiǎ):即山楸(qiū)。落叶乔木。郭璞注:"今之山楸。"《诗·秦风·终南》:"终南何有? 有条有梅。"孔颖达疏:"孙炎曰:'《诗》云:"有条有梅。"条,栲也……'陆机疏云:'栲,今山楸也。亦如下田楸耳。皮叶白,色亦白,材理好,宜为车板。'"

【译文】

栲又称为山榎,即山楸。

14.002　栲,山樗[①]

【注释】

①栲(kǎo),山樗(chū):即野鸦椿。落叶灌木或小乔木。初夏开黄

白色小花。种子蓝红色。木材可制器具,根、果、花可入药。郭璞注:"栲似樗,色小白,生山中,因名云。"

【译文】

栲又称为山樗,即野鸦椿。

14.003　柏,椈[1]。

【注释】

[1]椈(jú):柏树。常绿乔木或灌木。叶小,鳞片形。性耐寒,经冬不凋。木质坚硬,纹理致密,可供建筑和制造器具之用。因其质坚而香,古人制为鬯臼,用以捣和祭祀用酒。

【译文】

柏又称为椈,即柏树。

14.004　髡,梱[1]。

【注释】

[1]髡(kūn),梱(kùn):郭璞注:"未详。"郝懿行义疏:"斩落树头为髡。《齐民要术》有髡柳法,又云:'大树髡之,小树不髡。'""髡"是剪去树木枝条的意思。"梱"也有不同解释。《仪礼·大射礼》:"既拾,取矢梱之。"郑玄注:"梱,齐等之也。"则"梱"是使之齐平的意思。录此备考。

【译文】

髡又称为梱,它们都有整治使齐的意思。

14.005　椴,柂[1]。

【注释】

①椴(duàn),柂(yí):落叶乔木。似白杨。材质优良,用途很广。郭璞注:"白椴也。树似白杨。"郝懿行义疏:"今椴木,皮白者为白椴,叶大如白杨;皮赤者为赤椴,叶如水杨。其皮柔韧,宜以束物。白者材轻耐湿,故宜为棺也。"

【译文】

椴又称为柂,是一种似白杨的树木。

14.006　梅,柟①。

【注释】

①梅,柟(nán):即楠木。常绿大乔木。木材坚密芳香,为贵重的建筑材料。《诗·秦风·终南》:"终南何有?有条有梅。"郑玄笺:"梅,柟也。"柟,同"楠"。

【译文】

梅又称为柟,即楠木。

14.007　柀,黏①。

【注释】

①柀(bǐ),黏(shān):即杉树。常绿乔木。树干高直,叶线状披针形。木材质轻耐朽,供建筑和制造器具之用。黏,同"杉"。

【译文】

柀又称为黏,即杉树。

14.008　栈,椵①。

【注释】

①柀(fěi),椵(jiǎ):柚类果木。郭璞注:"柚属,子大如盂,皮厚二三寸,中似枳,食之少味。"

【译文】

柀又称为椵,是一种柚类果木。

14.009　杻,檍①。

【注释】

①杻(niǔ),檍(yì):俗称万年木。木质坚致,可作车、弓材。《诗·唐风·山有枢》:"山有栲,隰有杻。"毛传:"杻,檍也。"

【译文】

杻又称为檍,即万年木。

14.010　楙①,木瓜。

【注释】

①楙(mào):即木瓜。落叶灌木或小乔木。果实酸,有香气。可食,亦可入药。郭璞注:"实如小瓜,酢,可食。"

【译文】

楙即木瓜。

14.011　椋,即来①。

【注释】

①椋(liáng),即来:即凉子木。郭璞注:"今椋,材中车辋。"邢昺疏

引《本草》唐本注云："叶似柿,两叶相当。子细圆如牛李子,生青熟黑。其木坚重,煮汁赤色。《尔雅》云'椋,即来'是也。"

【译文】

椋又称为即来,即凉子木。

14.012　栵,栭^①。

【注释】

①栵(liè),栭(ér):即茅栗。郭璞注："树似槲檄库小,子如细栗,可食。今江东亦呼为栭栗。"

【译文】

栵又称为栭,即茅栗。

14.013　樸,落^①。

【注释】

①樸(huò),落:即椰榆。郭璞注："可以为杯器素。"邢昺疏："素谓朴也。"郝懿行义疏："《诗》'无浸樸薪'郑笺云:'樸,落,木名也。'陆玑疏云:'今椰榆也。其叶如榆,其皮坚韧,剥之长数尺,可为绹索,又可为甑带,其材可为杯器。'"

【译文】

樸又称为落,即椰榆。

14.014　柚,条^①。

【注释】

①柚(yòu),条:即柚子树。常绿乔木。果实称柚子,体大,圆形或扁圆形,皮厚,果味甜酸。产于我国南部地区。郭璞注:"似橙,实酢。生江南。"邢昺疏引《书·禹贡》"厥苞橘柚"孔安国注:"小曰橘,大曰柚。"

【译文】

柚又称为条,即柚子树。

14.015　时,英梅①。

【注释】

①时,英梅:似梅而小的果木名。邢昺疏:"时一名英梅。郭云'雀梅'。似梅而小者也。"

【译文】

时又称为英梅。

14.016　栈,柜柳①。

【注释】

①栈(yuán)、柜(jǔ)柳:"柳"是"柳"字之误。此木即榉柳。郭璞注:"未详。或曰:柳,当为柳。柜柳似柳,皮可煮作饮。"郝懿行义疏:"柜柳即榉柳也……南方采茗人多杂取其叶为甜茶,北方无作饮者,俗呼之平杨柳,或谓之鬼柳。鬼、柜声相转也。栈柳声转为杨柳,柜柳又转为杞柳。"

【译文】

栈又称为柜柳[柳],即榉柳。

14.017　栩,杼①。

【注释】

①栩(xǔ),杼(shù)：即柞栎。落叶乔木。嫩叶可饲柞蚕。《诗·唐风·鸨羽》："肃肃鸨羽,集于苞栩。"毛传："栩,杼也。"孔颖达疏引陆机疏云："今柞栎也。徐州人谓栎为杼,或谓之为栩。"

【译文】

栩又称为杼,即柞栎。

14.018　味,荎著①。

【注释】

①味,荎著(chí chú)：郭璞注："《释草》已有此名,疑误重出。"郭璞以为本条是《释草》"菋,荎蕏"条重出。邵晋涵正义："郭注《释草》以荎蕏为五味,故疑此为重出。然《齐民要术》有五味木,则五味亦有木本矣。"邵晋涵以为或即五味木。

【译文】

味又称为荎著,或即五味木。

14.019　蒩,荎①。

【注释】

①蒩(ōu),荎(chí)：即刺榆。落叶小乔木。小枝有坚硬的枝刺。木质坚硬,可造农具、车辆等。郭璞注："今之刺榆。"

【译文】

蒩又称为荎,即刺榆。

14.020　杜,甘棠[①]。

【注释】

①杜,甘棠:即杜梨。一种野生梨。落叶乔木。枝有针刺。郭璞注:"今之杜梨。"郝懿行义疏:"杜与棠有甜酢之分,今通谓之杜梨。其树如梨,叶似苍术而大,二月开花,白色,结实如小楝子,霜后可食。"

【译文】

杜又称为甘棠,即杜梨。

14.021　狄,臧槔[①]。

【注释】

①狄,臧槔(gāo):木名。或即乌桕树。郭璞注:"未详。"郝懿行义疏:"释文:'槔,舍人本作皋,樊本作槔。'……《尔雅补郭》引《集韵》云:'槔,柏也。'"

【译文】

狄又称为臧槔,或即乌桕树。

14.022　贡,綦[①]。

【注释】

①贡,綦(qí):郭璞注:"未详。"

【译文】

贡又称为綦,未详何木。

14.023 朹，檕梅①。朻者聊②。

【注释】

①朹(qiú)，檕(jì)梅：即山楂。郭璞注："朹树状似梅，子如指头，赤色，似小柰可食。"

②朻(jiū)：树木向下弯曲。

【译文】

朹又称为檕梅，即山楂。树枝向下弯曲的山楂树称为聊。

14.024 魄，榽橀①。

【注释】

①魄，榽橀(xī xī)：即白木。郭璞注："魄，大木，细叶，似檀。今江东多有之。"郝懿行义疏："魄，即今白木也。今京西诸山有之。其木皮白，材理细密，作炭甚坚。谓之白木，白、魄声同也。"

【译文】

魄又称为榽橀，即白木。

14.025 梫，木桂①。

【注释】

①梫(qǐn)，木桂：即肉桂。郭璞注："今江东呼桂厚皮者为木桂。桂树叶似枇杷而大，白华，华而不着子，丛生岩岭，枝叶冬夏常青。"《文选·左思〈蜀都赋〉》："其树则有木兰梫桂。"李善注引刘逵曰："梫桂，木桂也。"

【译文】

梫又称为木桂,即肉桂。

14.026　桵,无疵①。

【注释】

①桵(lún),无疵:即大叶钓樟。落叶灌木。树皮光滑,有黑斑。郭璞注:"桵,梗属,似豫章。"邢昺疏:"桵,美木也,无疵病,因名之。"

【译文】

桵又称为无疵,即大叶钓樟。

14.027　椐,樻①。

【注释】

①椐(jū),樻(kuì):即灵寿木。《诗·大雅·皇矣》:"启之辟之,其柽其椐。"孔颖达疏:"《草木疏》云:节中肿,似扶老,即今灵寿是也。今人以为马鞭及杖。"

【译文】

椐又称为樻,即灵寿木。

14.028　柽,河柳①。旄,泽柳②。杨,蒲柳③。

【注释】

①柽(chēng),河柳:即柽柳。落叶小乔木。赤皮,枝细长,多下垂。
②旄(máo),泽柳:一种生长于水泽中的柳树。邢昺疏:"柳生泽中

　者别名旄。"

③杨,蒲柳:即水杨。一种生长于水边的杨树。可以为箭。

【译文】

柽又称为河柳,即柽柳。旄又称为泽柳,是一种生长于水泽中的柳树。杨又称为蒲柳,是一种生长于水边的杨树。

14.029　权,黄英①。

【注释】

①权,黄英:黄华木。《说文解字·木部》:"权,黄华木。"

【译文】

权又称为黄英,即黄华木。

14.030　辅,小木①。

【注释】

①辅,小木:郭璞注:"未详。"

【译文】

辅即小木,未详何木。

14.031　杜,赤棠。白者棠①。

【注释】

①杜,赤棠。白者棠:郭璞注:"棠色异,异其名。"邢昺疏:"樊光云:'赤者为杜,白者为棠。'陆机疏云:'赤棠与白棠同耳,但子有赤白美恶。子白色为白棠,甘棠也,少酢滑美。赤棠子涩而酢,无

味。"参见 14.020 条。

【译文】

杜又称为赤棠,白色的称为棠。

14.032　诸虑,山櫐①。

【注释】

①诸虑,山櫐(lěi):一种藤本植物。郭璞注:"今江东呼櫐为藤,似
　葛而粗大。"

【译文】

诸虑又称为山櫐,是一种藤本植物。

14.033　攝,虎櫐①。

【注释】

①攝(shè),虎櫐:即紫藤。一种高大木质的藤本植物。郝懿行义
　疏:"虎櫐即今紫藤,其华紫色,作穗垂垂,人家以饰庭院。谓之
　虎櫐者,其荚中子色斑然,如狸首文也。"

【译文】

攝又称为虎櫐,即紫藤。

14.034　杞,枸檵①。

【注释】

①杞,枸檵(jì):即枸杞。落叶小灌木。果实卵圆形,红色。嫩茎、
　叶可作蔬菜,果实根皮可入药。

【译文】

杞又称为枸檵，即枸杞。

14.035　杬[1]，鱼毒。

【注释】

①杬(yuán)：同"芫"，即芫华。落叶灌木。叶小椭圆形，花小色紫。花蕾有毒，可供药用。《急就篇》卷四："乌喙附子椒芫华。"颜师古注："芫华一名鱼毒，渔者煮之以投水中，鱼则死而浮出，故以为名。"

【译文】

杬又称为鱼毒，即芫华。

14.036　樧，大椒[1]。

【注释】

①樧(huǐ)，大椒：即花椒。落叶灌木或小乔木。枝上有刺，果实球形暗红色，种子黑色，可以做调味的香料，也供药用。

【译文】

樧又称为大椒，即花椒。

14.037　棆，鼠梓[1]。

【注释】

①棆(yú)，鼠梓：即苦楸。楸的一种。郭璞注："楸属也。"《诗·小雅·南山有台》："南山有枸，北山有楰。"毛传："楰，鼠梓。"孔颖

达疏引陆机疏曰："其树叶木理如楸,山楸之异者,今人谓之苦楸
是也。"

【译文】

楰又称为鼠梓,即苦楸。

14.038　枫,欇欇①。

【注释】

①枫,欇欇(shè):即枫香树。落叶大乔木。叶互生,通常三裂,边缘
有细锯齿。秋叶艳红,可供观赏。郭璞注:"枫树似白杨,叶圆而
岐,有脂而香,今之枫香是。"郝懿行义疏:"是木叶摇通谓之欇,
枫尤善摇,故独曰欇欇也。"

【译文】

枫又称为欇欇,即枫香树。

14.039　寓木,宛童①。

【注释】

①寓木,宛童:一种寄生树。郭璞注:"寄生树,一名茑。"郝懿行义
疏:"寓犹寄也,寄寓木上,故谓之茑。茑犹鸟也,其状宛宛童童,
故曰宛童。"

【译文】

寓木又称为宛童,是一种寄生树。

14.040　无姑①,其实夷。

【注释】

①无姑：即姑榆。一种榆类树木。郭璞注："无姑，姑榆也。生山
　中，叶圆而厚，剥取皮合渍之，其味辛香，所谓无夷。"

【译文】

无姑即姑榆，它的果实称为夷。

14.041　栎①，其实梂②。

【注释】

①栎：即柞栎。郝懿行义疏："栎即柞也，与栩、杼皆一物。"参见
　14.017条。

②梂：音 qiú。

【译文】

栎即柞栎，它的果实称为梂。

14.042　檖，萝①。

【注释】

①檖（suì），萝：即山梨。一种野生梨。《诗·秦风·晨风》："山有苞
　棣，隰有树檖。"孔颖达疏引陆机疏云："檖，一名赤罗，一名山梨，
　今人谓之杨檖，实如梨，但小耳。"

【译文】

檖又称为萝，即山梨。

14.043　楔，荆桃①。

【注释】

①楔(xiē),荆桃:即樱桃。落叶乔木。核果多为红色,味甜或带酸。核可入药。郭璞注:"今樱桃。"

【译文】

楔又称为荆桃,即樱桃。

14.044　旄,冬桃①。榹桃,山桃②。

【注释】

①旄(máo),冬桃:桃的一种。郝懿行义疏:"《桂海虞衡志》云:'冬桃状如枣,软烂甘酸,冬月熟。'按今冬桃有十一月熟者,形如常桃,青若胆。"

②榹(sī)桃,山桃:一种野生桃树。郭璞注:"实如桃而小,不解核。"郝懿行义疏:"李时珍云:'榹桃小而多毛,核黏味恶,其仁充满,多脂而入药用。'"

【译文】

旄又称为冬桃,榹桃又称为山桃。

14.045　休①,无实李。楔,接虑李②。驳,赤李③。

【注释】

①休:一种不结果实的李树。郭璞注:"一名赵李。"

②楔(cuó),接(jiē)虑李:即麦李。果实小而肥甜有沟。郭璞注:"今之麦李。"明徐光启《农政全书》卷二九:"麦李,麦秀时熟,实小,有沟,肥甜。一名痤,一名接虑。"痤,同"楔"。

③驳,赤李:一种李树。果实赤红有沟。郭璞注:"子赤。"郝懿行义

疏:"《齐民要术》引《广志》曰:'赤李细小,有沟道。'"

【译文】

休即无实李,是一种不结果实的李树。楔又称为接虑李,即麦李。驳又称为赤李,是一种果实赤红有沟的李树。

14.046　枣,壶枣①。边,要枣②。梌,白枣③。樲,酸枣④。杨彻,齐枣⑤。遵,羊枣⑥。洗,大枣⑦。煮,填枣⑧。蹶泄,苦枣⑨。皙⑩,无实枣。还味,棯枣⑪。

【注释】

①壶枣:枣的一种,果实似瓠。郭璞注:"今江东呼枣大而锐上者为壶,壶犹瓠也。"

②边,要枣:枣的一种,果实细腰。郭璞注:"子细腰,今谓之鹿卢枣。"郝懿行义疏:"鹿卢与辘轳同,谓细腰也。"

③梌(jī),白枣:枣的一种,果实成熟呈白色。郝懿行义疏:"白枣者,凡枣熟时赤,此独白熟为异。"

④樲(èr),酸枣:枣的一种,果实小而酸。邢昺疏:"实小而味酢者名樲枣。"

⑤杨彻,齐枣:枣的一种,产于齐地。翟灏《尔雅补郭》:"齐地所产之枣,其方俗谓之杨彻。"

⑥遵,羊枣:枣的一种,果实小而圆,紫黑色。郭璞注:"实小而圆,紫黑色,今俗呼之为羊矢枣。"

⑦洗,大枣:枣的一种,枣中果实最大的枣。邢昺疏:"洗,最大之枣名也。郭云:'今河东猗氏县出大枣,子如鸡卵。'"

⑧煮,填枣:枣的一种,果实可供镇压榨油。郝懿行义疏:"'煮,填枣'者,须煮熟又镇压之,迮取其油。镇与填,古字通也。"迮(zé),榨。

⑨蹶(jué)泄,苦枣:枣的一种,果实味苦。郭璞注:"子味苦。"

⑩皙(xī):枣的一种,不结果实。郭璞注:"不着子者。"

⑪还味,棯(rěn)枣:枣的一种,果实味道不好。郭璞注:"还味,
短味。"

【译文】

枣有壶枣,果实似瓠。边又称为要枣,果实细腰。枿又称为白枣,
果实成熟呈白色。樲又称为酸枣,果实小而酸。杨彻又称为齐枣,此枣
产于齐地。遵又称为羊枣,果实小而圆,紫黑色。洗又称为大枣,枣中
果实最大的枣。煮又称为填枣,果实可供镇压榨油。蹶泄又称为苦枣,
果实味苦。皙是不结果实的枣树。还味又称为棯枣,果实味道不好。

14.047　槾,梧①。

【注释】

①槾(chèn),梧:即梧桐。落叶乔木。种子可食,亦可榨油。木质轻
而韧,可制家具及乐器。郭璞注:"今梧桐。"

【译文】

槾又称为梧,即梧桐。

14.048　朴,枹者①。

【注释】

①朴(pú),枹(bāo)者:丛生的树木。郭璞注:"朴属丛生者为枹。"

【译文】

朴指丛生的树木。

14.049　谓梣^①,采薪。采薪,即薪。

【注释】

①谓梣(chèn):即柞树。王引之《经义述闻·尔雅下》认为"谓"属
　上读,"梣"属下读,并云:"梣与采薪、即薪皆谓柞木也。"可备
　一说。

【译文】

谓梣又称为采薪,采薪又称为即薪,即柞树。

14.050　棪,椟其^①。

【注释】

①棪(yǎn),椟(sù)其:一种果实似柰的果木。郭璞注:"棪实似柰,
　赤,可食。"

【译文】

棪又称为椟其,是一种果实似柰的果木。

14.051　刘,刘杙^①。

【注释】

①刘,刘杙(yì):一种果实如梨的果木。郭璞注:"刘子生山中,实如
　梨,酢甜,核坚,出交趾。"

【译文】

刘又称为刘杙,是一种果实似梨的果木。

14.052　櫰^①,槐大叶而黑。守宫槐^②,叶昼聂宵炕。

【注释】

①檓(huái)：一种叶大而黑的槐树。郭璞注："槐树，叶大色黑者，名
为檓。"

②守宫槐：一种树叶昼合夜开的槐树。郭璞注："槐叶昼日聂合
而夜炕布者名为守宫槐。"邢昺疏："此亦槐也。聂，合也。
炕，张也。言其叶昼合夜开者别名守宫槐。"聂，音 zhé。炕，
音 hāng。

【译文】

檓是一种叶大而黑的槐树，守宫槐是一种树叶昼合夜开的槐树。

14.053　槐小叶曰榎①。大而皵②，楸。小而皵，榎。

【注释】

①槐小叶曰榎(jiǎ)：郭璞注："槐当为楸，楸细叶者为榎。"楸，落叶
乔木。木质细密，可供建筑等用。

②皵(què)：树皮粗糙皴裂。

【译文】

楸树，小叶的称为榎。树干高大而树皮粗糙皴裂的称为楸，树干矮
小而树皮粗糙皴裂的称为榎。

14.054 椅，梓①。

【注释】

①椅(yī)，梓(zǐ)：楸类树木。郭璞注："即楸。"邢昺疏："《诗·鄘风》
云：'椅桐梓漆。'陆机疏云：'梓者，楸之疏理白色而生子者为梓，
梓实桐皮曰椅。则大类同而小别也。'"

【译文】

椅又称为梓,即楸类树木。

14.055　栘,赤楝。白者楝①。

【注释】

①栘(yí),赤楝(sù)。白者楝:邢昺疏:"《诗·小雅》云:'隰有杞
夷。'陆机疏云:'楝叶如柞,皮薄而白。其木理赤者为赤楝,一名
栘,白者为楝。其木皆坚韧。今人以为车毂。'"今本《诗·小
雅·四月》"夷"作"栘"。

【译文】

栘又称为赤楝,即木理赤红的楝树。木理色白的称为楝。

14.056　终,牛棘①。

【注释】

①终,牛棘:一种针刺粗长的大灌木。郭璞注:"即马棘也。其刺粗
而长。"

【译文】

终又称为牛棘,是一种针刺粗长的大灌木。

14.057　灌木,丛木①。

【注释】

①灌木,丛木:丛生的木本植物。《诗·周南·葛覃》:"黄鸟于飞,
集于灌木。"毛传:"灌木,藂木也。"藂(cóng)木,同"丛木"。

【译文】

灌木是一种丛生的木本植物。

14.058　瘣木，苻娄①。

【注释】

①瘣(huì)木，苻娄：有病瘿肿、弯曲无枝的树木。郭璞注："谓木病，尫伛瘿肿无枝条。"尫伛(wāng yǔ)，弯曲。

【译文】

瘣木又称为苻娄，指有病瘿肿、弯曲无枝的树木。

14.059　黂，蓳①。

【注释】

①黂(fén)，蓳：草木果实繁盛硕大的样子。郭璞注："树实繁茂蓍蓳。"

【译文】

黂又称为蓳，形容草木果实繁盛硕大的样子。

14.060　枹，遒木，魁瘣①。

【注释】

①枹(bāo)，遒(qiú)木，魁瘣(kuǐ lěi)：邢昺疏："木丛攒迫而生者名枹、遒木。魁瘣，读若魂磊，谓根节盘结处也。郭云：'谓树本丛生，根枝节目盘结魂磊。'"

【译文】

枹是丛生的树木,其根节盘结一处。

14.061　棫,白桵①。

【注释】

①棫(yù),白桵(ruí):一种丛生的小树。郭璞注:"桵,小木,丛生有刺,实如耳珰,紫赤可啖。"

【译文】

棫又称为白桵,是一种丛生的小树。

14.062　梨,山樆①。

【注释】

①梨,山樆(lí):阮元校认为当作"樆,山梨",根据有《五经文字》"樆,山梨也。见《尔雅》"等。邢昺疏:"言其在山之名则曰樆,人植之曰梨。"

【译文】

樆又称为山梨。

14.063　桑辨有葚,栀①。女桑,桋桑②。

【注释】

①桑辨(piàn)有葚,栀:辨,郭璞注:"辨,半也。"葚,桑树的果实。邢昺疏引舍人曰:"桑树一半有葚、半无葚为栀。"

②女桑,桋(tí)桑:一种树小而枝长的桑树。郭璞注:"今俗呼桑树

小而条长者为女桑树。"《诗·豳风·七月》:"猗彼女桑。"毛传:
"女桑,荑桑也。"荑(tí)桑,同"桋桑"。

【译文】

一半结桑葚的桑树称为栀。女桑又称为桋桑,是一种树小而枝长
的桑树。

14.064　榆,白枌①。

【注释】

①榆,白枌(fén):当作"枌,白榆"。一种白色树皮的榆树。《诗·陈
　风·东门之枌》:"东门之枌,宛丘之栩。"毛传:"枌,白榆也。"

【译文】

枌又称为白榆,是一种白色树皮的榆树。

14.065　唐棣,栘①。常棣,棣②。

【注释】

①唐棣(dì),栘(yí):一种似白杨的棣树。郭璞注:"似白杨,江东呼
　夫栘。"

②常棣,棣:一种似李的棣树。郭璞注:"今山中有棣树,子如樱桃,
　可食。"邢昺疏:"《诗·小雅》云:'常棣之华。'陆机疏云:'许慎曰
　"白棣树也"。如李而小,子如樱桃,正白,今官园种之。'"

【译文】

唐棣又称为栘,是一种似白杨的棣树。常棣又称为棣,是一种似李
的棣树。

14.066　槚,苦荼①。

【注释】

①槚(jiǎ),苦荼(tú):即茶树。郭璞注:"树小似栀子,冬生叶,可煮作羹饮。今呼早采者为荼,晚取者为茗。一名荈。蜀人名之苦荼。"郝懿行义疏:"今'茶'字古作'荼'。"

【译文】

槚又称为苦荼,即茶树。

14.067　櫠朴,心①。

【注释】

①櫠(sù)朴,心:一种小树。郭璞注:"槲櫠别名。""櫠朴"又作"朴櫠"。邢昺疏:"孙炎曰:'朴櫠,一名心。'……《诗·召南》云:'林有朴櫠。'此作'櫠朴',文虽倒,其实一也。"

【译文】

櫠朴又称为心,是一种小树。

14.068　荣,桐木①。

【注释】

①荣,桐木:郭璞注:"即梧桐。"参见14.047条。

【译文】

荣又称为桐木,即梧桐。

14.069　栈木,干木①。

【注释】

①栈木,干木:即僵木。郭璞注:"殭木也。"郝懿行义疏:"郭云'殭木也'者,《玉篇》:'杆,殭木也。'释文引《字书》云:'死而不朽,本或作僵。'"

【译文】

栈木又称为干木,即僵木。

14.070　柔桑,山桑①**。**

【注释】

①柔(yǎn)桑,山桑:落叶乔木。叶可饲蚕。木质坚劲,古代多用以制弓和车辕。郭璞注:"似桑,材中作弓及车辕。"郝懿行义疏:"今山桑叶小于桑而多缺刻,性尤坚紧。"

【译文】

柔桑又称为山桑。

14.071　木自毙①**,柛**②**。立死,椔**③**。蔽者,翳**④**。**

【注释】

①毙(bì):倒下而死。郑樵注:"毙,仆。"

②柛:音 shēn。

③椔:音 zī。

④蔽者,翳(yì):蔽者,指死掉的树。蔽,通"毙"。翳,通"殪",死。《诗·大雅·皇矣》"其菑其翳",《韩诗》"翳"作"殪"。郝懿行义疏:"翳者,《皇矣》传云:'自毙为翳。'是蔽当作毙,作蔽亦假借也。"

【译文】

树木自己倒下而死称为柛,树木直立枯死称为㮋。凡死掉的树木都可称为翳(殪)。

14.072　木相磨,槸①。楋,㩦②。梢,梢擢③。

【注释】

①木相磨,槸(yì):树枝相磨。郭璞注:"树枝相切磨。"

②楋(cuò),㩦(què):树皮粗糙皴裂。郭璞注:"谓木皮甲错。"

③梢,梢擢:树高而无旁枝。郭璞注:"谓木无枝柯,梢擢长而杀者。"

【译文】

树枝相磨称为槸。楋又称为㩦,即树皮粗糙皴裂。梢又称为梢擢,指树高而无旁枝。

14.073　枞①,松叶柏身。桧②,柏叶松身。

【注释】

①枞(cōng):即冷杉。常绿乔木。干高数丈,可作建筑材料等。

②桧(guì):常绿乔木。干高数丈。木材桃红色,有香味,细致坚实。可作建筑材料及制家具等。

【译文】

枞,树叶如松,树干如柏。桧,树叶如柏,树干如松。

14.074　句如羽①,乔。下句曰朻②,上句曰乔。如木楸曰乔,如竹箭曰苞,如松柏曰茂,如槐曰茂。

【注释】

①句(gōu)："勾"的古字,弯曲。郭璞注："树枝曲卷,似鸟毛羽。"

②朻:音 jiū。

【译文】

树枝弯曲如同羽毛称为乔。树枝向下弯曲称为朻,树枝向上弯曲称为乔。像楸树一样的树木称为乔,像竹箭一样的树木称为苞,像松柏一样的树木称为茂,像槐树一样的树木也称为茂。

14.075　祝,州木①。

【注释】

①祝,州木:即州树。郝懿行义疏："祝、州古读音同字通……《齐民要术》引《南方记》曰:'州树野生,三月花已乃连著实,五月熟,剥核,滋味甜,出武平。'然则此即州木矣。"

【译文】

祝又称为州木,即州树。

14.076 髦,柔英①。

【注释】

①髦,柔英:或即女木。郝懿行义疏："《释草》有'髦,颠棘',《广雅》谓之女木,与此柔英疑同类。"《释草》"棘"作"蕀"。参见13.086条。

【译文】

髦又称为柔英,或即女木。

14.077　槐棘丑,乔。桑柳丑,条。椒樧丑①,莍②。桃李丑,核。

【注释】

①樧(shā):一种似茱萸的植物。郭璞注:"樧似茱萸而小,赤色。"

②莍(qiú):果实表皮密生疣状突起的腺体。郝懿行义疏:"莍之言
裘也,芒刺锋攒如裘自裹,故谓之莍也。"

【译文】

槐棘类的树木,枝干高大。桑柳类的树木,枝条繁茂。椒樧类的树
木,果实表皮密生疣状突起的腺体。桃李类的树木,果实有核。

14.078　瓜曰华之①,桃曰胆之②,枣李曰疐之③,樝梨
曰钻之④。

【注释】

①华(huā):从中间剖开。邢昺疏:"华谓半破也。"

②胆:擦拭。邢昺疏:"桃多毛,拭治去毛,令色青滑如胆也。"

③疐(dì):蒂,引申为去掉蒂。邢昺疏:"谓治枣李,皆去其疐。"

④樝(zhā):山楂。钻(zuān):穿孔、打眼。邢昺疏:"恐有虫,故一一
钻看其虫孔也。"

【译文】

瓜要从中间剖开,桃子要擦拭皮上的毛,枣子、李子要去掉蒂,山
楂、梨子要钻看虫眼。

14.079　小枝上缭为乔①,无枝为檄②。木族生为灌。

【注释】

①小枝上缭为乔：邢昺疏："言小枝上竦翘缭者名为乔木也。"竦（sǒng），耸。

②檄（xí）：树木高直没有旁枝。郭璞注："檄梼直上。"邢昺疏："檄即梼也。谓木无枝檄梼直上长而杀者也。"梼（dí），树枝直上的样子。

【译文】

小枝上翘缭绕称为乔，树木高直没有旁枝称为檄。树木丛生称为灌。

释虫第十五

【题解】

《释虫》与以下《释鱼》《释鸟》《释兽》《释畜》都属于动物学范畴。《释虫》主要解释昆虫的名称。对其中一部分昆虫的形体与习性特征做了描述。本篇共有 57 条,解释 87 个词语。

15.001　螜,天蝼①。

【注释】

①螜(hú),天蝼:即蝼蛄。郭璞注:"蝼蛄也。"体长圆形,黄褐色。生活在泥土中,昼伏夜出,吃农作物。

【译文】

螜又称为天蝼,即蝼蛄。

15.002　蜚,蠦蜰①。

【注释】

①蜚(fěi),蠦蜰(lú fěi):即臭般虫。一种圆薄能飞的小虫。气味臭恶。郝懿行义疏:"此虫气如廉姜,故名飞廉;圆薄如盘,故名负

盘。今俗人呼之臭般虫。其大如钱,轻薄如叶,黄色,解飞,其气臭恶。"

【译文】

蜚又称为蠦蜰,即臭般虫。

15.003　蚿衔,入耳①。

【注释】

①蚿衔(yǐn yǎn),入耳:即蚰蜒。节足动物,像蜈蚣而略小,体色黄褐,生活在阴湿地方,捕食小虫,有益农事。

【译文】

蚿衔又称为入耳,即蚰蜒。

15.004　蜩①,蜋蜩②,螗蜩③。蚻,蜻蜻④。蠘,茅蜩⑤。蝒,马蜩⑥。蜺,寒蜩⑦。蜓蚞,螇螰⑧。

【注释】

①蜩(tiáo):蝉。蝉的种类较多。本条辨释蝉的大小及方言中各种不同的名称。

②蜋(láng)蜩:一种有多种色彩的蝉。郭璞注:"《夏小正》传曰:蜋蜩者,五彩具。"

③螗(táng)蜩:一种较小而叫声清亮的蝉。邢昺疏:"螗蜩,俗呼胡蝉,似蝉而小,鸣声清亮者也。"

④蚻(zhá),蜻蜻(jīng):一种较小而有花纹的蝉。邢昺疏:"蚻一名蜻蜻。如蝉而小有文者也。"

⑤蠘(jié),茅蜩:一种较小而色青的蝉。郭璞注:"似蝉而小,

青色。"

⑥蜩(mián)，马蜩：一种蝉中最大的蝉。郭璞注："蜩中最大者为
　　马蜩。"

⑦蜺(ní)，寒蜩：一种较小而色青赤的蝉。郭璞注："寒螀也。似蝉
　　而小，青赤。"

⑧蛉蛱(tíng mù)，螇蟍(xī lù)：即蟪蛄。蝉的一种。体短，吻长，黄
　　绿色，翅膀有黑斑。邢昺疏："关东谓蟪蛄为蛉蛱，齐谓之螇
　　蟍也。"

【译文】

蜩即蝉，有多种。一种有多种色彩的蝉称为蜋蜩，一种较小而叫
声清亮的蝉称为螗蜩。蚻又称为靖靖，是一种较小而有花纹的蝉。蠽
又称为茅蜩，是一种较小而色青的蝉。蜩又称为马蜩，是蝉中最大的
蝉。蜺又称为寒蜩，是一种较小而色青赤的蝉。蛉蛱又称为螇蟍，即
蟪蛄。

15.005　蛣蜣，蜣蜋①。

【注释】

①蛣蜣(jié qiāng)，蜣蜋(láng)：俗称屎壳郎。一种黑色甲虫。郝懿
　　行义疏："蜣蜋体圆而纯黑，以土裹粪，弄转成丸，雄曳雌推，穴地
　　纳丸，覆之而去。"

【译文】

蛣蜣又称为蜣蜋，即屎壳郎。

15.006　蝎，蛣蜠①。

【注释】

①蝎(hé)，蛣蝠(jié qū)：即木中蛀虫。郭璞注："木中蠹虫。"

【译文】

蝎又称为蛣蝠，即木中蛀虫。

15.007　蟓，啮桑①。

【注释】

①蟓(shàng)，啮桑：一种似天牛的桑树害虫。郭璞注："似天牛，长角，体有白点，喜啮桑树，作孔入其中。江东呼为啮发。"

【译文】

蟓又称为啮桑，是一种似天牛的桑树害虫。

15.008　诸虑，奚相①。

【注释】

①诸虑，奚相：或是桑蠹一类的昆虫。邵晋涵正义："释文云：'……相，舍人本作桑。'案奚桑次于啮桑，盖依类相从者也。"

【译文】

诸虑又称为奚相，或是桑蠹一类的昆虫。

15.009　蜉蝣，渠略①。

【注释】

①蜉蝣(fú yóu)，渠略：一种寿命极短的昆虫。幼虫生活在水中，成虫褐绿色，有四翅，能飞。《诗·曹风·蜉蝣》："蜉蝣之羽，衣裳

楚楚。"毛传："蜉蝣,渠略也,朝生夕死。犹有羽翼以自修饰。"

【译文】

蜉蝣又称为渠略,是一种寿命极短的昆虫。

15.010　蝁,蟥蛢①。

【注释】

①蝁(bié),蟥蛢(huáng píng):俗称金龟子。为害庄稼、树木。郭璞
注："甲虫也。大如虎豆,绿色,今江东呼黄蛢。"

【译文】

蝁又称为蟥蛢,即金龟子。

15.011　蠸,輿父,守瓜①。

【注释】

①蠸(quán),輿父,守瓜:一种喜食瓜叶的黄甲小虫。郭璞注："今
瓜中黄甲小虫,喜食瓜叶,故曰守瓜。"亦有以"蠸輿父"连读为一
名的。

【译文】

蠸又称为輿父、守瓜,是一种喜食瓜叶的黄甲小虫。

15.012　蝚,蛖蝼①。

【注释】

①蝚(róu),蛖蝼(máng lóu):蝼蛄类昆虫。郭璞注："蛖蝼,蝼
蛄类。"

【译文】

蛛又称为蜛蝓,是蝼蛄类昆虫。

15.013　不蜩,王蚥①。

【注释】

①不蜩,王蚥(fù):一种大蝉。郝懿行义疏引翟灏《尔雅补郭》云:
　"《诗》《书》及古金石文'不'多通作'丕'。丕,大也。王蚥亦大之
　称,此必蜩中之大者。"

【译文】

不蜩又称为王蚥,是一种大蝉。

15.014　蛄蟴,强蜳①。

【注释】

①蛄蟴(shī),强蜳(mǐ):一种米中的黑色小蛀虫。郭璞注:"今米谷
　中蠹小黑虫是也。建平人呼为蜳子。"

【译文】

蛄蟴又称为强蜳,是一种米中的黑色小蛀虫。

15.015　不过,蚰蠰①。其子蜱蛸②。

【注释】

①不过,蚰蠰(dāng náng):即螳螂。郭璞注:"蚰蠰,蟷蜋别名。"
②蜱蛸(pí xiāo):螳螂的卵块。郭璞注:"螳螂卵也。"

【译文】

不过又称为蚍蟓。它的卵块称为蜱蛸。

15.016　蒺藜，蝍蛆[1]。

【注释】

①蒺藜，蝍蛆(jí jū)：一说是蟋蟀。郭璞注："似蝗而大腹长角，能食蛇脑。"一说蜈蚣。《广雅·释虫》："蝍蛆，吴公也。"吴公即蜈蚣。

【译文】

蒺藜又称为蝍蛆，一说是蟋蟀，一说是蜈蚣。

15.017　蝝，蝮蜪[1]。

【注释】

①蝝(yuán)，蝮蜪(fù táo)：蝗的幼虫。郭璞注："蝗子未有翅者。"

【译文】

蝝又称为蝮蜪，即蝗的幼虫。

15.018　蟋蟀，蛬[1]。

【注释】

①蛬(qióng)：蟋蟀。《诗·唐风·蟋蟀》："蟋蟀在堂，岁聿其莫。"毛传："蟋蟀，蛬也。"莫，"暮"的古字。

【译文】

蟋蟀又称为蛬。

15.019　螫,蟆①。

【注释】

①螫(jǐng),蟆:一种蛤蟆。郭璞注:"蛙类。"邢昺疏:"此自一种虾
　　蟆也。"郝懿行义疏:"虾蟆居陆,蛙居水,此是蟆,非蛙也,郭注
　　失之。"

【译文】

螫又称为蟆,是蛤蟆的一种。

15.020　蚿,马蚿①。

【注释】

①蚿(xián),马蚿(zhàn):即马陆。节肢动物,体圆长。栖息在阴湿
　　的地方,吃草根或腐败的植物。

【译文】

蚿又称为马蚿,即马陆。

15.021　阜螽,蠜①。草螽,负蠜②。蜤螽,蜙蝑③。蟿
螽,蜤蟒④。土螽,蠰溪⑤。

【注释】

①阜螽(fù zhōng),蠜(fán):蝗类的总名。郝懿行义疏:"螽为总名,
　　阜螽亦螽之统称矣。"一说蝗子。邢昺疏引李巡曰:"蝗子也。"

②草螽,负蠜:蝗虫的一种。雄者鸣如织机声,俗称蝈蝈、织布娘。
　　邢昺疏引陆机云:"小大长短如蝗也,奇音青色,好在茅草中。"

③蜤(sī)螽,蜙蝑(sōng xū):蝗类昆虫。即斯螽,亦称螽斯。体长寸

许,绿褐色。雄虫的前翅能发声。《诗·周南·螽斯》:"螽斯羽,诜诜兮。"毛传:"螽斯,蚣蝑也。"诜诜(shēn),形容众多。

④蟿(qì)螽,螇蚸(qī lì):俗称蛤答板。蝗类昆虫。绿色或黄褐色。头尖,后翅大,飞时札札发声。善跳跃。郭璞注:"今俗呼似蚱蚚而细长、飞翅作声者为螇蚸。"蚱蚚(cóng):即上蚣蝑。郝懿行义疏:"郭说得之。今验螇蚸全似蚣蝑而细小,飞翅作声,尤清长,俗呼之蛤答板是也。"

⑤土螽,蠰溪(rǎng xī):即灰蚱蜢。蝗类昆虫。邢昺疏:"江南呼虴蛨,又名虴蜢。形似蝗而小,善跳者是也。"

【译文】

　　蜤螽又称为蟅,是蝗类的总名。草螽又称为负蠜,即蝈蝈。蜇螽又称为蚣蝑,即斯螽。蟿螽又称为螇蚸,即蛤答板。土螽又称为蠰溪,即灰蚱蜢。

15.022　螼蚓,蜸蚕[①]。

【注释】

①螼(qǐn)蚓,蜸(qiǎn)蚕:即蚯蚓。

【译文】

螼蚓又称为蜸蚕,即蚯蚓。

15.023　莫貈,蟷蜋,蛑[①]。

【注释】

①莫貈(hé),蟷蜋(dāng láng),蛑(móu):即螳螂。邢昺疏:"即上不过也。捕蝉而食,有臂若斧,奋之当轶不避。"参见 15.015 条。

【译文】

莫貈又称为蜣蜋、蛒，即螳螂。

15.024　虹蛵，负劳①。

【注释】

①虹蛵(dīng xīng)，负劳：即蜻蜓。邢昺疏："陶注《本草》云'一名蜻蛵'是也。"

【译文】

虹蛵又称为负劳，即蜻蜓。

15.025　蛹，毛蠹①。

【注释】

①蛹(hàn)，毛蠹：即刺毛虫，俗称杨瘌子。一种有毒螫人的毛虫。

【译文】

蛹又称为毛蠹，即刺毛虫。

15.026　螺，蛅蟴①。

【注释】

①螺(mò)，蛅蟴(zhān sī)：一种刺毛虫。郭璞注："载属也。今青州人呼载为蛅蟴。"载(cì)，刺毛虫。

【译文】

螺又称为蛅蟴，是一种刺毛虫。

15.027　蟠,鼠负①。

【注释】

①蟠(fán),鼠负:即鼠妇。体形椭圆,胸部节多足,栖于缸瓮底部等阴湿之处。郭璞注:"瓮器底虫。"

【译文】

蟠又称为鼠负,即鼠妇。

15.028　蟫,白鱼①。

【注释】

①蟫(yín),白鱼:即蠹鱼。蚀衣服、书籍的蛀虫。

【译文】

蟫又称为白鱼,即蠹鱼。

15.029　蛾,罗①。

【注释】

①蛾,罗:虫蛹变化出的飞蛾。

【译文】

蛾又称为罗,即飞蛾。

15.030　蛼,天鸡①。

【注释】

①蛼(hàn),天鸡:即纺织娘。身体绿色或黄褐色,头小,吃食瓜类

花朵、瓜穰等。鸣声似纺车纺纱之声。

【译文】

鞧又称为天鸡,即纺织娘。

15.031　傅,负版①。

【注释】

①傅,负版:一种性喜负重的小虫。唐柳宗元《蝜蝂传》:"蝜蝂者,善
　负小虫也。"蝜蝂,同"负版"。

【译文】

傅又称为负版,是一种性喜负重的小虫。

15.032　强,蚚①。

【注释】

①强、蚚(qí):米谷中的小黑甲虫。参见15.014条。

【译文】

强又称为蚚,是一种米谷中的小黑甲虫。

15.033　蛶,螪何①。

【注释】

①蛶(jiè),螪(shāng)何:郝懿行义疏引《广雅》《玉篇》等为说,以为
　是蜥蜴类。刘师培《尔雅虫名今释》则以为是米中虫。

【译文】

蛶又称为螪何,一说是蜥蜴类,一说是米中虫。

15.034　　蜖,蛹^①。

【注释】

①蜖(guī),蛹:即虫蛹。完全变态的昆虫由幼虫发育成虫的过渡
　　形态。

【译文】

蜖又称为蛹,即虫蛹。

15.035　　蚬,缢女^①。

【注释】

①蚬(xiàn),缢女:蝶类的幼虫。赤头,长寸许,吐丝作茧,悬于空
　　中,俗名缢女。郭璞注:"小黑虫,赤头,喜自缢死,故曰缢女。"郝
　　懿行义疏:"今此虫吐丝自裹,望如披蓑,形如自悬,而非真死,旧
　　说殊未了也。"

【译文】

蚬又称为缢女,即蝶类的幼虫。

15.036　　蚍蜉,大螘^①,小者螘。蚁,杠螘^②。蠯,飞螘^③。
其子蚳^④。

【注释】

①螘(yǐ):同"蚁",蚂蚁。

②蚁(lóng),杠(chéng)螘:一种赤色斑驳的大蚂蚁。郭璞注:"赤驳
　　蚍蜉。"

③蠯(wèi),飞螘:即白蚁。邢昺疏:"有翅而飞者名蠯,即飞蚁也。"

④蚔（chí）：蚁卵。郭璞注："蚔，蚁卵。"

【译文】

蚍蜉是大蚂蚁，小蚂蚁称为蟓。蚁又称为打蟓，是一种赤色斑驳的大蚂蚁。蠦又称为飞蟓，即白蚁。它们的卵称为蚔。

15.037　次蠹，蜘蛛。蜘蛛，蛛蝥。土蜘蛛，草蜘蛛①。

【注释】

①次蠹（qiū），蜘蛛。蜘蛛，蛛蝥（wú）。土蜘蛛，草蜘蛛：邢昺疏："此辨蜘蛛方言及在土在草之名也。"

【译文】

次蠹即蜘蛛。蜘蛛又称为蛛蝥。又有土蜘蛛、草蜘蛛。

15.038　土蜂①。木蜂②。

【注释】

①土蜂：一种在地里作房的大蜂。郭璞注："今江东呼大蜂在地中作房者为土蜂。"

②木蜂：一种比土蜂小的在树上作房的蜂。郭璞注："似土蜂而小，在树上作房。江东亦呼为木蜂。"

【译文】

土蜂是一种在地里作房的大蜂。木蜂是一种比土蜂小的在树上作房的蜂。

15.039　蟥，蛶蟾①。

【注释】

①蟦(fèi)，蛴螬(qí cáo)：金龟子的幼虫。长寸许，居于土中，以植物根茎等为食，为主要地下害虫。

【译文】

蟦又称为蛴螬，即金龟子的幼虫。

15.040　蝤蛴，蝎①。

【注释】

①蝤蛴(qiú qí)，蝎(hé)：天牛的幼虫。色白身长。蛀食树木。

【译文】

蝤蛴又称为蝎，即天牛的幼虫。

15.041　伊威，委黍①。

【注释】

①伊威，委黍：地鳖虫。郭璞注："旧说鼠妇别名，然所未详。"《说文解字·虫部》"蚜"下段玉裁注："《释虫》以'蟠，鼠妇'与'伊威，委黍'画为二条，不言一物。蚜威即今之地鳖虫，与鼠妇异物。"

【译文】

伊威又称为委黍，即地鳖虫。

15.042　蟏蛸，长踦①。

【注释】

①蟏蛸(xiāo shāo)，长踦(jǐ)：一种长脚小蜘蛛。郭璞注："小蜘蛛长

脚者,俗呼为喜子。"

【译文】

蟏蛸又称为长踦,是一种长脚小蜘蛛。

15.043　蛭蝚,至掌①。

【注释】

①蛭蝚(zhì róu),至掌:水蛭。俗称蚂蟥。环节动物。体长稍扁,色黑带绿,尾端有吸盘,生活于池沼水田中,吸食人畜血液。

【译文】

蛭蝚又称为至掌,即水蛭。

15.044　国貉,虫蠁①。

【注释】

①国貉,虫蠁(xiǎng):即知声虫。又名土蛹。郭璞注:"今呼蛹虫为蠁。"《广雅》云:'士蛹,蠁虫。"邢昺疏:"此蛹虫也……《说文》云:'知声虫也。'"

【译文】

国貉又称为虫蠁,即知声虫。

15.045　蠖,蚇蠖①。

【注释】

①蠖(huò),蚇(chǐ)蠖:尺蠖蛾的幼虫。体细长,生长于树,爬行时一屈一伸。郝懿行义疏:"其行先屈后申,如人布手知尺之状,故

名尺蠖。"

【译文】

蠖又称为蚇蠖，是尺蠖蛾的幼虫。

15.046　果蠃，蒲卢①。

【注释】

①果蠃(luǒ)，蒲卢：即细腰蜂。常捕螟蛉喂它的幼虫。郭璞注："即细腰蜂也，俗呼为蠮螉。"

【译文】

果蠃又称为蒲卢，即细腰蜂。

15.047　螟蛉，桑虫①。

【注释】

①螟蛉(míng líng)，桑虫：螟蛾的幼虫。邢昺疏引陆机云："螟蛉者，桑上小青虫也。似步屈，其色青而细小，或在草莱上。"

【译文】

螟蛉又称为桑虫，是螟蛾的幼虫。

15.048　蝎，桑蠹①。

【注释】

①蝎(hé)，桑蠹：木中蛀虫。汉王充《论衡·商虫》："桂有蠹，桑有蝎。"

【译文】

蝎又称为桑蠹,是一种木中蛀虫。

15.049　荧火,即炤①。

【注释】

①荧火,即炤(zhào):即萤火虫。郭璞注:"夜飞,腹下有火。"

【译文】

荧火又称为即炤,即萤火虫。

15.050　密肌,继英①。

【注释】

①密肌,继英:又称草鞋底、蓑衣虫等。郭璞注:"未详。"郝懿行义疏:"此虫足长行驶,其形鬖髿,今栖霞人呼草鞋底,亦名穿钱绳。扬州人呼蓑衣虫,顺天人呼钱龙是也。"鬖髿(sān suō),形容多足着地的样子。

【译文】

密肌又称为继英,即方言所称的草鞋底、蓑衣虫等。

15.051　蚅,乌蠋①。

【注释】

①蚅(è),乌蠋(zhú):一种蛾蝶类的幼虫。郭璞注:"大虫,如指,似蚕。"

【译文】

蚅又称为乌蠋,是一种蛾蝶类的幼虫。

15.052　蠓,蠛蠓①。

【注释】

①蠓(měng),蠛(miè)蠓:即蠓虫。比蚊小,喜聚群乱飞。郭璞注:
　　"小虫,似蚋,喜乱飞。"蚋(ruì),蚊类害虫。

【译文】

蠓又称为蠛蠓,即蠓虫。

15.053　王,蛈蜴①。

【注释】

①王,蛈蜴(tiě tāng):土蜘蛛。一种生活于地下的小蜘蛛。郭璞注:
　　"即螲蛸,似蜘蛛,在穴中,有盖。今河北人呼蛈蜴。"螲蛸(dié
　　dāng),亦即土蜘蛛。

【译文】

王又称为蛈蜴,即土蜘蛛。

15.054　蟓①,桑茧。雔由②:樗茧、棘茧、栾茧③。蚢④,
萧茧⑤。

【注释】

①蟓(xiàng):桑蚕。郭璞注:"食桑叶作茧者,即今蚕。"
②雔(chóu)由:三种野蚕的总名。邢昺疏:"食樗叶、棘叶、栾叶者名

雖由。"

③樗(chū)、棘、栾:分别指臭椿树、酸枣树、栾华树。

④蚢(háng):一种野蚕。邢昺疏:"食萧叶作茧者名蚢。"

⑤萧:艾蒿。

【译文】

蟓即桑蚕,吃桑叶结茧,其茧称为桑茧。雖由是三种野蚕的总名:吃臭椿树叶的野蚕结茧,其茧称为樗茧;吃酸枣树叶的野蚕结茧,其茧称为棘茧;吃栾华树叶的野蚕结茧,其茧称为栾茧。蚢也是一种野蚕,吃艾蒿叶结茧,其茧称为萧茧。

15.055　　蜃丑罅①。螽丑奋②。强丑捋③。蜂丑蝓④。蝇丑扇⑤。

【注释】

①蜃(zhù)丑罅(xià):邢昺疏:"虫类能飞蜃者,谓蝉属皆剖坼母背以为孔罅而生。"蜃,或是蝉类。罅,裂开,裂缝。

②螽丑奋:邢昺疏:"螽蝗之类好奋迅作声而飞。"

③强丑捋(luō):邢昺疏:"强蚚(蚚)之类好以脚自摩捋。"强蚚(qí),米谷中的小黑甲虫。参见15.032条。

④蜂丑蝓(yú):邢昺疏:"蜂类好垂其腴以休息。"蝓,蜂类腹部肥腴下垂的样子。

⑤蝇丑扇:邢昺疏:"青蝇之类好摇翅自扇。"

【译文】

飞蜃类昆虫多裂缝而生,螽蝗类昆虫好作声奋飞,强蚚类昆虫好以脚自摩捋,蜂类昆虫好垂腹,蝇类昆虫好摇翅自扇。

15.056　食苗心，螟①。食叶，蟘②。食节，贼③。食根，蟊④。

【注释】

①螟(míng)：螟蛾的幼虫。邢昺疏引李巡云："食禾心为螟，言其奸，螟螟难知也。"

②蟘(tè)：邢昺疏引李巡云："食禾叶者言假贷无厌，故曰蟘也。"

③贼：邢昺疏引李巡云："食禾节者言贪狠，故曰贼也。"郝懿行义疏："今食苗节者俗呼截虫……善钻禾秆，令禾不蕃。"

④蟊(máo)：邢昺疏引李巡云："食禾根者言其税取万民财货，故云蟊也。"

【译文】

吃苗心的昆虫称为螟，吃苗叶的昆虫称为蟘，吃苗秆的昆虫称为贼，吃苗根的昆虫称为蟊。

15.057　有足谓之虫，无足谓之豸①。

【注释】

①有足谓之虫，无足谓之豸(zhì)：邢昺疏："此对文尔，散文则无足亦曰虫。"

【译文】

有足的称为虫，无足的称为豸。

释鱼第十六

【题解】

《释鱼》也属于动物学范畴,主要解释各种鱼类的名称。也有一些是龟鳖蛇蛙等水生或两栖类动物。对其中一部分鱼类及龟鳖蛇蛙等的形体与习性特征做了描述。本篇共有 42 条,解释 75 个词语。

16.001　鲤①。

【注释】

①鲤:鲤鱼。身体侧扁,背部苍黑色,腹部黄白色,嘴边有长短须各
　一对。

【译文】

鲤,即鲤鱼。

16.002　鳣①。

【注释】

①鳣(zhān):鲟鳇鱼。郭璞注:"鳣,大鱼,似鳝而短鼻,口在颌下,体
　内有邪行甲,无鳞,肉黄。大者长二三丈。今江东呼为黄鱼。"

【译文】

鳣,即鲟鳇鱼。

16.003　鰋①,鲇。

【注释】

①鰋(yǎn):鲇鱼。《诗·小雅·鱼丽》:"鱼丽于罶,鰋鲤。"毛传:
"鰋,鲇也。"罶(liǔ),捕鱼的竹篓。

【译文】

鰋又称为鲇,即鲇鱼。

16.004　鳢①。

【注释】

①鳢(lǐ):鳢鱼。又名黑鱼、乌鳢、鲖(tóng)。体长,头扁,口大,牙
尖,青褐色,有黑色斑块。

【译文】

鳢,即鳢鱼。

16.005　鲩①。

【注释】

①鲩(huàn):即草鱼。体略呈圆筒形,青黄色。

【译文】

鲩,即草鱼。

16.006　鲨,鮀①。

【注释】

①鲨(shā),鮀(tuó):吹沙小鱼。郭璞注:"今吹沙小鱼,体圆而有点文。"《诗·小雅·鱼丽》:"鱼丽于罶,鲿鲨。"毛传:"鲨,鮀也。"

【译文】

鲨又称为鮀,即吹沙小鱼。

16.007　鮂,黑鰦①。

【注释】

①鮂(qiú),黑鰦(zī):即白鲦(tiáo)鱼。腹白,鳞细,好群游水面。郭璞注:"即白鯈鱼,江东呼为鮂。"白鯈鱼,同"白鲦鱼"。

【译文】

鮂又称为黑鰦,即白鲦鱼。

16.008　鳛,鰌①。

【注释】

①鳛(xí),鰌(qiū):泥鳅。郭璞注:"今泥鳅。"

【译文】

鳛又称为鰌,即泥鳅。

16.009　鲣,大鲖①。小者鮵②。

【注释】

①鲣(jiān)，大鮦(tóng)：大黑鱼。参见 16.004 条。

②鮵(duó)：小黑鱼。

【译文】

鲣又称为大鮦，即大黑鱼。小黑鱼称为鮵。

16.010　鲏，大鳠①。小者鮡②。

【注释】

①鲏(pī)，大鳠(hù)：一种似鲇的大鱼。郭璞注："鳠，似鲇而大，白色也。"

②鮡(zhào)：小鳠。

【译文】

鲏又称为大鳠，是一种似鲇的大鱼。小鳠称为鮡。

16.011　鳐，大鰕①。

【注释】

①鳐(hào)：指大海虾。郭璞注："鰕大者，出海中，长二三丈，须长数尺。今青州呼鰕鱼为鳐。"

【译文】

鳐即大海虾。

16.012　鲲，鱼子①。

【注释】

①鲲(kūn),鱼子:鱼苗。郭璞注:"凡鱼之子总名鲲。"

【译文】

鲲指鱼子,即鱼苗。

16.013　鱀,是鱁①。

【注释】

①鱀(jì),是鱁(zhú):即白鱀豚。生活在淡水中的鲸类。体形似鱼,
　皮肤光滑细腻,背浅灰而腹洁白。圆额,小眼,长吻。是中国特
　产的珍稀动物。

【译文】

鱀又称为是鱁,即白鱀豚。

16.014　鲼①,小鱼。

【注释】

①鲼(yìng):一种小鱼。郭璞注:"《家语》曰:'其小者鲼鱼也。'今江
　东亦呼鱼子未成者为鲼。"

【译文】

鲼是一种小鱼。

16.015　鮥,鮛鲔①。

【注释】

①鮥(luò),鮛鲔(shū wěi):小鲟鱼。郭璞注:"鲔,鳣属也。大者名王

鲔,小者名鮛鲔。今宜都郡自京门以上江中通出鳣、鳇之鱼。有一鱼状似鳇而小,建平人呼鮥子,即此鱼也。"参见16.002条。

【译文】

鮥又称为鮛鲔,即小鲟鱼。

16.016　鮂,当魱①。

【注释】

①鮂(jiù),当魱(hú):即鲥鱼。体侧扁,背部黑绿色,腹部银白色。肉鲜嫩。郭璞注:"海鱼也。似鳊而大鳞,肥美多鲠。今江东呼其最大长三尺者为当魱。"

【译文】

鮂又称为当魱,即鲥鱼。

16.017　鮤,鱴刀①。

【注释】

①鮤(liè),鱴(miè)刀:即鲚(jì)鱼。形体薄而长,似篾刀。郭璞注:"今之鲚鱼也,亦呼为鮤鱼。"

【译文】

鮤又称为鱴刀,即鲚鱼。

16.018　鱊鮬,鳜鯞①。

【注释】

①鱊鮬(yù kū),鳜鯞(jué zhǒu):即鳑鲏(páng pí)鱼。形似鲫鱼,而

比鲫鱼小。

【译文】

鳠鯦又称为鰴鯞,即鳊鲅鱼。

16.019　鱼有力者,魾①。

【注释】

①魾(huī):强大而多力的鱼。邢昺疏:"凡鱼之强大多力异于群辈者名魾。"

【译文】

强大而多力的鱼称为魾。

16.020　鲂,鰕①。

【注释】

①鲂(fén),鰕:即斑鱼。郭璞注:"出秽邪头国。"

【译文】

鲂又称为鰕,即斑鱼。

16.021　鮅,鳟①。

【注释】

①鮅(bì),鳟(zūn):即赤眼鳟,一名红眼鱼。似草鱼而小。鳞细,赤眼,多细文。郭璞注:"似鯶子,赤眼。"鯶(hùn)子,草鱼。

【译文】

鮅又称为鳟,即赤眼鳟。

16.022　鲂,鳂①。

【注释】

①鲂(fáng),鳂(pí):即鳊鱼。鳞细,肉厚,味美。亦有少肉的种类。
　郭璞注:"江东呼鲂鱼为鳊。"

【译文】

鲂又称为鳂,即鳊鱼。

16.023　鳌,鲦①。

【注释】

①鳌(lí),鲦(lái):鲔鱼的别名。古注或"鳌鲦"连读为一名。参见
　16.016条。

【译文】

鳌又称为鲦,是鲔鱼的别名。

16.024　蜎,蠉①。

【注释】

①蜎(yuān),蠉(xuān):即孑孓,蚊子的幼虫。郭璞注:"井中小蛣
　蟩,赤虫,一名孑孓。"

【译文】

蜎又称为蠉,即孑孓。

16.025　蛭,蚁①。

【注释】

①蛭(zhì),蚑(jǐ):即水蛭。俗称蚂蟥。郭璞注:"今江东呼水中蛭
虫入人肉者为蚑。"参见15.043条。

【译文】

蛭又称为蚑,即水蛭。

16.026　科斗,活东①。

【注释】

①科斗,活东:蛙或蟾蜍的幼体。郭璞注:"虾蟆子。"

【译文】

科斗又称为活东,是蛙或蟾蜍的幼体。

16.027　魁陆①。

【注释】

①魁陆:即蚶(hān)。有两扇贝壳,厚而坚硬,上有瓦楞状突起。郭
璞注:"《本草》云:'魁状如海蛤,圆而厚,外有理纵横。'即今之
蚶也。"

【译文】

魁陆即蚶。

16.028　蜪蚅①。

【注释】

①蜪蚅(táo è):郭璞注:"未详。"或以为是蝗虫的卵。俞樾《群经平

议·尔雅二》："凡鱼生子多在岸旁浅水处，或水涸，其子即变为蝗，《尔雅》'蜎蚳'即谓此矣。"

【译文】

蜎蚳，或是蝗虫的卵。

16.029　鼀齫，蟾诸①。在水者黾②。

【注释】

①鼀齫(qù qiū)，蟾(chán)诸：即蟾蜍(chú)。俗称癞蛤蟆。两栖动物。形似蛙而大，背面多呈黑绿色，有大小疙瘩。

②黾(měng)：水中的蟾蜍。

【译文】

鼀齫又称为蟾诸，即蟾蜍。在水中的蟾蜍称为黾。

16.030　蜌，螷①。

【注释】

①蜌(bì)，螷(pí)：一种狭长的蚌。郭璞注："今江东呼蚌长而狭者为螷。"

【译文】

蜌又称为螷，是一种狭长的蚌。

16.031　蚌，含浆①。

【注释】

①含浆：蚌的别名。

【译文】

蚌又称为含浆。

16.032　鳖三足,能。龟三足,贲^①。

【注释】

①鳖三足,能(nái)。龟三足,贲(fén):郭璞注:"《山海经》曰:'从山多三足鳖,大苦山多三足龟。'今吴兴郡阳羡县君山上有池,池中出三足鳖,又有六眼龟。"

【译文】

三足的鳖称为能,三足的龟称为贲。

16.033　蚹蠃,蜾蝓^①。蠃^②,小者蜬^③。

【注释】

①蚹蠃(fù luó),蜾蝓(yí yú):蜗牛类的软体动物。郭璞注:"即蜗牛也。"今以水生者为螺,陆生者为蜗牛,古人无此分别。

②蠃(luó):即螺。

③蜬(hán):小螺。

【译文】

蚹蠃又称为蜾蝓,是蜗牛类的软体动物。蠃即螺,小螺称为蜬。

16.034　蟦蜉^①,小者蟧^②。

【注释】

①蟦蜉(huá zé):螺壳内寄居虫。形似蜘蛛,有螯,入空螺壳中,常

戴壳而游。郝懿行义疏:"蝛蛜,释文滑泽、骨铎二音。滑泽犹言护宅也,即寄居之义。"

②蛜:音 láo。

【译文】

蝛蛜是一种螺壳内寄居虫,小的蝛蛜称为蛜。

16.035　蜃①,小者珧②。

【注释】

①蜃(shèn):大蛤。邢昺疏:"蜃,大蛤也。"

②珧:音 yáo。

【译文】

蜃是一种大蛤,小的蜃称为珧。

16.036　龟,俯者灵,仰者谢,前弇诸果①,后弇诸猎,左倪不类②,右倪不若。

【注释】

①弇(yǎn):覆盖。诸:同"者"。

②倪(nì):通"睨",侧目斜视。不:语助词,无义。下"不"同。

【译文】

龟,爬行时低头向下的称为灵龟,爬行时仰头向上的称为谢龟,爬行时龟甲前掩的称为果龟,爬行时龟甲后掩的称为猎龟,爬行时头向左斜视的称为类龟,爬行时头向右斜视的称为若龟。

16.037　贝,居陆赎①,在水者蜬②。大者魧,小者鲼③。

玄贝,贻贝④。余貾⑤,黄白文。余泉,白黄文。蚆⑥,博而
頯⑦。蜠⑧,大而险⑨。蜻⑩,小而椭。

【注释】

①貥:音 biāo。

②蜬:音 hán。

③蜻:音 jì。

④贻(yí)贝:一种黑色的贝类。郭璞注:"黑色贝也。"邢昺疏:"黑色
　之贝名贻贝。"

⑤貾:音 chí。

⑥蚆:音 bā。

⑦頯(kuí):中间宽两头尖。郭璞注:"頯者,中央广两头锐。"

⑧蜠:音 jùn。

⑨险:通"俭",薄。郭璞注:"险者谓污薄。"

⑩蜻:音 jì。

【译文】

　　贝,居于陆地的称为貥,居于水中的称为蜬。大的贝称为魧,小的贝
称为蜻。玄贝又称为贻贝,是一种黑色的贝类。余貾是一种黄中带白
花纹的贝。余泉是一种白中带黄花纹的贝。蚆是一种体大而中间宽两
头尖的贝。蜠是一种体大而薄的贝。蜻是一种体小而呈椭圆形的贝。

　　16.038　蝾螈,蜥蜴。蜥蜴,蝘蜓。蝘蜓,守宫也①。

【注释】

①蝾螈(róng yuán),蜥蜴。蜥蜴,蝘蜓(yǎn tíng)。蝘蜓,守宫:《尔
　雅》以蝾螈、蜥蜴、蝘蜓为一类,实际它们是不同的动物。蝾

螈，两栖动物。状如蜥蜴，头扁，背黑色，腹红黄色，有黑斑，四肢短，尾侧扁，生活在水中。蜥蜴，俗称四脚蛇。爬行动物。身体像蛇，但有四肢，尾巴细长，生活在草丛中。蝘蜓，即守宫。俗称壁虎。爬行动物。身体扁平，四肢短，趾上有吸盘，常在壁上活动。

【译文】

蝾螈又称为蜥蜴，蜥蜴又称为蝘蜓，蝘蜓又称为守宫。

16.039　蚗，蝁①。螣，螣蛇②。蟒，王蛇③。蝮虺，博三寸，首大如擘④。

【注释】

①蚗(dié)，蝁(è)：毒蛇名。蝮蛇的一种。郭璞注："蝮属。火眼，最有毒，今淮南人呼蝁子。"

②螣(téng)，螣蛇：传说中一种能飞的蛇。郭璞注："龙类也。能兴云雾而游其中。"《荀子·劝学》："螣蛇无足而飞，梧鼠五技而穷。"

③蟒(mǎng)，王蛇：一种无毒的大蛇。郭璞注："蟒蛇最大者，故曰王蛇。"

④蝮虺(fù huǐ)，博三寸，首大如擘：蝮虺，蝮蛇。毒蛇名。头呈三角形，体色灰褐而有斑纹，口有毒牙。郭璞注："身广三寸，头大如人擘指，此自一种蛇，名为蝮虺。"

【译文】

蚗又称为蝁，是蝮蛇的一种。螣即螣蛇，是传说中一种能飞的蛇。蟒又称为王蛇，是一种无毒的大蛇。蝮虺即蝮蛇，身宽三寸，头大如人的手臂。

16.040　鲵①，大者谓之鰕。

【注释】

①鲵(ní)：俗称娃娃鱼。两栖动物。体长约 1 米，皮肤黏滑，头扁圆，口大，四肢短小，栖息于山溪中。郭璞注："今鲵鱼似鲇，四脚，前似猕猴，后似狗，声如小儿啼。"

【译文】

鲵即娃娃鱼，大娃娃鱼称为鰕。

16.041　鱼枕谓之丁①，鱼肠谓之乙，鱼尾谓之丙。

【注释】

①鱼枕：鱼头骨。郭璞注："枕在鱼头骨中，形似篆书丁字，可作印。"

【译文】

鱼头骨形状如丁字，所以称为丁。鱼肠形状如乙字，所以称为乙。鱼尾形状如丙字，所以称为丙。

16.042　一曰神龟，二曰灵龟，三曰摄龟，四曰宝龟，五曰文龟，六曰筮龟，七曰山龟，八曰泽龟，九曰水龟，十曰火龟①。

【注释】

①"一曰神龟"十句：本条解释《易·损》"十朋之龟"。十朋之龟是古人用以占吉凶、决疑难的十类龟。邢昺疏："《易·损卦》六五爻辞云：'十朋之龟，弗克违。'马、郑皆取此文解之，则此经十龟

所以释《易》也。"神龟,邢昺疏:"龟之最神明者也。"灵龟,邢昺疏:"龟之有灵次神龟者。"摄龟,邢昺疏:"龟之小者。腹甲曲折,能自张闭者也。"宝龟,邢昺疏:"传国所宝者。"文龟,邢昺疏:"甲有文彩者。"邢昺疏筮龟、山龟、泽龟、水龟、火龟,以分别生于筮(蓍草)、山、泽、水、火中为名。

【译文】

十朋之龟:一称神龟,二称灵龟,三称摄龟,四称宝龟,五称文龟,六称筮龟,七称山龟,八称泽龟,九称水龟,十称火龟。

释鸟第十七

【题解】

《释鸟》也属于动物学范畴,主要解释鸟类的名称。对其中一部分鸟类的形体与习性特征做了描述。本篇共有 79 条,解释 116 个词语。

17.001　隹其,鳺鴀^①。

【注释】

①隹(zhuī)其,鳺鴀(fū fǒu):一名夫不。即火斑鸠,南方称火鳺雏(zhuī)。体小,尾短,颈无斑。邢昺疏引舍人曰:"雏,一名夫不。"

【译文】

隹其又称为鳺鴀,即火斑鸠。

17.002　鷣鸠,鶌鸼^①。

【注释】

①鷣(jué)鸠,鶌鸼(gǔ zhōu):一种似山鹊的小鸟。郭璞注:"似山鹊而小,短尾,青黑色,多声。今江东亦呼为鶌鸼。"

【译文】

鸤鸠又称为鹊鶪,是一种似山鹊的小鸟。

17.003　鸤鸠,鴶鶪①。

【注释】

①鸤(shī)鸠,鴶鶪(jiá jú):即布谷鸟。以鸣声似"布谷",又鸣于播种时,故相传为劝耕之鸟。郭璞注:"今之布谷也。"

【译文】

鸤鸠又称为鴶鶪,即布谷鸟。

17.004　鷑鸠,鵧鷑①。

【注释】

①鷑(jí)鸠,鵧(píng)鷑:一种小黑鸟。五更时鸣叫,催人劳作。郭璞注:"小黑鸟。鸣自呼。"

【译文】

鷑鸠又称为鵧鷑,是一种小黑鸟。

17.005　鴡鸠,王鴡①。

【注释】

①鴡(jū)鸠,王鴡:雕类水鸟。常在江渚山边食鱼。其鸣雌雄应和。郭璞注:"雕类。今江东呼之为鹗,好在江渚山边食鱼。"《诗·周南·关雎》:"关关雎鸠,在河之洲。"毛传:"雎鸠,王雎也。"雎,同"鴡"。

【译文】

鸥鸠又称为王鸥,是一种雕类水鸟。

17.006　鸽,鸱鹈①。

【注释】

①鸽(gé),鸱鹈(jì qí):即猫头鹰。羽毛淡褐色,多黑斑。昼伏夜出,食物以鼠类为主,亦捕食小鸟或大型昆虫。

【译文】

鸽又称为鸱鹈,即猫头鹰。

17.007　鹚,鹟轨①。

【注释】

①鹚(zī),鹟(tù)轨:或是猫头鹰一类的鸟。郭璞注:"未详。"俞樾《群经平议》认为即猫头鹰。可备一说。

【译文】

鹚又称为鹟轨,或是猫头鹰一类的鸟。

17.008　鸫,天狗①。

【注释】

①鸫(lì),天狗:即鱼狗。体小,嘴长,尾短,羽多翠色,主食鱼虾。郭璞注:"小鸟也。青似翠,食鱼。江东呼为水狗。"

【译文】

鸫又称为天狗,即鱼狗。

17.009　鹨，天鸙①。

【注释】

①鹨(liù)，天鸙(yuè)：即云雀。又名告天鸟。郭璞注："大如鹨雀，色似鹑，好高飞作声。今江东名之曰天鹨。"郝懿行义疏："此鸟俗谓之天雀……或谓之告天鸟。"

【译文】

鹨又称为天鸙，即云雀。

17.010　鸬鹚，鹅①。

【注释】

①鸬鹚(lù lǔ)，鹅：即野鹅。郭璞注："今之野鹅。"

【译文】

鸬鹚又称为鹅，即野鹅。

17.011　鸧，麋鸹①。

【注释】

①鸧(cāng)，麋鸹(guā)：一种似鹤的鸟，体苍青色。又名鸧鸹。郭璞注："今呼鸧鸹。"

【译文】

鸧又称为麋鸹，是一种似鹤的鸟。

17.012　鹝，乌鷃①。

【注释】

①鵅(luò),乌鸒(bǔ):水鸟名。又名青鵅。郭璞注:"水鸟也。似鹊
而短颈,腹翅紫白,背上绿色。江东呼乌鸒。"

【译文】

鵅又称为乌鸒,是一种水鸟。

17.013　舒雁①,鹅。

【注释】

①舒雁:鹅的别称。《礼记·内则》:"舒雁翠,鹄鸮胖。"郑玄注:"舒
雁,鹅也。"

【译文】

舒雁是鹅的别称。

17.014　舒凫,鹜①。

【注释】

①舒凫(fú),鹜(wù):即鸭。郭璞注:"鸭也。"《礼记·内则》:"舒凫
翠。"郑玄注:"舒凫,鹜也。"

【译文】

舒凫又称为鹜,即鸭。

17.015　䴔,鵁鹍①。

【注释】

①䴔(jiān),鵁(jiāo)鹍:即池鹭。活动于湖沼、稻田一带。筑巢高

树。食鱼类、蛙类及水生软体动物和水生昆虫等。

【译文】

鸱又称为鸲鹆，即池鹭。

17.016　与,鸲鹆①。

【注释】

①与,鸲鹆(jǐng tú)：或是鸦类鸟名。郭璞注："未详。"阮元校："释文：'与音余。樊、孙本作鸳。'按与即鸳之省。"鸳(yù)，鸦类鸟名。

【译文】

与又称为鸲鹆，或是鸦类鸟名。

17.017　鹈,鸲鸥①。

【注释】

①鹈(tí),鸲鸥(wū zé)：即鹈鹕(hú)。体长可达二米，翼大，嘴长，善于游泳和捕鱼，捕得的鱼存在嘴下皮囊中。郭璞注："今之鹈鹕也。好群飞，沉水食鱼，故名洿泽。俗呼之为淘河。"

【译文】

鹈又称为鸲鸥，即鹈鹕。

17.018　鶾,天鸡①。

【注释】

①鶾(hàn),天鸡：即赤羽山鸡。郭璞注："鶾鸡，赤羽。"

【译文】

鶾又称为天鸡,即赤羽山鸡。

17.019　鷽①,山鹊。

【注释】

①鷽(xué):山鹊的别名。即长尾蓝鹊。羽毛主要为蓝色,嘴、脚红色,尾长。性凶悍,常掠夺他鸟的雏和卵。郭璞注:"似鹊而有文彩,长尾,觜、脚赤。"觜(zuǐ),鸟嘴。

【译文】

鷽又称为山鹊,即长尾蓝鹊。

17.020　鷣,负雀①。

【注释】

①鷣(yín),负雀:即鹞。郭璞注:"鷣,鹞也。江南呼之为鷣,善捉雀,因名云。"

【译文】

鷣又称为负雀,即鹞。

17.021　啮齿,艾①。

【注释】

①艾:同"鴱(ài)",雌鷦鹩。鷦鹩即巧妇鸟。郑樵注:"艾即鴱也。"参见17.026条。

【译文】

啮齿又称为艾,即雌鹪鹩。

17.022　鶨,鶀老①。

【注释】

①鶨(chuàn),鶀(qí)老:俗称痴鸟。郭璞注:"俗呼为痴鸟。"郑樵注:
　"此盖鸥类,能捐雀。勾喙,目圆黄可畏,如拳大。"

【译文】

鶨又称为鶀老,俗称痴鸟。

17.023　扈,鶠①。

【注释】

①扈(hù)、鶠(yàn):即鶠雀。也称斥鶠、尺鶠。弱小不能远飞,为麦
　收时候鸟。

【译文】

扈又称为鶠,即鶠雀。

17.024　桑扈,窃脂①。

【注释】

①桑扈,窃脂:即青雀。郭璞注:"俗谓之青雀。觜曲,食肉,好盗脂
　膏,因名云。"觜(zuǐ),鸟嘴。

【译文】

桑扈又称为窃脂,即青雀。

17.025　鸼鹩,剖苇①。

【注释】

①鸼鹩(diāo liáo),剖苇:一种吃苇中虫子的小鸟。郭璞注:"好剖苇皮,食其中虫,因名云。江东呼芦虎。似雀,青斑,长尾。"

【译文】

鸼鹩又称为剖苇,是一种吃苇中虫子的小鸟。

17.026　桃虫,鹪①。其雌鴱②。

【注释】

①桃虫,鹪:即鹪鹩。郭璞注:"桃雀也。俗呼为巧妇。"

②鴱:郑樵注:"鴱音艾。似黄雀而小。一名鹪鹩……一名桃雀,俗呼巧妇。"参见17.021条。

【译文】

桃虫又称为鹪,即鹪鹩。雌鹪鹩称为鴱。

17.027　鶠,凤。其雌皇①。

【注释】

①鶠(yǎn),凤。其雌皇:古代传说中的百鸟之王。雄的叫凤,雌的叫凰。亦通称为凤或凤凰。郭璞注:"瑞应鸟。鸡头,蛇颈,燕颔,龟背,鱼尾,五彩色,高六尺许。"皇,"凰"的古字。

【译文】

鶠即凤,雌凤称为皇。

17.028　鸭鸰,雝渠①。

【注释】

①鹡鸰(jí líng),雝渠:即鹡鸰,亦作脊令。体小,嘴尖,尾长。常在水边觅食昆虫。《诗·小雅·常棣》:"脊令在原,兄弟急难。"毛传:"脊令,雝渠也,飞则鸣,行则摇,不能自舍耳。"

【译文】

鹡鸰又称为雝渠,即鹡鸰。

17.029　鹢斯,鹎鵙①。

【注释】

①鹢(yù)斯,鹎鵙(bēi jū):乌鸦的一个种类。郭璞注:"鸦乌也。小而多群,腹下白,江东亦呼为鹎乌。"

【译文】

鹢斯又称为鹎鵙,是乌鸦的一个种类。

17.030　燕①,白脰乌②。

【注释】

①燕:指燕乌。郝懿行义疏:"《小尔雅》云:'白项而群飞者谓之燕乌。'今此鸟大于鸦乌而小于慈乌。"

②脰(dòu):颈项。

【译文】

燕又称为白脰乌,即燕乌。

17.031　鴽,鷣母①。

【注释】

①鴽(rú),鷣(móu)母:鹌鹑类的小鸟。郭璞注:"鷣也。青州呼
　　鷣母。"

【译文】

鴽又称为鷣母,是鹌鹑类的小鸟。

17.032　密肌,系英①。

【注释】

①密肌,系英:或是英鸡。郑樵注:"英鸡也。啄啖石英,故谓名
　　焉。"郝懿行义疏:"郑樵注以为英鸡,因啄啖石英而得名,今所
　　未闻。"

【译文】

密肌又称为系英,或是英鸡。

17.033　巂周,燕。燕,鳦①。

【注释】

①巂(guī)周,燕。燕,鳦(yǐ):巂周、鳦,燕的别名。

【译文】

巂周即燕,燕又称为鳦。

17.034　鸱鸮,鸋鴂①。

【注释】

①鸱鸮(chī xiāo),鸋鴂(níng jué):或是猫头鹰。《诗·豳风·鸱鸮》:"鸱鸮鸱鸮,既取我子,无毁我室。"毛传:"鸱鸮,鸋鴂也。"一说为鹪鹩,是一种小鸟。上《鸱鸮》诗孔颖达疏引陆机疏云:"鸱鸮似黄雀而小……幽州人谓之鸋鴂,或曰巧妇。"参见17.026条。

【译文】

鸱鸮又称为鸋鴂,或是猫头鹰。

17.035　狂,茅鸱,怪鸱。枭,鸱①。

【注释】

①狂,茅鸱,怪鸱。枭,鸱:皆为猫头鹰的别名。

【译文】

狂又称为茅鸱、怪鸱,即猫头鹰。枭又称为鸱,亦即猫头鹰。

17.036　鹔,刘疾①。

【注释】

①鹔(jiē),刘疾:雄的鹩(liáo)鹑。参见17.043条。

【译文】

鹔又称为刘疾,即雄的鹩鹑。

17.037　生哺,彀①。生噣②,雏。

【注释】

①彀(kòu):由母鸟哺食的幼鸟。郭璞注:"鸟子须母食之。"

②噣（zhuó）：同"啄"，啄食。郭璞注："皆自食。"

【译文】

由母鸟哺食的幼鸟称为鷇，能自行啄食的幼鸟称为雏。

17.038　爰居，杂县①。

【注释】

①爰居，杂县：一种大海鸟。郭璞注："《国语》曰：'海鸟爰居。'汉元
　帝时琅邪有大鸟如马驹，时人谓之爰居。"

【译文】

爰居又称为杂县，是一种大海鸟。

17.039　春鳸①，鳻鶞②；夏鳸，窃玄③；秋鳸，窃蓝；冬鳸，
窃黄；桑鳸，窃脂；棘鳸，窃丹；行鳸，唶唶④；宵鳸，啧啧。

【注释】

①鳸（hù）：又写作"扈"，农桑候鸟的通称。《左传·昭公十七年》：
　"九扈为九农正。"孔颖达疏引贾逵云："春扈，分循，相五土之宜，
　趣民耕种者也。夏扈，窃玄，趣民耘苗者也。秋扈，窃蓝，趣民收
　敛者也。冬扈，窃黄，趣民盖藏者也。棘扈，窃丹，为果驱鸟者
　也。行扈，唶唶，昼为民驱鸟者也。宵扈，啧啧，夜为农驱兽者
　也。桑扈，窃脂，为蚕驱雀者也。老扈，鷃鷃，趣民收麦令不得晏
　起者也。"较《尔雅》八鳸多一老鳸。

②鳻鶞：音 fēn chūn。

③窃：通"浅"，淡。

④唶：音 jí。

【译文】

春扈又称为鸼鹎；夏扈又称为窃玄；秋扈又称为窃蓝；冬扈又称为窃黄；桑扈又称为窃脂；棘扈又称为窃丹；行扈又称为唶唶；宵扈又称为嘖嘖。

17.040　鸥鸡，戴鵀[1]。

【注释】

[1]鸥鸡(bī fú)，戴鵀(rén)：即戴胜鸟。状似雀，头有冠，五色如妇女的首饰花胜。郭璞注："鵀即头上胜，今亦呼为戴胜。"

【译文】

鸥鸡又称为戴鵀，即戴胜鸟。

17.041　鹏，泽虞[1]。

【注释】

[1]鹏(fǎng)，泽虞：即护田鸟。郭璞注："今婟泽鸟。似水鹮，苍黑色，常在泽中。见人辄鸣唤不去，有象主守之官，因名云。俗呼为护田鸟。"

【译文】

鹏又称为泽虞，即护田鸟。

17.042　鹚，鷾[1]。

【注释】

[1]鹚(cí)，鷾(yì)：即鸬鹚，俗称鱼鹰。羽毛黑色，有绿色光泽，颔下

有小喉囊,嘴长,上嘴尖端有钩,善潜水捕鱼。郭璞注:"即鸬鹚
也。觜头曲如钩,食鱼。"

【译文】

鹕又称为鹈,即鸬鹚。

17.043　鷚,鹑①。其雄鹊②,牝庳③。

【注释】

①鷚(liáo),鹑:即鷚鹑。

②鹊:音 jiē。

③牝(pìn):鸟兽的雌性。痹:音 pí。

【译文】

鷚又称为鹑,即鷚鹑。雄鷚称为鹊,雌鷚称为庳。

17.044　鸥,沉凫①。

【注释】

①鸥,沉凫(fú):即水鸭。郭璞注:"似鸭而小,长尾,背上有文。今
江东亦呼为鸥。"郝懿行义疏:"此即今水鸭。"

【译文】

鸥又称为沉凫,即水鸭。

17.045　鹩,头鹇①。

【注释】

①鹩(yǎo),头鹇(xiāo):即鱼鹇。郭璞注:"似凫,脚近尾,略不能行,

江东谓之鱼鵁。"

【译文】

鸀又称为头鵁,即鱼鵁。

17.046　鵽鸠,寇雉①。

【注释】

①鵽(duò)鸠,寇雉:即突厥雀。又名沙鸡。郭璞注:"鵽大如鸽,似
雌雉,鼠脚,无后指,岐尾。为鸟憨急,群飞,出北方沙漠地。"

【译文】

鵽鸠又称为寇雉,即突厥雀。

17.047　萑,老鵵①。

【注释】

①萑(huán),老鵵(tù):猫头鹰的一种。郭璞注:"木兔也,似鸱鵂而
小,兔头,有角,毛脚,夜飞,好食鸡。"鸱鵂(xiū),猫头鹰类的鸟。
郝懿行义疏:"此即上'狂,茅鸱'一种大者,俗呼猫儿头,其头似
兔,以耳上毛为角也。"

【译文】

萑又称为老鵵,是猫头鹰的一种。

17.048　鵧鶘鸟①。

【注释】

①鵧鶘(tú hú)鸟:即白头翁。郭璞注:"似雉,青身白头。"郝懿行义

疏:"即白头鸟也。"

【译文】

鸡鸲鸟,即白头翁。

17.049　狂,鹦鸟①。

【注释】

①狂,鹦(mèng)鸟:一种五色有冠的鸟。郭璞注:"狂鸟,五色有冠,见《山海经》。"邢昺疏:"《大荒西经》云'栗广之野有五采之鸟,有冠,名曰狂鸟'是也。"

【译文】

狂又称为鹦鸟,是一种五色有冠的鸟。

17.050　皇,黄鸟①。

【注释】

①皇,黄鸟:即黄雀。郝懿行义疏:"即今之黄雀,其形如雀而黄,故名黄鸟。"

【译文】

皇又称为黄鸟,即黄雀。

17.051　翠,鹬①。

【注释】

①翠,鹬(yù):即翠鸟。郭璞注:"似燕,绀色,生郁林。"

【译文】

翠又称为鹬,即翠鸟。

17.052　鹬,山乌①。

【注释】

①鹬(shǔ),山乌:即红嘴山鸦。通体亮黑,嘴鲜红,脚淡红。常结群高飞,鸣声脆亮。巢筑于石窟、土穴中。

【译文】

鹬又称为山乌,即红嘴山鸦。

17.053　蝙蝠,服翼①。

【注释】

①蝙蝠(biān fú),服翼:哺乳动物。头部和躯干似鼠,四肢和尾部之间有膜相连,常在夜间飞翔,捕食蚊、蛾等昆虫。

【译文】

蝙蝠又称为服翼。

17.054　晨风,鹯①。

【注释】

①晨风,鹯(zhān):一种似鹞的猛禽。郭璞注:“鹞属。”邢昺疏引陆机云:“鹯似鹞,黄色,燕颔,勾喙,向风摇翅,乃因风飞急,疾击鸠鸽燕雀食之。”

【译文】

晨风又称为鹯,是一种似鹞的猛禽。

17.055　鹞,白鹯①。

【注释】

①鹞(yáng),白鹯(jué):即白鹞子。似雀鹰而大。尾上白。郭璞注:"似鹰,尾上白。"

【译文】

鹞又称为白鹯,即白鹞子。

17.056　寇雉,泆泆①。

【注释】

①寇雉,泆泆(yì):即突厥雀。又名沙鸡。参见 17.046 条。

【译文】

寇雉又称为泆泆,即突厥雀。

17.057　鷏,蚊母①。

【注释】

①鷏(tián),蚊母:一种似乌鸦(bǔ)的水鸟。郭璞注:"似乌鸦而大,黄白杂文,鸣如鸽声,今江东呼为蚊母。俗说此鸟常吐蚊,故以名云。"参见 17.012 条。

【译文】

鷏又称为蚊母,是一种似乌鸦的水鸟。

17.058　鷉,须赢[①]。

【注释】

①鷉(tī),须赢(luó):俗称油鸭。似鸭而小。善潜水。膏涂刀剑可以防锈。郭璞注:"似凫而小。膏中莹刀。"

【译文】

鷉又称为须赢,即油鸭。

17.059　鼯鼠,夷由[①]。

【注释】

①鼯(wú)鼠,夷由:俗称大飞鼠。哺乳动物。形似蝙蝠,前后肢之间有宽大的薄膜,能在树间滑翔,吃植物的皮、果实和昆虫等。

【译文】

鼯鼠又称为夷由,即大飞鼠。

17.060　仓庚,商庚[①]。

【注释】

①仓庚,商庚:即黄鹂(lí)。身体黄色,自眼部至头后部黑色,嘴淡红色,鸣声悦耳。

【译文】

仓庚又称为商庚,即黄鹂。

17.061　鴷,铺豉[①]。

【注释】

①鴩(dié)，铺豉(pù chǐ)：鸟名。《说文解字·鸟部》："鴩，铺豉也。"

段玉裁注："此必鸟声如云'铺豉'。"铺豉，同"铺豉"。

【译文】

鴩又称为铺豉。

17.062　鹰，鶆鸠①。

【注释】

①鹰，鶆(lái)鸠：指灰脸鵟(kuáng)鹰。

【译文】

鹰又称为鶆鸠，即灰脸鵟鹰。

17.063　鶼鶼①，比翼。

【注释】

①鶼鶼(jiān)：即比翼鸟。参见9.034条。

【译文】

鶼鶼即比翼鸟。

17.064　鵹黄，楚雀①。

【注释】

①鵹(lí)黄，楚雀：即黄鹂。参见17.060条。

【译文】

鵹黄又称为楚雀，即黄鹂。

17.065　䴕,斫木①。

【注释】

①䴕(liè),斫(zhuó)木:即啄木鸟。郭璞注:"口如锥,长数寸,常斫树食虫,因名云。"

【译文】

䴕又称为斫木,即啄木鸟。

17.066　鹡,鶌鶟①。

【注释】

①鹡(jī),鶌鶟(táng tú):一种似乌而羽色苍白的鸟。郭璞注:"似乌,苍白色。"

【译文】

鹡又称为鶌鶟,是一种似乌而羽色苍白的鸟。

17.067　鸬,诸雉①。

【注释】

①鸬(lú),诸雉:野雉的一种,或为黑色。郭璞注:"未详。或云即今雉。"郝懿行义疏:"《说文》:'雉,有十四种。'卢诸雉其一也。按黑色曰卢,博棋胜采有雉有卢,卢亦黑也。"

【译文】

鸬又称为诸雉,是野雉的一种。

17.068　鹭,春锄①。

【注释】

①鹭，舂钽（chōng chú）：即白鹭。郭璞注："白鹭也。头、翅、背上皆有长翰毛。"《诗·陈风·宛丘》："无冬无夏，值其鹭羽。"孔颖达疏引陆机云："鹭，水鸟也。好而洁白，故谓之白鸟。齐鲁之间谓之舂钽，辽东、乐浪、吴杨人皆谓之白鹭。"

【译文】

鹭又称为舂钽，即白鹭。

17.069　鹞雉①。鷮雉②。鳪雉③。鷩雉④。秩秩，海雉⑤。翟，山雉⑥。鹎雉，鸐雉⑦。雉绝有力奋。伊洛而南，素质五采皆备成章曰翚⑧。江淮而南，青质五采皆备成章曰鹞。南方曰𪈱⑨，东方曰鶜⑩，北方曰鸐⑪，西方曰鷷⑫。

【注释】

①鹞（yáo）雉：一种青质五彩的野鸡。郭璞注："青质五采。"

②鷮（jiāo）雉：一种长尾善鸣的野鸡。郭璞注："即鷮鸡也。长尾，走且鸣。"

③鳪（bú）雉：一种黄色的野鸡。郭璞注："黄色，鸣自呼。"

④鷩（bì）雉：即锦鸡。郭璞注："似山鸡而小冠，背毛黄，腹下赤，项绿，色鲜明。"

⑤秩秩，海雉：一种生长在海中山上的黑色野鸡。郭璞注："如雉而黑，在海中山上。"

⑥翟（dí），山雉：一种长尾的野鸡。郭璞注："尾长者。"

⑦鹎（hàn）雉，鸐（zhuó）雉：即白鹎。雄鸟的冠及下体纯蓝黑色，上体及两翼白色，故名。

⑧翚：音 huī。

⑨雗：音 chóu。

⑩䳡：音 cī。

⑪鵗：音 xī。

⑫鷷：音 zūn。

【译文】

鷂雉是一种青质五彩的野鸡。鳴雉是一种长尾善鸣的野鸡。鳭雉是一种黄色的野鸡。鷩雉即锦鸡。秩秩又称为海雉，是一种生长在海中山上的黑色野鸡。雗又称为山雉，是一种长尾的野鸡。鶾雉又称为鷮雉，即白鷴。飞翔极有力的野鸡称为奋。伊洛以南有羽毛白色并带有五采花纹的野鸡称为翚。江淮以南有羽毛青色并带有五采花纹的野鸡称为鷂。南方出产的野鸡称为翟，东方出产的野鸡称为䳡，北方出产的野鸡称为鵗，西方出产的野鸡称为鷷。

17.070　鸟鼠同穴,其鸟为鵌,其鼠为鼵①。

【注释】

①鸟鼠同穴,其鸟为鵌(tú),其鼠为鼵(tū)：郭璞注："鼵如人家鼠而短尾,鵌似鵽而小,黄黑色。穴入地三四尺,鼠在内,鸟在外。今在陇西首阳县鸟鼠同穴山中。"

【译文】

鸟和鼠同居一穴,这种鸟称为鵌,这种鼠称为鼵。

17.071　鸐鷱,鷂鸹,如鹊短尾,射之,衔矢射人①。

【注释】

①鸐鷱(huān tuán),鷂鸹(fú róu),如鹊短尾,射之,衔矢射人：鸐鷱、

鹮鹆,传说中的鸟名。一说是大嘴鸟。郝懿行义疏:"俗说鸦鸟,一名大嘴鸟,善避矰缴,人以物掷之,从空衔取还以掷人,此即'鸳斯,鹈鹕',鸳、鹆、鹈、鹮,俱声相转,顺天人呼寒鸦,寒即鹡、鸧之合声也。"参见17.029条。

【译文】

鹡鸧又称为鹮鹆,是传说中的鸟名。这种鸟似鹊,短尾。人射它,它就用嘴衔住箭矢反过来射人。

17.072　鹊鹆丑①,其飞也翪②。鸢乌丑③,其飞也翔。鹰隼丑④,其飞也翚⑤。凫雁丑,其足蹼,其踵企⑥。乌鹊丑,其掌缩⑦。

【注释】

①鹆(jú):即伯劳。

②翪(zōng):鸟振翅上下飞动。邢昺疏:"鹊鹆之类不能翱翔远飞,但竦翅上下而已。"

③鸢(yuān):即鸱。俗称老鹰。邢昺疏:"鸢,鸱也。"

④隼(sǔn):最小的鹰类,善袭捕鸟兔。

⑤翚(huī):迅疾。郭璞注:"鼓翅翚翚然疾。"

⑥踵企:指伸直脚跟。郭璞注:"飞即伸其脚跟企直。"

⑦掌缩:指把脚缩在腹下。郭璞注:"飞缩脚腹下。"

【译文】

鹊鹆类的鸟,振翅上下飞动。鸢乌类的鸟,在高空盘旋飞翔。鹰隼类的鸟,飞行迅疾。凫雁类的鸟,足上有蹼,飞行时伸直脚跟。乌鹊类的鸟,飞行时把脚缩在腹下。

17.073　亢,鸟咙。其粻①,嗉②。

【注释】

①粻(zhāng):米粮,食物。

②嗉(sù):鸟类食管末端盛食物的囊。

【译文】

亢是鸟的喉咙。鸟的喉咙藏食物的囊称为嗉。

17.074　鹑子,鳼①。鴱子②,鴾③。雉之暮子为鹨④。

【注释】

①鳼:音 wén。

②鴱(rú):鹌鹑类小鸟。

③鴾:音 níng。

④暮子:晚生的幼鸟。鹨:音 liù。

【译文】

幼鹑称为鳼,幼鴱称为鴾,雉的晚生幼鸟称为鹨。

17.075　鸟之雌雄不可别者,以翼右掩左,雄。左掩右,雌①。

【注释】

①"鸟之雌雄"五句:邢昺疏:"郑《诗》笺云:'阴阳相下之义也。'"

【译文】

鸟的雌雄不可辨别时,以右翅膀掩蔽左翅膀的就是雄鸟,以左翅膀掩蔽右翅膀的就是雌鸟。

17.076 鸟少美长丑为鹠鹂①。

【注释】

①鹠鹂(liú lì)：即枭。《诗·邶风·旄丘》："琐兮尾兮，流离之子。"孔颖达疏引陆机云："流离，枭也。自关西谓枭为流离，其子适长大，还食其母。故张奂云'鹠鹂食母'、许慎云'枭不孝鸟'是也。"流离，同"鹠鹂"。

【译文】

鸟幼小时美善而长大后丑恶的就是鹠鹂。

17.077　二足而羽谓之禽，四足而毛谓之兽①。

【注释】

①"二足"二句：邢昺疏："别禽兽之异也。"

【译文】

两足而且有羽毛的动物称为禽，四足而且有皮毛的动物称为兽。

17.078　鹖①，伯劳也。

【注释】

①鹖(jú)：即伯劳。参见 17.072 条。

【译文】

鹖即伯劳。

17.079　仓庚，鵹黄也①。

【注释】

①仓庚,鵹黄:即黄鹂。参见 17.060 条。

【译文】

仓庚又称为鵹黄,即黄鹂。

释兽第十八

【题解】

《释兽》也属于动物学范畴,主要解释兽类的名称。对其中一部分兽类的形体与习性特征做了描述。篇下据词语的性质内容,分为寓属、鼠属、齸属、须属4类。本篇共有63条,解释103个词语。

18.001　麋①:牡麔②,牝麎③。其子麑④,其迹躔⑤,绝有力狄。

【注释】

①麋:麋鹿。毛淡褐色,雄的有角,角像鹿,尾像驴,蹄像牛,颈像骆驼,故亦称四不像。性温顺,吃植物。

②麔:音 jiù。

③麎:音 chén。

④麑:音 yǎo。

⑤躔:音 chán。

【译文】

麋鹿:雄的称为麔,雌的称为麎。它的幼仔称为麑,它的足迹称为躔,极其强壮有力的狼麋鹿称为狄。

18.002　鹿①:牡麚②,牝麀③。其子麛④,其迹速,绝有力麏⑤。

【注释】

①鹿:毛多是褐色,四肢细长,尾巴短,通常雄性头上有角,个别种类雌性也有角,也有雌雄均无角的。种类很多。

②麚:音 jiā。

③麀:音 yōu。

④麛:音 mí。

⑤麏:音 jiān。

【译文】

鹿:雄的称为麚,雌的称为麀。它的幼仔称为麛,它的足迹称为速,极其强壮有力的鹿称为麏。

18.003　麕①:牡麌②,牝麜③。其子麆④,其迹解,绝有力豜⑤。

【注释】

①麕(jūn):獐子。状似鹿而小,无角。毛粗长,背部黄褐色,腹部白色。行动灵敏,善跳,能游泳。

②麌:音 yǔ。

③麜:音 lì。

④麆:音 zhù。

⑤豜:音 jiān。

【译文】

麕:雄的称为麌,雌的称为麜。它的幼仔称为麆,它的足迹称为解,极其强壮有力的獐子称为豜。

18.004　狼①:牡貛②,牝狼。其子獥③,绝有力迅。

【注释】

①狼:耳竖立,毛黄色或灰褐色,尾下垂,栖息在山林中。性凶残,
　　往往结群伤害禽畜。

②貛:音 huān。

③獥:音 jiào。

【译文】

狼:雄的称为貛,雌的称为狼。它的幼仔称为獥,极其强壮有力的
狼称为迅。

18.005　兔子①,娩②。其迹远③,绝有力欣。

【注释】

①兔:兔子。头部略似鼠,耳长,上唇中部裂豁,尾短而上翘,前肢
　　较后肢短,能跑善跃。

②娩:音 fàn。

③远:音 háng。

【译文】

幼兔称为娩。它的足迹称为远,极其强壮有力的兔子称为欣。

18.006　豕子①,猪。豶,豯②。幺,幼③。奏者,豟④。豕生三,豵⑤;二,师;一,特。所寝,橧⑥。四蹢皆白⑦,豥⑧。其迹刻,绝有力𧱸⑨。牝,豝⑩。

【注释】

①子：衍文。王引之《经义述闻·尔雅下》：“家大人曰：猪即豕，非豕子也。‘子’字盖涉上文‘兔子嬔’而衍。”

②豮（wěi），豶（fén）：阉割了的猪。

③幺，幼：指最后出生的小猪。郭璞注：“最后生者俗呼为幺豚。”

④奏者，豱（wēn）：皮肤皱缩而短小的丑猪。郭璞注：“今豱猪短头，皮理腠蹙。”

⑤豵：音 zōng。

⑥樴：音 zēng。

⑦蹢（dí）：蹄。

⑧豥：音 gāi。

⑨豟：音 è。

⑩豝：音 bā。

【译文】

豕即猪。豮又称为豶，即阉割了的猪。幺又称为幼，指最后出生的小猪。皮肤皱缩而短小的丑猪称为豱。母猪一胎生三个小猪，小猪称为豵；母猪一胎生两个小猪，小猪称为师；母猪一胎生一个小猪，小猪称为特。猪栖居之处称为樴。四蹄都是白色的猪称为豥。猪的足迹称为刻，极其强壮有力的猪称为豟。母猪称为豝。

18.007　虎窃毛谓之虥猫①。

【注释】

①窃：浅。郭璞注：“窃，浅也。”虥：音 zhàn。

【译文】

浅毛虎称为虥猫。

18.008　貘,白豹①。

【注释】

①貘(mò),白豹:兽名。郭璞注:"似熊,小头,庳脚,黑白驳,能舐食铜铁及竹骨。骨节强直,中实少髓,皮辟湿。或曰豹白色者别名貘。"赵振铎《郭璞〈尔雅注〉简论》认为即大熊猫。(文载《语文研究》1985年第1期)

【译文】

貘又称为白豹,或即大熊猫。

18.009　魋,白虎①。䖺,黑虎②。

【注释】

①魋(hán),白虎:郭璞注:"汉宣帝时南郡获白虎兽,献其皮骨爪牙。"

②䖺(shù),黑虎:郭璞注:"晋永嘉四年建平秭归县槛得之,状如小虎而黑,毛深者为斑。《山海经》云:'幽都山多玄虎、玄豹也。'"

【译文】

魋即白虎,䖺即黑虎。

18.010　貀,无前足①。

【注释】

①貀(nà),无前足:郭璞注:"晋太康七年,召陵扶夷县槛得一兽,似狗,豹文,有角,两脚,即此种类也。或说貀似虎而黑,无前两足。"

【译文】

貀是指没有前足的兽。

18.011　鼳,鼠身长须而贼,秦人谓之小驴①。

【注释】

①"鼳(jú)"三句:鼳,鼳鼠。毛黑褐色,体矮胖,嘴尖。白天住在土穴中,夜晚出来捕食昆虫,也吃农作物的根。郭璞注:"鼳似鼠而马蹄,一岁千斤,为物残贼。"邢昺疏:"身如鼠,有长须,而贼害于物。"

【译文】

鼳即鼳鼠,身形似鼠,有长须,性凶残,秦人称它为小驴。

18.012　熊虎丑,其子狗①。绝有力麙②。

【注释】

①狗:指幼熊幼虎。

②麙:音 yán。

【译文】

熊虎类动物,它们的幼仔称为狗,极其强壮有力的熊虎类动物称为麙。

18.013　狸子①,隶②。

【注释】

①狸:即野猫。郝懿行义疏:"今呼家者为猫,野者为狸,野狸即野

　　猫也。"

②貁:音 sì。

【译文】

幼小的野猫称为貁。

18.014　貈子①,貆②。

【注释】

①貈(hé):即狗貛。邢昺疏引《字林》云:"貈似狐,善睡。其子名貆。"

②貆:音 huán。

【译文】

幼小的狗貛称为貆。

18.015　貒子①,貗②。

【注释】

①貒(tuān):即猪貛。郝懿行义疏:"今貛形如猪,穴于地中,善攻堤岸,其子名貗。"

②貗:音 jù。

【译文】

幼小的猪貛称为貗。

18.016　貔①,白狐。其子縠②。

【注释】

①貔(pí)：豹类猛兽。似虎，毛灰白色。《说文解字·豸部》："豹属，出貉国。"王引之《经义述闻·尔雅下》则以为"貔"即狐。

②豰：音 hù。

【译文】

貔又称为白狐，是豹类猛兽。幼貔称为豰。

18.017　麝父^①，麕足^②。

【注释】

①麝(shè)父：即香獐。形似鹿而小，无角，前腿短，后腿长。善跳跃，尾短，毛黑褐色或灰褐色。雄性能分泌麝香。

②麕(jūn)：獐子。

【译文】

麝父即香獐，足像獐子的足。

18.018　豺^①，狗足。

【注释】

①豺(chái)：即豺狗。形似狼而小，性凶猛，常成群围攻牛、羊等家畜。邢昺疏："《说文》云：'豺，狼属，狗声。'郭云：'脚似狗。'贪残之兽。"

【译文】

豺即豺狗，足像狗的足。

18.019　貙獌，似狸^①。

【注释】

①貐猭(chū màn):指大的貙虎。狼类猛兽。郭璞注:"今山民呼貙
　虎之大者为貙犴。"郝懿行义疏:"貙犴即貐猭之转。"

【译文】

貐猭即大的貙虎,是狼类猛兽,形状像狸。

18.020　罴①,如熊,黄白文。

【注释】

①罴(pí):俗称人熊或马熊。可直立行走,能爬树、游泳。郭璞注:
　"似熊而长头高脚,猛憨多力,能拔树木。"

【译文】

罴即人熊、马熊,形状像熊,皮毛花纹黄白相间。

18.021　麢①,大羊。

【注释】

①麢(líng):即羚羊。郭璞注:"麢羊似羊而大,角圆锐,好在山
　崖间。"

【译文】

麢即羚羊,似羊而大。

18.022　麠①,大麃,牛尾,一角。

【注释】

①麠(jīng):即水鹿。又名马鹿、黑鹿。体高壮,栗棕色,耳大而直

立,四肢细长。雄者有角。

【译文】

麠又称为大麃,即水鹿,尾像牛尾,一只角。

18.023　麎①,大麕,旄毛②,狗足。

【注释】

①麎(jǐ):即麋。是小型的鹿,雄的有长牙和短角。

②旄毛:长毛。

【译文】

麎又称为大麕,即麋,毛长,足像狗足。

18.024　魋①,如小熊,窃毛而黄。

【注释】

①魋(tuí):一种似小熊的野兽。郭璞注:“状如熊而小,毛麤浅,赤黄色,俗呼为赤熊,即魋也。”麤(cū),粗。

【译文】

魋是一种似小熊的野兽,毛浅而色黄。

18.025　猰貐①,类貙,虎爪,食人,迅走。

【注释】

①猰貐(yà yǔ):古代传说中的吃人凶兽。《淮南子·本经训》:“猰貐、凿齿、九婴、大风、封豨、修蛇,皆为民害。”高诱注:“猰貐,兽名也。状若龙首,或曰似狸,善走而食人,在西方也。”

【译文】

狻獢是传说中的食人凶兽,形状像躯,爪像虎爪,吃人,跑得快。

18.026　狻麑①,如虦猫②,食虎豹。

【注释】

①狻麑(suān ní):即狮子。郭璞注:"即师子也,出西域。汉顺帝时疎勒王来献犎牛及师子。"师子即狮子。

②虦(zhàn)猫:浅毛虎。参见18.007条。

【译文】

狻麑即狮子。形状像虦猫,吃虎豹。

18.027　𬴊①,如马,一角。不角者騏。

【注释】

①𬴊(xí):像马,有一角,角如鹿茸。郭璞注:"元康八年,九真郡猎得一兽,大如马,一角,角如鹿茸,此即𬴊也。今深山中人时或见之。亦有无角者。"

【译文】

𬴊形状像马,一只角。没有角的称为騏。

18.028　羱①,如羊。

【注释】

①羱(yuán):羱羊。野羊的一种。郭璞注:"羱羊似吴羊而大角,角椭,出西方。"

【译文】

羱即羱羊,形状像羊,是野羊的一种。

18.029　麐①,麏身,牛尾,一角。

【注释】

①麐(lín):同"麟",古代传说中的一种动物。形状像鹿,头上有角,
全身有鳞甲,尾像牛尾。古人用它作为祥瑞的象征。

【译文】

麐即麒麟,身像獐子,尾像牛尾,一只角。

18.030　犹①,如麂,善登木。

【注释】

①犹:亦称犹猢,猴类兽名。似猴而足短,善于攀登岩树。

【译文】

犹亦称犹猢,形状象麂,善于攀登岩树。

18.031　貄①,修毫。

【注释】

①貄(sì):长毛兽。郭璞注:"毫毛长。"

【译文】

貄是长毛兽。

18.032　貀①,似狸。

【注释】

①貙(chū):貙虎。狼类猛兽。参见 18.019 条。

【译文】

貙即貙虎,是狼类猛兽,形状像狸。

18.033　兕①,似牛。

【注释】

①兕(sì):犀牛一类的兽名。形状像野牛,毛青色,一只角。皮厚,可以制甲。郭璞注:"一角,青色,重千斤。"

【译文】

兕形状像野牛。

18.034　犀①,似豕。

【注释】

①犀(xī):犀牛。形略似牛,体较粗大。鼻子上有一角或二角,间有三角者。皮厚少毛。郭璞注:"形似水牛,猪头大腹,痹脚。脚有三蹄,黑色。三角,一在顶上,一在额上,一在鼻上。鼻上者即食角也,小而不椭,好食棘。亦有一角者。"

【译文】

犀即犀牛,形状像猪。

18.035　汇①,毛刺。

【注释】

①汇(huì)：即刺猬。头小，四肢短，身上有硬刺。昼伏夜出，吃昆虫、鼠、蛇等。亦称猬。郭璞注："今猬，状似鼠。"

【译文】

汇即刺猬，毛是硬刺。

18.036　狒狒①，如人，被发②，迅走，食人。

【注释】

①狒狒(fèi)：古代传说中的猿类动物。郭璞注："枭羊也。《山海经》曰：'其状如人，面长唇黑，身有毛，反踵，见人则笑。'交、广及南康郡山中亦有此物。大者长丈许。俗呼之曰山都。"

②被(pī)："披"的古字。

【译文】

狒狒形状像人，披发，跑得快，吃人。

18.037　狸、狐、貒、貉丑，其足蹯①，其迹内②。

【注释】

①蹯(fán)：兽足掌。

②内(róu)：兽足迹。

【译文】

狸、狐、貒、貉类动物，它们的足称为蹯，它们的足迹称为内。

18.038　蒙颂①，猱状②。

【注释】

①蒙颂:猴类动物。形状像长尾猿而小,紫黑色,善捕鼠。明李时珍《本草纲目·兽四·果然》:"蒙颂一名蒙贵,乃蜼之又小者也。紫黑色,出交趾。畜以捕鼠,胜于猫狸。"蜼(wèi),一种长尾猿。

②猱(náo):猕猴。猿类动物。身体便捷,善攀援。

【译文】

蒙颂形状像猱。

18.039　猱、蝯①,善援。玃父②,善顾③。

【注释】

①蝯(yuán):即猿。猴类动物。似猴而大,没有颊囊和尾巴。种类很多。

②玃父(jué fǔ):郭璞注:"貑玃也。似猕猴而大,色苍黑,能玃持人,好顾盼。"

③顾:东张西望。

【译文】

猱和蝯善于攀援,玃父喜欢东张西望。

18.040　威夷①,长脊而泥②。

【注释】

①威夷:兽名。邢昺疏:"威夷之兽,长脊而劣弱,少才力也。"

②泥:弱,力小。

【译文】

威夷这种兽,脊背长而力量弱小。

18.041　麢、麡①，短胇②。

【注释】

①麢、麡：分别参见 18.001 和 18.002 条。

②胇(dòu)：颈项。

【译文】

麢和麡都是颈子短。

18.042　赞①，有力。

【注释】

①赞(xuàn)：兽名。似狗。郭璞注："出西海大秦国，有养者，似狗，多力犷恶。"犷(guǎng)恶，凶猛，凶恶。

【译文】

赞是一种似狗的动物，有力气。

18.043　豦①，迅头。

【注释】

①豦(jù)：猕猴类动物。郭璞注："今建平山中有豦，大如狗，似狝猴，黄黑色，多髯鬣，好奋迅其头。"

【译文】

豦是猕猴类动物，好迅速摆动其头。

18.044　蜼①，卬鼻而长尾②。

【注释】

①蜼(wèi)：一种长尾猿。郭璞注："蜼似猕猴而大，黄黑色，尾长数尺，似獭，尾末有岐，鼻露向上，雨即自县于树，以尾塞鼻，或以两指。江东人亦取养之，为物健捷。"县(xuán)，"悬"的古字。

②卬(yǎng)："仰"的古字，仰起。

【译文】

蜼是一种长尾猿，鼻子上仰，尾巴很长。

18.045　时①，善乘领②。

【注释】

①时：兽名。善于登山。邢昺疏："好登山峰之一兽也。"

②乘领：攀登山岭。领，"岭"的古字。

【译文】

时这种兽类，善于攀登山岭。

18.046　猩猩①，小而好啼②。

【注释】

①猩猩：兽名。指猿猴类动物。郭璞注："《山海经》曰：'人面豕身，能言语。'今交趾封溪县出猩猩，状如貛狿，声似小儿啼。"

②小而好啼：郝懿行义疏认为当作"如小儿啼"。

【译文】

猩猩是指猿猴类动物，叫声像小儿啼哭。

18.047　阙泄①，多狃②。

【注释】

①阙泄：兽名。郭璞注："说者云脚饶指，未详。"邢昺疏："旧说以为
　阙泄兽名，其脚多狃，狃，指也。然其形所未详闻。"

②狃(niǔ)：郝懿行义疏："上'其迹内'释文：'内，《字林》或作狃。'是
　狃为借声，谓脚指头。"

【译文】

阙泄多脚指。

18.(1)　寓属①

【注释】

①寓属：邢昺疏："寓，寄也。言此上兽属多寄寓木上，故题云
　寓属。"

【译文】

以上解释寄寓山野树木的兽类。

18.048　鼢鼠①。

【注释】

①鼢(fén)鼠：俗称地老鼠。体矮胖，尾很短，前肢爪特别长大，
　用以掘土，居住地中。郝懿行义疏："此鼠今呼地老鼠，产自田
　间，体肥而圜，尾仅寸许，前行地中，起土如耕，《方言》谓之
　犁鼠。"

【译文】

鼢鼠即地老鼠。

18.049　鼶鼠①。

【注释】

①鼶(xián)鼠:亦名香鼠,田鼠的一种。灰色短尾,能颊中藏食。

【译文】

鼶鼠亦名香鼠,是田鼠的一种。

18.050　鼶鼠①。

【注释】

①鼶(xī)鼠:鼠类中最小的一种。古人以为有毒,啮人畜至死不觉痛,故又称甘口鼠。

【译文】

鼶鼠亦名甘口鼠,是鼠类中最小的一种。

18.051　鼶鼠①。

【注释】

①鼶(sī)鼠:一种似鼬的大田鼠。邢昺疏:"鼶鼠者,似鼬之鼠也。"郝懿行义疏:"鼶盖田鼠之大者。"

【译文】

鼶鼠是一种似鼬的大田鼠。

18.052　鼬鼠①。

【注释】

①鼬(yòu)鼠:俗称黄鼠狼,又名黄鼬。尾长,四肢短。栖息林中水
　边、田间以及多石的平原等处。能放臭气御敌。

【译文】

鼬鼠即黄鼠狼。

18.053　鼩鼠①。

【注释】

①鼩(qú)鼠:又称鼱(jīng)鼩、地鼠。哺乳动物。体小,尾短,形似
　小鼠。穴居田圃中。郭璞注:"小鼱鼩也。"

【译文】

鼩鼠即地鼠。

18.054　鼭鼠①。

【注释】

①鼭(shí)鼠:鼠名。郭璞注:"未详。"

【译文】

鼭鼠是鼠类的一种,未得其详。

18.055　鼣鼠①。

【注释】

①鼣(fèi)鼠:一种叫声如狗的鼠。郭璞注:"《山海经》说兽云'状如
　鼣鼠',然形则未详。"陆德明释文引舍人云:"其鸣如犬也。"

【译文】

鼩鼠是一种叫声如狗的鼠。

18.056   鼫鼠①。

【注释】

①鼫(shí)鼠：大老鼠。又称鼩(jué)鼠。郭璞注："形大如鼠，头似兔，尾有毛，青黄色，好在田中食粟豆。关西呼为鼩鼠，见《广雅》。"

【译文】

鼫鼠是一种大老鼠。

18.057   鼤鼠①。

【注释】

①鼤(wén)鼠：即斑尾鼠。郝懿行义疏："《玉篇》：'鼤，斑尾鼠。'《广韵》：'鼤，斑鼠。'"

【译文】

鼤鼠即斑尾鼠。

18.058   鼨鼠，豹文①。

【注释】

①鼨(zhōng)鼠，豹文：即豹文鼠。陆德明释文："《说文》《字林》皆云豹文鼠也。"

【译文】

鼨鼠即豹文鼠。

18.059　鼮鼠^①。

【注释】

①鼮(tíng)鼠:一种斑纹如豹的鼠。郭璞注:"鼠文彩如豹者。汉武
　帝时得此鼠,孝廉郎终军知之,赐绢百匹。"

【译文】

鼮鼠是一种斑纹如豹的鼠。

18.060　鼯鼠^①。

【注释】

①鼯(xí)鼠:即松鼠。郭璞注:"今江东山中有鼯鼠,状如鼠而大,苍
　色,在树木上。"

【译文】

鼯鼠即松鼠。

18.(2)　鼠属^①

【注释】

①鼠属:《说文解字·鼠部》:"鼠,穴虫之总名也。"

【译文】

以上解释各种鼠类。

18.061　牛曰齝^①,羊曰齥^②,麋鹿曰齸^③。

【注释】

①齝(chī)：牛反刍。郭璞注："食之已久，复出嚼之。"

②齛(xiè)：羊反刍。陆德明释文引张揖云："齝，羊食已吐而更嚼之。"齝，同"齛"。

③齸(yì)：麋鹿反刍。《说文解字·齿部》："齸，鹿麋粻。"段玉裁注："言其自喉出复嚼。"

【译文】

牛的反刍称为齝，羊的反刍称为齛，麋鹿的反刍称为齸。

18.062　　鸟曰嗉①，寓鼠曰嗛②。

【注释】

①嗉(sù)：鸟类喉下贮藏食物的地方。郭璞注："咽中裹食处。"参见17.073条。

②嗛(qiǎn)：猴鼠类颊中贮藏食物的地方。郭璞注："颊裹贮食处。寓谓猕猴之类，寄寓木上。"

【译文】

鸟类喉下贮藏食物的地方称为嗉，寓鼠类颊中贮藏食物的地方称为嗛。

18.(3)　　齸属①

【注释】

①齸属：邢昺疏："此属皆咽中藏食，复出嚼之，故题云齸属。"

【译文】

以上解释牛羊鸟鼠等动物反刍、藏食的名称。

18.063　兽曰衅①，人曰挢②，鱼曰须③，鸟曰狊④。

【注释】

①衅(xìn)：兽类引气喘息以休息。郝懿行义疏："衅者，隙也，兽卧引气，鼓息腹胁间，如有空隙，故谓之衅。"

②挢(jiǎo)：人类伸舒身体以休息。邢昺疏："人之罢倦，频伸夭挢、舒展屈折名挢。"罢(pí)：同"疲"。

③须：鱼类张口鼓腮以休息。邢昺疏："鱼之鼓动两颊，若人之欠须导其气息者名须。"

④狊(jú)：鸟类摇拍两翅以休息。邢昺疏："鸟之张两翅，狊狊然摇动者名狊。"

【译文】

兽类引气喘息以休息称为衅，人类伸舒身体以休息称为挢，鱼类张口鼓腮以休息称为须，鸟类摇拍两翅以休息称为狊。

18.(4)　须属①

【注释】

①须属：郝懿行义疏："须者，息也，皆言人物气体所须，故总题曰须属。"

【译文】

以上解释人和动物各种休息形态的名称。

释畜第十九

【题解】

《释畜》也属于动物学范畴,主要解释牲畜的名称。对其中一部分牲畜的形体与习性特征做了描述。篇下据词语的性质内容,分为马属、牛属、羊属、狗属、鸡属、六畜6类。本篇共有47条,解释96个词语。

19.001　騊駼,马①。

【注释】

①騊駼(táo tú):良马名。郭璞注引:"《山海经》云:'北海内有兽,状如马,名騊駼。'色青。"

【译文】

騊駼是一种良马。

19.002　野马①。

【注释】

①野马:北方的一种良马。郭璞注:"如马而小,出塞外。"邢昺疏:"《穆天子传》云'野马日走五百里'是也。"

【译文】

野马是北方的一种良马。

19.003　驳①,如马,倨牙②,食虎豹。

【注释】

①驳(bó):传说中的猛兽。郭璞注:"《山海经》云:'有兽名驳,如白马,黑尾,倨牙,音如鼓,食虎豹。'"

②倨(jù)牙:曲牙。

【译文】

驳是一种传说中的猛兽,形状象马,曲牙,吃虎豹。

19.004　䮷蹄①,趼②,善升甗③。

【注释】

①䮷(kūn)蹄:良马名。郭璞注:"䮷蹄,蹄如趼而健上山。秦时有䮷蹄苑。"

②趼(yán):蹄底平正。

③甗(yǎn):后作"巘"。指山岭。郭璞注:"甗,山形似甑,上大下小。"

【译文】

䮷蹄是一种良马,蹄底平正,善于登高爬山。

19.005　䮷骎①,枝蹄趼②,善升甗。

【注释】

①騊駼(tú)：良马名。马身而牛蹄，善于登高爬山。郭璞注："騊駼，亦似马而牛蹄。"

②枝蹄：歧蹄。

【译文】

騊駼是一种良马，有歧蹄而蹄底平正，善于登高爬山。

19.006　小领①，盗骊②。

【注释】

①领：颈。

②盗骊：良马名。郭璞注："盗骊，千里马。"邢昺疏："盗骊，骏马名也。骏马小颈名曰盗骊。"

【译文】

一种细颈的良马称为盗骊。

19.007　绝有力駥①。

【注释】

①駥(róng)：强壮有力的马。

【译文】

一种极其强壮有力的马称为駥。

19.008　膝上皆白，惟馵①。四骹皆白②，驓③。四蹢皆白，骊④。前足皆白，騱⑤。后足皆白，翑⑥。前右足白，启；左白，踦⑦。后右足白，驤；左白，馵。

【注释】

①异：音 zhù。

②骹（qiāo）：小腿。郭璞注："骹，膝下也。"

③骦：音 céng。

④骑：音 qián。

⑤騱：音 xí。

⑥駒：音 qú。

⑦踦：音 qī。

【译文】

膝以上全白的马称为异。膝以下四条小腿全白的马称为骦。四蹄全白的马称为骑。前脚全白的马称为騱。后脚全白的马称为駒。前右脚白的马称为启，前左脚白的马称为踦。后右脚白的马称为骧，后左脚白的马也称为异。

19.009　骊马白腹①，驉②。骊马白跨③，骟④。白州⑤，骟⑥。尾本白，驔⑦。尾白，骏⑧。駁颡⑨，白颠。白达⑩，素县⑪。面颡皆白，惟駹⑫。

【注释】

①骊（liú）马：红身黑鬃尾的马。郭璞注："骊，赤色黑鬣。"鬣（liè），马鬃。

②驉：音 yuán。

③骊马：黑马。郭璞注："骊，黑色。"

④骟：音 yù。

⑤州：臀部。郭璞注："州，窍。"

⑥骟：音 yàn。

⑦驔：音 yàn。

⑧骏：音 láng。

⑨馰颡(dí sǎng)：额头白色的马。邢昺疏："的颡者，舍人曰：'的，白也。颡，额也。'"的颡，同"馰颡"。

⑩白达：指鼻子白色的马。郝懿行义疏："马之鼻茎白者名白达，亦名素县。"

⑪县：音 xuán。

⑫骢(máng)：面和额都白的黑马。

【译文】

腹部白的红身黑鬣尾马称为骊。跨部白的黑马称为骄。臀部白的马称为骧。尾巴根部白的马称为骏。尾巴白的马称为骏。额头白的马称为白颠。鼻子白的马称为白达，又称为素县。面和额都白的黑马称为骢。

19.010　回毛在膺①，宜乘。在肘后②，减阳。在干③，茀方④。在背，阕广。

【注释】

①回毛：旋毛。郭璞注引伯乐《相马法》："旋毛在腹下如乳者，千里马。"膺：胸。

②肘：指马股。

③干：指马胁。郭璞注："干，胁。"

④茀：音 fú。

【译文】

旋毛在胸部的马称为宜乘。旋毛在股后的马称为减阳。旋毛在胁部的马称为茀方。旋毛在背部的马称为阕广。

19.011　逆毛①，居驵②。

【注释】

①逆毛：毛逆着长。郭璞注："马毛逆刺。"

②駇：音 yǔn。

【译文】

毛逆着长的马称为居駇。

19.012　騋①：牝，骊；牡，玄；驹，袅骖②。

【注释】

①騋(lái)：身高七尺以上的马。郭璞注："马七尺已上为騋。"

②袅骖：音 niǎo cān。

【译文】

騋是身高七尺以上的马：雌的称为骊，雄的称为玄，马驹称为袅骖。

19.013　牡曰骘，牝曰騇①。

【注释】

①牡曰骘(zhì)，牝曰騇(shè)：邢昺疏："别马牝牡之异名也。"

【译文】

公马称为骘，母马称为騇。

19.014　骊白①，驳；黄白，騜②。骊马黄脊，驔③；骊马黄脊，騱④。青骊，駽⑤；青骊驎⑥，驒⑦；青骊繁鬣，骆⑧。骊白杂毛，駂⑨；黄白杂毛，駓⑩；阴白杂毛，骃⑪，骢⑫；苍白杂毛，骓⑬；彤白杂毛，騢⑮。白马黑鬣，骆；白马黑唇，駩⑯；黑喙，騵⑰。一目白，瞷⑱；二目白，鱼。

【注释】

①骝(liú)：红。邢昺疏："孙炎曰：'骝，赤色也。'谓马有骝处、有白处者曰驳。"

②騜：音 huáng。

③騝：音 qián。

④騽：音 xí。

⑤駽：音 xuān。

⑥驎：马身上有鱼鳞状斑纹。邢昺疏引孙炎曰："色有浅深，似鱼鳞。"

⑦驒：音 tuó。

⑧騥：音 róu。

⑨駂：音 bǎo。

⑩駓：音 pī。

⑪阴：浅黑。郭璞注："阴，浅黑。"

⑫駰：音 yīn。

⑬騅：音 zhuī。

⑭彤：红。郭璞注："彤，赤。"

⑮騢：音 xiá。

⑯駩：音 quān。

⑰騧(guā)：黑嘴的黄马。《诗·秦风·小戎》："骐騧是中，騧骊是骖。"毛传："黄马黑喙曰騧。"

⑱駽：音 xián。

【译文】

　　红白色相间的马称为驳，黄白色相间的马称为騜。色红而脊黄的马称为騝，色黑而脊黄的马称为騽。青黑色的马称为駰，青黑色而有鳞状斑纹的马称为驎，青黑色而长很多鬃毛的马称为騥。毛色黑白相杂的马称为駂，毛色黄白相杂的马称为駓，毛色浅黑与白相杂的马称为駰，毛色苍白相杂的马称为骓,毛色红白相杂的马称为騢。鬃尾黑色的白马称为骆,嘴唇黑色的白马称为骊,黑嘴的黄马称为騧。一只眼毛色白的马称为瞯,两只眼毛色白的马称为鱼。

19.015　"既差我马","差,择也"①。宗庙齐毫,戎事齐力,田猎齐足②。

【注释】

①"既差我马","差,择也":《诗·小雅·吉日》:"吉日庚午,既差我马。"毛传:"差,择也。"

②宗庙齐毫,戎事齐力,田猎齐足:邢昺疏:"云'宗庙齐毫,戎事齐力,田猎齐足'者,此遂言择马之事也。李巡曰:'祭于宗庙,当加谨敬,取其同色也。'某氏曰:'戎事,谓兵革战伐之事,当齐其力以载干戈之属。'舍人曰:'田猎,取牲于苑囿之中,逐飞逐走,取其疾而已。'……《诗·小雅·车攻》云:'我马既同。'毛传引此文则每增二字以解之,云:'宗庙齐毫,尚纯也。戎事齐力,尚强也。田猎齐足,尚疾也。'"

【译文】

"既差我马","差是选择的意思"。宗庙祭祀要选择毛色纯的马,行军打仗要选择强壮有力的马,田猎要选择脚力快疾的马。

19.(1)　马属①

【注释】

①马属:邢昺疏:"自驹骐已下,虽骏异,毛色不同,皆马之属类,故以此题之也。"

【译文】

以上解释各种马的名称。

19.016　犘牛①。

【注释】

①犘(má)牛：大牛。郭璞注："出巴中，重千斤。"郝懿行义疏："野牛
也。郭云'出巴中'者，今此牛出西宁府卫，大者千余斤。犘之为
言莽也，莽者，大也。今俗云莽牛即此。"

【译文】

犘牛是一种大牛。

19.017　犦牛①。

【注释】

①犦(bó)牛：即犎(fēng)牛。一种颈肉隆起的野牛。郭璞注："即犎
牛也。领上肉犦胅起，高二尺许，状如橐驼，肉鞍一边，健行者日
三百余里。今交州合浦徐闻县出此牛。"

【译文】

犦牛即犎牛，是一种颈肉隆起的野牛。

19.018　犤牛①。

【注释】

①犤(pái)牛：一种矮小的牛。郭璞注："犤牛庳小，今之㹀牛也。又
呼果下牛。出广州高凉郡。"㹀，稷(jì)的讹字。

【译文】

犚牛是一种矮小的牛。

19.019　犩牛①。

【注释】

①犩(wéi)牛：即犪(kuí)牛。一种高大的野牛。郭璞注："即犪牛也。如牛而大，肉数千斤，出蜀中。《山海经》曰：'岷山多犪牛。'"

【译文】

犩牛即犪牛，是一种高大的野牛。

19.020　犣牛①。

【注释】

①犣(liè)牛：即牦牛。郭璞注："旄牛也。髀、膝、尾皆有长毛。"旄牛即牦牛。

【译文】

犣牛即牦牛。

19.021　犝牛①。

【注释】

①犝(tóng)牛：无角小牛。郭璞注："今无角牛。"

【译文】

犝牛即无角小牛。

19.022　犑牛①。

【注释】

①犑(jú)牛：牛名。郭璞注："未详。"

【译文】

犑牛是牛名，未得其详。

19.023　角一俯一仰，觭①。皆踊②，觢③。

【注释】

①觭：音 jī。

②踊：向上竖起。

③觢：音 shì。

【译文】

牛的两角一低一昂称为觭，两角都向上竖起称为觢。

19.024　黑唇，犉①。黑眦②，牰③。黑耳，犚④。黑腹，牧。黑脚，犈⑤。

【注释】

①犉：音 rún。

②眦(zì)：指眼眶。

③牰：音 yòu。

④犚：音 wèi。

⑤犈：音 quán。

【译文】

黑嘴唇的牛称为犉。黑眼眶的牛称为牰。黑耳朵的牛称为犈。黑肚皮的牛称为牧。黑脚的牛称为犈。

19.025　其子,犊①。

【注释】

①犊(dú):小牛。

【译文】

牛仔称为犊。

19.026　体长,牬①。

【注释】

①体长,牬(bèi):郭璞注:"长身者。"

【译文】

身体长的牛称为牬。

19.027　绝有力欣犌①。

【注释】

①欣:郝懿行义疏认为《玉篇》《广韵》"俱只言犌,不言欣,疑欣字衍"。犌:音jiā。

【译文】

极其强壮有力的牛称为犌。

19.(2)　牛属①

【注释】

①牛属:郝懿行义疏:"兹篇所释,广说牛名及其体状,故总题曰牛属。"

【译文】

以上解释牛名及其体状。

19.028　羊①:牡,羒②;牝,牂③。

【注释】

①羊:指白羊。

②羒:音 fén。

③牂:音 zāng。

【译文】

羊指白羊:雄的称为羒,母的称为牂。

19.029　夏羊①:牡,羭②;牝,羖③。

【注释】

①夏羊:指黑羊。

②羭:音 yú。

③羖:音 gǔ。

【译文】

夏羊指黑羊:雄的称为羭,母的称为羖。

19.030　角不齐①,觤②。角三觠③,羷④。

【注释】

①角不齐:郭璞注:"一短一长。"

②觤:音 guǐ。

③觠(quán):指羊角卷曲。

④羷:音 liǎn。

【译文】

羊角一长一短称为觤。羊角卷曲三匝称为羷。

19.031　羳羊①,黄腹。

【注释】

①羳(fán)羊:即黄羊。郝懿行义疏:"李时珍云:'即黄羊也。状与羊同,但低小细肋,腹下带黄色。其耳甚小,西人谓之矧耳羊。'"矧,同"茧"。

【译文】

羳羊即黄羊,腹下黄色。

19.032　未成羊,羜①。

【注释】

①羜(zhù):幼羊。郭璞注:"俗呼五月羔为羜。"

【译文】

没有长成的羊称为羜。

19.033　绝有力奋①。

【注释】

①绝有力奋:邢昺疏:"壮大绝有力者名奋。"

【译文】

极其强壮有力的羊称为奋。

19.(3)　羊属①

【注释】

①羊属:郝懿行义疏:"此篇皆说羊,故题以羊属。"

【译文】

以上解释各种羊名。

19.034　犬生三,獒;二,师;一,獬①。

【注释】

①犬生三,獒;二,师;一,獬(qí):郭璞注:"此与猪生子义同,名亦相出入。"参见18.006条。

【译文】

狗一胎生三个狗仔,狗仔称为獒;狗一胎生两个狗仔,狗仔称为师;狗一胎生一个狗仔,狗仔称为獬。

19.035　未成毫,狗①。

【注释】

①未成豪,狗:郭璞注:"狗子未生豎毛者。"豎(hàn)毛,兽的鬃毛、
长毛。

【译文】

没有生出长毛的小狗称为狗。

19.036　长喙①,猃②。短喙,猲獢③。

【注释】

①喙(huì):嘴。

②猃:音 xiǎn。

③猲獢:音 xiē xiāo。

【译文】

长嘴的狗称为猃。短嘴的狗称为猲獢。

19.037　绝有力狣①。

【注释】

①绝有力狣(zhào):邢昺疏:"壮大绝有力者名狣。"

【译文】

极其强壮有力的狗称为狣。

19.038　尨①,狗也。

【注释】

①尨(máng):多毛的狗。《说文解字·犬部》:"尨,犬之多毛者。"郝懿

行义疏:"上云'未成毫,狗',此又以尨为狗,可知狗为通名。"

【译文】

尨是多毛的狗,也是狗的一种。

19.(4) 狗属①

【注释】

①狗属:郝懿行义疏:"《秋官·犬人》:'犬有三种:一曰田犬,二曰吠犬,三曰食犬。'此篇所释,三犬备矣。"

【译文】

以上解释各种狗的名称。

19.039 鸡,大者蜀①。蜀子,雓②。

【注释】

①蜀:大鸡。郭璞注:"今蜀鸡。"郝懿行义疏:"蜀盖大鸡之名。"

②雓:音 yú。

【译文】

鸡,大鸡称为蜀。大鸡的鸡仔称为雓。

19.040 未成鸡,健①。

【注释】

①健(liàn):邢昺疏:"雓之稍长,未成鸡者名健。"

【译文】

没有长成的鸡称为健。

19.041　绝有力奋①。

【注释】

①绝有力奋：郭璞注："诸物有气力多者，无不健自奋迅，故皆以名云。"

【译文】

极其强壮有力的鸡称为奋。

19.（5）　鸡属①

【注释】

①鸡属：郝懿行义疏："此篇释鸡大者及其子与异名。"

【译文】

以上解释鸡的各种名称。

19.042　马八尺为駥①。

【注释】

①马八尺为駥(róng)：邢昺疏："马高八尺者名駥。"

【译文】

八尺高的马称为駥。

19.043　牛七尺为犉①。

【注释】

①牛七尺为犉(rún)：邢昺疏："牛高七尺者名犉。"

【译文】

七尺高的牛称为犉。

19.044　羊六尺为羬①。

【注释】

①羊六尺为羬(qián)：邢昺疏："羊高六尺者名羬。"

【译文】

六尺高的羊称为羬。

19.045　彘五尺为豝①。

【注释】

①彘五尺为豝(è)：邢昺疏："猪高五尺者名豝。"

【译文】

五尺高的猪称为豝。

19.046　狗四尺为獒①。

【注释】

①狗四尺为獒(áo)：邢昺疏："狗高四尺者名獒。"

【译文】

四尺高的狗称为獒。

19.047　鸡三尺为鹍[①]。

【注释】

①鸡三尺为鹍(kūn)：邢昺疏："鸡高三尺者名鹍。"

【译文】

三尺高的鸡称为鹍。

19.(6)　六畜[①]

【注释】

①六畜：邢昺疏："此别六畜绝大者名也。"

【译文】

以上解释马、牛、羊、猪、狗、鸡六畜中体形特大者的名称。

《尔雅》词语笔画索引

一、本索引以本书采用同治四年(1865)郝氏家刻本《尔雅义疏》为底本校订的《尔雅》正文为准。

二、本索引包括:《释诂》《释言》《释训》所有被解释词语和解释词语,《释亲》所有亲属称谓词语,《释宫》后十五篇所有名物词语,以及对一般读者可能有阅读障碍的非名物词语。

三、本索引按笔画排列,同笔画按笔顺(横竖撇点折)排列,同词语或同形词语按篇条页码顺序排列。

四、本索引词语后数字表示其所在篇条及页码,如"大 1.003 004"表示词语"大"在《释诂第一》第3条,正文第4页。

八画

十画

十二画

貉 1.031	*033*	亶 1.092	*087*
貉 1.185	*147*	斛 6.003	*358*
貉缩 1.184	*146*	瘏 1.077	*072*
犴 18.031	*647*	痱 1.077	*072*
腼 2.282	*266*	廓 1.003	*004*
腹 1.092	*087*	瘐瘐 3.044	*298*
媵 2.041	*171*	瘅 1.079	*077*
詹 1.005	*009*	瘖瘖 3.044	*298*
魾 16.010	*595*	麀 18.002	*637*
魾 16.022	*599*	麂 18.030	*647*
鲇 16.003	*593*	粢 5.011	*347*
鮈 16.007	*594*	靖 1.015	*019*
鮀 16.006	*594*	靖 1.154	*129*
鲵 16.021	*598*	新田 9.042	*433*
鲐背 1.019	*024*	阘 5.021	*352*
鹑轨 17.007	*610*	阘 5.021	*352*
艍 19.030	*673*	阙 5.018	*350*
解 18.003	*637*	阙泄 18.047	*652*
颊 16.037	*604*	艌 19.030	*673*
雉 17.037	*619*	豢 19.030	*673*
慆 1.134	*116*	粮 2.126	*206*
馏 2.040	*171*	数 1.070	*066*
鹑 17.043	*622*	数 1.151	*127*
鹑子 17.074	*633*	数 13.157	*525*
鹑火 8.030	*406*	猷 1.015	*019*
亶 1.020	*025*	猷 1.094	*089*
亶 1.021	*026*	猷 1.189	*148*

十八画